Paul F. Cummins

Musik trotz allem

Herbert Zipper – Von Dachau um die Welt

Aus dem Amerikanischen übersetzt von Johannes Eidlitz

Verlag Lafite, Wien

CIP-Titelaufnahme der Deutschen Bibliothek
Cummins, Paul:Dachau Song / Paul Cummins New York,Lang 1992.
ISBN 0-8204-1729-7
Cummins, Paul :Musik trotz allem. Herbert Zipper: Von Dachau um die Welt
Aus dem Amerikanischen von Johannes Eidlitz
Wien Verlag Lafite 1993
ISBN 3-85151-037-2

Zeichnungen: Herbert Zipper

Aus dem Amerikanischen von Johannes Eidlitz
Originaltitel „Dachau Song" erschienen bei Peter Lang Publishing Inc., New York

Umschlag nach einem Entwurf von Walter Lex mit einem Portrait Herbert Zippers von Paul Bochner

Druck und Bindung: Plöchl-Druck, Freistadt
Printed in Austria

Inhalt

Widmung

Dem Gedenken von Walter und Otto Zipper, Hedy Zipper Holt und Trudl Dubsky Zipper. Für Henry Holt und Lucy Horwitz. Dem Gedenken von Jura Soyfer und jener anderen der sechs Millionen, die Herbert in Dachau und Buchenwald zurückließ, und an jene, die in Manila litten und starben.

Für Ruthie und Lee, Mimi und Ken, Anna und Emily, Liesl und Richard, Julie und Paul.

Für die Familie Richard D. Colburn.

Für Mary Ann.

Und natürlich für meinen lieben Freund Herbert.

Danksagungen

Es gibt viele Personen, denen ich für ihre Hilfe bei der Vorbereitung dieses Buches danken möchte. Dazu gehören Dale Pontius, William Lowman, Benito Legarda, Jack Pepper, Karen Malamed, James Halsema, Pamela Wade, Nancee Cortes, Grant Beglarian, Toby Mayman, Grace Nash und Dr. Eric Simon für ihre Beobachtungen und Informationen. Der verstorbenen Schwester Dr. Herbert Zippers, Frau Hedy Holt und deren Kindern, Henry Holt und Lucy Horwitz. Ferner Richard D. Colburn, Leo Askin und Fini Rudiger Littlejohn sowie Barbara Polikoff. Dem verstorbenen Bruno Bettelheim schulde ich Dank für seine Erinnerungen an das Wien Sigmund Freuds und über den Holocaust.

Für Hilfe und Rat schulde ich Dank: Keith Colburn, Dina Wigmore, dem Porträtisten Paul Bochner, David Colloff, Liesl Erman, Anna und Emily Cummins, William Butts für seine wertvollen Anregungen, Patricia Ward Biedermann, Jean Campbell und Susan Cloke, Warren Spaeth, Peter Levitt, Megan Asher, Linda Kamberg de Martinez und Adrienne Mc Candless für ihre Unterstützung. Peter Mandell und dem Simon Wiesenthal Informationszentrum für Informationen über den Holocaust; Barbara Distel vom Dachauer Museum für ihre freundliche Hilfe. Und vor allem meiner lieben Frau Mary Ann dafür, daß sie mich zuerst mit Herbert bekannt gemacht hat, für ihre Liebe und für ihre Ermunterung.

Paul F. Cummins

Zur Entstehung des Dachau Liedes

Im September 1938 transportierten Jura Soyfer und Herbert Zipper zusammen mit anderen Gefangenen täglich auf einem Lastwagen Zementsäcke durchs Lagertor. Über dem Lagertor stand mit großen, eisernen Buchstaben die Inschrift: „ARBEIT MACHT FREI".

Soyfer und Zipper empfanden diese Worte an diesem Ort als bitteren Hohn, gleichzeitig aber auch als Anregung, den Sinn der Inschrift in einem Kampflied umzudeuten. So entstand das Dachau-Lied „Arbeit macht frei".

Ende September, bevor die beiden Freunde nach Buchenwald überführt wurden, lehrte Zipper drei Musikern, einem Geiger und zwei Gitarristen, die in Dachau verbleiben mußten, Text und Musik des Liedes als Hinterlassenschaft für die Dachau-Kameraden. Durch mündliche Überlieferung wurde das Lied nicht nur in Dachau bekannt, sondern auch in anderen Konzentrationslagern und über die Grenzen Deutschlands hinaus im Ausland. Es führte sein eigenes Leben.

Der Text des „Dachau-Liedes" findet sich auf den Seiten 99, 100, 101.

Dachau Lied

"Arbeit macht frei."

Worte: Jura Soyfer; Musik: Herbert Zipper

wur-den stahlhart da-bei. Bleib ein Mensch Kamerad, sei ein Mann Kamerad, mach ganze Arbeit, pack
1.2.3.
4.
an, Kamerad, denn Arbeit, denn Arbeit macht frei.
frei. Bleib ein Mensch Kamerad, sei ein
Mann, Kamerad, mach ganze Arbeit, pack an Kamerad, denn Arbeit, denn Arbeit macht frei.
DACHAU 1938

„In dem Gefängnis seiner Tage lerne der freie Mann, wie er beten soll.“
W. H. Auden

„Bleib ein Mensch, Kamerad, sei ein Mann, Kamerad.“
Jura Soyfer

Vorwort

Biographien werden geschrieben und erscheinen in der Regel nach dem Ableben des Subjektes. Die Tatsache, daß ich noch am Leben bin, erlaubt mir, durch diese Biographie mich selbst zu sehen, wie in einem Spiegel. Das Spiegelbild jedoch erscheint mir ganz anders als die Vorstellung, die ich von mir selber habe; ähnlich wie die eigene Stimme für den Sprecher ganz anders klingt als für den Zuhörer. Beides jedoch ist Wirklichkeit.

Die vielen Gesprächsstunden mit Paul Cummins, die Rückblicke in die Vergangenheit, brachten mir die Erkenntnis, daß mein Leben ein herrliches war. Ein Leben, das mir erlaubte, die große Weite zwischen dem Himmlischen und dem Höllischen, der Tragik und dem Humor und vieles, das dazwischen lag, zu erleben. Fast wage ich zu sagen: Es war ein faustisches Leben, dem ich das wirkliche Lernen verdanke. Und doch hat es viele Lücken gelassen; heute mehr als je.

Wenn mir nur ein Wunsch erlaubt wäre, jetzt am Abend meines Lebens, würde ich wünschen, daß die Menschheit von hier an zur klaren Einsicht gelangen könnte, stets als gute Ahnen zu handeln, der Verantwortung völlig bewußt, die Welt in einem lebenswerten Zustand der Nachwelt zu hinterlassen.

Dann, mit Goethe:

„Zum Augenblicke dürft ich sagen:
Verweile doch, du bist so schön!“

Herbert Zipper,
1993

PRAELUDIUM

Praeludium

Hilflos liegt in Erstarrung
unsere Welt unter der Nacht.
Jedoch überall verstreut
blitzen ironische Lichter:
Punkte, wo immer die Gerechten
ihre Botschaften austauschen.
Es sei auch mir vergönnt,
wie sie erschaffen aus Eros und Staub,
belagert von derselben Verneinung, derselben Verzweiflung,
ein zustimmendes Flammenzeichen zu zeigen.

W. H. Auden, 1. September 1939

Der Plan, eine Geschichte des Herbert Zipper zu schreiben, bringt interessante Probleme für einen Biographen mit sich. Zippers Leben ist ohne innere Konflikte geblieben. Die großen Enttäuschungen und Schmerzen waren nicht solche, die er sich selbst zugefügt hätte, sondern wurden bewirkt durch das Chaos, das die Menschen auf diesem Planeten angerichtet haben. Seine Ehe war eine Liebesheirat und glücklich.

Zipper und ich haben überlegt, daß unsere eigene Übereinstimmung vielleicht zum Teil auf unser Interesse an dem „was sein könnte" zurückgeht. Wir finden, daß wir über neue Programme phantasieren, um diese Schule oder jene soziale Institution zu verändern oder gar ein politisches Problem zu lösen. Zippers Leben bietet keinen fruchtbaren Anlaß für tiefenpsychologische Ausgrabungen oder Entdeckungen großer Geheimnisse und versteckter Dinge.

Ich hörte zuerst im Jahr 1972 von meiner Frau über Herbert Zipper. Mary Ann hatte ihn gerade auf einer Konferenz von Musikerziehern sprechen gehört. Sie kam sehr beeindruckt von diesem Mann und seiner leidenschaftlichen Verteidigung der Künste in Erziehung und im Leben nach Hause. Seit damals haben wir allmählich den „Dr. Zipper" kennengelernt, und je mehr ich von seinem Leben erfuhr, umso mehr wurde ich überzeugt, daß diese Geschichte berichtet werden müsse. Wie hat dieser Mann überlebt und steht noch dazu so positiv dem Leben und seinen Möglichkeiten gegenüber? Aus welchen Quellen hat er geschöpft, um Kraft zu finden? Welche Lehren hat er aus den Schrecknissen von Dachau und Buchenwald gezogen und während der Eroberung von Manila? Und wie kam es dazu, daß er erfaßte, daß die Künste nicht ein Ornament in unserem Leben sind, sondern vielmehr die wahre Essenz des Lebens selbst?

Diese Fragen verfolgten mich, und als im Jahre 1986 mein Verwaltungsrat mir ein halbes Urlaubsjahr gewährte, fragte ich Zipper, ob er mit mir zusammenarbeiten und selbst Gegenstand einer Biographie sein wolle. Mit Kassettenrecorder und Notizbuch in der Hand, kam ich an mehreren Morgen pro Woche in seine Wohnung und begann, mit ihm seine Geschichte zu besprechen. Als das Urlaubshalbjahr endete, hatte ich schon einen Rohentwurf fertiggestellt. Ich verbrachte dann die nächsten drei Jahre hindurch jeden Sonntagmorgen mit Zipper, wir fügten Ereignisse aus seinen gegenwärtigen Erfahrungen hinzu, und ich gelangte so zu einer immer intimeren Kenntnis des Herbert Zipper. Außerdem begleiteten meine Frau und ich 1988 und auch wieder 1990 Zipper auf Reisen nach Österreich und verbrachten viele Tage damit, jene Orte, die ihm einst etwas bedeutet hatten, in Wien und auf dem Lande, aufzusuchen. Diese Fahrten ließen sowohl Ereignisse und Gefühle entdecken, aber sie brachten auch eine sehr wertvolle Dimension zu dem Entwurf des Buches.

Diese Geschichte umfaßt eine bemerkenswerte Zeitspanne: Von Zippers Geburt im „Fin de Siècle“-Wien und in der Abenddämmerung des Habsburger Reiches bis zur Weltwirtschaftskrise der Jahre 1929 und 1930, dem Aufstieg Hitlers, der Einkerkerung Zippers in Dachau und Buchenwald, seinem Entkommen nach Manila und seiner Einkerkerung durch die Japaner bis zu der Neuen Welt Amerikas und einem Leben als Musikerzieher. Und nun am Abend seines eigenen erstaunlichen Lebens die Reise zu einer neuen Unternehmung, nämlich die Fahrt nach China als hochgeehrter Konsulent und Dirigent. Europa, Amerika, Asien, er hat auf drei Kontinenten gearbeitet. Sein Leben berührt auch drei Jahrhunderte: Aus der Welt der Habsburger des 19. Jahrhunderts zum 20. Jahrhundert mit seinen Schrecknissen und Herrlichkeiten und nun seinem erzieherischen Werk, mit dem er junge Leute aus Amerika und Asien für das 21. Jahrhundert vorbereitet. Es gibt heutzutage auch nur wenige führende Persönlichkeiten, die ein richtiges Konzept der Vergangenheit besitzen. Ob der Grund dafür nun Verzweiflung oder Habgier oder einfach Dummheit ist - wir leben in einem Jahrhundert, in dem die Ausbeutung der menschlichen und der natürlichen Schätze und Reichtümer geradezu epidemisch geworden ist.

Herbert Zipper hat oft gesagt: „Ich will ein guter Vorfahre sein!“ Vielleicht teilen wir alle diesen Wunsch, aber die Herausforderung besteht nicht gerade darin, davon zu träumen, sondern Träume auch zur Wirklichkeit zu machen, Wünsche tatsächlich in konkrete Wirklichkeit umzusetzen. Sein ganzes Leben hat Herbert Zipper Wege gefunden, um gerade dies zu tun. Von der Organisation von Konzerten in den Latrinen von Dachau bis zur Hilfe, um Schulen in Amerika zu gründen, oder den chinesischen Jugendlichen zu zeigen, wie man ein Streichquartett von Beethoven spielt. Zipper hat stets die Rolle eines Baumeisters gespielt. Und was immer es auch für praktische Hindernisse gab, er hat Wege gefunden, sie zu überwinden, und Menschen „nur in Verbindung zu bringen“, mit Ideen, mit den Künsten, mit ihrem besseren Selbst. Seine eigene Integrität ist ansteckend - mit ihm zusammen zu sein, läßt einen wünschen, weniger im Alltag dahinzuleben, aber dafür mehr an den wirklich wesentlichen Dingen des Lebens teilzunehmen.

Herbert Zipper sagte mir einmal, er habe im Konzentrationslager die Freude des Gebens gelernt; es ist meine Freude, nun den Lesern ein Buch zu geben mit der Geschichte dieses tapferen Mannes.

ERSTER SATZ

I Zug nach Dachau
II Vom Fin de Siècle zum Fin de Millennium
III Vom Krieg zur Musikakademie

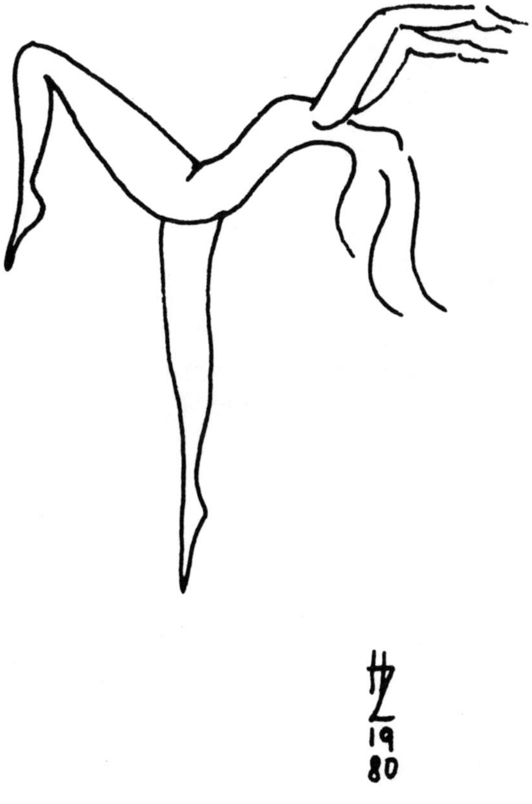

Kapitel I
Zug nach Dachau

„Oh glaube mir, der manche tausend Jahre
an dieser harten Speise kaut, daß von der Wiege bis zur Bahre
kein Mensch den alten Sauerteig verdaut!
Glaub unsereinem: Dieses Ganze
ist nur für einen Gott gemacht!
Er findet sich in einem ewgen Kranze,
uns hat er in die Finsternis gebracht,
und Euch taugt einzig Tag und Nacht."

Mephistopheles aus Goethes Faust Erster Teil

Ein Artikel aus dem Jahre 1938 der Pariser Zeitung „Le Soir" aus der Feder des französischen Korrespondenten in Wien, M. Pertinax, trug die Überschrift: „J'ai Vu Mourir L'Autriche" („Ich sah Österreich sterben"). Die Jahrhunderte hindurch waren aus den Ebenen im Osten und entlang der Donau die Invasoren gekommen: Hunnen, Awaren, Magyaren, Türken. Und am 12. März 1938 waren noch einmal die Barbaren, diesmal aber aus dem Norden, eingebrochen und wurden sogar in der alten Stadt Wien willkommen geheißen. Diese Invasion sollte die letzten Blüten der Wiener Kultur und Grazie niedertrampeln. Das Habsburgerreich war im Jahre 1918 zerbrochen, und die Nachkriegszeit, die in der Wirtschaftskrise von 1929/30 ihren Gipfelpunkt fand, hatte noch viel mehr Menschen in den Ruin geführt. Und doch waren irgendwie die Künste, die Literatur, die Wissenschaft, die Philosophie am Leben geblieben. Als aber die Invasionstruppen Adolf Hitlers nach Wien marschierten, da schrumpfte über Nacht dieses Zentrum der europäischen Kultur zu einer deutschen Provinzstadt.

Herbert Zipper und seine Familie waren wohlhabende Juden des Mittelstands. In den ersten Jahren dieses Jahrhunderts lebten sie in einem Haus am Graben, in Sichtweite des Domes von St. Stephan, im Ersten Bezirk der Stadt Wien. Die Familie war jedoch nicht besonders religiös und zollte den jüdischen Ritualen und Bräuchen nur sehr wenig Aufmerksamkeit. Wie viele Wiener Juden betrachteten sie sich selbst vor allem als Wiener und waren bis zum 12. März 1938 stolz auf diese Zugehörigkeit. An diesem Tag schlug sie die Blindheit gegenüber der essentiell und tief verwurzelten antisemitischen Natur ebendieser Stadt mit voller Kraft. Ihre bequemen Illusionen waren zerstört, und ihr Stolz, Wiener zu sein, war dahin.

Zur Zeit als Hitler in Österreich eindrang, um es an Deutschland anzuschließen, sahen viele Wiener Juden, was sich da vorbereitete und verließen die Stadt und das Land. Herbert Zipper, der Adolf Hitler sprechen gehört und auch von den Grausamkeiten in dem Konzentrationslager Dachau gelesen hatte, wußte, daß Juden nun eine schreckliche Zeit bevorstand, obgleich weder er noch irgendjemand anderer voraussehen konnte, wie fürchterlich die Zeiten sein würden. Sie begriffen nicht, was sie doch hätten begreifen müssen. Hitlers Reden waren keineswegs zweideutig, und die Geschichte des Antisemitismus sowohl in Deutschland als auch in Österreich war reichhaltig. Wie viele andere mittelständische jüdische Familien hatte auch die Familie Zipper ein solches Niveau an Wohlhabenheit und psychischer Zufriedenheit mit ihrem Status als „akzeptiert“ in die zu akzeptierende Gesellschaft erreicht, daß sie blind geworden waren für ihren eigenen wirklichen Status. Sie würden in Wirklichkeit nie voll akzeptiert werden in die christliche Gesellschaft. Sie lebten in einer Traumwelt, die sich alsbald zu jenem unausweichlichen Alptraum verwandelte, den Adolf Hitler versprochen hatte.

Schließlich, nachdem die deutschen Truppen am 12. März einmarschiert waren, begannen Zipper und seine Familie, Pläne zu machen, wie man aus ihrer geliebten Stadt entkommen könnte. Es erforderte jedoch Zeit zu packen und die ungeheuere Menge der Habe vieler Generationen an Büchern, Antiquitäten, Kleidern, Erinnerungsstücken und all dem auch nur auszusondern. Aber noch mehr Zeit erforderte das Unternehmen, legale Papiere zu erhalten, um ausreisen zu können. Der 34 Jahre alte Zipper, der fünf Jahre früher den Aufstieg Hitlers zur Macht in Düsseldorf miterlebt hatte, drängte seine Familie, seine Mutter, seine Schwester und die beiden Brüder, sofort auszureisen. Aber er wurde in einem Familienrat niedergestimmt.

Warum nur sah die Familie Zipper und sahen Tausende anderer jüdischer Familien nicht die äußerste Gefahr, in der sie sich befanden, und warum unternahmen sie nicht nur jede Anstrengung, zu entkommen, Wien noch zu verlassen, bevor oder unmittelbar nachdem der Anschluß am 12. März über sie hereingebrochen war? Die Antwort ist sowohl kompliziert als auch einfach. Es war ganz einfach so, daß viele Wiener Juden sich selbst gar nicht als Juden betrachteten, sondern vielmehr als Wiener. Sie hatten am Aufbau Wiens teilgenommen. Das goldene Zeitalter dieser Stadt war nicht zuletzt auch durch jüdische Talente herbeigeführt worden. Jener goldenen Ära Wiens erinnert man sich heute durch die Namen ihrer führenden Künstler und Intellektuellen. Die Liste berühmter jüdisch-österreichischer Persönlichkeiten ist gewaltig: in der Psychologie Sigmund Freud, in der Philosophie Edmund Husserl, Martin Buber, Hans Kelsen, Joseph Popper, in der Musik Gustav Mahler, Karl Goldmark, Arnold Schönberg, Oskar Straus, Erich Korngold, Eugen Zador, Hans Gal, Karl Weigel, Eric Zeisl, Ernst Toch; im Journalismus Theodor Herzl, Eduard Hanslick, Karl Kraus, Egon Friedell, in der Literatur Arthur Schnitzler, Peter Altenberg, Stefan und Arnold Zweig, Joseph Roth, Richard Beer-Hofmann, Franz Werfel, Hermann Broch; Dirigenten wie etwa Otto Klemperer, George Szell und Bruno Walter, im Film Erich von Stroheim, Otto Preminger, Josef von Sternberg, Fred Zinneman und Billy Wilder. Und diese Liste könnte man noch lange fortsetzen. Unter dem Aspekt dieses gewaltigen Aufgebotes von Talenten und Werken, und unter dem Aspekt des Status, den sie selbst geholfen hatten, der Stadt Wien zu geben, wie konnten die Wiener Juden erwarten, daß man ihnen anders als mit Anständigkeit begegnen werde? Wie konnten sie vorausahnen: die Erniedrigung, die Zurückweisung und schließlich den Versuch der totalen Ausrottung, der dann kam? Es war ganz buchstäblich undenkbar. Nichtsdestoweniger, wenn man die Geschichte des Antisemitismus in Österreich bedenkt, so hätten sie doch auch das Undenkbare denken sollen. Wie George Berkley schreibt, „die Geschichte der Juden in Wien ist wohl die Geschichte der am tragischsten unerwiderten Liebe in der ganzen Weltgeschichte".[1]

Die Geschichte beginnt im Mittelalter, als Wien, damals ein Handelszentrum in Europa, jüdische Geschäftsleute und Geldwechsler anzog. Schon im Jahre 966 n. Chr. scheint der Satz „Juden und andere zugelassene Kaufleute" in den Annalen der Stadt auf. Innerhalb der nächsten vier Jahrhunderte wuchs die jüdische Gemeinde an Zahl, aber auch an erfolgreichen Unternehmungen, und ihr Erfolg erweckte schon damals Feindseligkeit. Vielleicht waren es ihre anderen Sitten und Gebräuche, die die Wiener Christen im Jahre 1421 zu einem ersten Angriff aufstachelten. In seinem Buch „Vienna and Its Jews" berichtet George Berkley, daß schon im Mai 1420 Herzog Albrecht V. den Befehl gegeben hatte, alle Juden in den österreichischen Städten gefangenzunehmen und ihr Vermögen zugunsten des Staates einzuziehen. Dem war in Wien das angebliche Verschwinden dreier Knaben sowie der angebliche Verkauf einer Hostie an Juden vorangegangen. Am 12. März 1421 wurden zahlreiche Juden in Erdberg bei Wien durch Verbrennen hingerichtet. Ein Jahr später wurde das jüdische Ghetto, das sich in der Nähe des heutigen Judenplatzes in Wien befand, abgebrochen. Berkley berichtet: „Alle Juden, die sich weigerten, Christen zu werden (die große Mehrheit), wurden entweder hingerichtet oder verbannt. Ihre Besitztümer wurden beschlagnahmt und ihre Kinder gewaltsam getauft. Zum ersten, aber nicht zum letzten Mal in der Geschichte hatte Wien seine jüdische Gemeinde vernichtet."[2]

Im Verlauf der nächsten Jahrhunderte kehrten die Juden nach und nach zurück, und „in der Mitte des 17. Jahrhunderts lebte eine Gemeinde von einigen 500 jüdischen Familien an den Ufern der Donau in einem kleinen Ghetto, das Leopoldstadt genannt wurde, und zwar nach dem regierenden Herrscher, Kaiser Leopold I."[3] Trotz zahlreicher Beschränkungen, die ihnen auferlegt wurden, waren diese Juden doch außerordentlich erfolgreich. Und so passierte es wiederum wie im Jahre 1421. Diesmal, im Jahre 1670, vertrieb Leopold alle Wiener Juden, machte ihre Synagoge zu einer Kirche und vertilgte alle Zeichen ihrer Kultur. Diesmal hatte man den Juden die Schuld an einem Brand der Hofburg gegeben. Jedoch, die Ausweisung der Juden brachte eine finanzielle Katastrophe für die Stadt, und so wurde den Juden wiederum erlaubt zurückzukehren. Man hatte sie nicht wegen ihrer kulturellen Beiträge vermißt oder wegen ihrer religiösen Bräuche, man erlaubte ihnen die Rückkehr, weil ihre Abwesenheit dem wirtschaftlichen Wohlergehen der wohlhabenderen Wiener schadete, eben jener, die sie zunächst einmal hinausgeworfen hatten. Die Heuchelei und Häßlichkeit der Wiener gegenüber ihren jüdischen Mitmenschen spottet jeder Beschreibung. Jedoch, ungeachtet der Feindseligkeiten der Herrscher, wie etwa der Kaiserin Maria Theresia, erreichten die Zurückgekehrten doch Rechte und

Privilegien. Man ist verblüfft, angesichts der Tatsache, daß „im Jahre 1848 Österreich die einzige größere Macht in der westlichen Welt war, die den Juden immer noch mittelalterliche Beschränkungen auferlegte“.[4] Sie waren unterworfen „Beschränkungen hinsichtlich der Ansiedlung, des Besitzes von Land, im Handel und selbst in bezug auf die religiöse Organisation... Sie mußten besondere Steuern zahlen, und auch verkrüppelte oder invalide jüdische Veteranen erhielten keine Ausnahme von diesen Belastungen. Jene hingegen, die in der Armee auch in Friedenszeiten verblieben, hatten sehr häufig Diskriminierung zu erleiden“.[5]

Schließlich gab 1849 Kaiser Franz Joseph I. den jüdischen Einwohnern volle Bürgerrechte. Wiens jüdische Bevölkerung vergrößerte sich von etwa 6000 im Jahre 1860 bis 1900 auf 147.000. Mit diesem Zuwachs kamen auch Talent und Kreativität, die dazu beitrugen, Wien zum kulturellen Zentrum Europas zu machen. Stefan Zweig schrieb: „Neun Zehntel dessen, was die Welt als Wiener Kultur im 19. Jahrhundert feiert, war von den Wiener Juden gefördert, unterstützt und sogar auch geschaffen.“ Und diese Beiträge setzten sich auch noch in den ersten 38 Jahren des 20. Jahrhunderts fort, ja sie wuchsen sogar. So kommt man wiederum zu der Frage: Wie konnten Österreich und Wien ihre Juden so behandeln, wie sie es am 12. März 1938 und danach taten? Und wie konnten die Juden selbst angesichts ihrer Geschichte und ihrer höchst fragilen gesellschaftlichen Stellung so blind sein?

Bis zum 12. März 1938 betrachteten sich die Wiener Juden in allererster Linie als loyale und stolze Bürger Wiens und als Österreicher oder Juden erst an zweiter Stelle. So wie manche Franzosen sich zuerst einmal als Pariser betrachten. Angesichts dessen, wie im Verlauf der Geschichte die Wiener die Juden behandelt haben, und angesichts der deutlichen Verachtung, mit der die Juden in der Leopoldstadt behandelt und betrachtet wurden, ist es schwer einzusehen, warum der Wiener jüdische Mittelstand tatsächlich so stolz darauf war, Wiener zu sein. Warum waren sie so darauf aus, Mitglieder in diesem „Klub“ zu sein? Hatten sie unterbewußt die Vorstellungen von Minderwertigkeit akzeptiert, die vielleicht eine Assimilierung beseitigen würde? Jedenfalls, anders als gleichberechtigte Wiener behandelt zu werden, war ja doch einfach unvorstellbar. Tatsächlich hat eine große Anzahl von Juden die Aufnahme in den sozialen gesellschaftlichen Hauptstrom dadurch gesucht, daß sie zum Christentum übertraten, und „um das Jahr 1900 hatten die Wiener Juden die höchste Übertrittsrate irgendeiner jüdischen Gemeinde in der ganzen Welt“.[6] Berkley meint, daß „die Anziehungskraft der Assimilierung weniger einem Bedürfnis entsprang, die antisemitischen, wirtschaftlichen und beruflichen Auswirkungen zu überwinden, als vielmehr einem Wunsch, den sozialen und psychologischen Auswirkungen zu entgehen. Die meisten der Wiener Juden wollten sich so weit als irgend möglich in diese Stadt, die sie so leidenschaftlich liebten, integrieren“.[7]

Wien zu verlassen, schien damals nicht eine ernsthafte Möglichkeit. Die Familie Zipper war da gar keine Ausnahme. Es herrschte die Meinung vor, Hitler sei zwar eine Bedrohung, aber er sei nicht so gefährlich als man glaube. Sie realisierten dann jedoch, daß sie nicht länger Wiener waren, sondern nun eben Juden. Aber immer noch aus einem falschen Gefühl der Sicherheit heraus entschlossen sie sich, nicht sofort abzureisen, wie Herbert Zipper sie bestürmt hatte. Statt dessen begann die Familie, wie es sich für eine gute mittelständische Familie schickte, ihre Koffer zu packen und ihre Pläne zu machen. Am 12. März 1938 war aber der Vater Zipper, Emil, durch einen Zufall wegen Geschäftsangelegenheiten in England. Er reiste sogleich nach Paris und unternahm alles Mögliche, um Papiere zu erhalten, die seiner Familie die Ausreise aus ihrem geliebten Wien möglich machen sollten.

Während der nächsten beiden Monate, in denen die Juden in Wien beschimpft, gedemütigt und verhaftet wurden, schlief Herbert Zipper häufig nicht zu Hause. Er rief zuerst telephonisch an, bevor er heimkam, um zu sehen, ob es auch sicher sei. Seine Vorsichtsmaßnahmen waren jedoch nicht ausreichend. Denn am Morgen des 27. Mai 1938 erschien ein Kriminalbeamter in der Wohnung der Zippers in der Hietzinger Hauptstraße 120 und sagte, daß die drei jungen Brüder Herbert, Otto und Walter mit ihm kommen müßten. Gleichzeitig verlangte er von Herbert Zipper, er solle seine Schreibmaschine mitbringen. Dies verwirrte die drei Brüder, die meinten, die Schreibmaschine solle vielleicht als Beweis in irgendeiner Art gegen sie verwendet werden. Tatsächlich aber waren so viele Bürger von der Polizei verhaftet worden, daß sie einfach mehr Schreibmaschinen brauchte. Der Polizist brachte die drei Männer ins örtliche Polizeikommissariat, und zwar per Straßenbahn. Es stellte sich heraus, daß keiner der vier wußte, was eigentlich als nächstes kommen sollte. Es ist vielleicht bemerkenswert und auch symptomatisch hinsichtlich der allgemeinen Unwissenheit, daß nicht einmal die österreichische Polizei Kenntnis davon hatte, was nun geschehen würde und bei welchen Geschehnissen sie sogar half. Um dies zu unterstreichen, genügt schon die Tatsache, daß der Polizist ein paar Tage später in die Wohnung der Zippers zurückkam, um sich bei Hedy Zipper, der Schwester der „drei Kriminellen“ zu entschuldigen. Er sagte, wenn er gewußt hätte, daß man die drei in ein Konzentrationslager schicken werde, hätte er sie gewarnt und drauf gedrängt, daß sie die Flucht ergriffen.

Die drei Zippers und ungefähr zwanzig andere waren auf dem Polizeikommissariat in Haft und mußten zunächst Personalpapiere ausfüllen, wurden schließlich in eine Schule in der Karajangasse gebracht, die als provisorisches Anhaltelager diente. Die Straße war so genannt worden nach einem Leibarzt des Habsburger Kaisers Franz Joseph I., der auch der Vater des späteren Dirigenten Herbert von Karajan gewesen war. Zu diesem Zeitpunkt wußte noch immer niemand, was eigentlich geschehen werde. Zipper jedoch erwartete nichts Gutes und begann, einen Wirbel zu machen. Sein Bruder Otto litt an einer Lungenkrankheit, für die er eine Pneumothorax-Behandlung haben mußte. Daher verlangte Zipper, daß man ihm gestatten müsse, in ein Spital zu gehen. Er ermahnte die österreichischen Polizisten, daß sie persönlich verantwortlich sein würden für alles, was Otto geschehe. Herbert Zipper glaubte immer noch, daß er eine soziale Macht besitze und die Stellung und die Rechte, um Warnungen auszusprechen und sich selbst durchzusetzen. Schließlich gab auch die Polizei nach, und Otto wurde in ein Spital gebracht, eine Tatsache, die wahrscheinlich sein Leben gerettet hat. Aus dem Spital wurde Otto nach Hause geschickt und reiste bald darauf mit anderen Mitgliedern der Familie nach Paris. Angesichts seines Gesundheitszustandes bestand wohl nur eine kleine Chance, daß er in einem KZ die Tage und Monate, die da kamen, überlebt hätte.

Für zwei ganze Tage waren Walter und Herbert Zipper und ungefähr weitere 500 bis 700 Menschen in dieser Karajan-Schule eingesperrt, wo sie nichts zu tun hatten, als darüber nachzudenken, was wohl geschehen werde. Gelegentlich erschien irgendein Nazi-Funktionär und brüllte irgendwelche unsinnigen Beschimpfungen, die, so weit es Zipper verstehen konnte, vielleicht dazu angetan sein sollten, die Anwesenden einzuschüchtern. Tatsächlich schien vor allem die österreichische Polizei von alldem eingeschüchtert zu sein. Zipper lobt sogar ihr Verhalten, im Vergleich freilich zur SS. Für einen kurzen Augenblick waren die Polizei und die Autoritäten in ein Dilemma geraten: Erkannten sie ihre Verpflichtungen und Verantwortlichkeiten gegenüber ihren Mitbürgern, oder sollten sie ihre Gehorsamspflicht auf die neuen Machthaber übertragen? Sie brauchten aber nicht allzuviel Zeit, um mit diesem Dilemma fertigzuwerden. Hätte einer der Gefangenen gewußt, wohin man sie schicken würde, so hätte er vielleicht versucht, zu entkommen.

Am Abend des zweiten Tages wurden Zipper, sein Bruder Walter und ungefähr weitere zwanzig Personen in einen „grünen Heinrich“, einen Gefangenenwagen, verladen. Man sagte ihnen, sie würden auf die Elisabeth-Promenade gebracht, d. h. ins Polizeihauptquartier. Der Gefangenenwagen jedoch bewegte sich in eine ganz andere Richtung, und zwar auf den Westbahnhof zu. Der Chauffeur gab bald zu, daß es dorthin gehe und daß sie nach Dachau gebracht würden. Zippers Ängste vervielfachten sich.

Schon im Jahre 1934 wußten Zipper und andere österreichische und deutsche Juden, was für ein Ort dieses Dachau war. Das Lager war 1933 gegründet worden, die Kunde davon hatte sich rasch verbreitet. Die österreichische Zeitung „Die Stunde“, in der ein Freund von Walter Zipper, namens Robert „Bobby“ Kahan, schrieb, hatte eine Serie im Jahre 1934/35 publiziert, in der die Zustände im Konzentrationslager Dachau beschrieben wurden. Schon damals war der Name Dachau gleichbedeutend mit Terror und Brutalität geworden.

Die vielen Gefangenenwagen kamen am Westbahnhof nicht etwa dort, wo die Einstiege für Passagiere waren, zum Stehen, sondern vielmehr am Frachtenbahnhof. Die Nazis wollten nicht, daß irgendjemand sah, was sie da taten. Auf dem Frachtenbahnhof konnten die Gefangenenwagen vielleicht direkt zu den Schiebetüren der Waggons fahren und ihre „Fracht“, nämlich die Juden von Wien, dort deponieren. Die Ereignisse des Transports nach Dachau sind in einem Brief erhalten geblieben, den Zipper einem Freund, Eric Simon, ein Jahr später im Juni 1939 schrieb:

> *„Wir hatten den ganzen Tag nichts zu essen bekommen, sind sieben Stunden ununterbrochen im Turnsaal gestanden; doch in diesem Augenblick vergaßen wir Hunger und Müdigkeit. Wir waren 17 Mann im Wagen, wir wußten, jetzt kommt etwas Furchtbares; kein Wort wurde gesprochen.*

Als das Auto durch das Tor in den Güterbahnhof einfuhr, sagte unser Polizist: „Achtgeben! Sehr rasch aussteigen und noch rascher einsteigen, sonst ist's OHA!"

Der Wagen hielt; die Wagentür wurde aufgerissen, einer nach dem anderen sprang hinaus; ich war einer der letzten. Ich hörte nur ein fürchterliches Gebrüll und sah durch das rückwärtige Fenster einen langen Zug.

Als ich aus dem Wagen sprang, sah ich zuerst meinen Bruder auf der Plattform des gegenüber stehenden Eisenbahnwaggons auf dem Boden liegen. Dann erhielt ich einen Faustschlag auf das linke Auge und mehrere Gewehrkolbenhiebe gegen die Brust. Die Plattform erreichte ich nicht ganz durch eigene Kraft, denn ich wurde bei den Haaren gezogen. Ein Fußtritt von hinten beschleunigte mein Vorwärtskommen erheblich. Wie ich dann in mein Abteil auf meinen Sitz kam, weiß ich nicht mehr ganz genau. Ich hörte nur ein irrsinniges Gebrüll und fühlte, wie ich durch Kolben- und Bajonettstöße vorwärts getrieben wurde. Als ich endlich auf meinem Sitz landete, erinnerte das Verhalten der Insassen an ein Irrenhaus. Wir waren zehn Mann im Abteil. Mein Bruder Walter saß mir gegenüber. Wie gebannt starrten alle hocherhobenen Hauptes ins Licht der Deckenlampe und saßen nicht angelehnt, sondern am vorderen Rand der Sitze. Das war die anbefohlene Haltung, die wir, unterbrochen durch verschiedene Übungen und Schlägereien, bis Dachau, also 13 Stunden lang, einnehmen mußten. Ein SS-Mann in feldgrauer Uniform, mit Sturmhelm und bis an die Zähne bewaffnet, instruierte uns.

Mein erster klarer Gedanke war: „Also das sind die neuen Barbaren. So sind sie wirklich!" Alles, was bis jetzt darüber geschrieben und erzählt wurde, kam den Tatsachen nicht einmal nahe. Wahr ist vielmehr, daß die Ausübung der verschiedenen Torturen und Quälereien physischer und psychischer Natur nicht den einzelnen, sich jede halbe Stunde ablösenden Bewachungsorganen überlassen sind, sondern, wie ich später einwandfrei feststellen konnte, nach einem genauen, offiziellen Reglement erteilt werden. Vom Gesichtspunkt der Nazibehörden wäre es falsch, den rohen Instinkten vertierter Menschen freien Lauf zu lassen; denn schließlich wird auch der Unmenschlichste seiner Roheit müde und, wenn auch nur für kurze Zeit, zahm. Daher werden Roheit, Bestialität, Unmenschlichkeit und Mitleidslosigkeit gelehrt und eingepaukt. Der SS-Mann hat sich genau an die Vorschriften zu halten, solange er im Dienst ist. Tut er es nicht, so wird er wegen Dienstverweigerung schwer bestraft. Vormalige SS-Männer, die selbst Häftlinge in Dachau waren, haben mir das bestätigt.

Zu Anfang der „Reise" wurde uns das „Meldungmachen" beigebracht. Wenn eine Charge vorbeikam, und alle fünf bis zehn Minuten kam so ein Gefreiter oder Korporal durch den Gang, mußte der am Eck Sitzende „ACHTUNG" brüllen. Darauf mußten wir alle von den Sitzen schnellen - die Augen immer ins Licht gerichtet - und regungslos dastehen. Der dem Achtung-Brüllenden Gegenübersitzende hatte nun zu melden: „Melde gehorsamst, zehn Judenschweine im Abteil", ebenfalls brüllend. Unser Waggon hatte acht Abteile. Du kannst Dir selbst ausrechnen, wie oft diese „Meldung" im Laufe der 13 Stunden zu hören war.

Nach kurzer Zeit begann der sogenannte Sport: „Niederknien - Aufstehen - Niederknien - Aufstehen" - das ging so eine Viertelstunde ohne Unterbrechung. Du mußt Dir vorstellen, daß diese Übungen im Abteil zwischen den beiden Bänken stattfanden, daß wir zehn Mann im Abteil waren, darunter zwei Männer zwischen 60 und 70, daß die Fenster geschlossen und die Vorhänge zugezogen waren, und daß es Sommer war. Dazu kam, daß wir 24 Stunden nichts gegessen und nichts getrunken hatten und nicht austreten konnten. Während dieser Übungen mußten wir fortdauernd ins Licht schauen. Wenn einer nicht ganz niederknien konnte oder nicht rasch genug hochkam, oder sich mit der Hand an seinem Gegenüber stützte, wurde mit dem Gewehrkolben, dem Bajonett oder den Füßen auf ihn eingedroschen. Einer von den zwei älteren Männern wurde nach zehn Minuten ohnmächtig. Für die Behandlung einer Ohnmacht galten folgende Regeln: Zuerst wird auf den Ohnmächtigen mit Händen und Füßen losgedroschen. Hilft das nicht, dann wird ein Kübel Wasser über seinen Kopf geleert. Hilft das auch nicht, dann wird der am Boden Liegende bei den Hoden gepackt und hochgerissen. Diese Prozeduren wurden mit allerlei eingelernten Verwünschungen begleitet. Zum Beispiel: „Verreck', olles Judenschwein! Hast dein ganzes Leben das Volk beschissen!" Oder: „Du geile Judensau, hast dein ganzes Leben auf arischen Mädchen herumgelegen!" und dergleichen mehr.

Es ist natürlich klar, daß wir alle mehr oder minder schwere Verletzungen im Laufe dieser Fahrt davongetragen haben. Ich kam verhältnismäßig glimpflich davon. Ich hatte nur zwei gebrochene Rippen, und mein linkes Auge war „geschlossen". Einige starben auf der Fahrt oder wurden erschlagen. Wieviele es waren, weiß ich nicht. Ich selbst habe nur vier Leichen gesehen, die an unserem Abteil vorbeigetragen wurden. Einigen wurde ein Auge, vielen wurden die Zähne ausgeschlagen. Es gab auch Irrsinnige. Wenn einer versuchen wollte, sich zu wehren, wurde er glatt erschossen. Die meisten waren vom Anfang der Fahrt nicht mehr bei klarem Verstand. Ich hörte einmal neben mir eine Stimme: „Sind wir im Kino?"

Die Torturen, das starre Sitzen an den vorderen Kanten der Bänke, die Hände unbeweglich auf den Knien, die Augen ins Licht, die Turnübungen verschiedenster Art, die Schlägereien, die eingelernten Reden und Fragen wie z. B.: „Wem gefällt es hier nicht? Das Beste ist, ihr laßt euch gleich erschießen!" Oder: „Hängt euch gleich in Dachau auf, von Dachau kommt keiner lebend raus." „Das heute ist nur eine K.d.F.-Fahrt („Kraft durch Freude", Freizeitorganisation der NSDAP; Anm. d. Übersetzers), in Dachau fängt der Ernst des Lebens an!" „Wenn einer sterben will, braucht er's nur zu sagen!" usw.

Keiner durfte „austreten", keiner durfte sich rühren oder auch nur ein Wort sprechen. Diese 13 Stunden waren endlos, und viele haben sich nie mehr ganz von dieser Fahrt erholt.

Ich selbst war völlig klar bei Sinnen und erinnere mich an alles, was ich in jener Nacht gedacht habe. Vor allen Dingen war ich überzeugt, daß ich nie mehr lebend in die Freiheit kommen werde, es sei denn durch eine Revolution im Reich, und dazu fehlten damals alle Voraussetzungen. Ich weiß noch genau, daß wir Brüder wenige Stunden nach unserer Abfahrt vom Westbahnhof durch Zeichen mit den Augen von einander Abschied genommen haben.

Recht bald verließ mich der Gemütszustand, den ich Angst um das eigene Leben, Furcht vor Schmerzen und dem Tode nennen möchte. Ich war nur mehr sehr neugierig auf das, was noch kommen würde. Ich konnte sehr bald klar überlegen, wie ich mich zu dieser Situation stellen soll, und war von vornherein fest entschlossen, bis zum Letzten durchzuhalten, nicht weil ich an die Freiheit glaubte, sondern einfach, weil ich neugierig war und nicht nachgeben wollte. Diesem Umstand verdanke ich vielleicht, daß ich, abgesehen von den ersten 20 Minuten unserer Fahrt, die übrigen neun Monate meiner Haft nicht mehr angerührt wurde.

Es ist ein Nazi-Grundzug, daß er hauptsächlich dort hinschlägt, wo er Angst und Schwäche sieht, und zurückweicht vor Furchtlosigkeit und Stärke. Ich will keineswegs behaupten, daß ich von Natur aus furchtlos und stark bin, aber ich habe während meiner Gefangenschaft gelernt, diese Eigenschaften vorzugeben und die Rolle zu spielen. Denn ich habe bemerkt, daß es die einzige Waffe ist, die einem bleibt.

Noch eine Episode von der Fahrt. Wir mußten auch singen, gemeinsam und einzeln. Als ich dran kam, fiel mir ein, „Freude, schöner Götterfunken" zu singen. Als ich zur Stelle kam, „Alle Menschen werden Brüder", unterbrach mich der SS-Mann wütend mit den Worten: „Was singst du da, du bolschewistisches Judenschwein? Was ist das?" Ich darauf in militärischer Haltung brüllend: „Melde gehorsamst, Text von Schiller, Musik von Beethoven!" Die folgenden zehn Minuten hatten wir Ruhe.

Am 31. Mai um 11.30 Uhr vormittags kamen wir im Bahnhof Dachau an und wurden in Vieh-Waggons verladen, 150 Mann in jedem Waggon. Die Türen wurden verschlossen, es war stockfinster, und die Luft war zum Ersticken. Innerhalb der Waggons war keine Bewachung. Wir standen dicht gedrängt; wir wußten nicht, was jetzt geschehen würde, die wenigsten wagten zu sprechen. Es war eine Atmosphäre von Angst und Grauen, die mit Worten nicht wiederzugeben ist."

Was immer aus Herbert Zipper im alten Wien geworden wäre, ob er ein Leben schönen Musizierens geführt hätte, mit erfreulichen intellektuellen Diskussionen in eleganten Kaffeehäusern, in einer relativ homogenen Kultur lebend, all dies war nun für immer zerstört. In der Zeit von März 1938 bis zum Februar 1939, dem Zeitpunkt, als Herbert Zipper wiederum nach Wien zurückkehrte, hatte sich alles völlig verändert. Das Leben Zippers hat zwei ganz unterschiedliche Phasen: V. D. und N. D., nämlich vor Dachau und nach Dachau. Die Bahnfahrt nach Dachau war für Herbert Zipper das schrecklichste und bedrückendste Erlebnis in seinem Leben: „Ich begann zu lernen, wer ich wirklich war, in dieser Nacht wurde ich erwachsen."

Kapitel II
Vom Fin de Siècle zum Fin de Millennium

So gib mir auch die Zeiten wieder,
da ich noch selbst im Werden war,
ich hatte nichts und doch genug:
den Drang nach Wahrheit und die Lust am Trug,
gib ungebändigt jene Triebe, das tiefe schmerzensvolle Glück,
des Hasses Kraft, die Macht der Liebe,
gib meine Jugend mir zurück!

Goethe

Die Straßen der alten Innen-Stadt von Wien waren mit Holzblöcken gepflastert, die man „Stöckelpflaster" nannte. Als Kind war Herbert Zipper noch zu einem einzigartigen Klang in den Schlaf gewiegt worden: nicht dem Schlag eiserner Hufe auf dem Stein, sondern von einem warmen einladenden Klang, nämlich dem musikalischen Klang hölzerner Bass-Xylophone. Dieses Stöckelpflaster war fast wie eine Verlängerung der eigenen Wohnung, wie eine hölzerne Halle. Das Echo der Pferdehufe war ein sanftes Klipp-Klapp, das sich in Zippers Gedächtnis als ein wesentliches Ding des alten Wien eingeprägt hat. Als Kind im Bett zu liegen und diesem Märchenklang zuzuhören, war außerordentlich schön.

Herbert Zippers Vater Emil war das jüngste von elf Geschwistern. Geboren am 24. September 1875 im 27. Jahr der Regierung Kaiser Franz Josephs, wuchs er in Wien auf. Seiner Neigung für die Technik folgend, absolvierte er die Technische Hochschule. Zippers Mutter, Regina Westreich („Rosie"), die älteste von drei Schwestern, wurde am 19. Oktober 1877 geboren. Sie besuchte nur die Mittelschule, wie das damals für Mädchen üblich war. Emil und Rosie lernten einander in Wien kennen und heirateten 1901. 1902 wurde ihr erster Sohn Walter geboren, dem Herbert 1904, Hedy 1907 und Otto 1914 folgten.

Die Familie Zipper wohnte nun am Graben 31, unmittelbar neben dem Stephansplatz, dem Herzen der Stadt. Hier befand sich auch die Zentralstation für die Stellwagen, den pferdegezogenen Kutschen, mit denen man alle 21 Bezirke Wiens erreichen konnte. Ein zeitgenössisches Bild des Grabens von 1902 sieht diese Straße so:

„Die Schaufenster der Geschäfte erwecken alle schlummernden Wünsche des Besitzens. Sie appellieren an jeden Geschmack und können die Capricen des Heikelsten befriedigen; der Graben mit seinen schönen Kaffeehäusern, in denen es rote Sofas gibt, aber deren Besucher in der Sommerzeit auch auf den Gehsteigen Platz finden, wo Tische aufgestellt sind und entsprechendes Mobiliar, von einer Fülle koketter kleiner Sonnenschirme geschützt. Ein typisches

Zeichen für diesen Graben. Dort ist immer eine Menge von Spaziergängern, Frauen und Männern - der Boulevard des Italiens von Wien. Dort versammelt sich die elegante Welt, aber auch alle Fremden, am Morgen und wiederum am Abend... Hier - am Graben - von zehn Uhr vormittag bis zu Mittag und von sechs bis neun Uhr abends ist ein ständiges Kommen und Gehen, ein Schwung und ein Pulsieren des Lebens, besonders aber auch der sogenannten „demi monde", die besonders hier in voller Stärke aufmarschiert."[8]

Der Turm von St. Stephan ist ein Bauwerk, das schon unter dem Herzog Rudolph IV. in der Mitte des 14. Jahrhunderts begonnen worden war. Der Originalturm war 1860 als baufällig erklärt und von da an immer wieder eingerüstet und restauriert worden. Von der Türmerstube konnte Graf Starhemberg 1683 die Bewegungen der Türken, die die Stadt belagerten, beobachten. Hier sahen 1805 die Wiener den Anmarsch der Truppen Napoleons, von hier aus kann man die Ebenen Ungarns ahnen, dahinter Galizien und die Karpaten, und auf der anderen Seite die Alpen und die geliebte Donau. Der Turm erhebt sich hoch über die umgebenden Gebäude, ein großartiges Monument für die menschliche Schöpfungskraft und Entschlossenheit. Hier konnte der junge Herbert Zipper über die Stadt blicken, sich ihrer Geschichte entsinnen und seinen Knabenträumen nachhängen.

Eine der frühesten Erinnerungen Herbert Zippers ist, daß er aus den Fenstern seiner Wohnung die großartigen Prozessionen vorbeiziehen sah. Es war ganz besonders aufregend, den Mann zu sehen, der für mehr als sechzig Jahre, von 1848 bis 1907, die österreichisch-ungarische Monarchie zusammengehalten hatte, und der dies auch bis 1916 weiter tun würde: Kaiser Franz Joseph I. Jedes Jahr am Fronleichnamstag nahm der Kaiser an einer glänzenden Prozession teil, gemeinsam mit dem ganzen kaiserlichen Haus und dem Adel, einem Zug, der sich langsam den Graben entlang am Haus der Zippers vorbei bewegte. Den ganzen Graben säumte eine gewaltige Menschenmenge, die der Prozession der Habsburger Familie in ihren glanzvollen Uniformen zusehen wollte. Zipper betrachtete diese Esterhazys, diese Kinskys, diese Adelsfamilien, die im Lauf der Jahre nicht nur die Mächtigen in Österreich gewesen waren, sondern vor allem auch die Patrone eines Haydn und eines Beethoven. Der Historiker Z. A. B. Zeman beschreibt die Szene:

„Die Fronleichnamsprozession übertraf alle anderen. Die Einschränkungen der Fastenzeit und der ernste Pomp des Osterfestes waren nun dahin. Dies war ein glänzendes Ereignis, die Soldaten und Leibgardisten, die Spalier standen, hatten auf ihren Kappen und Helmen Eichenlaub. Die Erzherzöge trafen einzeln ein, in Hofequipagen, gezogen von sechs Grauschimmeln. Und dann der Kaiser, begleitet vom Erzherzog Thronfolger Franz Ferdinand. Sie kamen in einer goldenen und kristallenen Equipage, gezogen von acht Lipizzanern."[9]

Zipper konnte nicht nur solcherart die Geschichte an seiner Wohnung vorbeiziehen sehen, sondern er erblickte in dieser Stadt auch überall Denkmäler der Vergangenheit. Vor den Fenstern stand das große Denkmal der Dreifaltigkeitssäule, im Volksmund die Pestsäule genannt, denn sie ist eine historische

Erinnerung an die ganz Europa erfassende Pestepidemie im 17. Jahrhundert. Sie hatte Wien ganz besonders schwer getroffen. Ein Drittel der Bevölkerung war im Jahr 1679 an der Pest gestorben. „Die Dreifaltigkeitssäule war von Kaiser Leopold I. als Dank dafür errichtet worden, daß die Pest wenigstens einen Teil der Wiener Bevölkerung verschont hatte. Dieses Denkmal zeigt Kaiser Leopold am Fuße der Säule knieend, einen eher häßlichen, bizarren Mann mit der vorragenden Habsburger-Lippe in einer sehr demütigen Geste. 1687 errichtet, wurde die Säule von den führenden Künstlern und Handwerkern der Zeit hergestellt, einschließlich des jungen Fischer von Erlach. Sie war in ihrer Art etwas durchaus Neues und Überraschendes: eine Mischung aus theatralischer Übertreibung, blühender Religiosität, glücklicher Hingebung."[10] In einem anderen Stadtbezirk konnte der junge Zipper oft genug die Statue eines Überlebenden der Pest sehen und hörte wohl auch die legendäre Geschichte vom „Lieben Augustin", die berichtet, daß während des Höhepunkts der Pestepidemie ein berühmter Straßenmusikant, namens Augustin, eines Nachts, schon etwas angetrunken, sich mitten auf die Straße zum Schlafen hinlegte. Nun lagen im damaligen Wien zu jener Zeit immer Leichen von Pestopfern auf den Straßen umher, und Leichenbestatter zogen nachts durch die Stadt und sammelten die Leichname ein, um sie in große offene Gruben, in Sammelgräber für die Pestopfer, zu werfen. Der tief schlafende, sich nicht bewegende Augustin wurde für eine Leiche gehalten, von den Leichenbestattern auf einen der Leichenwagen und dann in die nächste Pestgrube geworfen. Am folgenden Morgen wachte Augustin auf, kalt und zitternd, und wurde sich seiner entsetzlichen Lage bewußt. Unfähig, aus der tiefen Grube aus eigener Kraft herauszukommen, nahm er seinen Dudelsack, der immer noch an seinem Gürtel befestigt war, und begann lauthals zu spielen. Vorbeigehende Fußgänger hörten die Musik, die aus der Pestgrube kam, erschraken darob aufs äußerste, und liefen, sich bekreuzigend, vor dieser unheimlichen Geschichte davon. Schließlich aber hatten doch einige Leute den sehr lebendigen Augustin erkannt und halfen ihm aus seiner Notlage. Augustin hat dieses schreckliche Erlebnis mit einem Liedchen unsterblich gemacht, das heute in der ganzen Welt bekannt ist, wenn auch mit verschiedenen Worten:

„Oh du lieber Augustin, Augustin, Augustin,
oh du lieber Augustin,
alles ist hin,
Geld ist weg,
Mensch ist weg,
Augustin liegt im Dreck,
oh du lieber Augustin,
alles ist hin."

Die Legende berichtet ferner, daß von diesem Tag an Augustin immer wieder durch die Stadt zog, singend, seinen Dudelsack spielend und die Leute erheiternd, ohne daß es ihm passiert wäre, die schreckliche Krankheit zu bekommen. Man glaubte, daß er gegen sie gefeit sei. Er war ein Held der Kindheit Zippers und vielleicht unbewußt ein Vorbild für Zipper in Dachau. Jedenfalls waren die Parallelen, wie wir sehen werden, außerordentlich.

Wie manche Kinder seiner Zeit las Zipper mit Vergnügen die Märchen der Gebrüder Grimm und von Hans Christian Andersen. Heute noch, in seinen achtziger Jahren, erinnert er sich, den „Goldenen Topf" von E.T.A. Hoffmann gelesen zu haben. Als Kind lernte er viele Gedichte auswendig, die er dann seiner erfreuten Familie und deren Freunden aufsagte. Eine frühe Erinnerung, zusammen mit der Fronleichnamsprozession, handelt davon, daß er in der Wohnung seiner Großtante, bevor er noch drei Jahre alt war, ein Gedicht aufsagte. Diese Erlebnisse mögen sehr wohl der Anfang der Entwicklung eines außergewöhnlichen Gedächtnisses gewesen sein - eines Gedächtnisses, das dann eine Schlüsselrolle in seinen späteren Erlebnissen in Konzentrationslagern spielte. Schon im frühen Alter von sechs Jahren begann er, die Geschichten von Wilhelm Busch zu lesen, dessen satirische Zeichnungen als Holzschnitte großartige Arbeiten waren, begleitet von sich ins Gedächtnis einprägenden heiteren Versen. In der zweiten Hälfte des 20. Jahrhundert gibt es nichts, was dieser Dichter- und Zeichnerpersönlichkeit entsprechen würde. Seine Zeichnungen und Verse beleuchteten kritisch alle Aspekte der deutschsprachigen Welt und waren die Freude der Erwachsenen wie der Kinder. Manches davon war antisemitisch, aber die Zipper-Familie, sicher in ihrer wienerischen Identität, las sie und lachte darüber. Vater Emil Zipper las darüber hinaus seinen Kindern auch etwa am Samstag nach dem Mittagessen literarisch wertvolle Werke vor, so etwa die Texte von Opern, oder aber Gedichte von Heine, Goethe, Schiller und anderen klassischen deutschen Schriftstellern. Er gab sich kaum mit Unwesentlichem ab, und der junge Herbert hat sehr bald diese Eigenheit übernommen. Sein ganzes Leben lang hat Herbert Zipper nur wenig im Sinn mit Unwesentlichem oder gar mit Frivolem.

Zusätzlich zu den Büchern war die Musik ein integraler Teil der Familie Zipper. Wie viele gutsituierte Wiener Familien jener Zeit, sahen die Zippers darauf, daß ihre Kinder Musikunterricht erhielten. Wenn man durch die Straßen des alten Wien ging, konnte man aus vielen Fenstern die Kinder ihre Instrumente oder Gesang üben hören. Bei den Zippers lernte Walter Klavier und Cello, auch Herbert und Hedy nahmen Klavierstunden. Nur Otto, der 1914 geboren war, als der Krieg schon begonnen hatte, erhielt keinen Musikunterricht, obgleich er sehr musikalisch war. Mit dem Jahr 1914 veränderte sich die Welt Wiens auf das radikalste. Und Otto, so glaubten seine Brüder, wuchs auf, ohne dieselben Vorteile zu haben, die sie hatten, und ohne jenes Gefühl der Sicherheit und der Zuversicht für die Zukunft.

Da Herbert Zipper sehr früh ein ungewöhnliches musikalisches Talent zeigte, suchten die Eltern, schon als er fünf Jahre alt war, einen Musiklehrer für ihn. Sein erster Klavierlehrer war Italiener, Herr Radovani. Der junge Zipper mochte weder seinen schwerfälligen Gang noch seine schwerfällige Art des Unterrichtens. Dieser Lehrer war geradezu eine Karikatur des altmodischen, Schüler prügelnden Tyrannen. Und so schlug er auch Zipper mit seinem Bleistift auf die Finger, wenn das Kind beim Klavierspielen einen Fehler machte. Für einen fünf

Jahre alten Knaben waren die Musikübungen außerordentlich langweilig. Seine nächste Lehrerin, Madame Vukovic, spielte sehr schön Klavier und unterhielt ihren Schüler mit ihrem großen Konzertakkordeon. Danach studierte er die längste Zeit bei Ernst Pilzer, einem Schüler von Emil Sauer, Professor für Klavier an der Wiener Musikakademie. Durch Pilzers Unterricht entwickelte er eine lebenslange Liebe zu Bach, Mozart und Beethoven, den Favoriten auch seiner Mutter. Rosie Zipper mußte ihren Sohn niemals zum Üben anhalten. Er tat es einfach - üblicherweise zwei Stunden pro Tag -, ab dem Alter von zehn Jahren.

Von seinen frühesten Tagen war das Wien eines Mozart, eines Beethoven, eines Schubert zutiefst in seiner Seele eingepflanzt. Schon in sehr frühem Alter gingen Zipper und sein Bruder Walter allein in Konzerte oder auch in die Wiener Hofoper auf den Stehplatz in der vierten Galerie. „Einmal", so erinnert sich Zipper, „standen wir fünf Stunden an, um Karten für den Stehplatz zu bekommen, dann standen wir noch weitere fünf Stunden und hörten Wagners Tristan. Was wir heute vergessen haben, ist, daß man damals, um sich an Musik zu erfreuen, entweder in einen Konzertsaal oder in die Oper gehen oder selbst Musik spielen mußte." Der junge Zipper tat beides. Seine Mutter war auch eine gute Musikerin, die ausgezeichnet vom Blatt spielen konnte und ein gutes Gehör besaß. „Ich erinnere mich, daß ich oft mit großem Vergnügen mit ihr vierhändig spielte." Pablo Casals hörte er zum ersten Mal, als er erst neun Jahre alt war (1913). Das Konzert war erinnerungswürdig, weil Casals das Cellospiel revolutionierte. Seine neue Methode der Fingerstellung war revolutionär. Junge Cellisten jener Zeit, wie etwa Emanuel Feuermann, hätten nicht so spielen können, wie sie es taten, ohne Casals. Zipper selbst lernte die neuen Techniken Casals, Techniken, die er dann wiederum Mitgliedern seiner eigenen Orchester in den kommenden Jahren vermittelte. In jener Zeit hörte Zipper auch eine Anzahl junger Pianisten: den jungen Walter Gieseking, den wilden Ignaz Friedmann, Pianisten-Komponisten wie etwa Eugen D'Albert, Ferruccio Busoni, den Schüler Liszts Emil von Sauer und, nach dem Ersten Weltkrieg, den Klavier-Virtuosen und Komponisten Sergei Rachmaninoff.

1908 war die Wohnung am Graben der Zipper-Familie zu klein geworden, und so unternahmen sie den ersten von vielen Umzügen. Zunächst übersiedelten sie in das westlichste Land Österreichs, nach Vorarlberg. Dort wohnten sie im Hotel Europe in Bregenz mit Blick auf den Bodensee. Dort stellte die Familie auch die erste Gouvernante an, eine ältliche, französischsprechende Dame. Im Frühjahr 1909 übersiedelten sie schon wieder, und zwar in eine Wohnung mit einem Garten in Dornbirn, etwa 30 Minuten Bahnfahrt von Bregenz entfernt. Bald wurde auch eine neue Gouvernante angestellt, Emma Kaspar. Emma blieb für viele Jahre bei der Familie und hatte auf Zipper und seine Schwester einen außerordentlichen Einfluß.

Emma wuchs im Elsaß auf, damals ein deutsches Land, benachbart Frankreich, und erhielt ihre Erziehung in einer Klosterschule. Ihr Vater, ein Offizier in der deutschen Armee, beantwortete ein von Emil Zipper aufgegebenes Inserat. Und so kam Emma an der Gartenpforte in Dornbirn an, blickte in den Garten und, wie sich Zipper erinnert, „sah meinen bärtigen Vater in seinem Bademantel mit einer großen Wasserpistole. Mein Bruder und die Freunde, meine Mutter, Ernst Stefan und ich hatten auch solche Wasserpistolen und Wasserflaschen, und wir hatten einen Wasserkampf. Wir lachten und kicherten, und da kam nun diese Frau aus der Klosterschule, um uns Französisch zu lehren. Sie war zunächst nicht sicher, ob sie mit diesen verrückten Leuten zusammenbleiben solle."

Aber sie blieb. Zipper war fünf, als Emma angestellt wurde, und sie war seine Hauptlehrerin während der meisten Zeit seiner und Hedy Zippers Kindheit. Sie sollte ihnen Französisch beibringen, lesen, schreiben, aber sie lehrte ihnen noch viel mehr. Zipper und seine Schwester liebten diese Unterrichtsstunden so sehr, daß ihnen im Vergleich die Schule langweilig erschien. Die Schulen damals waren noch streng und altväterisch. Man mußte eine Menge auswendig lernen. Aber Emma, eine intuitive Radikale, befaßte ihre Schüler mit den Problemen des Lehrens. Sie weihte sie schon in einem frühen Alter in die zauberhafte Kinderliteratur ein, so etwa in die Werke von E.T.A. Hoffmann und anderen. Grimms Märchen dagegen hielt sie für zu grausam, und so erfand sie ihre eigenen Geschichten, die charmant und fröhlich waren. Im Kontrast dazu führte sie die Kinder, als sie älter wurden, in die dunkle und verworrene Welt eines Dostojewsky ein und vermittelte ihnen ihre eigene Art des Humanismus. Als sie intellektueller wurde in ihrer eigenen Reaktion gegen die katholische Kirche, übertrug sie ihre Neugier und ihre Lernbegierde auf Herbert und Hedy Zipper. Der Übergang aus der Klosterschule zu der kulturell und intellektuell freiheitlich denkenden Zipper-Familie war für Emma ein aufregendes Erlebnis, das sie mit ihren jungen Schülern teilte. Die Kombination des Agnostizismus von Emil Zipper und des entstehenden Humanismus von Emma waren ohne Zweifel Hauptfaktoren in Herbert Zippers eigenem Agnostizismus und Humanismus.

Sie war auch von den Künsten fasziniert und gab dies an ihre Schutzbefohlenen weiter. Damals gab es Serien von Monographien über Künstler, bekannt als „Blaue Bücher". Emma gab diese blauen Bücher weiter an Zipper, als er kaum sechs Jahre alt war. So gab es blaue Bücher über Michelangelo, Da Vinci, Raffael, Rembrandt, Dürer und so weiter. So begann schon in frühen Jahren die lebenslange Liebesaffäre Zippers mit den darstellenden Künsten. Das Leben in der Familie Zipper war nicht nur für Emma eine Überraschung, sondern auch für viele Besucher, die erstaunt waren über die Gespräche, die beim Abendessen geführt wurden, über die vielen angesprochenen Themen von der Politik über die Philosophie bis zum aphoristischen Humor. Es war dies ein hauptsächlich Wiener Humor, der aber doch auch durch die Erfahrung jüdischen Mittelstandslebens modifiziert war.

Der vom Vater ererbte Humor hat Zipper manche dunklen Stunden in den folgenden Jahren zu überdauern befähigt.

Auch die Erinnerungen von Hedy Zipper an ihre Kindheit entsprechen jenen ihres Bruders, als einer Zeit des Glücks und der Ungestörtheit.

„Als ich zehn Jahre alt war, war es Herbert, der mich in die Musik einführte. Er hat mich in Konzerte mitgenommen, zu Vorlesungen, zu Opern und zu Proben."

Von all den jungen Mädchen, die Hedy kannte, ging keine einzige auf die Universität. Sie selbst ging in die Mittelschule, aber auch nur, bis sie vierzehn Jahre alt war. Mädchen wie Hedy Zipper wurden zur Häuslichkeit erzogen, um, sobald sie halbwegs erwachsen waren, zu heiraten und über ein neues Heim zu präsidieren. Sie gingen niemals allein aus dem Haus. Hedy hatte kein einziges Rendezvous, ohne daß jemand von der Familie dabeigewesen wäre, bevor sie 21 Jahre alt war. Wann immer sie mit einem jungen Mann irgendwohin ging, war stets einer ihrer Brüder dabei, um sie zu begleiten.

Nachdem sie in Bregenz und Dornbirn mehr als ein Jahr gelebt hatten, zog die Familie Zipper im Jahr 1910 wieder zurück nach Wien. Damals gab es in Wien zwei Bezirke, die als elegant galten, den 13. Bezirk, Hietzing, und den 19. Bezirk, Döbling. Zunächst zogen die Zippers in die Vegagasse in den 19. Bezirk. 1913 übersiedelten sie wieder und mieteten eine große Wohnung in der Hietzinger Hauptstraße.

Wien war im Jänner 1913 ein Ort, an dem eine Menge bedeutender Frauen und Männer lebten, bestimmt dazu, in der Welt noch eine besondere Rolle zu spielen. Leo Trotzki saß im Cafe Central und arbeitete dort an seiner jüngsten Ausgabe der „Prawda", während er einen Mokka trank. Er wohnte in einem Haus in der Daringergasse im 19. Bezirk. Joseph Dschugaschvili, der später als Stalin bekannter werden sollte, hielt sich fünf Wochen in Wien auf, um dort Quellenstudien zu betreiben und Essays über den Sozialismus zu schreiben. Josip Broz, später bekannt als Marshall Tito, arbeitete nahe von Wien als Automechaniker und erfreute sich des Nachtlebens. Im Februar 1913, als der junge Zipper zu seinen Musikunterrichtsstunden unterwegs war, bereitete Arnold Schönberg seine neue, gewohnte Tonalität verlassende, Kammersymphonie für ein Konzert vor. Aber eine verwirrte und verärgerte Zuhörerschaft bereitete ihm mit Pfiffen und Pfui-Rufen eine lautstarke Niederlage. Im Jahre 1913 arbeitete Siegmund Freud an seinem Werk „Totem und Tabu", während „etwa neun Straßenbahnstationen nordöstlich von dem Haus, in dem sich Freuds Ordination befand, lebte in dem Haus Meldemannstraße 25 ein 23 Jahre alter Künstler. Es war das die Adresse eines Männerheimes."[11] Sein Name war Adolf Hitler.

Während das Reich der Habsburger seinem Untergang entgegenging, sorgte Emil Zipper für den Unterhalt seiner Familie als Erfinder. Schon vor dem Ersten Weltkrieg hatte er eine ganze Anzahl Erfindungen gemacht. Eine davon war etwa ein Paar tanzender Figuren für die Schaufenster von Warenhäusern. Eine andere war ein Apparat, um automatisch Textilien, die zu schneiden waren, abzumessen. Es war eine nahezu roboterhafte Apparatur, die in einigen Sekunden messen, den Zentimeterpreis bestimmen, schneiden und die Textilie aufrollen konnte. Die Nutzung seiner Erfindungen vergab Zipper dann an entsprechende Unternehmungen. Emil Zipper dachte auch an zahlreiche Anwendungsmöglichkeiten des Elektromagnetismus. Die meiste Zeit beschäftigte er einen Zeichner, um Pläne seiner Erfindungen anfertigen zu lassen, ebenso auch einen Patentanwalt, Dr. Laufer, der, wie viele andere seiner Zeit, seine Arbeit im Kaffeehaus verrichtete, und zwar in seinem Fall im Cafe Central.

1914 erfand Emil Zipper einen neuartigen Webstuhl. Bei den alten Webstühlen mußten die Arbeiter an einem bestimmten Punkt der Fabrikation Fäden ansaugen, eine Praxis, die zu weitverbreiteten Lungenkrankheiten führte. Vater Zippers Maschine machte dies unnötig. Angesichts solcher Erfindungen war er von einem Kombinat der Textilindustrien als Technischer Direktor angestellt worden und auch während des Krieges seiner kriegswichtigen Tätigkeit wegen vom Militärdienst befreit.

Er war jedoch keineswegs ein Acht-Stunden-Tag-Arbeiter, vielmehr war er neben seinen industriellen Erfindungen und seiner Arbeit in den Fabriken ein eifriger Photograph und ein hingebungsvoller Vater. An den Wochenenden verbrachte er viele lange Stunden in der Dunkelkammer, wo er die Bilder, die er während der Woche aufgenommen hatte, entwickelte. Bei ihrem Vater in der Dunkelkammer zu sein, wo er ihnen auch oft Arien aus Opern vorsang, gehörte für Walter, Hedy und Herbert zu den beliebtesten Stunden. Das Beispiel dieses erfindungsreichen, aber radikalen Denkers mag Herbert Zipper dabei geholfen haben, sein eigenes Gefühl dafür zu schärfen, daß die Welt ein Platz war, der verändert werden müsse, der zu verbessern sei. Lauter Vorstellungen, die dann später entscheidend für sein Leben wurden. Emil Zipper gab an seinen Sohn die Ansicht der Aufklärungszeit weiter, wonach durch den Gebrauch der Vernunft der Mensch seine Umgebung beherrschen und ein gutes Leben führen könne. Dazu kam, daß 1914, wie es der Historiker Gerhard Masur schreibt, „Europa in einer Beziehung zu dem Rest der Menschheit stand, der niemals zuvor von einer anderen Zivilisation erreicht worden war. Europa war damals der Nabel der Welt".[12] Die Vernunft und ihr neuer, nun sehr hochgeehrter Partner, die Wissenschaft, schienen ein wahrhaftes El Dorado herbeizuführen. Und zur Krönung all dessen lebte der junge Zipper in einer Stadt, die sich im Zentrum dieses Universums befand, einer Zeit, in der Krieg ein Ding der Vergangenheit zu sein schien. In der Rückschau ist es leicht zu begreifen, warum die Zipper-Familie, wie alle anderen auch, vollkommen unvorbereitet auf den Zusammenbruch der Monarchie und auf die Zerstörung des Selbstbewußtseins Europas war.

Im Gegensatz zu seiner Erziehung zu Hause spielte die Schule eine ganz andere Rolle in seinem Leben. Zipper trat in die öffentliche Volksschule in der zweiten Klasse ein. Den Stoff der ersten Klasse hatte er zu Hause mit Emma Kaspar durchgenommen. Die Schule war ungefähr 15 Minuten von seinem Heim entfernt gelegen, in einem Gebäude, das um 1800 errichtet worden war.

Für seine Volksschuljahre erinnert sich Zipper an seinen wichtigsten Lehrer namens Fischer, einen angenehmen Mann, der jeden Schultag erfreulich machte. Er spielte sehr gut Violine, und wenn die Klasse ihre regelmäßig jeden Monat zu bewältigenden Schularbeiten hinter sich gebracht hatte, dann spielte er ihnen Sonaten von J. S. Bach vor. Jeden Morgen ging er von Bank zu Bank und inspizierte Ohren und Hälse der Kinder, um zu sehen, ob sie auch ordentlich gewaschen waren. Diese besondere Untersuchung geschah aber in einer freundlichen Art, verbunden mit kleinen Scherzen und lächelndem Gesicht. Jede Klassenstunde begann mit einem Lied. Während dieser Volksschuljahre hat der werdende junge Musiker Zipper zum ersten Mal das Vergnügen des mehrstimmigen Gesanges erlebt.

Die Mittelschule war, verglichen mit dem Leben mit Lehrer Fischer, eine rechte Schinderei. Zipper erschien es als verlorene Zeit, die noch dazu für ihn sehr bedrückend war. Als er im Herbst in das Gymnasium eintrat, hatte der Krieg eben begonnen, und sehr bald wurden die jüngeren Lehrer zum Militär eingezogen. Während der nächsten fünf bis sechs Jahre litten Zipper und seine Klassenkameraden unter einer Reihe von müden, ältlichen, zweitklassigen Lehrern, die wenig Interesse an ihrem Gegenstand zu haben schienen und nur sehr wenig Verständnis für jene Kriegskatastrophe, die Europa heimsuchte. Manchmal schien es, als ob sie geradezu Ignoranten wären. Glücklicherweise gab es ein paar Ausnahmen. Eine war ein gewisser Dr. Adler, der Naturgeschichte unterrichtete und imstande war, die große, schon recht ungebärdige Gruppe von Teenagern, die er da vor sich hatte, in Bann zu schlagen. Eine andere Ausnahme war Dr. Krebs, der Geschichte und Geographie unterrichtete. Er war mehrmals nach Afrika gereist und hatte nicht nur entsprechende Funde mitgebracht, sondern vor allem auch Wissen aus erster Hand. Beide waren pensionierte Universitätsprofessoren, die die Schule Zippers knapp vor dem Kriegsende wieder verließen. Ein dritter Lichtblick war Zeichenprofessor Roller (der Bruder des Bühnenbildners Alfred Roller unter der Direktion Gustav Mahlers an der Oper). Er bemühte sich, Zipper von der Musik zu den darstellenden Künsten zu lenken. Er ermutigte ihn, nach lebenden Modellen zu zeichnen. Obwohl Zipper weiterhin Musik betrieb, so erwarb er doch durch Roller eine positive Haltung gegenüber der zeitgenössischen Malerei.

Religion jedoch spielte eine bedeutend geringere Rolle in der Erziehung Herbert Zippers. Sein Großvater war noch Kantor, seine Großmutter die Tochter eines Rabbiners gewesen. Dennoch beachtete die Familie Zipper religiöse Feiertage wie etwa Passah oder Yom Kippur oder Rosch Hoschanna nicht. Zipper wuchs zwar mit einem Gefühl für die jüdische kulturelle Erbschaft auf, aber ohne umfangreiche religiöse Erziehung und ohne Teilnahme an den Gottesdiensten. Er und seine Brüder nahmen auch nicht an einer Bar Mizwa-Feier teil, jener religiösen Feier, mit der ein Knabe in die Gemeinde der jüdischen Erwachsenen aufgenommen wird. Folgerichtig hat Zipper auch in den dunklen Augenblicken in seinem Leben sich nicht an Gott gewandt oder an irgendein Gefühl einer göttlichen Macht, sondern sich statt dessen auf seine eigenen inneren Kräfte und seinen persönlichen existentialistischen Code verlassen.

Diese Kindheitsjahre waren glücklich. Wien war eine Stadt, die vor Aktivität fast barst. Mittelstandsfamilien, wie jene der Zippers, freuten sich der Annehmlichkeiten des materiellen Erfolges und fanden es leicht, die unterschwelligen Strömungen des Antisemitismus, die die Wiener Gesellschaft durchzogen, zu ignorieren oder sich ihnen anzupassen. Zusammen mit dem Erfolg kam auch eine tief begründete Verehrung für die Künste. Aristokraten und Bürger des Mittelstandes gleichermaßen, und das schloß eine große Anzahl von Juden ein, waren Maecene der Künste, während die Künstler, die jungen Intellektuellen, Inspiration in der Rebellion gegen die Sterilität des Materialismus und des

Kleinbürgertums fanden. Obwohl Zipper in dieser Vorkriegszeit von 1904 bis 1914 ja nur ein Kind war, hatte er doch vieles von dem, was auf diesem Gebiet vor sich ging, mitbekommen. Denn Kinder saßen mit den Älteren zusammen und hörten auch die Gespräche der Erwachsenen bei den Mahlzeiten mit an. Die Streitpunkte und Auseinandersetzungen des Tages waren bei den Abendmahlzeiten so selbstverständlich wie Kartoffeln und gekochtes Rindfleisch.

So behauptete zum Beispiel eines Abends beim Essen ein junger Gast, der Komponist Ernst Stefan, nicht weniger, als daß Friedrich Schiller längst überholte Ansichten repräsentiere. Zippers Onkel explodierte geradezu: „Wie dürfen Sie es wagen, über einen der großen Geister Europas so etwas zu sagen!" Eine lange Debatte folgte. Das aber war eine typische Diskussion während des Abendessens in der Vorkriegszeit. Andere Gespräche befaßten sich mit den Tagesereignissen: etwa der Skandal des Oberst Redl im Juni 1913, eines Generalstabsoffiziers, der ein prominenter Spion des Russischen Reiches gewesen war, oder der zweite Balkankrieg, den Serbien und Bulgarien gegen die Türken führten, und an dem Griechenland und Rumänien dann an der Seite der Serben teilnahmen, oder im Oktober 1913 das Jahrhundertfest der Schlacht von Leipzig, oder etwa das Gastspiel Enrico Carusos in Wien und auch des zwölf Jahre alten Wunderkindes, namens Jascha Heifetz.

Für Zipper war es ein Schock zu sehen, daß in Amerika nach dem Zweiten Weltkrieg die Kinder in einem hohen Maße sich selbst überlassen waren und daß sie eigentlich eine eigene Kinderkultur bildeten, mit ihrer eigenen kommerziellen Musik, mit eher nebensächlichen Themen und einer materialistischen Anschauung der Welt. Das Fehlen einer Familieneinheit, in der die Erwachsenen intellektuelle und kulturelle Vorbilder sind, fand er traurig, wenn nicht sogar tragisch. In seiner eigenen Kindheit war nicht nur sowohl die Familie eine Hauptquelle der Erziehung, sondern auch in einer merkwürdigen und paradoxen Weise geradezu die Stadt Wien selbst.

Für einen jungen Studenten war die visuelle Erfahrung Wiens erhebend, denn in dem Vierteljahrhundert vor der Geburt Zippers hatte sich Wien buchstäblich in ein Architekturmuseum verwandelt. Die alte Innere Stadt war berühmt gewesen durch die Paläste der Aristokratie, die Residenz der Kaiser, die barocke Hofburg und ihre gotische Kathedrale von St. Stephan. Aber in der zweiten Hälfte des 19. Jahrhunderts war auf Befehl des Kaisers Franz Joseph eine vollkommene Erneuerung der Stadt durchgeführt worden. Die Befestigungen, die sogenannten Basteien, waren geschleift worden, und die Innere Stadt war nicht mehr von den Vorstädten abgeschlossen. Anstelle des Glacis zog sich eine breite und sehr elegante Prachtstraße rund um die Innere Stadt bis zum Donaukanal - die Ringstraße. An dieser Prachtstraße wurde nun eine Reihe öffentlicher Gebäude errichtet, und das Bürgertum und auch der Adel baute an der Ringstraße seine Paläste im Stil des auslaufenden 19. Jahrhunderts.

Carl Schorske schreibt: „Mit der Errichtung der Gebäude der Ringstraße feierte in der Architektur der dritte Stand den Triumph des konstitutionellen Rechts über die imperiale Macht, der weltlichen Kultur über den religiösen Glauben. Nicht Paläste, Kasernen und Kirchen, sondern die Zentren der verfassungsmäßigen Regierung und der Hochkultur beherrschten den Ring. Die Baukunst, in der alten Innenstadt verwendet, um aristokratische Größe und kirchlichen Prunk auszudrücken, wurde nun Gemeinschaftsbesitz der Bürgerschaft, drückte in den verschiedenen Formen bürgerlich-kultureller Ideale auch die Gedanken aus, die sich in einer Reihe von Prachtbauten zeigten."[13]

Was Schorske nicht erwähnt, ist, daß diese Prachtbauten des Bürgertums in Wirklichkeit Eigentum der Wiener christlichen Elite waren und Juden dort nur zur Miete wohnten. Eine Miete, die jederzeit auch wieder gekündigt werden konnte. Natürlich haben späterhin auch jüdische Bauherren ihre Prunkbauten am Ring errichtet. Aber für einen jungen Mann, der in dieser Stadt aufwuchs, erzeugten diese Traditionen und auch die Schönheit dieser Gebäude einen tiefen Sinn für die Geschichte und teilte ihm auch ein Gefühl der Solidarität mit, das einen dauernden Effekt hatte. Die Phantasie des jungen Musikers wurde befeuert durch den Gedanken, selbst ein Teil dieser Tradition zu sein, die überlebensgroße Statuen von Goethe, Beethoven, Schubert und anderen an den Ecken ganz gewöhnlicher Straßen errichtet hatte. Der junge Zipper begann, sich selbst als einen Menschen zu sehen, der auch eines Tages tonangebend, ein Erfinder wie sein Vater, ein Musiker, ein Künstler, eine führende Persönlichkeit der Gesellschaft sein würde. Die Luft, die er atmete, gab ihm die Erwartung, daß er sich eines Tages wohl in diese solide Tradition einfügen werde. Wie hätte er wissen können, daß diese äußerlich so reiche Kultur innerlich tiefe Klassenunterschiede beinhaltete, und daß es gewisse Schichten in der Wiener Bürgerschaft und der „guten Gesellschaft" gab, zu denen er trotz all seiner Gelehrsamkeit, seinen Wünschen und seinen Erfolgen nie wirklich Zugang erreichen würde. So schufen die Gebäude, die er so liebte, in ihm einen falschen Sinn der gegenseitigen Beziehung, einen Sinn oder ein Gefühl, das ihm später fast das Leben kosten sollte.

Nichtsdestoweniger erfreute er sich in jener Zeit daran, rund um die Ringstraße zu marschieren, diese, mit Bäumen bestandene Prachtstraße, an der einander die klassischen Stile der Gebäude abwechselten. Das gotische Rathaus, das Parlamentsgebäude in klassischem griechischem Stil, das Burgtheater im Barock-, die Universität im Renaissancestil. Diese Gebäude inspirierten den jungen Zipper, der an ihnen ein ästhetisches Vergnügen fand, das geradezu sinnlich war. Rund um die Ringstraße zu wandern oder sich an solchen Plätzen aufzuhalten wie der Freyung oder in der Herrengasse, bedeutete eine Erziehung in Stil und Form, in Geschichte und in zeitgenössischer Ästhetik. Architekten wie Heinrich von Ferstel (1828 - 1883), Theophil Hansen (1813 - 1891), Fischer von Erlach (1656 - 1723), Camillo Sitte (1843 - 1903), Otto Wagner (1841 - 1918) und Adolf Loos (1870 - 1933) waren Lehrer des Sehens, von denen Zipper durch Beobachtung lernte.

Häufig in jenen Tagen und wann immer er nach Wien zurückkehrte, wanderte Zipper auf den Josephsplatz, an dem sich die Nationalbibliothek befindet und davor das Monument Kaiser Josephs II. Fischer von Erlachs Architektur war italienisch inspiriert, und sein Stil lehnte sich an antike Vorbilder an, mit einer Fülle von Verzierungen, Urnen, heroischen Portalen, Statuen und Brunnen, geschmückt mit Delphinen und Tritonen. Das war eben das wahre Barock. Dieses zur Hofburg gehörende Gebäude der Nationalbibliothek galt Zipper als das Spitzenwerk Fischer von Erlachs, und oft betrachtete er dieses Bauwerk, das ihm „ein Gefühl eines gehobenen Lebens" vermittelte. Längst vor der Veröffentlichung einer Fülle von Büchern über die goldene Zeit Wiens war er sich bewußt, daß er in einer Stadt lebte, die eines Tages ihren Platz in der Geschichte neben Athen, Rom und Florenz einnehmen werde. Dort zu leben, war eine Inspiration. Zipper selber beschreibt die Wirkung seines Erwachsenwerdens in Wien:

> *Durch meine ersten Erfahrungen als Lehrer in Amerika bin ich mir dessen bewußt geworden, daß es einen Unterschied gibt zwischen dem Wissen, das man durch schulisches Lernen, durch Bücher, Vorträge, die modernen Informationsmedien usw. erwirbt, und dem „Wissen", das durch die tatsächlichen Erfahrungen des Lebens entsteht, des Unterschiedes zwischen Wissen, das einfach unsere intellektuellen Fähigkeiten herausfordert, und Wissen, das im gleichen Maße gefühlsmäßige Antworten unseren Erfahrungen hinzufügt. Ich begann zu verstehen, warum ein gebürtiger Amerikaner Probleme damit hat, die Geschichte seiner europäischen Wurzeln voll zu begreifen. Er ist einfach des körperlichen Kontaktes, des Zusammenlebens mit den Monumenten seiner Vergangenheit beraubt.*
>
> *Als ich in Wien aufwuchs, da war die Geschichte der Stadt, in der ich geboren war, von meiner frühesten Kindheit an rund um mich. Von der römischen Stadt Carnuntum aus dem ersten nachchristlichen Jahrhundert, die nicht allzu weit von Wien entfernt lag, hat sich eine ununterbrochene Kette von Wahrzeichen architektonischer Art bis heute erhalten, die ein unbestreitbares Zeugnis für die Geschichte unserer Wurzeln ablegt. Sobald wir diese Tatsache zu lernen begannen, haben diese Wahrzeichen auch unsere Gefühle bestimmt.*

Das einzige Gebäude, das Herbert Zipper wirklich nicht mochte, war die Votivkirche, die zum Dank für die Errettung vor einem Mordanschlag auf Kaiser Franz Joseph erbaut worden war. Der gotische Stil, in dem man sie erbaut hatte, schien Zipper irgendwie eine Art von „Ersatzgotik" zu sein, nicht aber etwa eine moderne Interpretation des Gotischen wie etwa das Rathaus, sondern eben nur eine billige Kopie eines alten Stils. Er wurde hineingezogen in die Diskussion um modernen Funktionalismus gegen den Historizismus. Die Vorzüge, die Schönheiten beider Seiten des neuen Stils gegenüber dem Stil der Ringstraße waren für Zipper sehr gegenwärtig, der in einer merkwürdigen Weise in seinem eigenen Wesen beide Richtungen verkörperte. Er ist auf der einen Seite ein graziöser, eleganter Wiener Herr und auf der anderen Seite ein radikaler Futurist. Er verkörperte in seinem Denken, so will es scheinen, den Dualismus der Wiener Architektur persönlich.

Emil Zipper führte seine Kinder nicht nur in der Stadt spazieren, er brachte sie auch in die Museen, in die Kunstausstellungen und auch an die Orte, wo er arbeitete, seine Büros, wo Zeichner tätig waren, in die Fabriken und die experimentellen Werkstätten. So zum Beispiel baute er von 1916 bis 1917 eine Papierfabrik in der Obersteiermark. Dort lernte Zipper, wie Papier erzeugt wird, wie eine Drehbank funktioniert, in welcher Stärke Papier erzeugt wird und andere exotische Arbeitsvorgänge. Die beiden Brüder und auch die Schwester übernahmen von ihren Eltern einen großen Respekt vor Erfindungen. „Unsere Helden waren Männer wie Marconi, der Erfinder des drahtlosen Telegraphen (Walter und ich telegraphierten einander oft durch die Wände unserer Zimmer mit einem Funkgerät, das unser Vater uns geschenkt hatte) oder auch Edison, Zeppelin, Michelangelo, Rembrandt, Breughel, Amundsen, Helmholtz und Humboldt." Wahrscheinlich wurden so seine eigenen Vorstellungen von Heroismus, von Heldentum, seine eigenen Ambitionen und die Gedanken, was etwa ein Held zu tun hätte und was er tun müßte, um sich für sein Leben entsprechend vorzubereiten, geformt. Und während sich andere Menschen in Europa Vorstellungen wie etwa dem Übermenschen Nietzsches zuwandten, waren die Helden Zippers Menschen des Denkens, Rationalisten, deren Träume von einer besseren Welt nicht durch Eroberung, sondern durch Schöpfung entstanden, durch Ordnung und durch eine aufgeklärte gesellschaftliche Harmonie. Ohne Gedanken daran, daß sein Jude-Sein ihn zu einem Außenseiter machen würde, war er sich natürlich ebenfalls nicht bewußt, daß sein Rationalismus aus dem 18. Jahrhundert ihn aus dem Hauptstrom der Kräfte des 20. Jahrhunderts aussondern würde.

Während Hitler, Lenin, Stalin, Mussolini und andere Strategien einer sozialen Eroberung entwarfen, verschlang Zipper Bücher über Malerei und Zeichnen. Er liebte besonders das Buch „Die Renaissance" von Gobineau, ein Buch, das Walter und er immer und immer wieder lasen, entzückt von den Berichten über so berühmte Persönlichkeiten wie Michelangelo und Da Vinci, die wie Personen eines Theaterstücks in diesem Buch zu Worte kamen. Er war zutiefst durch Victor Hugos „J'Accuse" und von den Arbeiten Romain Rollands beeinflußt. Im fünften Jahr seiner Gymnasialzeit war jeder Student verpflichtet, einen Vortrag zu halten. Zipper sprach über „Impressionismus und Expressionismus", ein Thema, in dessen Mittelpunkt Maler wie Kokoschka, Schiele und Klimt standen. Zu seiner großen Überraschung kamen viele Lehrer, um diesen einstündigen Vortrag zu hören. Zu diesen gehörte auch Professor Roller.

Diese frühen Jahre in Herbert Zippers Leben waren oberflächlich eine ideale Kindheit. Er besaß ein sicheres, bequemes, mittelständisches Heim, intelligente und besorgte Eltern, eine Stadt im Mittelpunkt der europäischen Kultur und eine Zeit internationalen Friedens. Zipper selbst blickt auf diese Zeit mit Zärtlichkeit und Stolz zurück. In diesem agnostischen, humanistischen Haushalt bildete sich in dem jungen Zipper ein persönlicher Glaube, der sein ganzes Leben beherrschen sollte, und der ihn auch befähigte, die Erfahrung des Konzentrationslagers zu überleben. Es war jedoch ein Glaube, für den er einen gewissen Preis zu zahlen hatte. Die Kombination von Selbstbewußtsein, das aus der Sicherheit seines Heimes emporwuchs, und der offenkundigen Sicherheit seiner Stadt und Kultur, zusammen mit der selbstauferlegten Verpflichtung zu wissenschaftlicher Nachforschung und dem Rationalismus des 18. Jahrhunderts, der Aufklärung, die sein Heim und seine Erziehung beherrschte - all diese

Kräfte wirkten zusammen, um in ihm einen Glauben an die Herrschaft eines zivilisierten Rationalismus entstehen zu lassen. Unter dem Aspekt des radikalen Irrationalismus, der nun eben charakteristisch für das 20. Jahrhundert geworden ist, scheint ein solcher Glaube geradezu anormal.

Als ein Alptraum nach dem anderen in diesem Jahrhundert emporkam, hielt Zipper dennoch mit geradezu klinischem Objektivismus an diesem Glauben fest. Sein Glaube ist die Hauptquelle seines Sinnes der Selbstdefinition, und er hat ihn befähigt, eine ganze Anzahl von Stürmen zu überstehen. Doch oft scheint dieser Glaube ein undurchdringlicher Wall zu sein, der sein gefühlsmäßiges Leben unter Kontrolle hält. In seinem späteren Leben befähigte ihn die objektive und rationale Kontrolle über sein inneres Selbst, sich gegenüber den schrecklichen Ereignissen, die um ihn herum vorgingen, immun zu halten. Er selbst sah diese Eigenschaft als etwas Besonderes an und als ganz verschieden von all dem, was sich rund um ihn abspielte. Aber es ist eine Eigenschaft, die er nicht besonders erwähnt, und wenn er von den ersten Jahren seines Lebens spricht, dann erinnert er sich hauptsächlich an die vollkommene Sicherheit seines Heimes. „Mein Vater hielt drängende Probleme von uns fern. Wir wuchsen auf in der vollkommenen Überzeugung, daß das Morgen so sicher sein würde wie das Heute, daß die Gesellschaft alle wirtschaftlichen und kulturellen Probleme gelöst habe, und daß das Jahrtausend des Friedens und Wohlstandes angebrochen sei. Hat uns das geschadet? Ich glaube nicht."

Es könnte sein, daß diese Sicherheit ihn, Walter und Hedy befähigt hat, die Wechselfälle des 20. Jahrhunderts in ungewöhnlicher gefühlsmäßiger Kraft und Zuversicht zu überstehen. Es kann auch sein, daß es andere Wirkungen hatte. Diese Sicherheit, Wärme und Märchenwelt jedoch wurde im Sommer des Jahres 1914 zutiefst erschüttert.

Stefan Zweig schrieb: „Da, am 28. Juni 1914, fiel jener Schuß in Sarajewo, der die Welt der Sicherheit und der schöpferischen Vernunft, in der wir erzogen, erwachsen und beheimatet waren, in einer einzigen Sekunde wie ein hohles tönernes Gefäß in tausend Stücke schlug."[14] Vor den Ereignissen von Sarajewo, im Frühjahr 1914, berichtete Franz Werfel über eine Begegnung mit Franz Kafka an einem wunderschönen Tag am Graben, wo die Leute sich der wärmenden Sonne erfreuten und offenkundig sorglos, elegant und in großer Zahl gegen Mittag spazierengingen. Kafka, sehr aufgeregt, flüsterte Werfel zu: „Franz, bemerkst du nicht auch, daß all dies sehr bald vorbei sein wird? Hier gibt es keine lebenden Menschen mehr, es sind alles Geister, sie wissen es nur noch nicht!"[15]

Kapitel III
Vom Krieg in die Akademie

„In dieser großen Zeit, die ich noch gekannt habe, wie sie so klein war."

Karl Kraus „Die Fackel", Dezember 1914

„Über den Gläsern, aus denen wir übermütig tranken, kreuzte der unsichtbare Tod schon seine knochigen Hände."

Joseph Roth „Kapuzinergruft"

Anfang Juni des Jahres 1914 bestand Herbert Zipper, zehn Jahre alt, seine Aufnahmeprüfung in das Gymnasium. Später in diesem Monat, am Sonntag, dem 28. Juni, wurden der Erzherzog-Thronfolger Franz Ferdinand und dessen Gemahlin, die Herzogin Sophie von Hohenberg, in Sarajewo von serbischen Nationalisten ermordet. Am 28. Juli erklärte Österreich Serbien den Krieg, und in den darauf folgenden Monaten von Juli bis November erfolgten weitere Kriegserklärungen. Die behagliche Welt der österreichisch-ungarischen Monarchie begann zusammenzubrechen. Am 3. August macht Lord Edward Grey, der Außenminister Großbritanniens, einen prophetischen und berühmt gewordenen Ausspruch: „Überall in Europa gehen die Lichter aus: Wir werden sie in unserer Lebenszeit nicht wieder angezündet sehen." Es war dies nur der erste von zwei weltweiten Großbränden, die Zipper erleben sollte. Zipper, bisher sicher im Schoß der Familie, der Musik und des materiellen Wohlstandes, sah sich nun plötzlich vom Krieg, von den Problemen des Überlebens, von politischen Konflikten und wirtschaftlichen Krisen umringt.

Die Menschen gaben ihre goldenen Ringe und ihren Schmuck der Regierung, um den Krieg zu finanzieren. Dafür bekamen sie Stahl zurück mit der Inschrift: „Gold gab ich für Eisen." Die Ironie dieser nach rückwärts gewandten Alchimie ist eigentlich erstaunlich, denn das Ziel der Alchimie war es ja wohl, aus gewöhnlichen Metallen Gold zu machen, vom geringeren zum größeren Wert aufzusteigen. Im Krieg aber stellt sich das Gegenteil ein: Gold wird in Eisen verwandelt, wie das menschliche Leben und die Schaffenskraft in Tod und Zerstörung verwandelt wird. So hatte Zipper in seiner Kindheit begonnen, die Märchen der Gebrüder Grimm und die Feengeschichten Andersens zu lesen, dann die Forschungsberichte von Amundsen. Nun aber konnte er Kriegsgedichte und Haßgesänge wie etwa den „Haßgesang gegen England" von Ernst Lissauer lesen, dem er auch einmal im Schönbrunner Park begegnete, jenem großen Park, der das wundervolle Schloß von Schönbrunn, im 18. Jahrhundert von Fischer von Erlach erbaut, umgibt.

In dem Park befand und befindet sich ein berühmter zoologischer Garten, ein wunderschönes Glashaus mit tropischen Pflanzen und ein kleines Theater. Vor allem war der Schönbrunner Park ein Ort, wo die Wiener promenierten und plauderten.

Als 1914 der Krieg ausbrach, bereitete sich die Familie Zipper gerade für ihre Urlaubsreise vor. Natürlich wurde diese Reise abgesagt. Statt dessen gingen Zipper, Walter und Hedy mit Emma und Tante Nelly praktisch jeden Tag im Park von Schönbrunn spazieren. Dort trafen sie einen großen, schönen, jungen, damals an die zwanzig Jahre alten Dichter namens Thorn. Dieser Dichter hatte sich zuerst zu Nelly hingezogen gefühlt, aber er war auch bereit, die Neugierde der jungen Burschen zu befriedigen und begann zu erklären, was in der Welt eigentlich vor sich ging. Thorn war ein leidenschaftlicher Radikaler, der damit auch die politische Erziehung der Zippers begann. Sie führten lange Gespräche, in denen Thorn die Mittelstandsmentalität der Zippers und ihren Respekt vor den herrschenden Kreisen des Kaiserreiches angriff, die er als „bourgeoisen Morast" bezeichnete. Das Österreich, das mit seinen behaglichen, sterilen, mittelständischen Vorstellungen in das 20. Jahrhundert eingetreten war, sei, sagte Thorn, absurd. Außerdem, so argumentierte er, sei dieses Abgleiten in den Krieg eine Katastrophe. Der Krieg sei nur für die Waffenfabrikanten von Vorteil, für die Händler des Todes, für die kapitalistischen Profitierer, die sich von dem Tod der unschuldigen jungen Männer ernährten. Zipper und der junge Dichter trafen einander mehrere Wochen hindurch, und Herbert gelangte dadurch zu der Einsicht, daß der Krieg in Wahrheit ein Krieg ohne wirkliche Herausforderungen sei. Jung und beeindruckbar kam Zipper nach Hause und wiederholte diese Ideen im Gespräch mit seinem Vater, der durchaus als Unternehmer dachte. Emil Zipper, im allgemeinen ein gemäßigter Humanist, war nun wütend, daß seine eigenen Wertvorstellungen herausgefordert wurden, und verbot seinem Sohn, Thorn wiederzusehen. Nichtsdestoweniger war der Samen nun gepflanzt. In diesen formenden Jahren während des Krieges begann Zipper immer mehr, ein Gefühl für die politischen Komplexitäten und einen Sinn für die intellektuelle Unabhängigkeit zu erwerben. Es war das Verdienst von Thorn, daß Zipper, selbst in diesem frühen Alter, den Überschriften der Zeitungen und ihrer Kriegspropaganda zu mißtrauen begann. Die österreichischen Zeitungen berichteten von Siegen. Doch als Zipper eines Morgens die Überschrift „Lemberg noch in unserem Besitz" las, begann er sich darüber zu wundern, wie denn „noch in unserem Besitz" ein Sieg genannt werden könne? Fragen wie diese begannen ihn mehr und mehr zu beschäftigen.

1916 trat ein Ereignis ein, dessen Bedeutung der zwölf Jahre alte Zipper keineswegs voll verstehen konnte. Doch bemerkte er, welch starke Wirkung es rund um ihn hatte: Kaiser Franz Joseph starb. Der Mann, der durch 68 Jahre über dieses merkwürdige Konglomerat von dreizehn Völkern, Sprachengruppen, Kulturen und Religionen geherrscht hatte, welches man als das Habsburger-Reich oder auch als die österreichisch-ungarische Monarchie bezeichnete, war fünf Minuten vor neun Uhr abends am 21. November 1916 zu seinen Ahnen heimgegangen. Der Historiker A. J. P. Taylor schreibt: „Mit Franz Joseph ging das letzte Fragment des Habsburger-Kernes dahin; lange schon tot, aber immer noch fest. Es blieben in diesem Zentrum nur Echos, Geister und Leere."[16] Über diese Leere sollte Erzherzog Karl noch durch zwei Jahre als Kaiser regieren. Aber irgendwie wußte jedermann, daß mit dem Tod von Franz Joseph die Herrschaft der Habsburger zu Ende war. Durch drei Tage standen die Wiener Schlange, um ein letztes Mal an dem aufgebahrten Leichnam ihres Kaisers in Schönbrunn vorbeizuziehen. „Am 25. November 1916 zog die Begräbnisprozession, begleitet von hunderten Gardesoldaten und Hofbediensteten, die Fackeln trugen, über die Ringstraße, die Straße, die Franz Joseph hatte erbauen lassen. Nur ein paar der Herrscher Europas nahmen an diesem Leichenzug teil. Das Volk von Wien, das der Prozession folgte, stand dann schweigend rund um den Stephansdom. Wenn sie Kummer fühlten, so war es ein stummer Kummer; sie waren hungrig."[17] Als man den Leichnam von Schönbrunn in die Innere Stadt brachte, stand der zwölf Jahre alte Zipper mit seinen Klassenkameraden des Goethe-Gymnasiums am Straßenrand. Es war ein grauer, regnerischer Novembertag. Der Leichenwagen wurde von schwarzen Rossen gezogen, und jedermann nahm den Hut ab, als der Leichenwagen vorbeikam. Irgendwie wußte man, daß nicht nur ein Mann gestorben war, sondern daß auch eine historische Epoche zu Ende ging. Der Krieg dauerte zwar noch zwei Jahre, und Wien wurde immer farbloser. Es war das erste Mal von zwei Malen in seinem Leben, daß Herbert Zipper sein Land sterben sah. Dieses Mal aber war es das Ende einer Großmacht, das nächste Mal war es nur das Ende eines kleines Landes.

Während das Blutvergießen auf allen Schlachtfeldern in Europa weiterging, besuchte Zipper die Schule. Der Krieg fand fern von Wien statt, und an den Fronten kämpften Armeen aus wehrpflichtigen Männern. Zu Hause war es schwierig, die Wahrheit über den Fortgang des Krieges zu erfahren. Berta Szeps-Zuckerkandl, eine bekannte Wiener Gesellschaftsfigur und Schriftstellerin, berichtet in einem Brief vom Jänner 1917 über eine Reise in die Schweiz: „Was für ein Vergnügen, die ersten Schweizer Zeitungen zu bekommen. Ich atmete die Luft der Freiheit, so als ob ich nach Kerkerhaft durch Wochen in einem luftleeren Raum plötzlich ins Freie gekommen wäre. Eine Sache freilich hat mich durch und durch schockiert. Bevor ich die Schweizer Zeitungen gesehen hatte, hatte ich nicht begriffen, von welch schrecklichen und monströsen Lügen wir in Wien umringt waren. Ich verstand sofort, daß, wenn es so weitergehen sollte, Österreich und Deutschland verloren waren..."[18] Die Zensur der österreichischen Zeitungen war derart, daß die Wiener Bürger lange Zeit im Glauben gelassen wurden, daß sie im Begriff seien, den Krieg zu gewinnen. (Ein Scherz zirkulierte damals, 1917, in Wien: „Die Situation in Deutschland ist ernst, aber nicht hoffnungslos. Die Situation in Österreich ist hoffnungslos, aber nicht ernst.")

Zippers Vater war vom Kriegsdienst ausgenommen, weil er Technischer Direktor eines Industriekombinats war, dem 60 oder 70 Fabriken angehörten, und als kriegswichtig galt. Trotz der Propaganda und der Zensur der Presse war doch die Zipper-Familie nicht blind patriotisch. Im Jahre 1914 kam Zippers mütterlicher Großvater, um zusammen mit der Familie zu leben. Emanuel

Westreich besaß einen scharfen, kritischen Verstand und war in seiner Kritik an der Kriegsführung und den Generälen sehr geradeheraus. Obgleich Großvater Westreich 1917 starb, hatten doch seine Kritik und Haltung gegenüber der österreichischen Regierung und der Presse die von Thorn schon gepflanzten Samen befruchtet und dem aufsprießenden politischen Radikalismus in dem jungen Wiener Gymnasiasten weiteren Antrieb gegeben.

Am 16. Oktober 1918 hatte Kaiser Karl in einem Manifest die Umwandlung Österreichs in einen Bundesstaat, in dem alle Volksstämme autonom sein sollten, ausgesprochen. In den folgenden Tagen wurden in Wien, in Prag, in Agram eigene Nationalräte und Regierungen gebildet. Das ungarische Parlament spricht die Trennung von Österreich aus, die ungarische Regierung gibt den Truppen an der Isonzo-Front den Befehl zum Rückzug. Damit beginnt am 29. Oktober der Zusammenbruch der kaiserlich und königlichen Armee. Am 3. November wird ein Waffenstillstand zwischen Österreich-Ungarn und der Entente, vor allem aber mit Italien unterzeichnet. Während Österreich schon für den 3. November die Einstellung der Feindseligkeiten befiehlt, erklären die Italiener den Waffenstillstand erst ab 4. November für gültig. In der Zwischenzeit gerieten 330.000 Mann der k.u.k. Armee kampflos in Kriegsgefangenschaft. Am 11. November wurde auch der Waffenstillstand zwischen Deutschland und der Entente unterzeichnet; am 9. hatte Kaiser Wilhelm abgedankt und Deutschland verlassen. Und am 11. November um 15 Uhr unterzeichnet in Schönbrunn Kaiser Karl ein Manifest, in dem er auf die Ausübung der Regierungsgeschäfte verzichtet. Der Erste Weltkrieg war vorbei.

Zipper und zwei seiner Klassenkameraden, Hess und Aschermann, standen vor dem Parlamentsgebäude und hörten an diesem kalten und regnerischen Tag, wie der Präsident, Dr. Dinghofer, die Republik Deutsch-Österreich proklamierte. Die drei jungen Schüler, die überzeugte Republikaner waren, riefen „Hurra“, und Zipper fühlte in sich den Geist Beethovens, eines anderen glühenden Republikaners. Berta Szeps-Zuckerkandl beschreibt eine ganz andere Reaktion gegenüber der Umwandlung Österreichs: „Der Schrecken war unbeschreiblich. Wir hatten nicht nur einen Krieg verloren, auch das ganze Reich war in Stücke gefallen. Nichts als ein verkrüppelter Torso, unfähig, sich selbst zu bewegen, blieb übrig als Österreich, das bis dahin durch Jahrhunderte hindurch andere Länder regiert und vereinigt hatte.“[19]

Obgleich Wien den Schrecken der Bombardierungen und Kämpfe entkommen war, so war es doch im Vergleich zu den Tagen vor 1914 ein recht trübseliger Platz geworden. Die Lebensmittel waren sehr knapp geworden, und es gab sie nur in sehr schlechter Qualität. Im Winter 1918/19 herrschte weitverbreitet Hunger, begleitet von einer Grippeepidemie, in der Tausende starben, darunter auch ein früherer Nachbar der Zippers, der berühmte Maler und Graphiker Egon Schiele. Das Jahr 1918 war, wie es ein Kunsthistoriker genannt hat, „das ‚annus terribilis‘, in dem zwar der Krieg zu Ende ging, das aber auch den Tod für Hunderttausende Opfer des Hungers und der Krankheit brachte, eine schreckliche Ernte der führenden Künstler, der modernen Wiener Kunstbewegung. Am Anfang dieses Jahres war Klimt an den Folgen eines Schlaganfalles gestorben. Der Architekt Otto Wagner starb im April, Kolo Moser verstarb im Oktober, und Schiele starb im selben Monat an der Spanischen Grippe. Es war das Ende einer Ära."[20] Zu allem übrigen Unglück brach auch noch die Inflation aus, die alle Schrecknisse in den Schatten stellte. Ein Opernprogramm, das vor dem Krieg 20 Heller gekostet hatte, war nun zehntausendmal so teuer. Zipper mußte sein Fahrrad mit ledernen Reifen ausrüsten (denn bis 1921 gab es keinerlei Gummi). Damit fuhr er in der Stadt umher, um hier verfaulte Kartoffeln, dort irgendwelche Rüben einzukaufen. Die Inflation war so hoch, daß schließlich viele Städte ihr eigenes „Notgeld" herausgaben.

1918 hatte Zipper seine volle Größe von 185 Zentimetern erreicht und war aus all seinen Anzügen herausgewachsen. Eine der Folgen des Krieges war, daß alle Textilien für die Soldaten an der Front gebraucht wurden, dementsprechend war für Zivilisten ausreichende Kleidung nicht vorhanden. Zippers Wintermantel war aus dünnem „Ersatz"-Stoff gemacht. Durch zwei Jahre hindurch verkaufte ein Invalide mit einem Holzfuß auf der Kärntner Straße Schuhbänder und prahlte damit, daß seine Schuhsenkel die echten waren: „Schuhriemen, Schuhbandl, kein Papier, kein Stroh, sondern nur rein garantiert echte Ware." Das „kein Papier, kein Stroh" war im Wien auch der späteren Jahre geradezu sprichwörtlich geworden. Obgleich Wien in der Nachkriegszeit wirtschaftlich höchst krisenanfällig war, und Österreich sich allmählich vom progressiven Sozialismus zu autoritärer Führung und Faschismus entwickelte, blieb die Stadt kulturell doch lebendig und vital bis zur Invasion der Deutschen. Berta Szeps-Zuckerkandl schreibt: „In anderen Richtungen jedoch erwies sich Wien als stark genug, um den Stürmen des Schicksals, die über es dahinbrausten, zu widerstehen. Eine neue Welle künstlerischen Schaffens und Denkens entwickelte sich in der Mitte der ersten Nachkriegsjahre... Nun bedurfte es des Glaubens an den menschlichen Fortschritt. Er wurde gefunden in dem starken Willen, Österreich zu retten, nicht als politisches Staatsgebilde, sondern als Reich der Kultur, der Kunst und der Zivilisation für die ganze Welt."[21]

Zipper verglich die Stadt mit einem Menschen, dessen Beine amputiert worden sind, der aber dennoch das Gefühl des Schmerzes besitzt. Obgleich Wien nun nicht mehr die Hauptstadt einer Großmacht war, war es doch noch ein kulturelles Zentrum Europas. Die Monarchie war dahingegangen, aber die kulturelle Vitalität blieb zurück.

In den zwanziger Jahren war Wien immer noch ein faszinierender Ort für junge Musiker, um dort ihre Ausbildung zu erhalten. Es war aber auch in anderer Hinsicht aufregend.

Während seiner Zeit als junger Mann hatte Zipper wohl einige Herzensaffären, die ihn für einige Monate in Anspruch nahmen, aber keine davon war so fesselnd, daß er eine Heirat auch nur in Betracht gezogen hätte. Außerdem war er ganz ausschließlich nur darauf ausgerichtet, Musiker zu werden, und die Musik war eine sehr strenge Herrin.

Während seiner Schulzeit war Zipper schon überzeugt, daß die Musik seine Lebenslaufbahn sein werde. Er erhielt zwar eine formelle Ausbildung durch seinen Klavierlehrer, aber das meiste an seinem Können war selbst erarbeitet. Er las und studierte aus eigenem Antrieb Bücher über Musiktheorie. Er besuchte jedes Konzert und jede Oper, wo es nur möglich war. Und er musizierte bei jeder Gelegenheit. Er spielte mit Rosie vierhändig, mit Onkel Arthur Paunzen, einem guten Amateurgeiger, Violine- und Klaviersonaten; und er las jede Partitur, die er in die Hände bekommen konnte. Jeder Tag war für ihn ein neues musikalisches Abenteuer.

Zipper schloß seine Gymnasialausbildung im Jahr 1921 ab. Nun begann eine Periode intensiver Musikstudien durch anderthalb Jahre in der Obhut von Felix Rosenthal. Rosenthal war Pianist, Komponist und vor allem aber ein Theoretiker, der die Theorien von Heinrich Schenker zu den seinen machte. Schenker, ein Zeitgenosse, hatte einen außerordentlichen Einfluß auf viele Musiker jener Zeit. Er entwickelte eine einmalige Form des Hörens und Analysierens der Kompositionen von Bach bis zu Brahms hinsichtlich deren Aufbaus. Große Musik sei, so erklärte Schenker, nicht einfach eine Kette von wunderschönen Melodien, sondern ein totaler Plan, den der Komponist oft in einem Blitz der Inspiration erfaßte, die dann den gesamten Prozeß einer organischen Einheit diktierte. Mit Rosenthal lernte Zipper diese Theorien, die sogenannte Schenker-Methode. Aber Rosenthal war nicht nur ein Anhänger Schenkers, der alle Musik seit Brahms ablehnte und als eine Zerstörung des musikalischen Denkens betrachtete. In diesem Punkt allerdings wich er von den Gedanken Schenkers ab und stellte sich auf die Seite neuer Komponisten. Er spielte sogar Zippers erste in der Öffentlichkeit vorgetragene Komposition, und zwar in der Urania, ein Klavierstück im Stil des frühen Schönberg. Zweimal in der Woche arbeiteten sie gemeinsam den gesamten Vormittag und verpflichteten sich zu gewaltigen Hausarbeiten zwischen den Treffen. In der Hauptsache studierten sie den Kontrapunkt. Als Ergebnis dieser intensiven Arbeit trat Zipper als Student im zweiten Jahr in die Akademie für Musik und Darstellende Kunst ein. Er besuchte diese Akademie von 1923 bis 1928. Sein bedeutendster Lehrer war der berühmte Liederkomponist Joseph Marx.

Joseph Marx wurde am 11. Mai 1882 in Graz geboren und studierte Philosophie und Kunstgeschichte in Graz, sowie privat Musik bei Erich Wolf Degner, dem Direktor der steirischen Musikgesellschaft von Graz. Marx' erste Komposition wurde 1911 veröffentlicht. Und 1923, zur Zeit, als Zipper bei ihm zu studieren begann, hatte Marx schon eine Anzahl von Chorkompositionen, ebenso Kammermusik und Symphonien veröffentlicht. Als Komponist beschrieb er sich selbst als einen „romantischen Realisten". Marx kam 1914 nach Wien, wo er an der Akademie unterrichtete. Direktor dieser Akademie war er von 1922 bis 1924, von 1924 bis 1927 wurde er dann Rektor des in Hochschule für Musik umbenannten Instituts.

Marx war Anfang 40, als Zipper sein Schüler wurde. Er besaß ein Doktorat in Philosophie und die Titel Hofrat, Direktor und Professor. Studenten sprachen ihn mit „Herr Hofrat" an. Marx war ein großer, eher breitschultriger Mann, mit großem Kopf und einer dichten Mähne von ergrautem Haar. Er sprach mit einem leichten Lispeln und drückte sich in wohlabgerundeten Sätzen aus. Er kleidete sich eher achtlos, seine Krawatte war niemals in der Mitte seiner

Brust, seine Hosen waren ungebügelt, und seine Schuhe wirkten stets ungeputzt. Jedoch all dies entsprach nicht seiner überlebensgroßen Persönlichkeit. Wo immer er an einer großen Versammlung teilnahm, in einem Konzertsaal oder im Theater, wurde er sofort bemerkt.

Sein Verhalten gegenüber den Studenten war höchst ungleichmäßig. Für manche zeigte er wirkliches Interesse, andere übersah er buchstäblich. Er hatte nie geheiratet, aber es war stets eine junge Frau in seinem Haus, die die Tür seiner Wohnung öffnete, wann immer Zipper zu Besuch kam. Zipper erinnert sich an eine ganze Reihe von diesen Damen. Jedenfalls hatten aber weibliche Kompositionsstudenten eine recht schwierige Zeit mit Marx und hielten kaum je mehr als ein Semester durch. Während des ersten Semesters von Zipper, waren in der Klasse von Marx zwei Mädchen eingeschrieben. Was immer sie an Arbeiten brachten, zerriß er gnadenlos. Gegen Ende des Semesters bemerkte er einmal in der Gegenwart der Mädchen: „Frauen können bestenfalls singen und Klavier spielen, aber sie sollten lieber zu Hause bleiben, kochen und Socken stopfen." Diese Art von männlich-chauvinistischem Vorurteil gegenüber Frauen, die eine professionelle Karriere erreichen wollten, war im Wien jener Tage recht häufig - und ist es bis zu einem gewissen Grad auch noch immer. So gibt es zum Beispiel bis heute bei den Wiener Philharmonikern keine Frau im Orchester. Die erwähnten beiden Mädchen waren übrigens nach dem ersten Semester nicht mehr zu sehen.

Marx schenkte Zipper während der Periode des Studiums des strengen Kontrapunktes kaum Aufmerksamkeit. Als er Fugen zu schreiben begann und andere polyphone Musik, begann Marx doch, Interesse am jungen Zipper zu nehmen. Nach der Vorlesung nahm er ihn manchmal mit in seine Wohnung nahe der Akademie in der Traungasse, um dort die Arbeit an der Musik, die Zipper geschrieben hatte, fortzusetzen. Marx gab immer spezifische, vieles fordernde und sehr genaue Aufgaben, zum Beispiel: „Zipper, schreiben Sie eine doppelte Fuge im Stil von Bach, wie Busoni sie übersetzt haben würde". Und fast immer gab Marx Kompositionsaufgaben, in denen ein Modell nachgearbeitet werden sollte.

Wirkliches Lob verteilte Marx niemals an seine Studenten. Zipper erinnert sich nur an zwei Gelegenheiten, bei denen er eine persönliche Ermunterung erhielt. Einmal, als er in der Klasse eine neue Ouvertüre spielte, die er geschrieben hatte, bemerkte Marx: „Aha, ganz ein appetitliches Stück." (Wenn Lob von Marx, einem Mann mit großem Appetit, erteilt wurde, dann häufig in kulinarischen Bildern.) Ein anderes Mal, gegen Ende des letzten Jahres Zippers bei Marx, als er an der Tafel ein gegebenes Motiv zu improvisieren hatte, rief Marx plötzlich aus: „Zipper, Sie sind ein sehr musikalischer Mensch." Das amüsierte Zipper sehr nach fünf Jahren der strengsten Prüfungen und Tests, die er durchmachen mußte.

Wenn er von den Meistern der Komposition sprach, dann versäumte Marx niemals, Debussy zu erwähnen. Es gab kaum eine seiner Vorlesungen, in der er nicht von dem französischen Komponisten in dem einen oder anderen Zusammenhang sprach. Für seine Studenten der frühen zwanziger Jahre war Debussy eine neue Erfahrung. Seine Musik, ebenso wie die aller zeitgenössischen französischen Komponisten, war in Wien während des Ersten Weltkrieges und auch für einige Jahre danach nicht gespielt worden. Zipper erinnert sich, daß es zum Beispiel Jahre nach 1918 dauerte, bis die Wiener Staatsoper Saint Saëns' „Samson und Dalila" wieder aufführte. Ob die intime Kenntnis der Arbeiten Debussys von Marx aus der Zeit vor dem Ersten Weltkrieg oder erst danach stammte, dessen war sich Zipper nicht sicher. Aber er erinnert sich, daß Debussy als Vorbild dargestellt wurde, in dem Bemühen um die Expansion der tonalen Welt, ihrer Struktur, ihrer Ausdruckskraft und als eine Herausforderung an die Studenten, weiterzuforschen.

Während dieser Jahre war Marx auch ein Berater der türkischen Regierung in Fragen der musikalischen Erziehung und reiste in dieser Eigenschaft nach Ankara. Er half auch bei der Gründung eines Musikkonservatoriums in Istanbul. Während seiner Abwesenheit lernten Zipper und seine Kameraden mehrere Gastlehrer kennen. Einer dieser Gäste war der Komponist Maurice Ravel.

Ravel kam an die Akademie mit dem Ruf eines hervorragenden und berühmten französischen Komponisten und eines ausgezeichneten Lehrers. Später erfuhr man dann, daß sich seine Lehrerfahrungen auf den privaten Unterricht einiger Studenten beschränkten. Offensichtlich fühlte er sich angesichts der verhältnismäßig hohen Hörerzahlen ungemütlich. Zippers Klasse wurde noch dazu von besonders vielen Hörern besucht, die aus anderen Kompositions- und Theorieklassen kamen und neugierig waren, den berühmten Ravel zu hören. Über die Lehrtätigkeit Ravels schreibt Zipper:

„Ich erinnere mich nicht, sehr viel von Ravel als Ausbildner gelernt zu haben, jedoch machte er uns mit einer großen Zahl zeitgenössischer französischer Musiker und deren Werken bekannt, von denen wir nur wenig oder gar nichts wußten. Er erweiterte unseren musikalischen Horizont sehr beträchtlich. Nur durch Ravels Anwesenheit lernten wir viel über die Arbeit von Komponisten wie etwa Fauré, Chabrier, Satie usw. Doch nur selten analysierte er diese Musik für uns, sondern richtete unsere Aufmerksamkeit eher auf die individuellen Charakteristiken der musikalischen Sprache jedes Komponisten.

Ravel war außergewöhnlich liebenswürdig, gut angezogen und schuf stets eine angenehme und entspannte Atmosphäre, solange er sich in unserer Mitte befand. Er hörte mit sichtlichem Interesse unsere Kompositionen an, äußerte manchmal höfliche Anregungen, aber niemals scharfe Kritik. Wir Studenten, die wir unter den strengen Lehrmethoden jener Zeit, besonders der deutschsprachigen Welt, erzogen worden waren, hatten nicht das Gefühl, daß wir von Ravels Lehrmethode ausreichend profitierten. Wir vermißten ganz eindeutig die durchdringende Kritik. Wir bewunderten seine Musik, aber nicht seine Art zu lehren.

Als Musiker war er auch enttäuschend. Während der ersten Tage gab er uns im Theater der Akademie eine Vorführung seiner Musik. Der erste Teil seines Programms war seine eigene Sonatine. Nachdem er auf der Bühne erschienen war, und nachdem er unseren Beifallssturm akzeptiert hatte, wandte er sich dem Klavier zu, zögerte einen Augenblick und verschwand dann wieder in die Seitenkulisse. Er kam mit einer Partitur unter dem Arm zurück, begleitet von einem Mitglied des Lehrkörpers, dessen Aufgabe, wie sich dann herausstellte, es war, ihm die Seiten der Partitur umzublättern. Dann, die Augen fest auf die Seiten geheftet, spielte Ravel uns seine Arbeit vor, in einer Qualität, die ich am liebsten mit einer Bemerkung beschreiben möchte, die mir Marx, der unter den Studenten saß, ins Ohr flüsterte: ‚Jeder von euch, der dieses wunderschöne Stück in der Öffentlichkeit so spielen würde, würde aus dieser Institution hinausgeworfen werden.' Dennoch waren wir alle entzückt von dem sanften Lächeln, das auf Ravels Gesicht bei jedem Fehler, den er machte, erschien - und es gab davon viele."

Zusätzlich zu den Gastvorlesungen gab es auch Arbeitskreise, die Richard Strauss von Zeit zu Zeit leitete. Strauss war ein großer, schlanker und eleganter Mann. Er war stets gut und konservativ gekleidet, wirkte mehr wie ein Bankdirektor als ein Künstler. Unter normalen Verhältnissen sprach er mit einem leichten bayerischen Akzent. Wenn er aber gelegentlich seinem sarkastischen Humor freie Bahn ließ, dann erinnerte sein Akzent mehr an den eines Münchner Kutschers. Seine Bemerkungen zu den Arbeiten der Studenten waren üblicherweise kurz, aber sehr genau auf den Punkt gebracht und außerordentlich hilfreich. Seine Art, sich auszudrücken, konnte man mit einer Eigenheit seiner Musik vergleichen. Dort werden Passagen von höchster Schönheit häufig von wilder Turbulenz unterbrochen; und so konnte auch Strauss im Gespräch der vollendete Gentleman sein, mit sorgfältig ausgewählten Worten und Formulierungen, die aber oft unterbrochen wurden von einem Strom außergewöhnlich ordinärer Ausdrücke. Als eines Tages ein Student sich entschuldigte, daß er eine Kompositionsarbeit nicht gebracht habe, weil es ihm an Einfällen mangelte, meinte Strauss, man müsse imstande sein, jeden Tag zu arbeiten: „Sie sind kein Komponist", sagte er, „wenn sie warten müssen, bis Ihnen die Muse auf den Kopf kackt." Wesentlich für Strauss war die Disziplin. Einmal sagte er der Klasse Zippers: „Versucht nicht, mit aller Gewalt originell zu sein. Wenn ihr etwas zu sagen habt, dann könnt ihr's nicht verhindern."

So wie Marx stets einen Grund fand, Debussy zu erwähnen, so versäumte Strauss keine Gelegenheit, sich auf Mozart zu beziehen, den er sein Vorbild und seinen Meister nannte. In seiner kritischen Einschätzung der Arbeit der Studenten empfahl er stets, zu untersuchen, wie Mozart ein ähnliches Problem in einer besonderen Passage einer Arie, einem Streichquartett, einer Symphonie usw. gelöst hatte. Strauss erwähnte in diesem Zusammenhang niemals seine eigenen Arbeiten.

Jedoch empfingen Zipper und seine Klassenkameraden die wichtigsten Eindrücke von Richard Strauss während der Proben in der Wiener Staatsoper, an denen sie häufig als Teil ihres Lernprogrammes teilnahmen. Strauss war ein Mann von wenig Worten, aber seine Anweisungen an die Sänger und das Orchester enthielten oft unvergeßliche Perlen musikalischer Weisheit. Ebenso unvergeßlich war es, wenn Strauss die verschiedensten Mozart-Opern dirigierte. Zipper ist heute noch der Meinung, daß die Aufführung von „Cosi fan tutte" in den zwanziger Jahren unter der Stabführung von Strauss alle Aufführungen dieser Oper, die er seither gehört hatte, verblassen ließ.

Von diesen bemerkenswerten Lehrern - Marx, Ravel, Strauss - gewann der glückliche junge Zipper eine umfassende Kenntnis sowohl der traditionellen als auch der zeitgenössischen Musik, selbst einiger Musik „heiß aus dem Backofen". Er lernte, wie ein Komponist an seine Arbeit geht, und er lernte, wie man ein Musikstück Schritt für Schritt und Passage für Passage studiert. Vor allem erwarb er sich tiefen, ja lebenslangen Respekt für Disziplin und genaueste Handwerkskunst. Und dementsprechend entwickelte er eine geradezu innerste Abneigung gegen jede Schlamperei. Seine natürliche Hinneigung zur Ordnung wurde geformt zu einer Leidenschaft für sorgfältige, organische und elegante Qualität.

Während dieser strengen Lehrjahre an der Akademie, begann Zipper die Kunst des Dirigierens zu erlernen. Jeden Donnerstagabend kamen 40 bis 50 Studenten der Akademie in Zippers Haus, und dort dirigierte Zipper, seine Mitstudenten spielten die wichtigsten Werke der symphonischen Literatur. 1913 hatten die Zippers eine große Wohnung gemietet - es war in der Tat eine Doppelwohnung, nämlich 120 und 120a, Hietzinger Hauptstraße, mit zwei separaten Eingängen. In der Mitte der beiden Wohnungen war eine große Eingangshalle - zwei Stock hoch, wohl an die neun Meter -, in der man alle Studenten unterbringen konnte. Es gab dort sogar einen Billardtisch, den man beiseite schob, wenn am Donnerstagabend konzertiert wurde. Anschließend an diesen großen Raum befand sich auch eine Küche, wo Rosie und Hedy Sandwiches und kleinere Bäckereien, Bier und Limonade für die Studenten vorbereiteten.

Das Musizieren begann meist pünktlich um halb acht Uhr abends. Fast jede Woche suchte Zipper die zu spielenden Werke aus. Dazu begab er sich in das Archiv der Gesellschaft der Musikfreunde, der ältesten und berühmtesten musikalischen Gesellschaft in Österreich, die eine großartige Sammlung aller klassischen Musik besaß. Der Direktor des Archivs, Prof. Eusebius Mandyczewski, war ebenfalls Lehrer an der Akademie. Er war auch ein Freund von Brahms und einer der Herausgeber von dessen gesammelten Werken. Freundlicherweise erlaubte Mandyczewski Zipper den Gebrauch von musikalischen Werken, die für andere nicht zugänglich waren. Sobald man die Räume der Gesellschaft betrat, sah man den Bibliothekar Doubrava, der dort auf einem hohen Sessel sitzend seine eigenen Symphonien schrieb. Er war auch Organist in der Karlskirche und eine Art Original. Zipper erlebte, als er einmal nach einem Musikwerk suchte, wie eine Frau in die Bibliothek kam und nach dem „Troubadour" fragte. Doubrava, auf seinem hohen Sessel sitzend, murmelte „ja, ja". Dann sagte sie: „Tatsächlich möchte ich vor allem die Ouvertüre." „Ja, ja," murmelte er wieder und kletterte auf einer hohen Leiter zum obersten Regal. Dabei murmelte er immer vor sich hin, und als er oben angekommen war, wandte er sich zu ihr hinunter und sagte: „Und überhaupt hats ‚Troubadour' gar ka Ouvertür."

Zipper suchte nach Partituren von Haydn- oder Mozart-Symphonien oder Bachs Brandenburgischen Konzerten oder Beethoven, Brahms, auch Symphonien von Dvořák, damals recht zeitgenössische Kompositionen.

Das Musizieren an den Donnerstagabenden war sehr ernsthafte Probenarbeit und dauerte bis zehn Uhr nachts. Manchmal nahmen auch anerkannte Künstler an der Arbeit dieses Studentenorchesters teil. Erna Gal, eine Schwester des Komponisten Hans Gal, zum Beispiel, nahm einmal mit einem sehr bekannten Cellisten jener Zeit, Wilhelm Winkler, an diesen Orchesterproben teil, ebenso auch Eric Simon, ein lebenslanger Freund Zippers, der die zweite Klarinette spielte. Die Donnerstagabend-Konzerte waren für die Studenten eine seltene Gelegenheit, um symphonisches Repertoire zu lernen. Für Zipper war es eine großartige Zeit, um die Kunst des Dirigierens beherrschen zu lernen. Und für Emil, Rosie und Hedy Zipper waren es Abende, die sie schätzten.

Dirigieren kann man nur lernen, indem man es betreibt, und Zipper lernte seine Kunst nicht nur an diesen Donnerstagabenden, sondern auch, indem er ein Orchester der jüdischen Gemeinde und ein Gewerkschaftsorchester dirigierte. Er begann auch seine professionelle Karriere, indem er den Chor der Wiener Madrigalvereinigung dirigierte, auf Empfehlung ihres Gründers, des Komponisten Hans Gal, der damals Wien verließ, um die Stelle des Direktors des Konservatoriums in Mainz zu übernehmen.

Zipper widmete sich in den zwanziger Jahren nicht nur der Musik, sondern er entwickelte auch eine Liebe für die bildenden Künste. Als er eines Abends im Jahr 1923 aus dem Theater nach Hause gehen wollte, bemerkte er im Schaufenster der Buchhandlung von Richard Lanyi einige Zeichnungen, die dort ausgestellt waren. Das Geschäft befand sich an der sogenannten verlängerten Kärntner Straße und stellte regelmäßig zeitgenössische Kunstwerke aus - darunter auch Arbeiten des recht bekannten Onkels von Zipper, Arthur Paunzen. Zipper blieb stehen, um sich eine Reihe von Aktzeichnungen anzusehen, expressionistische Darstellungen des bekannten Wiener Künstlers Oskar Kokoschka. Während der neunzehnjährige Zipper bezaubert von den Zeichnungen vor dem Schaufenster stand, näherte sich ihm ein Mann und fragte: „Nun, gefallen sie Ihnen?“ Zipper antwortete, ja, sie gefielen ihm, aber er verstehe nicht ganz die Absicht des Künstlers. Der Mann stellte sich nun selbst als Oskar Kokoschka vor und ging daran, dem jungen Studenten seine Ideen zu erklären. In gut wienerischer Art setzten sie ihre Diskussion auf der Straße, hin- und hergehend, fort. Kokoschka lud Zipper ein, demnächst seine Arbeiten zu besichtigen. In der Tat besuchte Zipper ein halbes Dutzend mal dessen Atelier. Er war fasziniert von der Verzerrung der Formen im Dienste einer tieferen psychologischen Realität. Er war auch von der Art der Farbsetzung gefesselt, die ihm verborgene Schichten des menschlichen Geistes aufzudecken schien. Diskussionen mit Kokoschka eröffneten Zipper neue Aussichten, und die Erklärungen des Künstlers über die Natur der Kunst machten auf ihn einen tiefen Eindruck. „Das Bewußtsein einer Vision ist nicht ein Zustand, in dem man ein Objekt erkennt oder versteht, sondern es ist eine Position in sich selbst und von sich selbst, welche erfahren werden muß.“[22] Kokoschka sprach auch die Meinung aus, daß die Kunst eine vierte Dimension habe: „Die anderen drei Dimensionen sind auf der Vision beider Augen aufgebaut, die vierte Dimension aber basiert auf der wesentlichen Natur der Vision, die schöpferisch ist.“[23] Kokoschka war im Jahr 1923 gerade von Dresden nach Wien zurückgekehrt und reiste 1924 wiederum ab. Aber er und Zipper korrespondierten miteinander bis zum Tode Kokoschkas im Jahr 1980.

Zipper besuchte auch andere Geschäfte, die Kunstbücher führten, und nahm an fast jeder Ausstellung in der Stadt teil. Die bekannteste Kunstbuchhandlung war damals jene von Hugo Heller, die Zipper zuerst 1921 frequentierte. Es war eine Buchhandlung, eine Bildergalerie und eine Theaterkartenagentur in einem. In dem großen Geschäft konnte man Literatur aus der ganzen Welt finden, von Upton Sinclair und Sinclair Lewis aus den Vereinigten Staaten bis zu deutschen Übersetzungen aus dem Französischen, Russischen, Italienischen und Spanischen. Das große Schaufenster zeigte nicht nur Bücher, sondern eben auch zeitgenössische Kunst. An einem Tisch nahe dem Eingang verkaufte ein junger Mann Theaterkarten und machte Reservierungen für alle möglichen Veranstaltungen. Einer dieser jungen Agenten trug den Namen Rudolf Bing, der Jahrzehnte später als Direktor der Met, des New Yorker Opernhauses, berühmt werden sollte. Bei Hugo Heller fand die erste Ausstellung der Gemälde von Arnold Schönberg, des berühmten Musikers, im Oktober 1910 statt. Sie enthielt 41 Porträts, und das Rosé Quartett spielte bei der Gelegenheit das Erste und Zweite Schönberg Quartett. Hugo Heller, kulturell tonangebend in dieser Zeit, führte auch einen Salon für Künstler und Intellektuelle und war Mitglied der Psychoanalytischen Gesellschaft Sigmund Freuds. Er selbst verfaßte im Oktober 1912 eine Arbeit über „Lou Andreas-Salomé als Schriftstellerin". Heller war auch der Verleger von Freud, der oft in Hellers Salon Vorträge hielt. Als Impresario vertrat Heller Bruno Walter und Gerhart Hauptmann, neben vielen anderen.

Hellers Buchhandlung war ein Sammelpunkt für Intellektuelle, und man konnte dort, wenn man eintrat, stets laute und lange Diskussionen und Debatten anhören. Hier kam man her, um die jüngste Ausgabe von Freud zu kaufen oder Graphiken von Kokoschka, Schiele oder Klimt oder Bücher über moderne Musik. Zipper ging oft zu Heller, um dort Freunde zu treffen oder Bücher zu kaufen. 1923 starb Heller, aber Zipper besuchte die Buchhandlung auch weiterhin bis zum Jahr 1938.

Die Sezessionsbewegung und die führenden zeitgenössischen Architekten und Künstler faszinierten Zipper. Zu seinen Lieblingen gehörten Adolf Loos und dessen Schüler, Schiele, der in den zwanziger Jahren posthum Respekt als auch Gegnerschaft hervorrief, und die französischen Impressionisten, die nun in Wien bekannt wurden. Er war stets angeregt, aber auch oft verblüfft von den widerstreitenden Ansichten, die es in der Akademie gab, und jenen der Traditionalisten, wie etwa seines Onkels, und der radikalen Ansprüche eines Schönberg, Klimt oder Kokoschka.

Während dieser Periode versammelten sich Zipper und andere Künstler und Intellektuelle sehr häufig in einem Kaffeehaus. Das Wiener Kaffeehaus, als kulturelle Stätte berühmt, war das vor allem vor und nach dem Ersten Weltkrieg. Wollte man in literarische Kreise Eingang finden, wollte man Persönlichkeiten wie Karl Kraus oder Hermann Bahr, der der Führer der Gruppe Junges-Wien war, sehen oder gar kennenlernen, so ging man am besten ins Café Central, oder war man eher an Malern oder Architekten interessiert, so begab man sich ins Café Museum, nahe der Sezession, entworfen von Adolf Loos, und entsprechend den radikalen Ideen, die Loos über Innendekoration hatte, war sein Inneres eher spartanisch. Das hatte ihm auch den Spitznamen „Café Nihilismus" eingetragen.[24]

Das Wien der zwanziger Jahre war nicht nur ein Zentrum musikalischer Erneuerung und künstlerischer Experimente, es war auch das Heim eines Karl Kraus, dessen monatlich erscheinendes Magazin „Die Fackel" ebenso mit Neugierde erwartet wurde wie neue Kompositionen von Schönberg, Hindemith oder Kurt Weill. Karl Kraus war geradezu die Quintessenz eines Wiener Juden, der einen scharfzüngigen Witz besaß und eine grandiose Fähigkeit im Umgang mit der Sprache. Kraus war tatsächlich einzigartig, irgendwie verkörperte er den Geist der Zeit. Er war ein brillanter Schreiber, ein Bilderstürmer, dessen Witz und Anspielungen in andere Sprachen fast unübersetzbar waren. Kraus regte junge Intellektuelle wie Zipper an, über das konventionelle Denken hinauszugehen, die naheliegenden Annahmen noch einmal zu überlegen und gegen die bürgerliche Selbstzufriedenheit zu rebellieren. „Die Fackel" erschien von 1899 bis 1936, dem Jahr, in dem Kraus, damals 62 Jahre alt, an Herzversagen starb. Mit ihren 922 Ausgaben und über 24.000 Seiten gehört „Die Fackel" zu den erstaunlichsten journalistischen Errungenschaften in der Geschichte der Literatur. Kraus war ein Moralist, ein Satiriker, ein Pazifist, ein Prophet, ein Sozialkritiker, ein Bilderstürmer und ein selbsternannter Hüter der Wahrheit. Wo immer er auf Heuchelei stieß, auf Halbwahrheiten, Sentimentalitäten, auf Mittelmäßigkeit des Geistes oder auf reine Dummheit, griff er an. Und er griff mit einer beißenden Feder an, die er wie ein Rapier einsetzte. Die Ziele seines Zornes erstreckten sich von einem Eierersatz („hergestellt aus diluvialem Kalk und Backpulver" und wie „Ersatzzahnpasta" schmeckend) bis zu der vulgären Gefühllosigkeit von Urlaubsvergnügungsreisen nach Verdun (wo „ein bis eineinhalb Millionen Menschen zu Tode verblutet waren"). Neben der „Fackel" war das Meisterwerk von Kraus, eine Art Theaterstück, „Die letzten Tage der Menschheit", eine satirische, bissige philosophische Studie des Ersten Weltkriegs.

1922 erschien ein Buch, „Die Stadt ohne Juden", das außerordentlich große Aufregung hervorrief und außerdem auch zu dem ersten Mord eines Nationalsozialisten an einem Juden führte. Zipper kaufte diesen Roman von Hugo Bettauer, genauso wie viele andere Wiener. Das Buch wurde ein Bestseller; aus der Rückschau gesehen, war es sogar prophetisch. Es wurde übrigens später ins Englische übersetzt und auch ein Film danach gedreht. Der Roman beschreibt, wie beschlossen wird, wieder einmal die Juden aus Wien zu vertreiben (so wie 1421 und 1670). Als Ergebnis wird die finanzielle Stabilität der Stadt zerstört, und es entstehen massive soziale Probleme. Nach der Lektüre dachte Zipper, daß das Buch zwar in einer beängstigenden Weise einen möglichen Zustand beschrieb, aber auch nicht gerade sehr gut geschrieben war. Jedenfalls fachte dieser Roman latenten Antisemitismus in Wien wieder einmal an. Eines Tages im Jahre 1925 betrat ein Mann namens Otto Rothstock das Büro von Bettauer (damals ein Journalist mittleren Alters, der zum Protestantismus übergetreten war) und tötete mit einem Schuß den Autor. Nur einen Monat zuvor war Rothstock aus der Nationalsozialistischen Partei ausgetreten. Es wurde allerdings allgemein angenommen, daß er nur ausgetreten sei, um seine Partei nicht in die Mordaffäre zu verwickeln. Er wurde vor Gericht gestellt und als geistig unzurechnungsfähig nicht verurteilt, sondern in eine Irrenanstalt eingewiesen. Zwanzig Monate später wurde er allerdings wieder freigelassen, da die Ärzte keinerlei Spuren einer geistigen Krankheit finden konnten. So war nicht nur Bettauers Roman prophetisch, sondern auch sein eigenes Schicksal und was danach geschah, war wie eine Vorschau auf Dinge, die noch kommen sollten.

Während der zwanziger Jahre entwickelte Zipper eine Leidenschaft für die Schriften Goethes und lernte lange Stellen auswendig. So wie manche Leute Kapiteln und Verse aus der Bibel aus dem Gedächtnis aufsagen können, so kann das Zipper mit Zeilen und Szenen aus dem „Faust". Noch heute rezitiert er Goethe mit vollem Respekt und einer Achtung vor dessen Sprache, die beeindruckend ist.

Neben dem intellektuellen Anreiz der Politik, der Musik, der Literatur, der Philosophie und der Anziehungskraft der Frauen eignete sich Zipper in seinen Studentenjahren noch eine andere Leidenschaft an, nämlich die für die Berge. Dort verbrachte er die meisten Wochenenden - im Winter Ski fahrend, im Sommer bergkletternd. An Samstagnachmittagen und Sonntagmorgen fuhren Sportzüge von Wien in die Gebirgsgegenden ab. An Wochenenden verließ nahezu eine Viertelmillion Menschen Wien, die meisten davon waren Mitglieder von Alpenklubs, die in diesen Spezialzügen auch nur sehr ermäßigte Gebühren zahlen mußten. So kostete etwa eine typische Hin- und Rückfahrkarte fünf Schilling. Skilifte gab es damals noch nicht. Die wenigen Seilbahnen und einige Zahnradbahnen wurden hauptsächlich von Touristen frequentiert. Zipper benützte sie kaum. Er erinnert sich dieser Zeiten mit großer Sehnsucht:

„Einen Berg aus eigener Kraft zu besteigen, durch die Winterlandschaft zu wandern, mit ihren schneebedeckten Bäumen, Wäldern und den blauen Schatten, die mit dem weißen Sonnenlicht auf den Hängen kontrastierten. All das war eine der großen Erfahrungen unseres Lebens. Mit Seehundsfellen an den Skiern bergauf zu steigen durch den tiefen, jungfräulichen Schnee, empor zu den hohen Gipfeln, konnte wohl den besseren Teil des Tages in Anspruch nehmen. Aber die Belohnung für die harte Arbeit bergauf, war dann die beglückende Abfahrt den Berg hinunter.

Ein völlig anderes Erlebnis, völlig verschieden von der Art des Skifahrens und dessen Ziel, war auch, die großartigen Berge der österreichischen Alpen im Sommer zu besteigen. Hier war man viel weniger mit der äußeren Welt beschäftigt als vielmehr mit der Konzentration der eigenen Kräfte des Inneren.

Häufig bin ich von Naturfreunden, die aber keine Bergsteiger waren, gefragt worden, warum denn wir, die Kletterer, immer und immer wieder unser Leben aufs Spiel setzten, indem wir an gefährlichen Bergwänden emporkletterten, um einen Gipfel zu erreichen, den man doch verhältnismäßig bequem spazierengehend von der anderen Seite erreichen konnte. ‚Was für eine Art Sieg glaubst du denn, erzielen zu können, indem du den Berg bekämpfst?' war eine der häufigen Fragen. Wir kämpften nicht um einen Sieg über den Berg. Im Klettern an den Wänden der Gebirge der Alpen lernten wir, unsere eigenen Ängste zu überwinden. Wir lernten, zu jeder Zeit mit konzentrierter Überlegung zu handeln. Wir lernten, wessen es bedarf, um niemals aufzugeben, und wir wurden auch der Tiefe der geistigen und körperlichen Fähigkeiten bewußt, gerade durch diese Anstrengungen. Wir lernten auch viele stets gültige Lektionen über unser eigenes Ich. Das Klettern im Fels hat Werte, die keine andere Tätigkeit hervorbringen kann."

Und so wurde Zipper um 1927 ein leidenschaftlicher Musiker, ein Bergsteiger, ein politischer Sozialist und auch ein einigermaßen weltkluger junger Mann. Ein Abend im Februar sollte sein Leben auf das radikalste verändern. Seine Schwester Hedy hatte sich mit Grippe angesteckt und bat nun ihren Bruder, er solle zwei ihrer Freundinnen zu einem Maskenball begleiten, den die beiden sonst nicht besuchen könnten. Zögernd stimmte Zipper zu, um kein Spaßverderber zu sein. So kam er zu dem Ball als Begleiter der beiden Mädchen und sagte ihnen, sie sollten nur tanzen gehen und sich unterhalten, aber alle dreißig Minuten zu ihm zurückkehren und sich sozusagen zur Stelle melden. Er selbst zog sich in ein Eck zurück und las in einem Buch, das er mitgebracht hatte. Während er dort saß, kamen ein sehr junges Mädchen, ihre Schwester und der Begleiter dieser Schwester in den Saal. Die beiden Mädchen gingen in die Garderobe, und durch die Tür konnte Zipper sehen, daß die jüngere ihre langen blonden Haare zu kämmen und zu glätten begann. Zipper beschreibt diesen Augenblick als „wie vom Blitz getroffen". Obwohl er nicht wissen konnte, was nun geschehen sollte, so ließ ihn doch der beschleunigte Puls und seine innerste Reaktion beim Anblick dieses jungen Mädchens begreifen, daß sich in seinem Leben etwas ändern würde. Er ging zu ihr und sagte: „Wollen Sie mit mir tanzen?" Das kleine, zarte, vierzehnjährige Mädchen sah zu seinen 1,85 Meter auf und meinte: „Ja, gewiß." Zipper war kein guter Tänzer, und seine Partnerin, Trudl Dubsky, die schon in einem Ballett tanzte, lachte. „Nun gut", sagte Zipper, „bringen Sie es mir bei." Und sie tanzten. Sie tauschten dann auch ihre Telephonnummern und Adressen aus, und er schickte ihr am nächsten Tag einen Rosenstrauß.

Von da an sah er sie zwei- oder dreimal in der Woche und telephonierte mit ihr jeden Tag. Zunächst war er vor allem von ihrem offensichtlichen Talent und ihrer Grazie beeindruckt. Sie hatte eine Art, ihre Hände zu bewegen, die für ihn reinste Poesie war. Ohne es zu bemerken, fühlte er jedoch, daß jede ihrer Bewegungen künstlerische Sinnlichkeit ausdrückte. Er war von dieser kleinen Sylphide fasziniert, die so ganz anders war als die Wiener Mädchen, die er bisher kennengelernt hatte. Und sie ihrerseits war an ihm interessiert - an seinen Passionen, seinen Gedanken, seiner Musikalität und den Dingen, die er schätzte. Sie redeten und redeten, gelegentlich nach einem Besuch im Kino, aber doch meistens in Kaffeehäusern. Besonders oft trafen sie einander im Café Schottentor am Ring gegenüber der Universität. Dort, unter Leuten aller Altersstufen, kamen sie zusammen, diskutierten über Dostojewski, über expressionistische

Kunst, über Tanz, Musik und Politik. Eines Tages, als Trudl mit dem Bodenwieser Ballett auf Tournee war, besuchte Zipper das Kaffeehaus mit ihrer Schwester Minnie, die ebenfalls an der Universität studierte. Der Ober, der schon beobachtet hatte, wie Trudl mit demselben Mann seit Monaten ins Kaffeehaus kam, sah Zipper ein wenig ärgerlich an. Er wollte ihm nicht einmal die Rechnung bringen. Erst als ihm Zipper das Mädchen als Schwester Trudls vorstellte, wurde er einigermaßen höflich. Als kluger Diplomat machte Zipper auch der Mutter Trudls, die Sängerin war, den Hof. Er begleitete sie am Klavier und studierte, bevor er in die Wohnung der Dubskys kam, das Repertoire, das Madame Dubsky zu singen pflegte.

Als ihre Beziehung begann, war Zipper 23 Jahre alt und Student an der Universität. Trudl war erst 14, aber sie war schon eine unabhängige junge Frau geworden. Sie war bereits Mitglied einer recht bekannten Tanzgruppe, des Bodenwieser Ensembles. Frau Bodenwieser, eine Professorin an der Akademie für Musik und Darstellende Kunst, hielt Trudl für eine ihrer begabtesten Schülerinnen. An dieser Akademie hatte Trudl schon mit neun Jahren zu lernen begonnen und setzte diesen Tanzunterricht fort, obgleich ihre Eltern dagegen waren. Da sie mit dem Bodenwieser Ballett schon auftrat, als sie 14 war, war sie finanziell unabhängig und wurde mit 17 Jahren selbst schon dort Lehrerin. Manchmal kam Zipper in das Studio des Balletts und improvisierte auch manchmal auf dem Klavier für die Tänzer. In der ersten Zeit seiner Beziehungen zu Trudl Dubsky trafen sie einander, wie es damals üblich war, sie unternahmen lange Spaziergänge, tauschten Blicke und führten stundenlange Gespräche. Liebesbeziehungen fanden in jener Zeit keineswegs eine rasche Kulmination, vielmehr war es üblich, einander lange Zeit den Hof zu machen. Zipper hat sofort, als er Trudl traf, gewußt, daß er zutiefst in sie verliebt war. Die Liebe kam für das ja erst 14 Jahre alte Mädchen viel langsamer, aber auch sie wußte dann, daß sie den jungen Mann liebte. Oft ließ sie ihn warten, denn Pünktlichkeit war für sie nicht selbstverständlich. Eines Tages, als sie ihn wieder hatte warten lassen, sagte er zu ihr: „Trudl, ich kann mein Leben nicht damit verbringen, daß ich auf dich warte. Vielleicht sollten wir miteinander Schluß machen." Sie aber ergriff seine Hand und sagte: „Sag das niemals wieder." Später sagte sie ihm, daß sie in jenem Augenblick gewußt habe, daß sie ihn liebe.

Kurze Zeit danach, als Trudl etwa fünfzehneinhalb Jahre alt, mietete Zipper einen eigenen Wohnraum, und sie wurden ein Liebespaar. Es war keineswegs unüblich, sich ein solches Liebesnest zuzulegen. Aber Trudl war doch dafür noch recht jung. Jedoch war das Mädchen ungewöhnlich reif und eine unabhängige junge Dame, und außerdem waren beide überzeugt, daß dies die große Liebe ihres Lebens sei.

63 Jahre später erinnert sich Zipper dieser Zeit seines Lebens in liebevollen Worten:

Um meine frühe und in ihrer Art einzigartige Beziehung zu Trudl zu beschreiben, muß man wissen, daß meine Beziehungen zu Frauen bis dahin meist so verliefen, daß sie es waren, die die Initiative ergriffen. Ob die Liebesabenteuer nun im Bett stattfanden oder in Ruderbooten, auf Wiesen, auf Parkbänken, in Wäldern oder auf den Berggipfeln, es waren immer die Frauen, die Avancen machten. Eine Mischung aus Höflichkeit, Stolz und Eitelkeit zwingt einen manchmal, ein Liebhaber zu werden, ohne es eigentlich zu wollen. Nur von Frauen, mit denen ich beruflich zu tun hatte, und von meinen Schülern hielt ich mich ohne Ausnahme fern. Die gutaussehende Tochter meines Zahnarztes, der ich Musiktheorie beibrachte, sagte mir viele Jahre später, als sie schon verheiratet war und Kinder hatte, sie hätte mich für einen ‚kalten Fisch' gehalten, weil ich ihre Erwartungen auch jenseits der Musiktheorie-Stunden nicht bemerkt hätte.

Abgesehen von meinem Verhältnis mit Trudl hatte mein Liebesleben auch eher unerfreuliche Aspekte insofern, als es häufig Abbruchprozeduren notwendig machte, die gewöhnlich ich einleiten mußte. Obwohl ich in diesen Jahren zahlreiche Affären hatte, so habe ich doch die wahre Natur der Liebe nicht gekannt.

Als ich daher Trudl kennenlernte, traf es mich beim ersten Mal schon wie der Blitz, obgleich sie doch damals fast noch ein Kind war.

Ich lernte damals, daß die wahre Liebe nicht von sexuellen Wünschen verursacht wird, sondern von einer mysteriösen Affinität elektromagnetischer Kräfte. Für lange Zeit hat die Sexualität in unserer Beziehung noch keine Rolle gespielt. Erst gegen Ende 1927 begann sich auch dieser Aspekt unseres Liebeslebens allmählich aufzubauen. Wie eines jener langen Beethoven-Crescendos, und die Erfüllung wurde erst spät im Jahre 1928 erreicht, und zwar an einem Nachmittag in unserem kleinen Zimmer in der Mahlerstraße. Es war nicht wie einer jener stürmischen wagnerianischen Gipfelpunkte, sondern eher wie ein dritter Satz in Beethovens Quartett op. 132.

Als ich darauf wartete, daß Trudl die Glocke läuten werde, wartete ich auf eine sehr junge Frau, die für mich so kostbar war wie nichts anderes auf der Welt. Für diesen Augenblick hatte ich alle Zärtlichkeit, deren ich fähig war, aufgespart. Es war nicht ein Akt der Lust, sondern ein Akt beschwingter, gegenseitiger Liebe. Wir haben den Tag niemals vergessen.

Es war jedoch nicht nur eine Zeit für Liebe und Idylle, für Musizieren, sondern auch eine Zeit politischer Spannung. Diese Spannung brach am 15. Juli 1927 mit Aufruhr in der Stadt und dem Brand des Justizpalastes aus. Dies ereignete sich an einem Tag, an dem Herbert Zipper und Trudl Dubsky ihre eigene Krise zu überwinden hatten.

ZWEITER SATZ

IV Ein junger Dirigent im aufziehenden Sturm
V Dachau
VI Buchenwald

Kapitel IV
Ein junger Dirigent im aufziehenden Sturm

„Die Zeit bewegte sich. Leute, die damals noch nicht gelebt haben, werden es nicht glauben wollen, aber schon damals bewegte sich die Zeit so schnell wie ein Reitkamel, und nicht erst heute. Man wußte bloß nicht wohin.“

Robert Musil „Der Mann ohne Eigenschaften“

Am 11. November 1918 hatte Kaiser Karl, Großneffe Kaiser Franz Josephs, eine Erklärung veröffentlichen lassen, in der es hieß: „Ich verzichte auf jeden Anteil an den Staatsgeschäften.“ Das Reich der Habsburger starb „nicht mit einem Knall, sondern einem Wimmern“. Die provisorische Nationalversammlung hatte den unabhängigen Staat Deutsch-Österreich proklamiert. Die Friedensverträge von St. Germain und Versailles verboten den Zusammenschluß der beiden deutschen Staaten und erzwangen die Änderung des Namens von Deutsch-Österreich in Österreich.

Einst Europas zweitgrößter Staat mit mehr als 676.000 Quadratkilometern Fläche und fast 53 Millionen Einwohnern, umfaßte diese neue Republik nun nur mehr 83.000 Quadratkilometer und 6,5 Millionen Bewohner. Das klein gewordene Österreich, dem für seine neuen politischen und wirtschaftlichen Gegebenheiten jede Erfahrung fehlte, war von allem Anfang an mit Problemen aller Art, auch sozialen, und jeder Sorte von Widersprüchen belastet. Bis zu einem gewissen Grad war sogar mit dem Ende des Krieges eine Art von „Revolution“ ausgebrochen, sozusagen amtlich genehmigt. Jedoch entstand ein neues Regierungssystem, indem es zum erstenmal Wahlrecht für die Frauen gab und der Arbeiterklasse ein weitaus größerer Einfluß zukam als bisher in der Monarchie. Diese Umwälzung ging von den Sozialdemokraten aus, die 1919 zur stärksten Partei wurden, später aber von den Christlichsozialen knapp überflügelt wurden.

Besonders in Wien besaßen die Sozialdemokraten nach dem Krieg stets eine große Mehrheit. Die Partei wurde auch als „austromarxistisch“ bezeichnet, sie stand in der Internationale am weitesten links. Die Bedeutung der Vorherrschaft der Sozialdemokraten in Wien lag nicht nur in der Tatsache, daß es die Hauptstadt der Republik war, sondern vor allem darin, daß in dem sehr klein gewordenen Österreich die Wiener rund ein Viertel der Gesamtbevölkerung ausmachten.

Den Sozialdemokraten standen auf der Rechten die Christlichsozialen und die Großdeutsche Volkspartei sowie der Landbund gegenüber. In den zwanziger Jahren besaßen die Christlichsozialen eine ebenso große Mehrheit in den übrigen Ländern Österreichs wie die Sozialdemokraten in Wien. Das entsprach der Haltung der katholischen Landbevölkerung und der konservativen bürgerlichen Klassen.

Die Herrschaft der Sozialdemokraten, ungebrochen bis zum Februar 1934, unter der Führung von Karl Seitz, Hugo Breitner und Julius Tandler, verwirklichte ein sehr anspruchsvolles Programm, um durch „Gemeindebauten“ der arbeitenden Klasse Wohnraum zu schaffen, ferner Pläne für die Gesundheitsvorsorge, für Erwachsenenausbildung und andere Reformen des Erziehungswesens, die dieser Stadt in ganz Europa den einzigartigen Ruf als das „rote Wien“ bescherten.

Jedoch, desto mehr Erfolge die Sozialdemokraten einheimsten, umso mehr entstand tiefer Argwohn und Gegnerschaft bei jenen, die nun drauf und dran waren, ihre Macht und ihr Prestige zu verlieren. Die Aristokratie, das Militär und die Bürokratie, gemeinsam mit der Kirche (die den Antiklerikalismus der Sozialisten übelnahm) fürchteten, daß der Sozialismus weiterentwickelt werden oder gar ein Einfluß des bolschewistisch gewordenen Rußlands sich durchsetzen könnte, was nur sehr entfernt wahrscheinlich war. Bei den Kleinbürgern und Bauern, die mehr als die Hälfte der Bevölkerung ausmachten, hatten sich außerdem die Ideen des Liberalismus niemals durchgesetzt. Diesen Gruppen, vor allem in der Provinz, war von jeher von Kirche und Schule gelehrt worden, der Autorität zu gehorchen. Nach der Niederlage im Krieg, nach dem wirtschaftlichen Zusammenbruch und der politischen Unsicherheit waren viele Leute für Demagogen zugänglich und hörten auf absolutistische Argumente. Militante Gruppen wurden gebildet, eine davon war die Heimwehr (oder auch Heimatschutz), die private Armee des Fürsten Starhemberg, eines faschistischen Führers.

Spannungen zwischen den linken Sozialdemokraten und den rechten Christlichsozialen sowie der Heimwehr wuchsen. Im Jänner 1927 waren bei Zusammenstößen politischer Gruppen der Rechten und der Linken in Schattendorf im Burgenland ein Arbeiter und ein Knabe durch Gewehrschüsse getötet worden. Die Linke sah in diesen Morden die Verantwortlichkeit der Rechten. Drei Frontkämpfer, Angehörige einer Organisation ehemaliger Soldaten des Ersten Weltkrieges, wurden vor Gericht gestellt und am 14. Juli freigesprochen. Darauf folgten am Tag danach Unruhen, und im Verlauf von Massendemonstrationen in der Innenstadt Wiens ging der Justizpalast in Flammen auf. Die Polizei, mit Einwilligung des Kanzlers Dr. Ignaz Seipel, eines Prälaten der katholischen Kirche, feuerte in die Menge, und in dem darauffolgenden Blutvergießen wurden 89 Menschen getötet und eine viel größere Anzahl verwundet.

Zipper erinnert sich an diesen Tag sehr lebhaft. Am Abend des 14. Juli hatte Trudl ins Kino gehen wollen. Doch während sie noch im Vorraum des Kinos warteten, wurde Trudl plötzlich furchtbar übel. Zipper brachte sie zum Hausarzt der Zippers, der eine akute Blinddarmentzündung feststellte, die eine sofortige Operation notwendig mache. Zipper brachte Trudl nach Hause, und ihre Eltern führten sie am nächsten Morgen in ein kleines Privatsanatorium in Pötzleinsdorf. Knapp nachdem die Operation vorüber war, kam Zipper ins Sanatorium. Da Trudl noch in der Narkose war und er daher mit ihr nicht sprechen konnte, nahm er sich ein Taxi und fuhr zum Büro seines Vaters in der

Volksgartenstraße Nr. 3, um dort Bruder Walter zu treffen. Nun liegt diese Straße unmittelbar neben dem damals schon brennenden Justizpalast. Auf dem Weg dorthin stieß er auf eine Menschenmenge, die, weil ein Generalstreik ausgerufen war, das Taxi umstürzte. Aus dem Taxi herauskletternd, rief Zipper den Demonstranten zu, er sei einer der ihren, ein Sozialdemokrat. Dann eilte er in das Büro seines Vaters. Später marschierten er und Walter fast zehn Kilometer zu Fuß nach Hause. In einem noch offenen Blumengeschäft kaufte Zipper ein Dutzend rote Rosen für Trudl.

Nur einen Häuserblock von der Stelle entfernt, wo Zippers Taxi umgestürzt worden war, stand der sozialdemokratische Führer Otto Bauer neben dem Denkmal des Dichters Ferdinand Raimund und versuchte mit einer Ansprache, das Volk zu beruhigen. Spontane Demonstrationen waren ausgebrochen, der Generalstreik ausgerufen, aber die Führerschaft der Sozialdemokratie hatte buchstäblich die Kontrolle über die Menschen verloren, weil sie ihre Stimmung falsch eingeschätzt hatte. Als Ergebnis gingen die Faschisten aus dieser Krise gestärkt hervor. Rückblickend mag es wohl sein, daß die gewaltsame Reaktion der Menschen auf den Freispruch nur die Ängste vieler erst recht bekräftigte und dem Anspruch der Faschisten neue Nahrung gab, daß sie und nur sie allein, die Ordnung aufrecht erhalten könnten.

Am nächsten Tag, dem 16. Juli, ging Zipper schon um sechs Uhr früh aus dem Haus, um in einem eineinhalbstündigen Marsch das Sanatorium in Pötzleinsdorf zu erreichen. Dort konnte er einer schwachen, aber schon lächelnden Trudl die roten Rosen überreichen. Mama Dubsky war da und zu Tränen gerührt.

Während die politische Szene immer verworrener und bedrohlicher wurde, und zwar nicht nur in Österreich, sondern auch in ganz Europa, vollendete Zipper seine Studien an der Akademie und an der Universität. Er promovierte im Fach Musikwissenschaft bei Professor Guido Adler und erhielt seinen Dr. phil. Nun war er bereit, seine berufliche Karriere zu beginnen. Das war im Jahr 1929, und er war 25 Jahre alt, groß, hübsch und ein guter Musiker, der nun seinen Weg als Dirigent machen wollte. Seine erste diesbezügliche Arbeit leistete er als Dirigent der Wiener Madrigal-Vereinigung. Fast gleichzeitig setzte die weltweite Depression mit dem Absturz der Börsenkurse im Oktober des Jahres 1929 ein. Der Zusammenbruch der Banken begann mit einer Katastrophe in Wien. Österreich war besonders empfindlich für ökonomische Krisen, weil es noch nicht imstande gewesen war, die Wirtschaft eines Großreiches den Bedürfnissen eines kleinen Staates anzupassen. Vor der Wirtschaftskrise hatte Österreich etwa 175.000 Arbeitslose. Auf dem Höhepunkt der Krise (1933/34) gab es 600.000 Arbeitslose, und 1937 gab es immer noch mehr als 200.000 Arbeitslose.

Aber man mußte seinen Lebensunterhalt verdienen, und trotz der Wirtschaftskrise in Österreich, die mit dem Zusammenbruch der Bodencredit-Anstalt begann, gelang es Zipper doch, Arbeit zu finden. Obgleich Geld knapp war, gab es für den einfallsreichen Zipper genug Arbeit. Wie schon erwähnt, hatte er sein erstes offizielles Engagement 1929 als Dirigent der Wiener Madrigalvereinigung erhalten. Ihr Gründer und Leiter war der Komponist Hans Gal, der 1929 Wien verließ, um Direktor an der Musikhochschule in Mainz zu werden. Er sagte Zipper, daß er niemanden wisse, der besser als er dafür geeignet sei, ihn zu ersetzen. Die Gesellschaft war eine Gruppe von zwanzig Sängern, die sich ein- bis dreimal pro Woche an den Abenden trafen und häufig auch in den Arbeiterheimen Konzerte gaben. Hier entstand die Idee Zippers, Musik breiteren Bevölkerungsschichten näherzubringen und nicht nur für die Elite und in feinen Konzertsälen zu spielen.

Zipper, wie viele seiner Freunde, war in jenen Tagen eine Art musikalischer Zigeuner, der Aufgaben übernahm, wo er sie nur finden konnte. So war er zum Beispiel Dirigent des Orchesters des Jüdischen Sportvereins, der „Hakoah", die unter anderem ein ausgezeichnetes Fußballteam in der Wiener A-Liga ihr eigen nannte, sowie eben ein Amateurorchester, das überall in der Stadt spielte. Er dirigierte aber auch in den Arbeiterheimen in ganz Wien, denn besonders in den Arbeiterbezirken gab es improvisierte Orchester, zum Teil aus Gewerkschaftsmusikern, zum Teil aus Studenten der Akademie und einigen musikbegabten örtlichen Arbeitern.

Während dieser Jahre kam Trudl zu allen Aufführungen Zippers, wenn sie in der Stadt war. Sie war bis zum Jahr 1930 schon durch fast ganz Europa gereist. Überall, wohin sie kam, waren die Kritiken ausgezeichnet. Die Zuschauer waren besonders entzückt von ihren erstaunlichen Sprüngen und ihrem Spitzentanz. Sie konnte mit scheinbar anstrengungsloser Grazie durch die Luft fliegen. Sie fand Beifall bei Zuschauern wie Kritikern. Obgleich erst 17 Jahre alt, wurde sie eingeladen, in London am Bedford College für Frauen zu lehren. Man forderte sie auf, mit Miss Jeannette Rutherston zusammenzuarbeiten, um eine Tanzschule in London zu gründen - die Rutherston-Dubsky Schule. Sie machte auch die Choreographie für ein Ballett Händels, „A Womans Privilege", für den Dirigenten Sir Thomas Beecham. In London besuchte Zipper sie mehrmals und begleitete auch manchmal am Klavier ihre Tanzvorführungen.

Die frühen dreißiger Jahre waren für Zipper und Trudl eine aufregende Zeit, besonders durch die hektischen Hin- und Herfahrten zwischen London und den Städten, in denen er tätig war. Sie trafen einander auf beiden Seiten des Kanals und verbrachten die Ferien miteinander. Sie schrieben einander auch mindestens dreimal in der Woche. Nun waren sie schon überzeugt, daß sie eines Tages heiraten würden, und beide hatten Bindungen mit anderen aufgegeben. Aber ihre Karrieren machten zu diesem Zeitpunkt eine Hochzeit unmöglich. Sie wußten aber, daß diese Probleme gelöst werden würden.

Zusätzlich zu seinen Arbeiten als Dirigent verdiente Zipper auch noch ein wenig Extrageld, indem er als eine Art Subunternehmer für einen anderen Komponisten Orchesterpartituren schrieb. Das war Eugen Zador, auch eine recht merkwürdige Erscheinung. In Ungarn geboren, in Wien als Musiker ausgebildet, machte Zador sein Doktorat in Philosophie 1921 und lehrte am neuen Konservatorium bis zum Anschluß. Im Jahr 1938 emigrierte er nach Amerika und wurde dort ein erfolgreicher und wohlhabender Filmmusik-Komponist in Hollywood. Zippers Erinnerungen an Zador sind recht heiter:

BRAHMSGESELLSCHAFT IN WIEN

Einladung

zu der Dienstag, den 17. Dezember 1929, um 1/2 8 Uhr abends, im Kleinen Musikvereins-Saale, stattfindenden

Gedenkfeier

für den verewigten Vorsitzenden Hofrat Prof.

Dr. Eusebius Mandyczewski

PROGRAMM:

1. „MANDYCZEWSKI und BRAHMS" . . Worte der Erinnerung gesprochen von Max TARNÓCZY

2. J. BRAHMS . . . Op. 121: Vier ernste Gesänge
Kammersänger Hans DUHAN
Am Klavier: Dr. Friedrich DLABAČ

3. J. S. BACH . . . Arie „Willkommen will ich sagen", aus der Kantate „Wer weiß, wie nah' mir mein Ende", für Alt, Englischhorn und Continuo (bearbeitet von E. Mandyczewski)
Alt: Line GRÖSCHL
Englischhorn: Prof. Alexander WUNDERER
Am Klavier: Herbert ZIPPER

4. J. BRAHMS . . . Motette op. 74, für gemischten Chor „Warum ist das Licht gegeben dem Mühseligen?"
DIE WIENER MADRIGALVEREINIGUNG
unter Leitung von Herbert ZIPPER
Mitwirkend: Hansi Bauer, Rose Lehner, Nelly Lorbeer, Maria Mansfeld, Grete Scheider, Heidy Stransky, Luise Wandel, Line Gröschl, Karla Karl, Ida Neusser, Melanie Sodoma, Jenny Wehle, Guido Botuschan, Zdenko Kestranek, Franz Stokly, Hans Ullmann, Carl Fercena, Dr. Edmund Neusser, Fritz Lunzer, Kurt Pabst.

Klavier: Bösendorfer

Diese Einladung berechtigt zum freien Eintritt für eine Person!

Druck: Franz Karner, Wien IV.

Ich erinnere mich nicht mehr, unter welchen Umständen ich Eugen Zador, den ungarisch-wienerischen Komponisten kennenlernte. Es muß irgendwann 1924 oder 1925 gewesen sein. Damals forderte er mich auf, einem jungen, hübschen Mädchen, einer Studentin des Wiener Konservatoriums, die Schwierigkeiten mit ihren Musiktheorie-Studien hatte, Nachhilfestunden zu geben. Zador war der Meinung, daß sie ihre Harmonielehre-Prüfungen nicht bestehen könnte. Ich glaube, daß es damals war, als meine recht umfangreiche arbeitsmäßige Verbindung mit Zador begann.

Einen bedeutenden Teil seines Einkommens erzielte er, indem er die Operettenmelodien einer Anzahl von Wiener Komponisten orchestrierte, eine Art von Arbeit, die damals eine ganze Menge von „gelernten" Wiener Komponisten anonym taten, um einen Teil ihres Lebensunterhaltes zu verdienen. Selbst Arnold Schönberg war einer von ihnen.

Zador, der beträchtlichen Charme mit einem Gutteil ungarischer Schlauheit kombinierte, nahm regelmäßig mehr Aufträge an, als er hätte leisten können. So wurde ich Mitte der zwanziger Jahre sein „Subkontraktor".

Ich wußte nie, wessen Melodien ich gerade orchestrierte. Nur nach der Qualität konnte ich raten, ob der Autor ein größerer oder kleinerer Komponist war. Bei der „kleineren" Musik mußte ich sehr häufig falsche harmonische Schritte korrigieren.

In späteren Jahren und auch nach meiner Rückkehr aus Deutschland wurde ich häufig der „Ghostwriter" für Zadors weitreichende Verbindungen. Er verband seine Lehrverpflichtungen am Wiener Konservatorium mit Lehraufträgen am Budapester Konservatorium, die er jede zweite Woche an einigen Tagen wahrnahm. Gemessen an der Anzahl und Verschiedenheit der Aufträge, die ich von ihm aus seinem ungarischen Interessenbereich erhielt, muß er dort ziemlich viele Studenten und angehende Komponisten gehabt haben. Die Aufträge waren eher ernsthafter Natur und sehr wahrscheinlich dazu bestimmt, Studenten zu helfen, um die notwendige Anzahl von Werken für ihre Abschlußprüfung vorlegen zu können. Natürlich war das nur eine Annahme von mir, denn Zador sagte mir niemals etwas darüber, und ich fragte auch nie. Die Aufträge Zadors erhielt ich üblicherweise über das Telephon, und das in einer sehr ausgeprägten Art. So rief er mich etwa an einem Montagmorgen an und bestellte den ersten Satz einer Klaviersonate in F-Moll, Taktsignatur 6/8, Allegrostil zwischen Brahms und dem frühen Max Reger, Minimum acht Seiten, Ablieferung am folgenden Samstag, nicht später als 16 Uhr. Oder: Letzter Satz eines Streichquartetts in D-Dur, Sonatenrondo-Form, Taktsignatur 2/4, Presto, im Stil der französischen Impressionisten.

Meine Arbeitsbeziehung mit Zador verschaffte mir nicht nur ein gewisses Einkommen, sondern auch eine Menge Spaß. Er amüsierte mich immer wieder unwillentlich. Sein Stil in praktisch allem war genau das Gegenteil meines Stils und daher für mich anziehend.

Als in den siebziger Jahren Trudl und ich ihn in Los Angeles trafen, hatten wir danach immer eine besonders heitere Zeit, indem wir uns den charmanten und erstaunlichen Hungarismus des Eugen Zador ins Gedächtnis riefen.

DANCE RECITAL

In Aid of the

BRADFORD DISTRICT NURSING ASSOCIATION

JEANNETTE RUTHERSTON

(From the Bedford Physical Training College and the Rutherston Dubsky School of Rhythmic Movement, London),

AND

TRUDL DUBSKY

(From the Bodenweiser School of Dancing and Ensemble, Vienna, and the Rutherston Dubsky School of Rhythmic Movement, London).

At the Piano: HERBERT ZIPPER (Vienna).

Costumes by
EDNA GENESI (Bradford and London), and JACK GRUENBERG (Vienna).

At the QUEEN'S HALL, Bradford,
SATURDAY, JANUARY 9th, 1932, at 3 p.m.

PRICES: 3/6 and 2/6.

TICKETS may be obtained from:

Mrs. J. H. BEHRENS,
3, Fairmount, Bradford;

Mrs. H. H. BLACKBURN,
Frizingley Hall, Bradford;

Miss D. BRAYBROOKS,
Park Royd, Keighley Rd. Bradford

Mrs. G. HASTINGS,
17, Welbury Drive, Bradford;

Mrs. A. HAMILTON,
280 Manningham Lane, Bradford;

Mrs. G. H. SPEIGHT,
2, Carlton Drive, Bradford;

Mrs. G. WATSON,
Belmont, Park View Rd. Bradford

Or from any Member of the Committee.

TICKETS may also be bought at:

J. WOOD & SONS LTD. - 9 NEW IVEGATE - BRADFORD

A limited number of Special Tickets for Students and School Children at 1/3 each

Eines Tages fragte er mich, ob er mich für die vielen Partituren, die ich für ihn geschrieben hatte, auch gut bezahlt habe. Als ich antwortete: „Nein, sehr schäbig", sagte er: „Hm, hm, ich hätte mich schämen sollen."

Als ich fragte, wann und unter welchen Umständen er Europa verlassen hatte, sagte er: „Also tatsächlich hätte ich nicht weggehen müssen, aber ich wollte, obgleich, ich bin nämlich fast kein Jude." Das war ein Zadorismus erster Klasse.

Zippers Dirigentenkarriere begann in Schwung zu kommen, als er zum ersten Mal eine Ganzjahresanstellung im bayerischen Ingolstadt annahm und später, 1931, in Düsseldorf am Rhein, wo er auch am Konservatorium lehrte. Er befand sich in Düsseldorf, als Albert Schweitzer nach Europa reiste, um bei den Feierlichkeiten anläßlich des 100. Jahrestages von Goethes Tod mitzuwirken. Schweitzer war seit langer Zeit ein Freund von Hans Weisbach, dem Generalmusikdirektor von Düsseldorf, und dessen Frau. Daher luden die Weisbachs Schweitzer ein, während seines Aufenthaltes in Düsseldorf bei ihnen zu wohnen. Zipper, der häufig in der Wohnung der Weisbachs Klavier übte, öffnete bei der Ankunft Schweitzers die Tür. Zipper erinnert sich lebhaft an den machtvollen Eindruck, den dessen körperliche Erscheinung auf ihn machte, seine enorm breite Stirn, die durchdringenden Augen, die dichten Haarlocken und der buschige Schnurrbart à la Nietzsche und seine ungewöhnlich breiten Schultern. Alles an ihm schien größer als normal zu sein.

Zipper führte Schweitzer hinauf in den ersten Stock zu einem frohen Wiedersehen mit den Weisbachs. Bald waren sie in ein lebhaftes Gespräch über Politik verwickelt, über die Kunst, über Lambarene und Goethe. Schweitzer charakterisierte optimistisch die NS-Bewegung und Adolf Hitler als eine Verirrung des 20. Jahrhunderts, die nicht lange dauern könne. In diesem Zusammenhang wandte sich das Gespräch Richard Wagner zu, den Schweitzer so charakterisierte: „Was für ein überwältigender Genius! So originelle, bedeutende und große Arbeiten mit so wenig Talent zu schreiben."

Schließlich wandte er sich Zipper zu und fragte ihn nach seinem Studiengang, der Position, die er in Düsseldorf einnehme, wo und wann er dirigiere. Als Weisbach erwähnte, daß Zipper sehr viel komponiere, verlangte Schweitzer, er möge etwas spielen, was er kürzlich geschrieben habe. Schweitzer saß mit Zipper am Klavier, schaute aufmerksam auf das Notenblatt (es war ein zwölf Minuten langes Orchesterstück, geschrieben für eine Ballett-Nummer, die auf „Des Kaisers neue Kleider" basierte). Danach machte er durchaus bemerkenswerte Kommentare. Die Fähigkeit Schweitzers, sich für eine gewisse Zeit vollkommen und ausschließlich mit einer anderen Person zu beschäftigen, beeindruckte Zipper am allermeisten. Man hatte das Gefühl, daß, während Schweitzer Fragen stellte und den Antworten zuhörte, nichts anderes in der Welt für ihn Bedeutung hatte, nichts, was ihn von dem echten Interesse an der Person, mit der er sprach, ablenken könnte. Schweitzer war in vieler Hinsicht ein Vorbild.

Ziel der Reise Albert Schweitzers war es, in Frankfurt am 22. März 1932, an dem sich Goethes Todestag zum hundertstenmal jährte, zum Gedenken des

ITHMA

WIEN, I. SCHELLINGG. 12, TEL. R 22-0-47 / ITHMA-KASSE: OPERNHAUS, TEL. R 22-3-45

Konzert mit Kammerorchester

Ausführende:

DAS SEDLAK-WINKLER-QUARTETT

(Fritz Sedlak, Vittorio Borri, Gustav Gruber, Wilhelm Winkler), Erna Gál (Klavier), Jella Pessl (Harmonium), C. Wanausek (Flöte), R. Spurný (Oboe), Doktor H. Lewitus (Klarinette), H. Mayer (Fagott), L. Kainz (I. Horn), O. Nitsch (II. Horn), H. Albrecht (Trompete), H. Bauer (Posaune), L. Poduschka (Harfe), W. Fieldstein, E. Semler (Schlagwerk), E. Mekam (Cello).

Solist: **Wilhelm Winkler**

Dirigent:

HERBERT ZIPPER

Programm

Hans Gál — Divertimento op. 22 a

Intrata
Capriccio
Cavatina
Intermezzo
Rondino

(Erstaufführung)

Paul Hindemith — Cello-Konzert

(Kammermusik Nr. 3, op. 36, Nr. 2)

Maestoso e forte
Allegro gajo
Andante molto tranquillo
Allegro moderato gajo, ma sempre comodo

(Erstaufführung)

Solo: **Wilhelm Winkler**

Pause

E. W. Korngold — Suite „Viel Lärmen um Nichts", op. 11

Nr. 1 Ouvertüre
Nr. 2 Mädchen im Brautgemach
Nr. 3 Holzapfel und Schlehwein
Nr. 4 Intermezzo (Gartenszene)
Nr. 5 Hornpipe

Klavier: Schweighofer, beigestellt vom Klavierhaus Bernhard Kohn

Kleiner Musikvereinssaal, Mittwoch, 27. November 1929, 8 Uhr

oMs 2180 29

Dichterfürsten eine Rede über den Rundfunk zu halten. In einer Pause eines Konzertes am 3. März, für das Zipper Chor und Orchester vorbereitet hatte und das Weisbach dirigierte, gab Albert Schweitzer eine Art Vorschau auf seine Festansprache. Ohne im besonderen den Nationalsozialismus zu erwähnen, sprach Schweitzer doch eine sehr ernste Warnung vor der zunehmenden faschistischen Flut aus:

> *Überhaupt, was ist das, was in dieser grausigen Zeit vor sich geht, anderes als eine gigantische Wiederholung des Faustdramas auf der Bühne der Welt? In tausend Flammen brennt die Hütte von Philemon und Baucis! In tausendfacher Gewalttätigkeit und tausendfachem Morden treibt entmenschte Gesinnung ihr frevelhaftes Spiel! In tausend Fratzen grinst uns Mephistopheles an! In tausendfacher Weise hat sich die Menschheit dazu bringen lassen, das natürliche Verhältnis zur Wirklichkeit aufzugeben und ihr Heil in den Zauberformeln irgendeiner Wirtschafts- und Sozialmagie zu suchen, die die Möglichkeit, aus dem wirtschaftlichen und sozialen Elend herauszukommen, nur immer in weitere Ferne rückt!*
>
> *Und der grausige Sinn dieser Zauberformeln, welcher Art von Wirtschafts- und Sozialmagie sie auch angehören, ist immer eben dieser, daß der einzelne sein materielles und geistiges Eigendasein aufzugeben und nur noch als ein Angehöriger einer materiell und geistig restlos über ihn verfügenden Vielheit zu existieren habe.*

Schweitzer, begleitet von dem Beifall einer ihn verehrenden Zuhörerschaft von gebildeten Konzertbesuchern, fuhr fort, um die Zeitbezüglichkeit Goethes zu zeigen:

> *Und nun, hundert Jahre nach seinem Tode, steht es so, daß durch die Gewalt der Ereignisse und die Einwirkung einer durch sie bestimmten unheilvollen materiellen Entwicklung auf das Wirtschaftliche, das Soziale und das Geistige allenthalben die materielle und die geistige Selbständigkeit der einzelnen, soweit sie nicht schon vernichtet wurden, in schwerster Weise bedroht sind. Des Hinscheidens Goethes gedenken wir in der gewaltigsten Schicksalsstunde, die je für die Menschheit geschlagen hat. In dieser Schicksalsstunde zu uns zu reden, ist er berufen wie kein anderer Dichter oder Denker. Als der Unzeitgemäßeste schaut er in unsere Zeit hinein, weil er mit dem Geiste, in dem sie lebt, so gar nichts gemein hat. Als der Zeitgemäßeste rät er ihr, weil er ihr das, was ihr nottut, zu sagen hat.*
>
> *Was sagt er ihr?*
>
> *Er sagt ihr, daß das grausige Drama, das sich in ihr abspielt, nur zu Ende kommen kann, wenn sie die Wirtschafts- und Sozialmagie, der sie sich ergeben hat, von ihrem Pfad entfernt, die Zaubersprüche, mit denen sie sich betört, verlernt und entschlossen ist, um jeden Preis wieder in ein natürliches Verhältnis zur Wirklichkeit zu kommen.*
>
> *Dem einzelnen sagt er: Gebt das Ideal persönlichen Menschentums nicht preis, auch wenn es den Verhältnissen, wie sie sich ausgebildet haben, zuwiderläuft.*

Gebt es nicht verloren, auch wenn es opportunistischen Theorien, die das Geistige einfach dem Materiellen anpassen wollen, nicht mehr haltbar vorkommt. Bleibt Menschen mit eigener Seele! Werdet nicht Menschendinge, die sich eine auf den Massenwillen eingestellte und mit ihm im Takt pulsierende Seele einsetzen lassen![25]

Vor der Pause spielte das Orchester Händels Oratorium „Acis und Galatea", gefolgt von Mendelssohn-Bartholdys „Die erste Walpurgis-Nacht" (Op. 60), ein Musikstück, einhundert Jahre früher komponiert und auf dem Gedicht von Goethe und der Walpurgis-Nacht aus „Faust, I. Teil" basierend. Nach Schweitzers Rede in der Pause schloß das Konzert mit dem Finale aus Mahlers Symphonie Nr. 8 in Es-Dur („Die Symphonie der Tausend"), die auf der Schlußszene von Goethes „Faust II" beruht. Die Gegenüberstellung der Warnung Schweitzers vor der drohenden und unvermeidlichen Tragödie, die sich aus der Preisgabe des individuellen Urteilsvermögens zugunsten einer Massenmagie durch die Menschheit ergibt, mit dem Text Goethes, von dem Mahler schrieb, er „zieht uns durch seine mystische Kraft an", war außerordentlich treffend. Besonders ironisch war die Erfahrung, der großartigen musikalischen Ausdruckskraft des Goethe'schen Textes zuzuhören, der das Bild des ewig Weiblichen als Ruheplatz der menschlichen Seele in einer Zeit der Geschichte rühmt, in der die maskuline Kraft sich in einer ihrer häßlichsten und barbarischsten Formen in der Geschichte der Menschheit auszudrücken begann.

Während der Zeit Zippers in Düsseldorf, in den Tagen vor Hitler, kamen viele andere berühmte Personen in das Heim Weisbachs am Hofgarten. Eines Tages speiste Zipper mit Weisbach, Paul Hindemith (dessen Musik Zipper erst kürzlich in Wien gespielt hatte) und Igor Strawinsky. Weisbach hatte eine elektrische Spielzeugeisenbahn gekauft, ein recht kompliziertes System, das für seinen Sohn bestimmt war. Es erstreckte sich mit seinen Geleisen durch drei Zimmer und hatte auch drei Stationen. Strawinsky war völlig fasziniert davon. So wurde beschlossen, daß Weisbach die Kontrollen bedienen werde, Strawinsky, Zipper und Hindemith aber jeder eine der drei Stationen besetzen sollten. Sie beschlossen auch, drei Züge in Bewegung zu setzen, entsprechend einem sehr komplizierten Fahrplan, den Strawinsky in seiner typischen Art entwarf. Strawinsky befaßte sich total und ernsthaft mit dieser Aufgabe und entwarf genaue und präzise Fahrpläne. Die kleinste Abweichung, so warnte er, würde ein Eisenbahnunglück verursachen. In der Tat beging Weisbach auch einen Fehler, und es kam zu einem großen Zusammenstoß. Strawinsky wurde sehr aufgeregt und hielt Weisbach eine Vorlesung über Präzision, während sich Zipper und Hindemith vor Lachen wanden. Das Spiel ging über mehr als eine Stunde weiter, wobei Strawinsky immer wieder Genauigkeit verlangte, während die anderen drei lachten, bis ihnen die Tränen kamen.

An einem anderen Abend demonstrierte Prokofiew seine außergewöhnliche Klaviertechnik, indem er eine jüngst komponierte Sonate spielte. An anderen Abenden waren unter den Gästen Darius Milhaud, William Walton, Kurt Weill und viele jüngere Komponisten einschließlich eines Freundes von Zipper, des jungen Deutschen Wolfgang Fortner. Mehr als dreißig Jahre später dirigierte Zipper in Manila eine Probe von Schönbergs „Verklärte Nacht", als er plötzlich hinter sich eine laute Stimme rufen hörte: „Herbert, du bist immer noch daran." Es war der nun schon alt gewordene Wolfgang Fortner, der zusammen mit dem ebenfalls ältlichen deutschen Komponisten Boris Blacher im Konzertsaal stand. Sie befanden sich auf einer Reise durch den Fernen Osten.

Während seiner Zeit in Deutschland besuchte Zipper Versammlungen Hitlers zumindest sechsmal. Das war an Orten wie München, Köln und Düsseldorf. Er war interessiert an der zunehmenden Anziehungskraft dieses Mannes, die er verstehen wollte. Jedoch gelang es ihm nicht, die Wirkung Hitlers zu begreifen. Er sah ihn als einen vulgären, grobschlächtigen, halbgebildeten Besessenen, der mit einer schlechten Grammatik und einem schlechten Stil sprach. Zu der Zeit las er auch „Mein Kampf" und fand, es sei stupider, einfältiger Unsinn. Das Buch jedoch ließ ihn unsicher werden, denn er sah die potentielle Anziehungskraft, die es auf die halbgebildeten Stände haben werde, die Zipper als „der mittlere Schleim" bezeichnete. Darüber hinaus war es erschreckend, die anwachsende antijüdische Stimmung, besonders bei Menschen, die gar keine Juden kannten, bemerken zu müssen.

Ganz besonders erschreckend waren die Bücherverbrennungen, die Zipper im Mai 1933 in Düsseldorf miterlebte. Dort zu stehen und zuzusehen, wie Tausende Bücher ins Feuer geworfen wurden, war in den Augen Zippers eine erschütternde Grausamkeit gegen den Intellekt, gegen die Kultur und gegen alles, was er schätzte. Er mußte zusehen, wie Bücher von Autoren wie Sigmund Freud, Schalom Asch, Erich Maria Remarque, Arthur Schnitzler, Karl Marx und Stefan Zweig als Schund verbrannt wurden. Er begriff auch nicht, warum Schriftsteller wie Maxim Gorki und Romain Rolland in diese Verbrennungen eingeschlossen wurden. Der deutsche Dichter Heinrich Heine hatte 1820 geschrieben: „Dies war nur ein Vorspiel; wenn Bücher brennen, werden am Ende auch Menschen brennen." Er war, wie sich herausstellen sollte, ein Prophet, der 110 Jahre seiner Zeit voraus war.

Am 30. Jänner 1933 waren dann die Würfel gefallen, und über Nacht wurde der latente und wachsende Antisemitismus zur nationalen Politik. General Kurt von Schleicher trat als Reichskanzler zurück, und Hindenburg ließ sich überreden, als neuen Kanzler den Führer der Nationalsozialistischen Arbeiterpartei, Adolf Hitler, zu ernennen. Der frühere französische Premierminister Paul Painlevé, zu Gast in Wien, sagte, als er diese Nachrichten hörte: „Heute beginnt vielleicht das Sterben von Europas Kultur. Und so etwas geschieht im 20. Jahrhundert... armes, armes Österreich..."[26] Und er setzte hinzu: „Österreich ist die letzte Hoffnung, daß etwas unnennbar Schönes der deutschen Kultur bewahrt bleibe." An jenem Abend des 30. Jänner 1933 speiste Zipper mit dem Direktor der Düsseldorfer Kunstakademie und dem Direktor der Medizinischen Schule. Während des Speisens erhob Zipper sein Weinglas und sagte: „Laßt uns unsere Gläser erheben, denn heute ist das Todesurteil über die deutsche Kultur ausgesprochen worden." Die fünf Monate nach dem 30. Jänner waren für Zipper ungewöhnlich niederdrückend. Damals lebte Zipper in einer Pension in der

Nähe des Heimes des Musikdirektors des Orchesters. Dort wohnte auch der Maler Carl Moll, der Direktor der Kunstakademie, der offen antinazistisch eingestellt war. Ferner wohnte dort ein Polizeihauptmann, ein deutscher Adeliger, der ebenfalls in Opposition zu Hitler stand. Aber in der Woche, in der Hitler an die Macht kam, begann der Polizeioffizier, seine Haltung zu „modifizieren". Er sagte: „Natürlich mag ich ihn (Hitler) nicht, aber zumindest wissen wir jetzt, was wir zu tun haben! Das Leben wird viel einfacher - ich bekomme klare Befehle und weiß ganz genau, wie ich sie weiterzugeben habe - ohne Fragen." Moll und dessen Tochter tauschten wissende Blicke miteinander und mit Zipper aus. Der Pensionsbesitzer aber stimmte zu: „Wir alle werden Schwierigkeiten bekommen, wenn wir uns nicht den Mächtigen anpassen." Es hatte begonnen.

Binnen zwei Wochen begann die „gute Gesellschaft" von Düsseldorf, Leute, die „Freunde" von Zipper gewesen waren, den Dirigenten auf den Straßen zu meiden. Zur Illustration gehörte etwa sein Verhältnis zu dem Generalmusikdirektor der Stadt, Hans Weisbach, mit dem Zipper, wie er meinte, eine enge Freundschaft geschlossen hatte. Er kam fast täglich in dessen Haus, wo man über Orchester, Schule, Probleme, Musik und Ideen diskutierte. Am 27. März 1931 hatte Weisbach den folgenden Brief an Herbert Zippers Vater, Emil Zipper, geschrieben:

Es lastet schwer auf meinem Gewissen, daß ich Ihnen immer noch nicht über die Tätigkeit Ihres Herbert berichtet habe. Aber Sie werden wohl durch ihn selbst ungefähr über alles unterrichtet sein, was sich seit unserer Rückkehr aus Wien zugetragen hat. Das waren schwere, schwere Wochen!

Nach der Rückkehr von Wien hatten wir allerdings erst eine große Freude! Von allen Seiten hörte ich, wie glücklich man über die Tätigkeit Ihres Sohnes war. Überall hat man ihn liebgewonnen. Und ich selbst hatte die schönste Überraschung, daß der Chor tadellos einstudiert war. Stellen Sie sich vor, daß ich hier noch bis zwei Tage vor dem Konzert zu Bett gelegen habe, sodaß ich überhaupt erst zur Hauptprobe erscheinen konnte. Hätte Herbert nicht alles bis ins letzte einstudiert, hätte ich das Konzert überhaupt nicht dirigieren können. Leider hat man ja gerade dieses Konzert zum Anlaß genommen, um mich hier zu schädigen. Und das hat mir für Herbert so leid getan, daß wir nicht in reiner Freude die Früchte seiner Tätigkeit feiern konnten. Aber bei alledem hat sich nicht nur die außerordentliche Musikalität und das Künstlertum Herberts so schön erwiesen, sondern wir haben ihn auch als einen prachtvollen und charakterfesten Menschen schätzen gelernt, daß ich Sie von Herzen zu diesem Sohne beglückwünschen muß. Inzwischen sind wir nun durch die Erlebnisse der letzten Wochen, in denen Herbert uns die wertvollsten Dienste geleistet und sich als ganz wunderbarer Freund erwiesen hat, noch mehr zusammengewachsen. Es gäbe darüber unendlich viel zu erzählen, nur stecken wir wegen meiner Kündigungsgeschichte so in der Arbeit, daß ich mich heute damit begnügen muß, Ihnen und Ihrer lieben Frau Gemahlin zu sagen, daß wir sehr glücklich sind, Ihren lieben Sohn bei uns zu haben.

Und nach dem 30. Jänner 1933 erhielt Zipper eine Botschaft von Weisbach, er möge nicht mehr in dessen Wohnung kommen. Er sah ihn nie mehr und sprach nie mehr mit ihm. Drei Wochen später kam ein freundliches Mitglied des städtischen Chores, den er dirigierte, gegen zehn Uhr abends zu ihm und sagte, er solle sofort abreisen. Noch in dieser Nacht packte er und reiste nach Utrecht in Holland und blieb dort drei Tage. Bald rief dieser Freund wieder an und sagte, es wäre nun relativ sicher zurückzukehren, aber er solle sich nicht mehr bei dem Chor zeigen, weil es dort Parteimitglieder gäbe, die darauf aus seien, gegen ihn vorzugehen. Daraufhin verzichtete Zipper auf seine Stellung als Dirigent des Chores.

Im Februar 1933 erhielt Zipper noch weitere traurige Nachrichten. Jeannette Rutherston schrieb ihm einen langen Brief, in dem sie ihm mitteilte, daß Trudl nach der letzten Vorstellung hohes Fieber bekommen habe und nun in einem Spital sei, wo man Tuberkulose diagnostiziert habe. Zipper reiste sofort nach London und blieb 24 Stunden bei Trudl. Er fand sie in äußerster Verzweiflung, denn sie fürchtete, daß damit ihre Karriere zu Ende sei. Er tat sein Bestes, um sie zu trösten und reiste dann mit dem Kanalboot in vier Stunden von Dover nach Ostende. Später reiste er nach Köln, um dort Trudls Vater zu treffen, der auf dem Weg nach England war, um seine Tochter zu besuchen. Er kehrte dann auf seinen Lehrposten zurück, wo er sich freilich wie ein Ausgestoßener fühlte. Im Sommer 1933 kehrte Trudl nach Wien zurück, um sich dort einer Pneumothorax-Behandlung durch einen Spezialisten, Dr. Egon Waltuch, zu unterziehen. 1934 war sie wenigstens wieder imstande, zu üben, und 1935 nahm sie das Tanzen in Vorstellungen der Bodenwieser Gesellschaft erneut auf.

Ende Februar 1933 wurde Zipper wiederum gewarnt und verließ noch einmal, diesmal für eine Woche, die Stadt Düsseldorf. Am 1. April 1933 wurde ein nationaler Judenboykott-Tag angesetzt, und Zipper begann nun ernsthaft daran zu denken, nach Wien zurückzukehren. Aber ein Gefühl der Verpflichtung seinen Studenten und Klassen gegenüber ließ ihn doch noch bis zum Juni in Düsseldorf bleiben. Doch in diesem Monat verließ er die Stadt endgültig, um in seine Heimat zurückzureisen. Auf der Eisenbahnstation traf er eine große Zahl anderer Künstler, deren Verträge ausgelaufen waren. Flüchtlinge aus der alten österreichisch-ungarischen Monarchie, deren Spielzeit im Juni zu Ende war und die nun die vielen Theater und Opernhäuser verließen, um sich in die offenkundige Sicherheit in Österreich, Ungarn und der Tschechoslowakei zurückzuziehen. Bei jedem Halt des Zuges stiegen weitere Künstler zu. Es war ein sonderbar trauriges Wiedersehen unter den vielen Freunden und Bekannten von Zipper. Ein Künstler und Lehrer zu sein, jung und enthusiastisch, leidenschaftlich, nun gezwungen zu werden, sich in der Dunkelheit aus der Stadt zu schleichen, war, gering gesagt, entmutigend. Es war außerdem nur der Anfang.

Die Jahre vom Juni 1933 bis zum März 1938 waren für Zipper Zeiten fiebriger Schöpfungskraft und tiefgehender Enttäuschung. Es wurde immer deutlicher, daß eine Seuche nach und nach ganz Europa infizieren werde. Zippers Reaktion war im wesentlichen zweifach: Er wollte seine schöpferischen Gaben nützen, um den menschlichen Geist zu feiern, und alles tun, was ihm möglich war, um der wachsenden Intoleranz und Gewalt zu begegnen.

Nun, 29 Jahre alt, war er wieder in Wien. Da ihre Mutter im Sterben lag, war auch Trudl nach Wien zurückgekehrt und unterrichtete wieder bei Madame Bodenwieser, wo sie auch tanzte. Wiederum verschoben sie eine Hochzeit, weil ihr Leben doch zu ungewiß schien, es nur wenige Posten gab, aber auch nur wenig Geld und noch weniger Sicherheit. Sie waren aber sicher, daß sie eines Tages heiraten würden. Zipper lebte zu Hause, während Trudl mit ihrem Bruder im Hause Dubsky blieb.

Unterdessen war die Stadt überflutet von Musikern und Künstlern, die wie Zipper auf der Flucht vor der Demütigung durch die Nazis waren. Zipper und andere Musiker kehrten jedoch nicht in ein Land zurück, das von allen Verstrickungen des Faschismus völlig frei gewesen wäre. Seit der Zeit, als Zipper 1931 nach Düsseldorf gegangen war, hatte Österreich sich weiter und weiter nach rechts bewegt. Die Wirtschaftskrise hatte schon vorhandene Spannungen zwischen Sozialisten und dem rechten Flügel der Christlichsozialen offen ausbrechen lassen. Engelbert Dollfuß war am 20. Mai 1932 Bundeskanzler von Österreich geworden, und hatte es verstanden, im März 1933 die parlamentarische Demokratie abzuschaffen. Von da an versuchte er, sowohl die Macht der Sozialisten zu schmälern als auch der Nationalsozialistischen Partei zu widerstehen. Jedoch, um dem Druck der Nazis widerstehen zu können, hatte Dollfuß eine andere Art von Druck, nämlich jenen des italienischen Diktators Benito Mussolini, akzeptieren müssen. Mussolini hatte versprochen, Dollfuß gegen die Nazis zu unterstützen, unter der Bedingung, daß dieser radikale Reformen im Sinne des Faschismus unternehme. Dollfuß mußte auch versuchen, die rechtsextreme Heimwehr unter Kontrolle zu halten, die den Versuch unternahm, ihm die Macht im Staate zu entwinden und die Sozialisten zu einem Bürgerkrieg zu provozieren.

Schließlich brachen die Spannungen wie ein Vulkan aus. Die Sozialisten mobilisierten und kündigten einen Generalstreik an. Er war ein völliger Fehlschlag. Durch drei Tage hindurch, vom 12. bis 15. Februar 1934, wurde in den Straßen von Wien gekämpft. Die schlecht organisierten Sozialisten wurden aber von Polizei und Armee leicht niedergeschlagen. Im Verlauf der Kämpfe war sogar Artillerie gegen die Gemeindebauten eingesetzt worden; am Ende wurden neun sozialistische Schutzbundführer exekutiert und die sozialdemokratische Partei aufgelöst. Karl Seitz, der Bürgermeister von Wien, wurde verhaftet und durch einen christlichsozialen Politiker ersetzt. Die Kämpfe hatten in Linz begonnen und sich auf Industriestädte wie Steyr und Bruck an der Mur ausgedehnt. Die Zahl der Toten auf beiden Seiten betrug nach offiziellen Angaben 265, die der Verwundeten etwas über 800. Aber es gab auch Schätzungen, wonach an die tausend Mitglieder des Republikanischen Schutzbundes, der Wehrformation der Sozialdemokraten, getötet worden seien. Das rote Wien war buchstäblich vernichtet. Elias Canetti, der Nobelpreisträger für Literatur von 1981, war 1934 in Wien und beschreibt seine Reaktionen auf die Ereignisse des Februar:

Nun aber war im Februar 1934 die Macht der Gemeinde Wien gebrochen worden. Unter denen, die sie getragen hatten, herrschte Niedergeschlagenheit. Es war, als sei es alles umsonst gewesen, diese, die neue Besonderheit Wiens war ausgelöscht. Übrig blieb die Erinnerung an ein früheres Wien, das noch nicht fern genug war, um von der Mitschuld am Ersten Weltkrieg, in den es sich hineinmanövriert hatte, freigesprochen zu werden. Es gab keine lokale Hoffnung mehr, die Armut und Arbeitslosigkeit entgegengewirkt hätte. Viele, die in solcher Leere nicht bestehen konnten, wurden von der deutschen Ansteckung ergriffen und hofften, von der größeren Masse verschluckt, zu einem besseren Leben zu gelangen. Die meisten sagten sich nicht, daß die wirkliche Folge davon nur ein neuer Krieg sein könne, und wenn sie es von den wenigen, die das klar erkannten, zu hören bekamen, mochten sie es nicht wahrhaben.[27]

Einer von jenen, die sich weigerten, zu sehen oder zu glauben, was geschah, war einer der Helden Zippers, der frühere radikale und fortschrittliche Kritiker Karl Kraus. So war dieser Karl Kraus eines der intellektuellen Opfer der Ereignisse des Februar 1934. Canetti beschreibt sehr treffend die Reaktion von Intellektuellen, wie Zipper und seiner, Canettis selbst, zu dem nach rechts Rücken von Karl Kraus. Canetti berichtet auch von seinen Empfindungen bei der Nachricht vom Tode von Karl Kraus im Jahre 1936:

Karl Kraus war vor kurzem gestorben und ich war wirklich nicht beim Begräbnis gewesen. Die Enttäuschung über ihn nach den Ereignissen des Februar 1934 war ungeheuer gewesen. Er hatte sich für Dollfuß erklärt, er hatte den Bürgerkrieg auf den Straßen Wiens hingenommen und das Schreckliche gebilligt. Alle, wirklich alle waren von ihm abgefallen. Es gab nur noch kleine Vorlesungen im Verborgenen, man wußte nichts davon, man wollte es gar nicht wissen, auf keinen Fall hätte man versucht, Einlaß zu erlangen. Es war, als ob die Person Karl Kraus nicht mehr existiere.[28]

Für Zipper war es unvorstellbar, daß Karl Kraus Dollfuß unterstützen sollte. Seine einzige Erklärung dafür war, daß alte Männer manchmal ungereimte und unverständliche Dinge sagen - als Beispiel dafür nennt er Hindenburg und Deng Xiao Ping (1989), den letzteren wohl, weil er als der Spätzeitnachfolger von Mao Tse Tung die Privatwirtschaft wieder eingeführt hat. Aber so wie Canetti entsinnt sich auch Zipper, daß er mit seinem engsten Freund Eric Simon, aber auch mit anderen, darüber diskutierte, wie traurig doch dieser Abfall des Karl Kraus vom Progressivismus sei.

Während der drei Bürgerkriegstage im Februar hatte Zipper wohl Lebensmittel für die sozialistischen Schutzbund-Leute gebracht, aber er hatte selbst an den Kämpfen nicht teilgenommen. Er war sowohl intellektuell als auch gefühlsmäßig der Gewalt abhold. Seit er einmal im Alter von 13 Jahren an einem Jagdausflug teilgenommen hatte und zusehen mußte, wie vor seinen Augen ein wunderschönes Reh erlegt wurde, hatte er Gewehre und Gewalt gehaßt. Aber er war überdies mehr ein politischer Beobachter als ein Aktivist, das galt auch für den Februar 1934. Er war gerade eben erst nach Österreich zurückgekehrt und war noch sehr bemüht, einen Posten als Dirigent zu bekommen. In seinen

Augen waren die Künste ein Vehikel, um Kultur zu vermitteln, um erhebende Erlebnisse zu bereiten, kurz, um die Seele des Menschen zu erleuchten. Die Verbindung zwischen Kunst und den Ereignissen des Tages war für ihn noch keineswegs völlig klar. So war er, obwohl in Sympathie mit den Sozialisten, keineswegs bereit, auch schon zur Tat zu schreiten. Statt seine Aufmerksamkeit auf die Politik zu richten, wandte sich Zipper noch viel mehr der Musik zu.

Nicht zum ersten und nicht zum letzten Mal schuf Zipper damals ein neues Orchester. Mit der finanziellen Hilfe seines Freundes Eric Simon und dessen Vater und anderen, einschließlich Adeligen, wie etwa des Grafen Esterhazy, wurde das Wiener Konzertorchester ins Leben gerufen. Und dieses Orchester konnte sich auch einer sehr erfolgreichen Saison bis zum Juli 1934 erfreuen. Für diesen schicksalhaften Sommer hatte das Orchester im Wiener Burggarten zu Füßen der Hofburg eine Bühne im Freien und entsprechenden Zuschauerraum gemietet. Karten für die ganze Saison waren schon ausverkauft. Jedoch am 25. Juli, dem Tag vor dem Eröffnungskonzert, wurde Kanzler Dollfuß von den Nationalsozialisten ermordet. Die Nazis hatten einen fehlgeschlagenen Putschversuch unternommen, die Macht in Österreich zu übernehmen. Mit Rücksicht auf diese Ereignisse wurde der Park geschlossen und für den ganzen Sommer dem Zutritt des Publikums entzogen. Alle verkauften Karten mußten natürlich refundiert werden. Damit war das Orchester finanziell ruiniert, und Zipper war wieder einmal ohne Posten.

Charakteristischerweise erinnert sich Zipper doch einiger fröhlicherer Augenblicke. An einem Morgen bald nach seiner Rückkehr nach Wien spazierte er mit seinem Freund und Kollegen, dem Dirigenten Paul Breisach, über die Ringstraße. Als sie am Hotel Imperial vorbeikamen, schloß sich ihnen der berühmte Dirigent Bruno Walter auf seinem Weg zur Oper an. Das Gespräch wandte sich sogleich der schwierigen politischen Situation zu, und Breisach führte Klage, daß, im Kontrast zu Walter, der bereits eine internationale Berühmtheit war und daher überall mit offenen Armen begrüßt wurde, er und Zipper sich am Anfang ihrer Karrieren befänden und ihre Chancen sowohl innerhalb als auch außerhalb Wiens, das bereits mit aus Deutschland zurückkehrenden Künstlern überflutet werde, recht gering seien. Walter blieb plötzlich stehen und meinte in seiner Art, die oft amüsant und epigrammartig war: „Man müßte Peru erschließen; auch Spanien ist noch nicht ganz durchmusiziert."

Trotz der zunehmenden Behinderungen für europäische Juden war es Zipper immer noch möglich zu reisen. So gelangte er 1935 nach Rußland. In der Mitte der dreißiger Jahre war buchstäblich eine Prozession europäischer jüdischer Dirigenten, alles Flüchtlinge vor der Unterdrückung durch die Nazis bzw. weil sie ihre Arbeit verloren hatten, nach Rußland gekommen, wo man ihnen Gastspiele als Dirigenten anbot. Unter ihnen befanden sich etwa Erich Kleiber, der frühere Generalmusikdirektor der Berliner Staatsoper (1923-35); Fritz Stiedry, ein Wiener, der Musikdirektor der Berliner Städtischen Oper gewesen war (1929-33); Eugen Szenkar, ein ungarischer Dirigent, der an der Kölner Oper (1924-33) gewirkt und die nichtjüdische Tochter eines Industriellen aus dem

Ruhrgebiet geheiratet hatte. Zipper erinnert sich ihrer als einer der schönsten Frauen, die er jemals sah. Ein anderer war auch Paul Breisach, der frühere Generalmusikdirektor in Mainz, ein guter Freund von Zipper, der auch eine Einladung für Zipper erwirkt hatte, nach Rußland zu kommen und als Gastdirigent das Moskauer Radiosymphonieorchester zu leiten.

Zu diesem Zeitpunkt hatten sich Zipper und Trudl entschieden, daß, sollte ihm eine sichere Stellung angeboten werden, sie zu ihm kommen und ihn heiraten werde. Um ein Haar wären sie also als Emigranten in Rußland geblieben und hätten dort gelebt. Jedoch sollte es nicht so sein. Da war Zipper nun für einige Monate, vom September bis Dezember 1935, von seiner Trudl getrennt, aber er hatte wenigstens seinen Freund Eric Simon als Ansprechpartner, der bereits als Klarinettist im Moskauer Symphonieorchester wirkte. Zipper lebte im Hotel Moskwa und besuchte Simon öfter in dessen Wohnung.

Eines Abends, als er bei Simon zu Besuch war, der allerdings früh aus dem Haus gehen mußte, sagte Zipper zu Simons Haushälterin, die sie zärtlich „Babuschka" nannten, daß sie für ihn keineswegs etwas zu essen richten müsse, weil er die Absicht habe, wegzugehen, um sich „König Lear" im Stanislawski Theater anzusehen. „Oh wundervoll", sagte sie, „ich habe ihn schon dreimal gesehen." So volkstümlich war die Kultur in der Sowjetunion damals. Dieser „Lear" war für Zipper ein denkwürdiges Ereignis. Die Vorstellung begeisterte ihn. Er hatte das Gefühl, als ob der Unterschied zwischen Leben und Kunst vollkommen verschwunden wäre. So ähnlich ging es ihm auch mit der Stanislawski-Produktion der Oper „Der Barbier von Sevilla", die wie ein Broadway-Erfolg Hunderte Male gespielt wurde. „Man vergaß beinahe", so erinnert sich Zipper, „daß sie auf einer Bühne sangen." Selten hatte er eine Oper so ungekünstelt gesehen.

Das Orchester, das er dirigierte, war dagegen ausgesprochen mittelmäßig. Er hatte Schwierigkeiten, seinem Orchester innerhalb einer Woche ein neues Stück eines Sowjetkomponisten beizubringen. So ging er denn zum Radiokommissär, um Extraproben zu erreichen.

Der Kommissär fragte: „Wann soll also dann die Sendung sein?" Zipper: „Am Dienstag." Darauf der Kommissär: „Na, dann wird es eben nicht Dienstag, sondern Donnerstag sein." Es gab eben doch einige Vorteile in einem totalitären Staat.

Im Dezember 1935, knapp vor Weihnachten, kehrte Zipper nach Wien zurück. Er hatte zwar ein etwas unpräzises Angebot erhalten, Musikdirektor der neuen Radiostation in Stalino nahe Moskau zu werden, aber das Angebot wurde dann so verändert, daß es nicht Stalino sein sollte, sondern Chabarovsk in Sibirien. Und da bedankte er sich mit allem Respekt. Nach Österreich zurückgekehrt, widmete er sich der Aufgabe, Musik für die politischen Kabaretts und für Radio Wien zu schreiben, und zwar eine monatliche halbstündige Sendung, „Neues des Monats", in der Form einer Kantate für Orchester, Chor und Solisten. Einige dieser Texte enthielten ausgesprochen antinazistische Bedeutungen.

1936 reiste Zipper nach England, um dort ein Ballett in Covent Garden zu dirigieren. Jeanette Rutherston's Ehemann, Christopher Powell, lud ihn ein, an einer Sitzung des Parlaments teilzunehmen, wo er hörte, wie Churchill England beschwor, sich nun Hitler entgegenzustellen. „Krieg“, so sagte Churchill, „wird mit Sicherheit kommen, wenn wir nicht kraftvoll handeln.“

Im September 1937 mußten sich Herbert Zipper und Trudl Dubsky wieder voneinander trennen, denn Trudl war eingeladen worden, in Manila an der Universität der Philippinen ein Department für Tanz einrichten zu helfen, und zwar war das eine Anstellung für ein Jahr. Sie hatten geplant, sich im Herbst 1938 in Amerika wiederzutreffen. Zipper arbeitete gerade an einer Oper. Paul Csonka, der Leiter der Salzburger Operngilde, hatte ihm den Auftrag gegeben, die Musik für eine Opernversion von Oscar Wilde's „Bunbury“ zu komponieren, für eine Tournee durch Amerika. Das Libretto stammte von Hans Weigel. Die Salzburger Operngilde war nach Amerika durch Sol Hurok eingeladen worden, diese Wilde'sche und Weigel'sche Oper aufzuführen. So kam der Plan von Herbert und Trudl zustande, in Amerika zu heiraten. Zipper brachte Trudl noch zum Südbahnhof, wo ihr Zug nach Triest abfuhr. Als sie in Triest aufs Schiff ging, fand sie in ihrer Kabine einen langen Brief und drei Dutzend Rosen von ihm. Bei jedem Zwischenstopp auf ihrer Reise nach Manila erhielt sie einen Brief von ihm - in Brindisi, Bombay, Colombo, Singapur und Hongkong.

Die Hauptquelle für Zippers Einkommen in den Jahren 1933-38 waren seine Arbeiten als Komponist für die bemerkenswerten Kleinkunstbühnen, die damals in Wien entstanden. Der Theaterhistoriker Joseph Gregor umreißt die Gründe für die Entstehung dieser Kunstform:

> *Da es in dem immer autoritärer werdenden Staatswesen ganz unmöglich war, in den Kreis der durch Fiskalismus und Geschäft verbundenen Theater einzudringen, mit einfachen Worten: eine Konzession zu erreichen, so fing das Theater an, sich gewaltsam eigene Wege zu suchen. Die Polizei konnte unbefugtes Theater nach dem Gesetz nur verhindern, wenn sie fünfzig Zuhörer und darüber fand. Es wurden also „Theater für 49“ gegründet. Mit einer Entsagungsfreudigkeit ohnegleichen, da ein Theater von nur 49 Sitzgelegenheiten bei aller Bescheidenheit der Regien niemals aktiv sein kann, gab es sogar mehrere Fälle, bei denen verzichtet worden ist, den so naheliegenden Umweg über das Kabarett, der ohne weiteres gestattet worden wäre, zu nehmen, um echtes Theater zu erreichen. Eine dieser Bühnen, das Theater „Die Insel“ (Leon Epp), spielte nur allerbeste Literatur fern von der Tagesströmung.*[29]

So war also der Hauptausweg das Untergrundtheater, üblicherweise „Kellertheater“ oder auch Kleinkunstbühne genannt, meist in den Kellern von Kaffeehäusern. Dort sammelten sich sehr viele der linken Intellektuellen und Künstler, weil im Gefolge der Kämpfe des Februar und des Machtanstieges von Hitler-Deutschlands der österreichische Kanzler Dollfuß alle offenen linkspolitischen und linksliterarischen Aktivitäten verboten hatte.

In seiner englischen Ausgabe des Gesamtwerkes von Jura Soyfer, eines Schriftstellers, der sehr viel für Kleinkunstbühnen gearbeitet hat, hat Horst

Jarka etwa geschrieben, daß, so unkonventionell auch die Kleinkunstbühnen waren, sie doch niemals antikünstlerische Tendenzen aufwiesen. Im Gegenteil, sie waren künstlerisch außerordentlich ehrgeizig. Das zeigt sich aus ihren Spielplänen und aus der Tatsache, daß verschiedene Schauspieler und Regisseure, die später berühmt wurden, ihre Karrieren in diesen Kleinkunstbühnen begannen. Vielleicht ist noch bedeutender, daß dort auch eine neue dramatische Form ihren Ausgang genommen hat. Ursprünglich für das Wiener Kabarett von Rudolf Weys 1934 ersonnen, wurde sie sehr bald charakteristisch für die Kleinkunstbühnen. In den üblichen Kabaretts war das Programm, obwohl vielleicht durch ein allgemeines Thema lose zusammengefaßt, so, daß es im wesentlichen nichtzusammenhängende Nummern, Sketches, Chansons oder auch Gedichtrezitationen und verschiedene andere Solonummern beinhaltete. In den Programmen der kleinen Theater Wiens waren solche Einzelnummern aber nicht mehr wesentlich für das ganze Programm, sondern nur für den Anfang und das Ende. Sie waren sozusagen der Rahmen um den Kern des Programmes, das sogenannte Mittelstück, das aus einer Folge von zusammenhängenden Szenen bestand und so ein kleines Theaterstück darstellte, das etwa 50 Minuten dauerte.[30]

Einer der Großmärkte Wiens ist der sogenannte Naschmarkt, nur einige Häuserblöcke vom Café Dobner entfernt, gegenüber dem Gebäude der Secession. Im Keller dieses Cafés wurde die „Literatur am Naschmarkt" gegründet, wahrscheinlich die beste der Kleinkunstbühnen. Die „Literatur am Naschmarkt" bot ihrem Namen entsprechend Literarisches in hohem Grade, Intellektuelles und auch ernste Musik. Hier war Zipper von 1934-36 Hauskomponist (nach 1936 konzentrierte sich seine Aufmerksamkeit auf das Schreiben einer Oper). Während dieser Monate arbeitete Zipper oft an einem Tisch des Kaffeehauses, in dessen Kellerräumen sich die „Literatur am Naschmarkt" befand. Verschiedene Schriftsteller liefen oft genug die Kellertreppe hinauf, brachten ihm ihre Texte, und er begann gleich an Ort und Stelle zu komponieren. Manchmal kam auch jemand aus dem gegenüberliegenden Theater an der Wien (wo Beethovens „Fidelio" uraufgeführt worden war), um Zipper auf der Stelle um ein Chansons für dieses oder jenes Kabarett zu bitten. Er schrieb das auch wirklich in aller Eile. Oft mußte er ganz schnell eine Art Revue, die zwei Stunden dauern sollte, musikalisch untermalen.

Mit vielen führenden Schriftstellern dieses Kellertheaters freundete sich Zipper an: So etwa mit Rudolf Weys, Hans Weigel, Rudolf Spitz und Jura Soyfer. Weys, Weigel und Spitz forderten Zipper auf, die Musik für eine ganze Reihe ihrer Produktionen zu schreiben. Soyfer, der im Leben Zippers in Dachau und Buchenwald dann noch eine sehr bedeutende Rolle spielen sollte, stellt einen interessanten politischen Gegensatz zu ihm dar. Nach dem Fehlschlag des Generalstreiks und der Kämpfe im Februar 1934 war Zipper enttäuscht, doch keineswegs veranlaßt, irgendetwas zu unternehmen. Soyfer jedoch, auch desillusioniert und verärgert über die unfähige sozialistische Führerschaft, schloß sich der illegalen kommunistischen Partei an. Im November 1937 wurde er verhaftet und mußte drei Monate lang im Gefängnis bleiben, ohne daß es zu einer Verhandlung gekommen wäre. Dadurch, daß sich Zipper dem Untergrundtheater angeschlossen hatte, wurde ihm die Funktion der Kunst als Übertragung von Kultur zur Sozialkritik bewußter. Aber er fühlte sich angesichts dieser Überlegung noch keineswegs sehr wohl. Er schrieb seine Kabarettmusik unter dem Pseudonym Walter Drix, weil er fürchtete, daß diese Art von Musik seiner entstehenden Reputation als klassischer Komponist schaden könnte. Er war immer noch ein traditioneller, ernsthafter Wiener Musiker, Antifaschist in seiner Überzeugung und in der Theorie, aber noch keineswegs ein politischer Aktivist. Während Soyfer im Gefängnis saß, komponierte Zipper Kantaten und schrieb als Walter Drix Kabarettmusik.

Die meisten musikalischen Hervorbringungen Zippers sind, soviel er weiß, in den Jahren des Krieges verlorengegangen. Übrig geblieben sind nur Teile einer Arbeit, die er mit Hans Weigel zusammen unternahm, „Das Lied vom Krieg" (1936). Es wurde unmittelbar nach der Rückkehr Zippers aus Rußland im Dezember 1935 geschrieben, zur Zeit als Hitler mit der massiven Wiederaufrüstung begann. Sechs dieser Lieder hat Zippers Mutter aufbewahrt. Sie befinden sich nun in seinen Papieren. Es muß auch in München einen der ersten Gesänge Zippers, „Die kleinen Nebensachen", geben, zu dem Rudolf Weys den Text geschrieben hat. Zipper nimmt das an, weil er 1960 von einem Münchner Radiosender Tantiemen bekommen hat.

Heute, so schreibt unter anderem Horst Jarka, sei es nur zu einem geringen Ausmaß möglich, den literarischen Wert dieser Stücke zu beurteilen, denn die meisten von ihnen wurden niemals gedruckt. Die einzigen greifbaren Texte in Buchform sind zwei komplette Mittelstücke und einige Szenen von Rudolf Weys und, neben anderen, vier Stücke von Jura Soyfer.[31] Soyfer hatte zuerst dramatische Texte für Feierlichkeiten der sozialistischen Partei geschrieben. Aber nachdem die strengen Zensurgesetze, die 1934 erlassen wurden, diese nicht zur Aufführung kommen ließen, war er gezwungen, sich den Kleinkunstbühnen zuzuwenden, um dort seine künstlerischen Ausdrucksformen zu finden. Um seine Theaterstücke aufgeführt zu sehen, war Soyfer eben gezwungen, seine Kritik auch in die traditionellen Kostüme des alten Wiener Volkstheaters zu kleiden, und, indem er dies tat, entwickelte sich auch sowohl seine dramatische als auch seine sprachliche Phantasie.[32]

Zipper und Weigel arbeiteten auch an anderen Werken gemeinsam, eines davon hieß „Der Tag der Musikpflege". Es war ein satirisches Stück, wobei die Idee war, daß es einen Musiktag gäbe, so wie es einen Muttertag oder einen Tag der Kriegsteilnehmer gab. Daß Wien mit seiner reichen Geschichte an Musik schaffenden Genies wie Mozart, Beethoven, Schubert und anderen eines eigenen Tages bedürfe, um der Musik zu gedenken, war natürlich grotesk und als solches für die Wiener sehr amüsant. Das Stück begann damit, daß alles in Musik umgesetzt wurde. Eine Familie, die gurgelt und sich die Zähne putzt - nur eben musikalisch -, ein Lieblingsrezept kocht, nämlich den Kaiserschmarrn, wo ein Geschäftsbrief diktiert und im Restaurant gegessen wird, man Magenschmerzen hat und zum Doktor geht - all das im Stil der verschiedensten Opern. An einer Stelle singt ein Lehrer in der Schule für seine Schüler eine Grammatikregel im Rhythmus eines Tango. Den Wienern gefiel diese Art,

Nebensächlichkeiten musikalisch darzustellen. Es war so, als ob einer einen Smoking oder Frack und dazu eine Narrenkappe und Tennisschuhe tragen würde. Dieses Stück war eines der populärsten Zippers und bereitete eine willkommene und humorvolle Erholung gegenüber der ernsten sozialpolitischen Kritik und Satire.

Josephine (Fini) Rudiger, eine junge Schauspielerin, die am Kabarett und Theater wirkte (später übersiedelte sie nach Kalifornien und wurde eine recht bekannte Künstlerin, nämlich Fini Littlejohn), erinnert sich, wie lustig es war, in Zippers „Der Tag der Musik" mitzuwirken. An Zipper erinnert sie sich als einen ernsthaften und glänzenden Komponisten, dessen musikalische Satire sowohl elegant als auch amüsant war.

Aber der Gegenstand der meisten dieser Theaterstücke und Musikkomödien in den Kleinkunstbühnen in den Kellern der Kaffeehäuser war doch, obgleich amüsant, todernst. Die meisten von ihnen hatten Antifaschismus zum Inhalt. Ein solches Stück war „Die Zeitungsoper", Libretto von Spitz, Musik von Herbert Zipper. Die Schlußfuge wurde zu folgendem Text gesungen:

„Uralte Macht, ob richtig oder falsch, bleibt siegreich bis zum Ende des Liedes."

Es gab keinen Dialog, und jedes Lied war voll kräftiger politischer Anspielungen. Es war eine beißende, antifaschistische Satire und eine Verurteilung der Presse, die sich dem Druck der Zeit beugte. Ein Teil des Textes hat in den Archiven Zippers überlebt. Die Kabarettprogramme wechselten alle sechs Wochen. So schrieb Zipper ständig und war dabei oft spät bis in die Nacht tätig. Eines dieser Stücke enthielt derartig vehemente Anklagen gegen Hitler, daß die Polizei, die zu allen Kostümproben kam, fürchtete, es könnte einen Aufruhr geben und die Vorstellung verbot. Ein anderes Lied wiederum war ein fröhliches Trio mit Hitler, Goebbels und Göring (gespielt von einem kleinen Schauspieler mit drei großen Kissen als Bauch), die vergeblich versuchten, jüdische Kegeln auf einer Kegelbahn zu treffen. Jarka schrieb über diese Periode, daß die Kellertheater, vielleicht mehr als andere in Wien, obgleich sie ohne finanzielle Mittel und improvisiert waren, bewiesen, daß selbst in den traurigen Jahren der Wirtschaftskrise die Originalität des österreichischen Theaters keineswegs verschwunden war: Es ist zwar richtig, daß diese kleinen Theater nur sehr kurzlebig waren, so kurzlebig wie auch der Ständestaat der Dollfuß-Schuschnigg-Ära, deren faschistische Tendenzen sie kritisierten. Nichtsdestoweniger bildeten doch die fünf Jahre ihrer Tätigkeit einen bedeutenden Teil des Wiener Theaterlebens in den dreißiger Jahren, der freilich bisher die ernsthafte Betrachtung, die sie verdienen würde, nicht erhalten hat.[33]

Es war eine einzigartige Periode der schöpferischen Kraft der Improvisation, der Tiefe und der Heiterkeit inmitten einer wachsenden Düsternis.

Am 12. Februar 1938 arbeitete Herbert Zipper gerade an seiner letzten Kantate für den Rundfunk, als Kanzler Kurt von Schuschnigg, der Nachfolger des 1934 von den Nazis ermordeten Engelbert Dollfuß, nach Berchtesgaden reiste, um auf dem Obersalzberg Adolf Hitler zu treffen. Das Abkommen, das Schuschnigg unter dem Vorbehalt einer Zustimmung des Bundespräsidenten

Miklas dann unterschrieb, war das Ergebnis stundenlanger Tiraden und Beschimpfungen Hitlers, in denen er unverhohlen mit dem Einmarsch deutscher Truppen gedroht hatte. In dem Abkommen wurde die Aufnahme einiger sogenannter „nationalbetonter“ Personen in die Regierung und eine deutliche Annäherung Österreichs in politischer, wirtschaftlicher und militärischer Sicht an das Deutsche Reich erklärt, aber auch Amnestie für alle Nationalsozialisten und eine Möglichkeit der politischen Betätigung für sie innerhalb der „Vaterländischen Front“. Zipper beschreibt die Ereignisse, die dann folgten, aus seiner eigenen Anschauung von damals:

Als im Radio verlautbart wurde, daß Schuschnigg sich am 12. Februar 1938 in Berchtesgaden mit Hitler treffen sollte, war ich außerordentlich besorgt. Als mich Ernest Simon, der Vater von Eric, anrief, um meine Meinung hinsichtlich dieser Situation zu erfahren, riet ich ihm, das Land zu verlassen. Und er tat das auch gemeinsam mit seiner Familie.

Während der folgenden Wochen wurde nur wenig bekannt von dem, was hinter der Szene geschah, und es gab eine Fülle von Gerüchten.

Am 20. Februar hielt Hitler vor dem Deutschen Reichstag eine Rede, in der er sich auch auf die österreichische Situation bezog. Er hatte einige freundliche Worte für Schuschnigg, aber die von uns, die sich der verräterischen und niederträchtigen Art Hitlers erinnerten, bemerkten doch auch die unausgesprochenen Drohungen, die in seiner Rede enthalten waren.

Am 24. Februar antwortete Schuschnigg auf die Rede Hitlers mit einer außerordentlich patriotischen Ansprache, die er vor dem Österreichischen Bundesrat hielt. Er bemerkte, daß die Konzessionen, die an Deutschland in der Vergangenheit und der jüngsten Zeit gemacht worden seien, nun die äußerste Grenze erreicht hätten und Österreich seine Unabhängigkeit niemals freiwillig aufgeben werde.

Während dieser Tage versuchte ich vergeblich, mein Denken auf den zweiten Akt der Oper, an der ich arbeitete, zu konzentrieren. So mußt ich sehr oft das, was ich geschrieben hatte, wegwerfen. Die Atmosphäre rund um uns war bedrückend, vergleichbar jener Spannung, die in der Luft liegt, bevor ein Gewitter losbricht.

Am 9. März hielt Schuschnigg, der sich damals in Innsbruck befand, eine Rede, die in ganz Österreich übertragen wurde. Er kündigte an, daß er eine Volksabstimmung innerhalb von vier Tagen angeordnet habe, die am Sonntag, dem 13. März, stattfinden solle. Es werde nur die Antwort auf die Frage „Ja“ oder „Nein“ geben, ob Österreich seine Unabhängigkeit erhalten solle oder nicht.

In ganz Österreich herrschte Hochstimmung, gepaart mit einem Unterton nervöser Erwartung. Niemand zweifelte daran, daß es eine überwältigende Mehrheit für die Unabhängigkeit geben werde. Aber zur gleichen Zeit bestand Angst, daß Hitler sehr wohl die Stimmung in der österreichischen Öffentlichkeit kenne und drastische Aktionen unternehmen könnte, um das Plebiszit zu verhindern.

Nach der Rückkehr aus Berchtesgaden stand Schuschnigg vor der furchtbarsten Entscheidung seines Lebens. Sollte er sich Hitler entgegenstellen und sein Volk in einen blutigen und ohne Zweifel vergeblichen Krieg führen, oder sollte er den Anschluß an das Dritte Reich akzeptieren. Wie jeder andere in Österreich saß auch die Familie Zipper stets vor dem Radio. Emil Zipper befand sich in geschäftlichen Angelegenheiten in London.

Wie wir heute wissen, hatte am 11. März um zwei Uhr früh Hitler die Weisung Nr. 1, betreffend „Unternehmen Otto" ausgegeben, in der es hieß: „Ich beabsichtige, wenn andere Mittel nicht zum Ziele führen, mit bewaffneten Kräften in Österreich einzurücken." Hitler forderte den Rücktritt der Regierung Schuschnigg und die Einsetzung einer neuen Bundesregierung unter dem Nationalsozialisten Seyss-Inquart. In der Weisung Hitlers hatte es in seiner üblichen Doppelzüngigkeit geheißen, „das Verhalten der Truppe muß dem Gesichtspunkt Rechnung tragen, daß wir keinen Krieg gegen ein Brudervolk führen wollen". Aber schon wenige Sätze später hieß es: „Sollte es aber zum Widerstand kommen, so ist er mit größter Rücksichtslosigkeit durch Waffengewalt zu brechen." Kurz vor 20 Uhr wurde angekündigt, daß Bundeskanzler Dr. Kurt von Schuschnigg eine Erklärung abgeben werde. Darauf versammelte sich die gesamte Zipper-Familie vor dem Radioapparat. Inzwischen war schon bekannt geworden, daß die Volksabstimmung abgesagt worden war. Schließlich, kurz vor acht Uhr abends, sprach Schuschnigg mit zitternder Stimme:

Österreichische Männer und Frauen! Der heutige Tag hat uns vor eine schwere und entscheidende Situation gestellt. Ich bin beauftragt, dem österreichischen Volk über die Ereignisse des Tages zu berichten. Die deutsche Reichsregierung hat dem Herrn Bundespräsidenten ein befristetes Ultimatum gestellt, nach welchem der Herr Bundespräsident einen ihm vorgeschlagenen Kandidaten zum Bundeskanzler zu ernennen und die Regierung nach den Vorschlägen der deutschen Reichsregierung zu bestellen hätte, widrigenfalls der Einmarsch deutscher Truppen für diese Stunde in Aussicht genommen würde.

Ich stelle fest vor der Welt, daß die Nachrichten, die in Österreich verbreitet wurden, daß Arbeiterunruhen gewesen seien, daß Ströme von Blut geflossen seien, daß die Regierung nicht Herrin der Lage wäre und aus Eigenem nicht hätte Ordnung machen können, von A bis Z erfunden sind.

Der Herr Bundespräsident beauftragt mich, dem österreichischen Volk mitzuteilen, daß wir der Gewalt weichen. Wir haben, weil wir um keinen Preis, und auch in dieser ernsten Stunde nicht, deutsches Blut zu vergießen gesonnen sind, unserer Wehrmacht den Auftrag gegeben, für den Fall, daß der Einmarsch durchgeführt wird, ohne wesentlichen Widerstand, ohne Widerstand sich zurückzuziehen und die Entscheidung der nächsten Stunde abzuwarten. Der Herr Bundespräsident hat den General der Infanterie, Schilhawsky, den Generaltruppeninspektor, mit der Führung der Wehrmacht betraut. Durch ihn werden weitere Weisungen an die Wehrmacht gegeben.

So verabschiede ich mich in dieser Stunde von dem österreichischen Volk mit einem deutschen Wort und einem Herzenswunsch: Gott schütze Österreich![34]

Die Familie Zipper saß da, schweigend und in ihren Herzen wissend, daß sie eben das Totengeläute Wiens gehört hatten. Im Radio wurde nach der Rede Schuschniggs das Kaiserquartett Joseph Haydns gespielt. Nachdem die Familie ein paar Minuten zugehört hatte, stand Zipper auf und ging in sein eigenes Zimmer. Er mußte allein sein, denn es überkam ihn ein Gefühl der Verzweiflung und der Leere, sogar der Einfall, jedes Musikstück, das er geschrieben hatte, zu vernichten, selbst die Oper, an der er gerade arbeitete. Warum sollte man Musik komponieren in Wien, wenn alles, wofür es stand, verloren war? Er hatte die Versammlungen der Nationalsozialisten gesehen, die Orgien des Bücherverbrennens, die Wut und den irrationalen Haß der Massen, die Heuchelei und die Hysterie. Nachdem er das gesehen hatte, wußte er, daß der Ruhm Wiens, die Freiheit zu schöpfen, die kreative Kraft dieser bemerkenswerten Zeit in der Geschichte nun zu Ende ging. Vielleicht für immer. Blitzartig hatte er eine Ahnung von der Zukunft, und er erlebte zum ersten Mal echte Niedergeschlagenheit. Er hatte den Eindruck, daß es ihm niemehr gestattet sein werde, Musik zu komponieren. Er schob all seine Musik in irgendwelche Laden, die niemals mehr geöffnet werden sollten. In der Tat schrieb er auch in den folgenden Monaten nicht eine einzige Note.

Franz Werfel, in einem Roman aus den Jahren 1938-39, gibt die Ansicht eines Schriftstellers über diesen Abend wieder. In seinem Roman „Cella“ hört der Erzähler die Rede Schuschniggs in einem Kaffeehaus:

> *Ich saß im Café Rebhuhn. Ich trank vier schwarze Kaffees. Ich hörte die Stimme des scheidenden Kanzlers im Radio. Die Stimme klang nicht mehr pathetisch zuversichtlich, sondern zitterte und rang nach Atem. Ich habe mir ein paar Sätze gemerkt, die diese erschütternde Stimme sprach:*
>
> *„Wir haben, weil wir um keinen Preis, auch in dieser ernsten Stunde nicht, Bruderblut zu vergießen gesonnen sind, unserer Wehrmacht den Befehl gegeben, für den Fall, daß der deutsche Einmarsch durchgeführt wird, ohne Widerstand sich zurückzuziehen...“*
>
> *Und dann nach einem langen Atemholen:*
>
> *„So verabschiede ich mich in dieser Stunde mit einem deutschen Wort und einem Herzenswunsch: Gott schütze Österreich!“*
>
> *Ich saß und trank einen fünften Schwarzen. Mein Puls raste. Aber mein Kopf sank vor erschöpftem Nichtverstehen fast auf die Marmorplatte des Tischchens. Der Stimme im Radio war eine hohle Stille gefolgt. Diese Stille war ein röchelndes Grauen. Diese Stille war das Schicksal des Mannes, der gesprochen hatte. Dann begann eine feierliche Begräbnismusik, bestimmt, den Abgrund zwischen zwei Zeiten auszufüllen, ehe sich noch die neue Stimme meldete, vermutlich die Stimme der Zwillinge. In diese Musik Haydns war sein altes Kaiserlied mit einverwoben. Nicht nur die Gäste des Kaffeehauses verschwanden einer nach dem anderen, sondern auch die Kellner, bis auf den schlohweißen gichtischen Ober, der mir wissend zunickte.*
>
> *Ich fand den Stephansplatz sonderbar ausgestorben. Alle Menschen mochten jetzt an den Radioapparaten hocken. Der Abend war ziemlich kalt, der Him-*

mel wolkenlos. Die Bogenlampen schienen trüber zu brennen als sonst. Das schwarze Ungeheuer des Doms duckte sich zusammen, als wolle es seine Angriffsfläche verkleinern. Der Turm verjüngte sich ins Unsichtbare.[35]

Ein anderer Zeitgenosse Zippers, George Clare, der sich an diesem Abend in Wien befand, beschreibt seine Reaktion auf Schuschniggs Rede etwa so:

Sie spielten die Nationalhymne. Nach den letzten Takten der Melodie von Haydn saßen wir für ein paar Minuten in äußerstem Schweigen da. Dann, bevor irgendeiner von uns die Möglichkeit hatte, etwas zu sagen, konnten die Stimmen Hunderter Menschen gehört werden, die in voller Lautstärke etwas schrien. Noch unbestimmt, noch entfernt, klang es nichtsdestoweniger bedrohlich. Diese rauhen Stimmen wurden lauter und kamen näher.

Ich lief zum Fenster und schaute auf die Nußdorfer Straße hinaus. Sie war noch immer ganz leer, aber nur für ein paar Augenblicke. Dann kam der erste Lastwagen in Sicht. Er war vollbepackt mit schreienden, brüllenden Menschen. Eine große Hakenkreuzfahne flatterte über ihren Häuptern. Die meisten trugen Hakenkreuz-Armbinden, einige auch SA-Kappen und manche sogar Stahlhelme.

Nun konnten wir genau hören, was sie riefen: „Ein Volk, ein Reich, ein Führer!" Das brüllten sie im Chor, gefolgt von „Juda verrecke, Juda verrecke!" Auf Englisch („Perish Juda") klingt dies weniger bedrohend, aber im Deutschen, aus Tausenden Kehlen kommend, wurde es hinausgebrüllt im vollen Sturm des Hasses. Und so fuhr ein Lastwagen mit aufgeregten Nationalsozialisten nach dem anderen an unseren Fenstern vorbei. Es war ein Ton, den man niemals mehr vergessen kann.[36]

Der deutsche Einmarsch in Österreich ereignete sich am nächsten Tag, am Samstag, dem 12. März. Zipper und seine Familie hörten den ganzen Tag Radio und verließen ihre Wohnung nicht, nicht zuletzt, um körperliche Gefahren zu vermeiden. Am Sonntag blieben sie ebenfalls zu Hause. Montag ging Zipper zum Sendegebäude von Radio Wien, um dort sein Honorar für seine letzte Komposition zu kassieren. Dort wurde er buchstäblich auf die Straße geworfen. Er sah auch jüdische Frauen, die man zwang, auf den Knien Antinazi-Parolen von Mauern und Gehsteigen zu entfernen. Das Erschreckendste war nicht das Straßenputzen, sondern vielmehr der Anblick ihrer Wiener Mitbürger, die auf den Bürgersteigen standen und diese Entwürdigung mit Bravo-Rufen verfolgten.

Beobachter haben geschrieben, daß manche der schlimmsten antisemitischen Ausschreitungen in Europa in Wien stattfanden. Ein amerikanischer Zeitungskorrespondent, der die ersten Tage nach dem Anschluß als Augenzeuge erlebt hat, meint:

In den ersten paar Wochen war das Benehmen der Wiener Nazis ärger als irgendetwas, was ich in Deutschland gesehen hatte. Es war eine Orgie des Sadismus. Tag für Tag konnte man sehen, wie große Mengen von jüdischen Männern und Frauen die Parolen Schuschniggs von den Bürgersteigen schrubbten und die Gosse säuberten. Während sie auf Händen und Knien arbeiteten und höhnende SA-Leute neben ihnen standen, sammelten sich Menschenmengen an, um sie zu verspotten. Hunderte Juden, Männer und Frauen, wurden auf den Straßen sozusagen aufgelesen und gezwungen, öffentliche Bedürfnisanstalten zu reinigen und die Toiletten der Kasernen, wo die SA und die SS einquartiert waren. Zehntausende weitere wurden ins Gefängnis gebracht. Ihre irdischen Besitztümer wurden entweder beschlagnahmt oder gestohlen... Vielleicht die Hälfte der 180.000 Juden der Stadt Wien konnte, noch bevor der Krieg begann, ihre Freiheit zu emigrieren erkaufen, indem sie alles, was sie besaßen, an die Nazis auslieferten.[37]

Während dieser Zeit wurde auch eines der Autos der Familie Zipper „requiriert", und zwar von einer Bande von Nazis. Freunde verloren ihre Geschäfte. In einer Klavierwerkstatt, die die Zippers gut kannten, warfen die nichtjüdischen Techniker einfach die jüdischen Besitzer hinaus und übernahmen die Firma. Alle österreichischen Pässe wurden für ungültig erklärt, Steuern für ein Jahr im voraus mußten bezahlt werden, wenn man das Land verlassen wollte. Martin Gilbert beschreibt in seiner großen Studie jener Periode, „Holocaust", die Lage der Stadt nach dem Einmarsch der Deutschen:

Über Nacht hatten die Juden von Wien, etwa ein Zehntel der Bevölkerung der Stadt, alle ihre bürgerlichen Rechte verloren: Das Recht, Eigentum zu besitzen, ob groß oder klein, das Recht, angestellt zu werden oder jemanden anzustellen, das Recht, ihren Beruf auszuüben, irgendwelchen Beruf, das Recht, in Restaurants oder Kaffeehäuser zu gehen, sich in öffentlichen Bädern oder öffentlichen Parks aufzuhalten. Statt dessen erlebten sie körperliche Angriffe: das Ausrauben von Geschäften, das Einschlagen von Schädeln, die Quälerei von Vorbeigehenden. Ein britischer Journalist, G. E. R. Gedye, schrieb nach dem Selbstmord eines jungen jüdischen Arztes und dessen Mutter in seinem eigenen Wohnblock: „Von meinem Fenster aus konnte ich durch viele Tage hindurch beobachten, wie sie jüdische Passanten verhafteten - im allgemeinen Ärzte, Rechtsanwälte oder Geschäftsleute, denn sie bevorzugten Opfer, die den besseren bzw. gebildeteren Klassen angehörten -, wie sie diese Menschen zwangen, zu schrubben, polieren und die Teppiche zu klopfen in der Wohnung, wo die Tragödie stattgefunden hatte, während sie darauf bestanden, daß das nichtjüdische Dienstmädchen des Arztes in einem bequemen Sessel dabeisitzen und zusehen solle."[38]

Der bekannte Journalist William L. Shirer, der sich zu jener Zeit in Wien aufhielt, schreibt über diese katastrophale Machtübernahme:

Und so verschwand Österreich als Österreich für den Augenblick aus der Geschichte. Sogar sein Name wurde von den Österreichern unterdrückt, die ihm offenbar niemals vergaben, daß sie seinen wahren Wert nicht erkannten. Wien wurde einfach eine andere Stadt des Reiches, ein Verwaltungszentrum eines provinziellen Bezirkes. Der frühere Bewohner eines Obdachlosenasyls in Wien, nun der mächtige Diktator Deutschlands, hatte sein Geburtsland von der Landkarte gewischt und dessen einst glänzende Hauptstadt, von der er dachte, sie hätte ihn zurückgewiesen, ihres letzten Funkens an Glorie und Bedeutung beraubt[39]

Eugene Lennhoff, einstmals Redakteur des Wiener „Telegraph", veröffentlichte 1938 einen Bericht über jene Tage in einem Buch, das „Die letzten fünf Stunden Österreichs" hieß. Darin zitiert er aus einem Brief eines Freundes, welcher Wien unmittelbar nach dem Einmarsch der Deutschen verlassen hatte. Der Brief ist nur ein weiterer Augenzeugenbericht über jene Zeit:

„Herr X, den Du als Halbjuden und aktives Mitglied der Vaterländischen Front kanntest, hat Selbstmord begangen. Es ist eine Tragödie, aber er ist nur einer von vielen unserer Freunde, die dasselbe traurige Schicksal erlitten haben. Ich sollte eigentlich diesen Fall gar nicht besonders erwähnen, es wäre denn für die Umstände seines Todes, die mich doch nun seine Geschichte berichten lassen.

Nach dem Selbstmord des Herrn X hatte seine Familie so wenig Geld, daß das Begräbnis auf die einfachste Weise erfolgen mußte. Die Witwe, die ebenso Halbjüdin ist, und ihre beiden erwachsenen Töchter folgten dem Leichenwagen zum Friedhof zu Fuß. Entlang der Straße, die nach Simmering führt, trafen sie mit einer Gruppe von Nazis zusammen, die, wie das Lied sagt, „ein freies Leben führen wir", sie aufhielten und die Damen fragten, ob sie Arier seien. Gezwungen einzuräumen, daß sie das nicht seien, wurde ihnen befohlen, niederzuknien und die auf den Gehsteig gemalten Kruckenkreuze, die Abzeichen der Vaterländischen Front, wegzuschrubben. Die Frauen brachen in Tränen aus. Die ältere Tochter flehte die Männer an, man möge sie doch zuerst ihren Vater zur letzten Ruhe begleiten lassen. Der Führer dieser Nazigruppe schaute nur rasch auf das tränenüberströmte Gesicht und sagte: „Marsch, befolgen Sie sofort die Befehle und keinen Unsinn. Die Toten können warten."[40]

Während der Nacht vom 12. auf den 13. März rief Emil Zipper aus London an und sagte, daß er nach Hause komme. Zipper, der fürchtete, daß das Telephon abgehört werde, antwortete: „Vater, wenn du nach Hause kommst, werde ich niemals mehr mit dir sprechen." Vater Zipper verstand die doppelte Bedeutung. Wenn er nach Hause gekommen wäre, hätte das eine Katastrophe für die Familie Zipper bedeutet. Außerhalb Österreichs konnte er helfen, und das hat er dann auch tatsächlich getan.

Herbert Zipper drängte die Familie, sie sollten noch in der Nacht, in der Hitlers Truppen eintrafen, Wien verlassen. Er hoffte noch, mit seiner Trudl in ein paar Monaten in Amerika wiedervereinigt zu werden. Obgleich die Familie begriff, daß sie Wien verlassen müsse, meinte sie doch, daß er die Gefahr übertreibe und traf während der folgenden zwei Monate Vorbereitungen zur Abreise, um Visa zu erhalten, um Pässe zu bekommen und die notwendigen Dinge zu erledigen. Während sie noch mitten in diesen Vorbereitungen waren, erschien am Morgen des 27. Mai 1938 ein Kriminalbeamter in Zivil in der Wohnung der Zippers und verließ sie wieder mit Otto, Walter und Herbert Zipper.

Kapitel V
Dachau

„Arbeit Macht Frei"

Herbert Zipper, der junge Komponist, der Dirigent der Düsseldorfer Symphoniker, des Wiener Madrigalchores und anderer Musikvereinigungen, der Schüler von Joseph Marx, Maurice Ravel und Richard Strauss, der Verehrer von Dostojewski und Goethe, das Produkt von Europas feinster Kultur und Erziehung, fand sich am 31. Mai 1938 stehend in der Finsternis eines geschlossenen Güterwaggons, zusammengetrieben mit anderen verwirrten Männern, leidend unter gebrochenen Rippen und einem zugeschwollenen Auge und über die Zukunft rätselnd. Nach qualvollen dreizehn Stunden hielt der Zug vor dem Konzentrationslager Dachau. Die Gefangenen wurden aus den Waggons gejagt, ein paar stolperten in die falsche Richtung und wurden erschossen. Die Gefangenen kamen etwa um zehn Uhr vormittag an, an einem heißen, sonnigen Tag, und erhielten den Befehl, vor dem Lager anzutreten, ohne sich bewegen zu dürfen, ohne zu essen, ohne austreten zu können. Zipper, zusammen mit den Gefangenen mit dem Anfangsbuchstaben Z, befand sich unter den letzten, die gegen Sonnenuntergang in das Lager eingelassen wurden. Endlich schickte man sie zu den Baracken, denen sie zugeteilt waren. Sie mußten ein Papier unterschreiben, auf dem es hieß, daß sie sich nun in „Schutzhaft" befänden. Ein kleiner Mann versuchte, seine Kameraden zu ermahnen: „Unterschreibt nicht, ihr unterschreibt euren Tod." Er wurde weggeschleppt und ermordet. Zipper hörte eine der Wachen sagen: „Ein Frühstück weniger!"

Die Stadt Dachau, ungefähr achtzehn Kilometer nordwestlich von München, liegt auf einem Hügel, auf dessen Gipfel sich ein Schloß der Wittelsbacher befindet. Die andere Sehenswürdigkeit von Dachau ist eine Pfarrkirche, die auf das Jahr 1625 zurückgeht. Vor 1933 war es eine kleine Viehmarkt-Stadt gewesen (erstmals erwähnt 805 n. Chr.), in der es kleine Brauereien und recht bequeme Wirtshäuser gab. Etwa um 1870 erwarb sie einigen Ruhm als eine Stadt, die Hunderte von Malern und Künstlern anlockte, darunter Namen wie Carl Spitzweg, Max Liebermann, Lovis Corinth, Ludwig Dill, Adolf Hölzel und Arthur Langhammer. Bis 1933 blieb sie bekannt als Künstlerkolonie. 1914 war eine große Pulverfabrik gebaut worden, um Munition für den Ersten Weltkrieg herzustellen. Nach Kriegsende wurde die Fabrik geschlossen, und Tausende wurden arbeitslos. Die Existenz der leeren Fabrik war eines der Argumente, die Heinrich Himmler Dachau als den Platz wählen ließ, um dort ein Konzentrationslager zu errichten. Am Mittwoch, dem 22. März 1933, ließ Heinrich Himmler, der Reichsführer der SS, namens der Münchner Polizei eine Ankündigung in den „Münchner Neueste Nachrichten" erscheinen, in der es hieß, daß an jenem Tage das erste Konzentrationslager in der Nachbarschaft von Dachau eröffnet werde, das 5000 Leute beherbergen könne. Wir haben, so hieß es weiter in dieser Ankündigung, diese Maßnahme ergriffen, unbeeinflußt von sinnlosen Skrupeln, in der Überzeugung, daß unsere Aktion helfen wird, die Ruhe in unserem Lande wiederherzustellen, und im besten Interesse unseres Volkes liegt.

Am 23. März kamen die ersten sechzig Gefangenen an. Die Anlage wurde rasch erweitert, um eine größere Anzahl von Menschen aufnehmen zu können. Als Zipper 1938 dort ankam, gab es bereits mehr als 5000 Gefangene, hauptsächlich Kommunisten und Sozialisten (die einen roten Stern auf der Sträflingskleidung tragen mußten), religiöse Gruppen und Bibelforscher, ferner Homosexuelle (die einen rosa Stern tragen mußten und in einem eigenen Barackenlager untergebracht waren), ferner einige Kriminelle (die schwarze Sterne trugen) und nur 225 Juden (die schwarze und gelbe Sterne trugen). Während der folgenden Monate wurden mehr als 1500 Juden nach Dachau gebracht. Zu Sommerbeginn war die Belegschaft bis auf 9000 angewachsen. Das Lager selbst war ein wahres Beispiel an Ordnung:

> *Die Wachtürme an den Mauern, die das Konzentrationslager Dachau umgaben, gestatteten einen außergewöhnlichen Blick auf die bayerischen Alpen. Die Berggipfel konnten manchmal auch vom Lager aus gesehen werden. Innerhalb der Mauern zogen sich Verhaue aus Stacheldraht hin, einschließlich einer elektrifizierten Stacheldrahtsperre. Starke Scheinwerfer waren auf den Mauern und auch innerhalb der Stacheldrahtzäune montiert. Sie beleuchteten das Lager und dessen Umgebung von Sonnenuntergang bis zur Morgendämmerung. Die Wachen auf den Türmen und jene, die oberhalb des einzigen Tores saßen, welches in das Lager führte, waren mit Maschinengewehren bewaffnet. Die Stellungen der Wachen waren 24 Stunden am Tag besetzt. Bewaffnete Streifen in schwarzen Uniformen patrouillierten außen rund um das Lager, begleitet von scharfen Wachhunden.*
>
> *Etwa dreißig gleichaussehende Holzbaracken waren innerhalb des Lagers in diesen Jahren erbaut worden und dienten den Gefangenen als Unterkunft. Es stand eine neben der anderen in zwei parallelen Reihen, getrennt durch eine Allee von Pappeln. Jede Baracke sollte etwa 200 Gefangene in acht Räumen unterbringen, vier Räume zum Schlafen und vier für die Tagesarbeit. Gegen Ende des Krieges wurden mehr als 1500 Gefangene in jede dieser Baracken hineingepfercht. Andere Baracken des Lagers dienten als Krankenrevier, als Kantine und als Arbeitsräume. Eine wurde für die sogenannten medizinischen Versuche an Gefangenen verwendet, andere als Totenkammern. Im Verlauf des Krieges wurde im Lager auch ein Krematorium erbaut und dazu benützt, die Körper der Toten einzuäschern. Ebenso wurde eine Gaskammer konstruiert, in Dachau aber niemals in Gebrauch genommen.*
>
> *Die Stabsunterkünfte und Betriebsanlagen befanden sich dem Lager benachbart, im Nordwesten. Das Lager Dachau war ein Vorbild. Solange das möglich war, wurde exemplarische Ordnung aufrecht erhalten. Die Struktur des Lagers, seine innere Organisation und die Bedingungen dort wurden von anderen Konzentrationslagern, die später gegründet wurden, übernommen.* [41]

In der ersten Nacht, die Zipper im Lager verbrachte, wurden alle kahlgeschoren und dann in ihre Baracken geschickt. Am folgenden Morgen wurden sie zu einem großen Appellplatz geführt, um die „Willkommensansprache" des Nazi-Kommandanten anzuhören. Er sagte ihnen, was sie zu erwarten hätten. Zipper erinnert sich sehr lebhaft des Schlusses der Ansprache in Worten, die er niemals vergessen wird: „Alles in Dachau ist verboten", dekretierte der Kommandant, „sogar das Leben selbst. Falls es doch geschieht, so geschieht es zufällig."

Später am selben Tag traf Zipper einen alten Bekannten, Arno Schirokauer, einen Essayisten und literarischen Leiter des Leipziger Radiosenders. (Zipper selbst hatte 1933 ein Angebot erhalten, Dirigent des Leipziger Radioorchesters zu werden, hauptsächlich durch eine Empfehlung von Otto Klemperer. Er war aber nicht in der Lage, das Angebot anzunehmen, da Hitler an die Macht kam.) Schirokauer war ein Schriftsteller aus der politischen Linken. Er war auch ein hochdekorierter deutscher Kampfflieger aus dem Ersten Weltkrieg und hatte im Dienste des „Vaterlandes" sein linkes Auge verloren. Als er Zipper sah, sagte er: „Herbert, du kommst sehr spät!" Zipper fragte, was er meine, und Schirokauer antwortete: „Ich bin hier schon seit vier Jahren!" Dieses Zusammentreffen ereignete sich am Ende des Tages, als den Gefangenen dreißig Minuten freie Zeit gegeben wurde, um auf ihren Schlafstätten in den Baracken, die Füße hochgelagert, zu reden. Zipper fragte Schirokauer: „Bevor ich mir irgendwelche falschen Illusionen mache, was kann ich hier wirklich von der Zukunft erwarten?" Schirokauer antwortete: „Als ich herkam, waren in meiner Abteilung 245 Juden, zwei wurden entlassen, 180 sind gestorben. Die, die nicht in den ersten zwei Wochen sterben, überleben im allgemeinen länger. So sind die Statistiken; zieh du deine eigenen Schlüsse aus dem, was du siehst." Das war 1938. Das Schicksal der Juden in den kommenden Jahren sollte anders sein.

In diesem Augenblick faßte Zipper einen Entschluß. Er begriff, daß er hier wahrscheinlich nicht mehr lebend hinauskommen werde. Und irgendwie spülte diese Überzeugung alle Angst hinweg. Er beschloß, den Deutschen nicht das Vergnügen zu machen, ihn als Feigling oder Verzweifelten zu sehen. Viele Gefangene konnten die Schmerzen nicht ertragen, das Elend, den Terror und begingen Selbstmord. Die neue Erziehung, die schon auf der Herreise begonnen hatte, vertiefte sich in den ersten paar Tagen in Dachau sehr schnell. Er lernte rasch, sich auf seine innersten Kräfte zu verlassen, andere gab es nicht. In den kommenden Wochen erfuhr er zwei wichtige Dinge. Inmitten der Brutalität, des Hungers, des Terrors, der Demütigung, des Elends lernte Herbert Zipper die Freude kennen - auf einem Niveau, das er sich vorher nicht hätte vorstellen können -, anderen etwas zu geben, und die unglaubliche Kraft der Künste. „Es war hier in Dachau", so versichert er, „daß ich wirklich ein menschliches Wesen wurde." Gleichzeitig paßte er sich sehr rasch dem täglichen Leben im Konzentrationslager an.

Beim nächsten Appell erklärte der Kommandant den Gefangenen die Art der Strafen. Er betonte drei: Erstens, für kleinere Vergehen müsse man sechs bis zwölf Stunden stramm stehen, ohne sich einen Zoll zu bewegen, keine Lebensmittel, keine Möglichkeit, sich selbst zu erleichtern. Die zweite Strafe war das sogenannte Anbinden: Die Hände hinter dem Rücken gefesselt, wurde man an ihnen an einem Galgen hochgezogen und so hängen gelassen. Das Hängen konnte zwischen dreißig und neunzig Minuten dauern - je nach dem Vergehen. Alles über dreißig Minuten bedeutete, daß die Arme aus den Gelenken ausgerenkt wurden, daß man gelähmt blieb. Ein Freund Zippers, Hugo Ebner, wurde zu diesem Hängen verurteilt. Durch dieses Angebundensein verlor er die Fähigkeit, einen Arm zu bewegen, mit Ausnahme seiner Finger. Die dritte Strafe war die Prügelstrafe - eine mittelalterliche Art der Bestrafung: 25 Schläge mit einem Ochsenziemer. Darauf folgte eine Woche bis einen Monat Einzelhaft in einer Zelle, die die Gefangenen „der Sarg" nannten. Merkwürdigerweise wurde man vor dem Geprügeltwerden medizinisch untersucht, weil manche Gefangene während der Prügelstrafe gestorben waren. Zipper und die anderen wurden gezwungen, viele dieser barbarischen Prozeduren mitanzusehen.

Nach der Erklärung dieser verschiedenen Bestrafungen mußten die Gefangenen zu ihrer ersten Arbeitsleistung ausrücken: einen Graben auszuheben, zwölf Stunden pro Tag. Das war die bleibende Aufgabe durch die nächsten paar Wochen. Nachdem sie etwa anderthalb Meter tief gegraben hatten, stießen sie auf Wasser. Es wurde ihnen aber befohlen, weiterzugraben, bis sie schließlich in diesem Matsch standen. Obgleich sein Auge und seine Rippen heilten, zog sich Zipper doch nach einigen Wochen die sogenannte „Schipper-Krankheit" zu (der Ausdruck kommt von dem deutschen Dialektwort „schippen" für graben). „Ich konnte meine Arme nicht mehr über meine Schultern heben, sie waren wie taub, manche Muskeln im Rücken waren gezerrt. Das war natürlich eine Katastrophe. Wenn du nicht arbeiten konntest, warst du nutzlos und in Gefahr, eliminiert zu werden." Er hatte jedoch unglaubliches Glück - das war die erste von manchen Gelegenheiten, wo ihm das Glück das Leben rettete.

Am nächsten Morgen, während des Appells, zählte ein Capo die geraden und ungeraden Angetretenen ab und nahm Zipper und die anderen „geraden" mit zu einer neuen Arbeit. Zipper sollte nun ein „Zugpferd" werden - nämlich Zementkarren ziehen. Dafür mußte er seine Arme nicht heben, sondern mit Schultern und Brust schieben. Das konnte er, und so behielt er diese Arbeit auch für die meiste Zeit seines Aufenthaltes in Dachau. Möglicherweise hat ihm dieser Arbeitswechsel das Leben gerettet. Die neue Arbeit, obgleich sehr anstrengend (zwölf Stunden pro Tag), hatte den Vorteil, daß sie den „Pferden" erlaubte, miteinander zu sprechen. Anfänglich konnte Zipper mit Arno Schirokauer sprechen und später mit Jura Soyfer.

Es gab sogar ein paar Augenblicke des Vergnügens, indem man die Wachen überlistete. An einem heißen Augusttag zum Beispiel hatten die Wachen sie bei der Arbeit im Lager allein gelassen, woraufhin einer der Gefangenen den Capo spielte und herumschrie und brüllte, wodurch die anderen in der Lage waren, ruhig im Schatten auf dem Boden sitzen zu bleiben. Solange jemand herumschrie, nahmen die SS-Leute an, alles sei normal und unter Kontrolle. An einem anderen Tag fand Zipper einen Zollstock und beschloß, diese Chance zu nützen. Am nächsten Morgen, anstatt zu seiner „Pferde"-Arbeit zu gehen, nahm er einen Bleistift und Papier und marschierte in aller Gemütlichkeit durch das ganze Lager, alles abmessend, was er finden konnte. Er hatte sich ausgerechnet, daß die SS mit ihrer grotesken Liebe für Ordnung annehmen würde, daß er irgendeine befehlsgemäße Aufgabe erfülle. So verbrachte er einen freien Tag, indem er herumspazierte, die SS ihn zwar sah, aber sich weiter nicht um ihn kümmerte, während er alles abmaß.

Die tägliche Arbeit war nicht nur trostlos und erschöpfend, es waren auch die Mahlzeiten ekelhaft. Jede Mahlzeit bestand üblicherweise aus einer eher mageren Portion Abwaschwasser-Suppe. Zipper brauchte lang, bis er das ertrug. Oft schwammen Würmer in der Suppe. Es gab ein Sprichwort zu dieser Zeit: „Besser Würmer als gar kein Fleisch." Doch an Dienstagen erhielten sie Kuttelflecke, die so gräßlich stanken, daß er an diesen Tagen nichts essen konnte. Manchmal wurde das Abendessen in Waltranfett gekocht. Die Gefangenen mußten ihr Aluminium-Eßgeschirr nach jeder Mahlzeit reinigen; es war fast unmöglich, das Waltranfett herauszubekommen. Gefangene bekamen nur kaltes Wasser, und so fest sie auch putzten und putzten, das Tranfett wollte nicht verschwinden. Es stank außerdem. Wann immer Zipper den weißen Schaum dieses Trans auf der Suppe schwimmen sah, aß er einfach nichts. An einem besonders schlimmen Tag sagte Arno Schirokauer zu Zipper, es sei jetzt nicht mehr so schlimm wie in den Anfangstagen in Dachau, als gewisse Gefangene gezwungen wurden, ihren eigenen Urin zu trinken und ihre eigenen Exkremente zu verzehren. Zipper starrte Schirokauer in vollkommener Ungläubigkeit an, aber sein Freund nickte nur und sagte: „Doch, doch, das ist wahr."

Niemand, der in jener Zeit in Dachau lebte, wird das Wort „Bettenbauen" vergessen. Während der ersten paar Wochen in Dachau mußten die Gefangenen auf Strohsäcken auf dem Boden schlafen. Aber die Säcke kratzten so, daß Zipper lieber auf dem nackten Boden schlief. Später erhielten sie Drei-Stock-Betten. Dann begann die ständige Inspektion auf den Befehl „Bettenbauen" hin. Die Betten hatten vollkommen glatt zu sein. Dem Befehl folgte sofort ein wildes Herumrennen, die Gefangenen stiegen auf den Kopf ihrer Mitgefangenen, in ihre Gesichter. Ein paar Minuten vollkommenen Durcheinanders entstanden, während in den überfüllten Baracken die Gefangenen versuchten, Ordnung zu schaffen. Es war erzwungene Ordnung und Strenge, verschärft bis zur deutschen Absurdität. Manchmal konnte Zipper den völligen Unsinn nur durch Lachen ertragen, aber für die meisten Gefangenen war es ein schrecklicher Tagesbeginn. Zipper hatte eine rasche Technik entwickelt, um sein Bett so glatt wie Glas zu machen. Er konnte sein eigenes Bett innerhalb von fünf Minuten machen, was ihm noch Zeit ließ, um anderen verängstigten Gefangenen zu helfen, so etwa Dr. Zerkowitz und Dr. Shey, die nicht imstande waren, ihre Betten zur Zufriedenheit der Nazis zu machen.

Paul Berben beschreibt in seiner offiziellen Geschichte von „Dachau, 1933-1945" diese Tageszeit und bestätigt damit die Erinnerungen Zippers:

Wecken war üblicherweise um fünf Uhr früh im Sommer und um sechs Uhr früh im Winter. Es gab auch Zeiten, wo die Männer schon um drei Uhr früh aufstehen mußten. Gruppen, die für besondere Aufgaben ausersehen waren, mußten auch schon vor der üblichen Zeit antreten. In den Barackenräumen war das Wecken das Zeichen für eine Periode ungewöhnlicher Aktivität, denn eine ganze Anzahl von Aufgaben hatte in sehr kurzer Zeit erledigt zu werden. 1938, als noch eine Disziplin herrschte, die mit der in späteren Jahren in keiner Weise verglichen werden konnte, wachten die Gefangenen um 3.15 Uhr im Sommer und ein bißchen später im Winter auf. In einer Dreiviertelstunde hatten sich die Gefangenen zu waschen, ihre Betten zu machen, ihre Spinde zu ordnen, ihren „Kaffee" hinunterzuschlucken und wenn möglich die Latrinen zu besuchen. Unsinnige Befehle wurden ausgegeben zum Saubermachen der Räume. Für Neuankömmlinge war es unmöglich, sich da völlig anzupassen, es sei denn, es wurde ihnen von Alteingesessenen geholfen, die ihnen die „diversen Tricks" beibrachten.

Um ein Bett vorschriftsmäßig zu machen, brauchten selbst die Geschicktesten zehn Minuten. Der Strohsack mußte vollkommen eben sein, ein vollkommenes Rechteck mit ordentlichen Falten bilden. Das blau-weiß gemusterte Bettuch, das den Strohsack bedeckte, und der Polster hatten so gelegt zu werden, daß die Quadrate vollkommen parallel lagen, und zwar sowohl horizontal als auch vertikal. Da die Schlafstätten eine über der anderen lagen, mußten sich die Leute einigen, in welcher Reihenfolge sie ihre Betten machen wollten. Es war für einen, der ein oberes Bett hatte, nahezu unmöglich, dies zu tun, ohne daß schon ordentlich gemachte Bett seines unteren Nachbarn zu zerstören. Der untere aber mußte warten und wurde ungeduldig. Das Resultat waren tägliche Streitigkeiten, die gelegentlich sogar in Prügeleien mündeten. Es war unmöglich, sich Zeit zu verschaffen, indem man früher aufstand, denn das war verboten. Es gab auch keine Beleuchtung vor der offiziellen Weckstunde. Manche hatten solche Angst davor, bestraft zu werden, daß sie lieber auf dem Boden schliefen, als ihre Betten in Unordnung zu bringen. Aber damit liefen sie auch Gefahr, denn auch das war verboten...[42]

In diesem August gab es zwei erinnernswerte Tage. An einem Tag erhielt das Lager den Besuch von Heinrich Himmler und seinem Gefolge, der Dachau inspizierte. Photographen und Kameraleute machten den ganzen Tag Aufnahmen. Das besondere Ereignis des Tages war, daß die Gefangenen einen Felsblock von einem Ende des Lagers zum anderen Ende zu bewegen hatten. Und alles mußte natürlich im „Laufschritt" geschehen. Wenn alle Blöcke auf die eine Seite gebracht worden waren, mußten sie die Gefangenen alle wieder auf die andere Seite tragen. Zipper erinnert sich, daß das ein besonders bedrückender Tag war - die Sinn- und Zwecklosigkeit all dessen. Er konnte in der Nacht nicht schlafen, nicht aus Müdigkeit, sondern aus einer Art Seelenkrankheit.

Am nächsten Tag gab es ein Schubkarren-Rennen. Eine der schwersten Arbeiten in Dachau war es, mit einem schwerbeladenen Schubkarren laufen zu müssen, begleitet von SS-Leuten, die die Gefangenen mit ihren Bajonetten „anfeuerten". Das war nicht nur eine erschöpfende Arbeit, sondern es bildeten sich auch auf den Händen Blasen, die aufgerieben wurden. Die Handflächen wurden blutiges, rohes Fleisch. Zipper, als Pianist und Dirigent, war besonders ängstlich in bezug auf seine Hände. So faßte er einen Plan. Er stahl ein Stück

Seil und versteckte es in seinem Bett. Wenn das Unvermeidliche geschah und er dazu ausersehen wurde, ein Schubkarren-Renner zu sein, war er vorbereitet. Er hatte das Seil so geschnitten, daß es in sein Hemd paßte und von einer Hand über die Schultern und das Genick bis in den anderen Ärmel reichte. Es war nicht sichtbar, aber es konnte über die Griffe des Schubkarrens geschlungen werden, sodaß Arme und Schultern, und nicht nur die Hände, den Schubkarren wie ein Zuggeschirr hielten. Mit diesem Trick hielt Zipper es den ganzen Tag am Schubkarren aus. Eines Tages sah er einen Bekannten - den Richter Osias, der in der Zeit des Schuschnigg-Regimes strenge Strafen für Nationalsozialisten verhängt hatte. Nach der Tagesarbeit waren auch die Hände von Osias rohes Fleisch. Er erhielt den Befehl, diese Arbeit auch am nächsten Tag zu verrichten. Zipper gab ihm sein Seil, aber er war nicht in der Lage herauszufinden, ob es ihm geholfen hatte. Denn er erfuhr niemals, was aus dem Richter Osias geworden war.

Bald nach Zippers Einlieferung in Dachau ereigneten sich zwei Episoden, die verblüffend waren. Die erste fand eines Morgens beim Appell statt. Alle 10.000 waren wie üblich auf dem Appellplatz angetreten, und der Kommandant rief den Namen eines Gefangenen aus, der nach vorn zu marschieren hatte, um ein Telegramm zu erhalten. Der Kommandant las laut: „Ihre Mutter ist verreckt!" Was für ein Mensch, so wunderte sich Zipper, konnte so etwas einem anderen antun. Er erinnerte sich, daß eines Tages ein Freund zu ihm gesagt hatte: „Weißt du Zipper, das Buch von Dostojewski ‚Aus einem Totenhaus' ist eine Kindergeschichte im Vergleich mit diesem Platz hier." Etwa zu dieser Zeit bekam ein Kamerad aus der Baracke Walter Zippers einen Brief von seiner Frau, in dem sie ihn ermahnte, nur nicht zuviel Karten zu spielen und besser sein Geld zu sparen, bis er wieder frei sein würde!

Das andere Ereignis trug sich zu, nachdem die Ärzte im KZ darüber Beschwerde führten, daß sie so viele Ödeme zu behandeln hätten, große Schwellungen des Kopfes durch die ständige Sonnenbestrahlung. Daraufhin wurden an die Gefangenen Mützen ausgegeben. Aber natürlich konnten 10.000 Mann, die in geraden Reihen aufmarschiert waren, diese nicht einfach abnehmen oder aufsetzen. Der Kommandant bestand in seiner typisch preußischen Liebe zur Ordnung, daß die 10.000 sie genau im Takt auf den Befehl „Mützen auf" oder „Mützen ab" aufsetzen oder abnehmen sollten. Weil aber der Ton eine gewisse Zeit braucht, um bei 10.000 Mann von der Front bis zur letzten Reihe zu kommen, gab es mit dem Auf- oder Absetzen der Mützen eine Art Welleneffekt. Das machte den Kommandanten wütend. Die Gefangenen wurden zurück in ihre Baracken geschickt, um in kleinen Gruppen zu üben. Natürlich funktionierte es in kleinen Gruppen ohne weiteres. Aber sobald sie sich wieder zu einer Gruppe von 10.000 versammelt hatten, war der Welleneffekt wiederum vorhanden. Schließlich, gegen Mittag, nannte sie der enttäuschte Kommandant „Schweine" und schickte sie in ihre Baracken zurück. Zipper mußte sich bemühen, nicht in Gelächter auszubrechen. Walter Zipper, ein paar Reihen weiter weg, bog sich ebenfalls vor Lachen.

In Dachau gab es jedoch nur wenig Gelegenheit zu lachen. In den Jahren

1938 und 1939 hatten die Nazis noch nicht mit ihrer „Endlösung“ begonnen, der Massenvernichtung von Juden oder irgendwelchen Feinden, aber zur Tagesordnung gehörten Folter, Demütigung und Tod. Die vielen Bücher, die über das Leben in den Konzentrationslagern veröffentlicht worden sind, haben zu diesen Schrecknissen ausführlich Berichte gegeben. Schon die Namen dieser Lager beschwören Erinnerungen herauf und Vorstellungen, die zu schrecklich sind, um begriffen zu werden: Babi Yar, Auschwitz, Treblinka, Sobibor, Belsen, Wilna und natürlich Dachau und Buchenwald. Die äußerste Folter für die Lebenden war nicht einfach Hunger und Erschöpfung, Prügel, Bestrafungen und ständige Demütigung. Für Zipper war der äußerste Schrecken das Dahinschwinden der Zeit, der Raub, der an jedes Menschen Leben begangen wurde, die endlose Aufeinanderfolge von Minuten, die einem weggenommen wurden: „Ich konnte“, so stellt Zipper fest, „Hundert-Kilo-Säcke von Bohnen auf meinem Rücken ertragen. Was ich nicht ertragen konnte, war der Diebstahl an meinem Leben.“ Das war eines der versteckten Schrecknisse, die Entwürdigung, die so oft in der Literatur über Gefangenenlager übersehen wird. Es war schrecklich genug, daß der eigene Körper einschrumpfte, daß es eine körperliche Bestätigung für das psychologische Gefühl des Verwelkens gab. Aber was schlimmer war, war nicht nur die Folter, eigene Lebenszeit zu verlieren, sondern auch das merkwürdige Langsamerwerden der Zeit. Alles, was man tun konnte, war, sich auf eben diesen Verlust, während er sich vollzog, zu konzentrieren.

Das Außergewöhnliche an den Erfahrungen Zippers ist die positive Lehre, die er inmitten dieses Hungerns, der Brutalität, der Demütigung und des Todes erfuhr. Natürlich ist es Blasphemie zu behaupten, daß Dachau wertvoll gewesen sei, weil es diese Lehren gegeben hat. Nichts kann diesen Verlust des Lebens, dieses Zerbrechen des Geistes, den Terror, der systematisch auf die gefangenen Unschuldigen ausgeübt wurde, entschuldigen. Aber für einige Zeit war das die Realität Zippers.

In gewisser Hinsicht hatte Zipper Glück. Er war in einem einzigartigen Augenblick der Geschichte gegenwärtig. Er erfuhr die volle Erniedrigung, den Schmerz, das Leiden in Dachau, aber das geschah für ihn zu einem Zeitpunkt, als die Nazis hauptsächlich daran interessiert waren, die Gefangenen unter Kontrolle zu halten, aber auch zu demütigen, zu entmenschlichen, zu demoralisieren - die Juden wie die anderen Gefangenen. So hatte Zipper so wie andere die Gelegenheit, ein einzigartiges Laboratoriumsexperiment zu beobachten, das darauf abzielte, wie sich Menschen unter extremen Verhältnissen verhalten. Was Zipper nun beobachtete, war das Spektrum menschlichen Verhaltens, intensiviert gerade durch die schreckliche Verzweiflung der Situation. Menschen erwuchsen zu ungewöhnlicher Größe oder erreichten einen schrecklichen Tiefpunkt der Niedertracht und der Feigheit. Das volle Spektrum menschlicher Möglichkeiten wurde dort Tag für Tag vorexerziert. Es war für Zipper klar, daß selbst inmitten des Versuches, das bloße, minimalste Überleben zu suchen, es immer noch eine Wahl gab, die man vornehmen konnte. Zipper war nicht ohne Zorn und Haß gegen die SS-Wachen und das deutsche Volk. Er begriff aber sehr rasch, daß solche Gefühle nutzlos waren, ja sogar gefährlich. Er lernte auch, daß das Überleben davon abhing, ob man imstande war, die eigenen Gefühle zu kontrollieren und bewußt auf im wesentlichen produktive Gefühle zu konzentrieren. Seine natürliche Veranlagung war es, sich selbst unter Kontrolle zu halten, zusammen mit seiner wienerischen Neigung zu Ordnung und Zurückhaltung, die ihm beide sehr wohl anstanden. Er lernte, daß er sich selbst sorgfältig beherrschen mußte und anderen helfen sollte, ein Gleiches zu tun. Er erfuhr auch, daß Kunst selbst an diesem elendiglichen Ort immer noch möglich war.

In der zweiten oder dritten Nacht in Dachau, nach einem elendiglichen Essen - gewöhnlich eine dünne, wäßrige Suppe und ein kleines Stück Brot -, begannen Zipper und ein anderer Gefangener, Peter Ulanowsky, Gedichte zu rezitieren. (Peters Bruder Paul war ein Schulkamerad von Zipper an der Akademie in Wien gewesen und später Klavierbegleiter von Lotte Lehmann geworden.) Vor den Baracken begannen sie, Stellen aus dem ersten Akt von Goethes „Faust" zu rezitieren. Zipper deklamierte die Worte des Mephistopheles:

Oh glaube mir, der manche tausend Jahre
an dieser harten Speise kaut,
daß von der Wiege bis zur Bahre
kein Mensch den alten Sauerteig verdaut!
Glaub unsereinem: Dieses Ganze
ist nur für einen Gott gemacht!
Er findet sich in einem ewgen Glanze,
uns hat er in die Finsternis gebracht,
und Euch taugt einzig Tag und Nacht!

Zipper beschreibt dieses Ereignis so:

Im Juni 1938, während eines meiner ersten Abende nach einer langes Tagesarbeit in den Gräben von Dachau, stand ich mit einem Freund vor den Baracken, während Dutzende andere Insassen rund um uns saßen, erschöpft, stumm und hoffnungslos. Die Aussichten für ein Überleben schienen uns praktisch null zu sein.

Ich habe keine Erklärung, was mich dazu drängte, dort mit lauter Stimme Stellen aus Goethes „Faust" zu rezitieren. Mein Freund Peter half aus, wann immer ich steckenblieb, und bald sammelten sich die Insassen unserer Baracken rund um uns und hörten mit offensichtlichem Interesse zu. Der dramatische Stimmungswechsel, der sich uns allen mitteilte, ist mir noch sehr stark in Erinnerung. An den folgenden Abenden drängte uns eine immer größer werdende Menge, unsere Gedichtrezitationen fortzusetzen. Wir kamen dem Wunsche mit der besten deutschen Poesie, deren wir uns entsinnen konnten, nach. Und die Poesie leistete, was von ihr erwartet wurde."

Wie Zipper das beschreibt, ging es tatsächlich auch an den folgenden Abenden weiter, und die sich versammelnde Menge wurde immer größer und größer. Walter Zipper, der sich in einer anderen Baracke befand, war nicht imstande, an diesen Rezitationsabenden teilzunehmen. Während der dazwischenliegenden

Tage bemühte sich Zipper, jede Zeile, der er sich erinnern konnte, wieder ins Gedächtnis zu rufen. Er und Ulanowsky halfen einander. Das gestattete Zipper nicht nur, die Tage zu ertragen, sondern, was noch wichtiger war, es gab auch den anderen etwas, worauf sie sich freuen konnten - ein Gefühl der Hoffnung und der Ehre inmitten der schrecklichen Qualen und der Häßlichkeit. Die Zuhörer, die sich da versammelten, waren nicht gerade Wiener Intellektuelle wie Zipper und Ulanowsky. Viele waren einfache, ungebildete Arbeiter, arme Bauern, Kriminelle - eine sehr gemischte Menge. Für manche war es ihre erste Bekanntschaft mit Poesie und Literatur. Aber es machte ihnen nicht nur Vergnügen, sie wurden durch diese Erfahrung auch gestärkt. Vor dem Aufstieg Hitlers hatte Zipper die Künste als die höchste Ausdrucksform menschlicher Erwartungen betrachtet. In der Kunst sah er eine Kontinuität mit der Vergangenheit, die er voll Freude akzeptierte. Als dann Hitler an die Macht kam, sah Zipper die Künste nicht nur als einen Ausdruck hoher Ideale, sondern auch als sehr irdisches Mittel, um gegen den Mißbrauch des menschlichen Geistes zu protestieren. Aber in Dachau lernte er begreifen, daß die Künste nicht bloß ein Ausdruck wichtiger Ideale oder politischen Zornes sind. Er begann zu begreifen, daß die Künste wesentlich sind für die essentielle Existenz des Lebens. Ohne die Künste welkt der menschliche Geist dahin und stirbt. Es war dies eine Lehre, die ihn verändert hat.

Häufig spricht man von den Künsten fast als einem Synonym für Unterhaltung. Und tatsächlich findet man in der Literatur über die Konzentrations- und Todeslager häufig Erfahrungen, daß die Kunst Nischen und Zugänge des Ausdruckes dort fand, um den Gefangenen vergessen zu helfen und ihnen im Augenblick eine Art Erleichterung durch Unterhaltung zu gewähren. So schreibt etwa Viktor Frankl in einem seiner Bücher über seine Erfahrungen im Konzentrationslager, man könne die Frage stellen, ob es so etwas wie Kunst in einem Konzentrationslager gäbe. Es hänge eher davon ab, was man nun Kunst nennen will: Eine Art von Kabarett wurde von Zeit zu Zeit in den Lagern improvisiert. Eine Hütte wurde ausgeräumt, ein paar hölzerne Bänke hineingestellt oder zusammengenagelt und ein Programm entworfen. Am Abend versammelten sich dort jene, die eine verhältnismäßig gute Stellung im Lager besaßen, das waren etwa die Capos und solche Arbeiter, die das Lager nicht verlassen mußten, um auf längere Märsche zu gehen. Sie kamen, um ein wenig zu lachen oder vielleicht auch ein wenig zu weinen - jedenfalls um zu vergessen. Alles zielte darauf ab, vergessen zu helfen. Und das half auch. Solche Zusammenkünfte waren so wirksam, daß selbst einige der Normalgefangenen kamen, um das Kabarett sehen zu können, trotz ihrer schrecklichen Müdigkeit und obgleich sie dadurch sogar eine Mahlzeit versäumten.[43]

Gewiß gab es hier auch das Element, die Aufmerksamkeit auf etwas anderes als auf das eigene Elend hinzulenken. Aber für Zipper hatten die Künste noch eine weit wichtigere Funktion. Sie machten den Menschen fähig, nicht nur zu vergessen, sondern auch bewußter zu werden, was denn das eigene, nackte Selbst in Wirklichkeit war. Die Nazis nahmen ihren Gefangenen alles weg, ihre Haare, ihre Kleider, selbst aus ihren Namen wurden Nummern. Das Problem wurde sehr bald, zu wissen, wer man eigentlich wirklich war. Zipper lernte dies, indem er begriff, was nicht wesentlich war - er lernte, indem er größte Aufmerksamkeit auf seine eigenen Reaktionen zu jeder neuen Erfahrung richtete.

Nach ein paar Wochen in Dachau, etwa im Juni 1938, traf Zipper einige erstklassige Musiker (viele Juden und manche politische Gefangene), im besonderen einige sehr gute Streicher. Er erfuhr weiters, daß es irgendwo im Lager auch noch einige Geigen und ein oder zwei Gitarren gäbe. Bei ihm entstand nun die Idee, grotesk, wie sie auch scheinen mochte, Musik zu machen. Er begann, im Kopf zu komponieren und bemühte sich, das auswendig zu können, während er sich täglich als „Pferd" mit seiner Arbeit plagen mußte. Er entdeckte auch in der Tischlerei zwei gute Instrumentenmacher (beide seit langer Zeit Insassen in Dachau), und er brachte sie dazu, immer wieder mit gestohlenem Holz an Instrumenten zu arbeiten. Als nächstes brauchte er Saiten. Er hatte bemerkt, daß einer der SS-Männer zwar sehr viel herumbrüllte, aber niemals körperliche Gewalt anwendete. Eines Tages kam er in die Baracke von Zipper und fragte ihn, ob er irgend jemanden kenne, der wisse, wie man Blumen pflanzt. Während er dort stand, spürte Zipper bei diesem SS-Mann eine andere Stimmung als die sonst übliche. So entschloß er sich, die Gelegenheit beim Schopf zu packen. Er fragte den Mann, ob er ihm wohl Violinsaiten verschaffen könne. Der SS-Mann sagte nichts. Zwei Tage später aber fand Zipper einen Sack unter seinem Polster, gefüllt mit Violinsaiten. Später fand er heraus, daß der Mann gar kein Nazi war, sondern ein kommunistischer Spion. Schließlich, Anfang Juli, hatte das Zipper-Orchester vierzehn Musiker mit einem ganz besonderen Sortiment an Instrumenten zusammengebracht. Zipper mußte die Musik ganz speziell komponieren, entsprechend der Fähigkeiten und Grenzen jedes einzelnen. Sehr bald begannen sie nun, am Sonntagnachmittag im Freien zu konzertieren.

Das „Orchester" probte für einige Sonntagnachmittage zu einer Zeit, zu der die Wachen üblicherweise nicht vorbeikamen. Verschiedene Gefangene hielten auch abwechselnd Wache. Die „Konzerte" fanden in einer nicht gebrauchten Latrine statt, die in Voraussicht einer Erweiterung des Lagers erbaut worden war. Nur die Installationen waren schon angebracht, und so war ein offener Raum entstanden, der etwa zwanzig bis dreißig Gefangenen erlaubte, zur gleichen Zeit zuzuhören. Die Gefangenen betraten still den Raum, niemand sprach, und auch während des kurzen Konzertes saßen sie in absolutem Schweigen da, aber in einer Atmosphäre der Verschwörung. Ein Gefühl der Erregung war da, irgend etwas Wertvolles wiederzugewinnen, eine gewisse Freiheit des Willens ausüben zu können. Hier zumindest war ein Atemraum vorhanden, den die Nazis nicht, wie sonst alles, kontrollierten. Die Ernsthaftigkeit des Unternehmens brachte ein Gefühl der menschlichen Würde wieder, ein Gefühl, nicht nur irgendein Abschaum zu sein, zu dem die Nazis sie zu machen versuchten.

Durch zwei bis drei Stunden spielte das Orchester in Schichten von jeweils fünfzehn Minuten. Während der Woche schrieb Zipper eine neue Musik für den folgenden Sonntag. Er schrieb diese Kompositionen auf „Manuskript"-Papier, das aus Streifen bestand, die aus den Rändern der nationalsozialistischen

Zeitungen bestanden. Liebhaber der Konzerte sammelten sie, schnitten sie zurecht und klebten sie zusammen. Nach einiger Zeit hatte das Orchester schon ein richtiges Repertoire von Kompositionen Zippers. Der Komponist war in der Lage, spät in der Nacht noch zu schreiben, indem er sich freiwillig gemeldet hatte, die Latrine der Baracke für die Zeit seines Aufenthalts in Dachau zu reinigen - und dies nach einem zwölfstündigen Arbeitstag. Später fragte man ihn, warum er sich für eine solche Arbeit freiwillig gemeldet hatte. „Das war eine Zeit“, so erklärte er, „allein zu sein, denken zu können, ein menschliches Wesen zu sein.“ Die Latrine war recht groß. Es waren zehn Abteile, ein großes Steinbassin, der sauberste Platz im Lager. Hier konnte Zipper er selbst sein. Hier konnte er inmitten der Toiletten sitzen und nachdenken. Der Raum war hell erleuchtet, und an manchen Abenden blieb er dort bis Mitternacht, um seine Musik zu schreiben. Es war, so meint er, ein Teil seiner Errettung.

Für manche Gefangene war das Erhalten des Gedächtnisses ein ernsthaftes Problem im Konzentrationslager. „Vielleicht ein Ergebnis der Unterernährung, geistiger Qualen und Zwiespältigkeit gegenüber der äußeren Welt. Die Gefangenen neigten dazu, sogar ihre Namen zu vergessen, die Orte und die Ereignisse ihres vergangenen Lebens. Oft konnten sie sich nicht mehr der Namen ihrer engsten Verwandten entsinnen... Gefangene waren über diesen Verlust der Erinnerung an vergangene Dinge oft sehr erregt, was zu ihrem Gefühl der Verzweiflung, der Enttäuschung und der Unfähigkeit beitrug. Auch dies war ein Prozeß, der bei den neuen Gefangenen eben erst begonnen hatte, aber er war bei den älteren Gefangenen schon nahezu abgeschlossen.“[44] Das war jedoch für Zipper kein Problem, denn er selbst hatte sich mit eisernem Willen gezwungen, seine Vorstellung von sich selbst zu erhalten. Während er tagsüber sinnlose Arbeiten verrichten mußte, dachte er an seine Musik, prägte neue Melodien in sein Gedächtnis ein und erreichte so, daß sein Erinnerungsvermögen in Dachau besser und besser wurde. Für die KZ-Insassen komponierte er keineswegs populäre Musik, die Konzerte waren keineswegs Unterhaltung. Sie waren ein Mittel, um wenigstens in einem kleinen Maße die Zivilisation am Leben zu erhalten, ihrer eigenen Existenz wiederum Werte zu geben. Alles andere in Dachau war elendiglich und herabwürdigend. Aber hier zumindest, für fünfzehn Minuten in der Woche, konnte man sich selbst wieder bestätigt finden.

Die zwei Söhne des Erzherzog-Thronfolgers Franz Ferdinand, der 1914 in Sarajewo ermordet worden war, befanden sich ebenfalls zu jener Zeit in Dachau. Es waren Herzog Max und Fürst Ernst von Hohenberg. Häufig lud Zipper die beiden ein, mit ihm zu jausnen. Sie sprachen ihn mit Herr Doktor an, und er nannte sie Hoheiten. Die beiden Hohenbergs waren im Lager wegen ihrer Kaisertreue, womit die Anhänglichkeit an das Haus Habsburg gemeint war. Einer von ihnen sagte einst zu Zipper in seinem Wiener Akzent: „Wenn ich irgend jemandem meinen Verstand verdanke, so sind es Sie, für diese Unterstützung des Lebens.“ Der jüngere Sohn, Ernst, weinte während des ersten Konzerts. Wie der legendäre Held seiner Kindheit, der liebe Augustin, brachte Zipper den Opfern dieser neuen Pest Musik als Trost. Diese Zeiten waren für Zipper eine entscheidende Offenbarung der Leben spendenden und Leben schützenden

Am Graben Nr. 31, unweit des Domes von Sankt Stephan – das Geburtshaus von Herbert Zipper, nach einem Gemälde von Luigi Kasimir.

Das Haus Graben Nr. 31, wie es 1987 aussah: Wiederaufbau nach den Kriegszerstörungen.

Trudl Dubsky, die Braut Herbert Zippers durch zwölf Jahre. Porträt von Arthur Paunzen.

Herbert Zipper als junger Mann in den Dreißiger-Jahren. Radierung seines Onkels Arthur Paunzen.

Fronleichnamsprozession im Vorkriegs-Wien. Hinter dem „Himmel“ Kaiser Franz Joseph. Hinter dem Kaiser die Mitglieder des Erzhauses und des Hochadels, flankiert von Gardesoldaten. (Photo: Österr. Nationalbibliothek).

Trudl Dubsky, die Ballettänzerin in eleganter Pose an einem Telegraphenmast, im Hintergrund der Turm von Sankt Stephan.

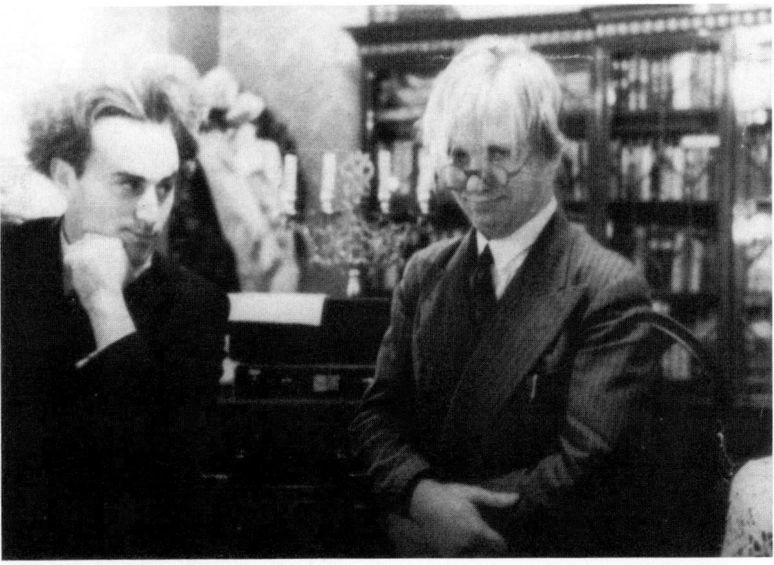

Zwischenspiel in Düsseldorf 1932: im Hause des Generalmusikdirektors Hans Weisbach, Herbert Zipper mit seinem Freund, dem Komponisten Wolfgang Fortner.

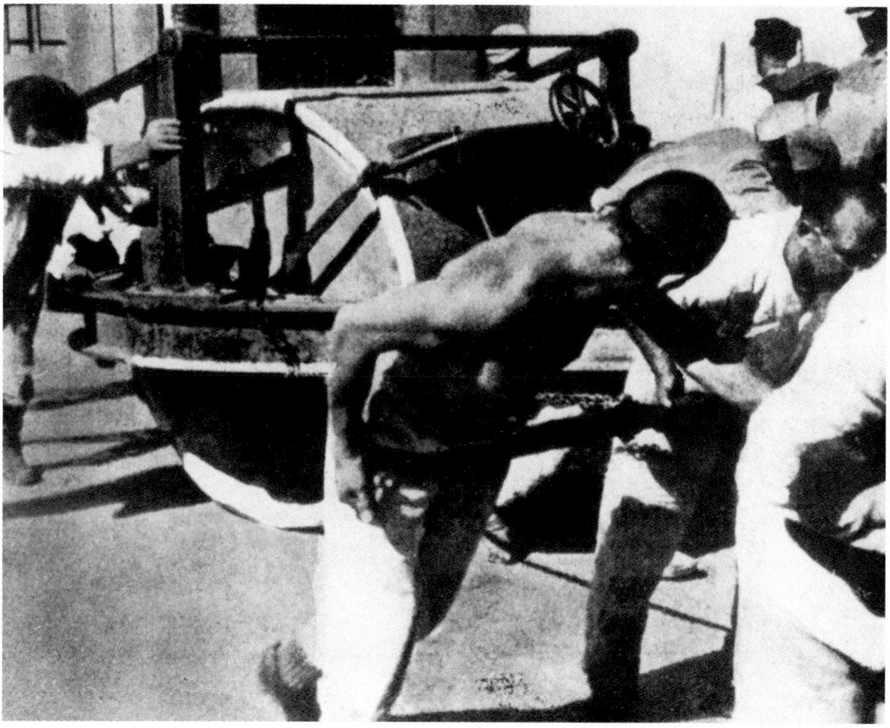

Konzentrationslager-Alltag: Sträflinge ziehen eine Straßenwalze.

Konzentrationslager: Strafestehen auf dem Appellplatz: regungslos bis zu 18 Stunden im Dezember 1938 bei 15 Grad Kälte.

Dachau: Das Innere einer Häftlingsbaracke.

Konzentrationslager Dachau: Häftlinge auf der Lagerstraße 1938.

Freiheit auf der anderen Seite der Erde: Herbert Zipper dirigiert zum erstenmal die Manila-Symphoniker im August 1939.

Hochzeit auf den Philippinen: Herbert und Trudl endlich vereint am 1. Oktober 1939. Heirat in der Kapelle des erzbischöflichen Palais von Manila.

Nach der Befreiung Manilas durch die Amerikaner: Herbert Zipper dirigiert die „Eroica“ mit den Manila-Symphonikern in der ausgebombten Kathedrale von Santa Cruz am 9. Mai 1945.

Wiedervereinigt in den USA: Die Familie Zipper bei der Ankunft des Paares Herbert und Trudl in San Francisco. Vorne Mutter Rosie und Vater Emil, dahinter Herbert, Trudl und Bruder Otto.

Herbert Zipper, der Musik-Pädagoge: Die Einrichtung von Musikschulen für Kinder vom Kindergartenalter an ist eine der Lieblingsideen von Herbert Zipper. Das Bild zeigt ihn bei einem „Vortrag mit Posaune“ in einer Volksschule in Manila.

Während eines Schulkonzerts in der „Emilio Jacinto“, Volksschule in Manila 1954. Herbert Zipper macht Kinder mit der Baßgeige vertraut.

Besonderheit der Künste. Die Konzerte dauerten bis Ende September.

Die zweite Lektion, die er in diesen Monaten lernte, war ebenso bedeutend für ihn - und zwar für die Entwicklung seines Charakters. Er war stets ein freundlicher, höflicher und zivilisierter junger Mann gewesen. In Dachau begann er, die tiefere Freude zu begreifen, die man dadurch erfährt, daß man anderen etwas geben kann. Die Konzerte waren eine solche Gabe, ebenso die Gedichtrezitationen. Jeden Tag fand er einen Weg, anderen zu helfen, ihren Geist am Leben zu halten. Er entdeckte höchstgebildete Männer, die ihren Kameraden Brot stahlen, während sich ungebildete Leute wie Heilige benahmen. Tillinger war so ein Mann. Früher Besitzer einer kleinen Greißlerei, drei bis vier Stufen unterhalb der Straße im Tiefparterre, in einer Armengegend Wiens, hatte dieser kleine Jude, 50 Jahre alt, kaum mehr als die vierte Volksschulklasse absolviert. Er konnte kaum lesen und verdiente mit seinem kleinen Geschäft gerade das nackte Leben. In Dachau aber wurde er zu einem Giganten. Sein weiser Rat, seine täglichen Akte des Helfens und des Ermutigens bewahrten Dutzende von Gefangenen vor dem Selbstmord. Er wurde der „kleine Held" der Baracken. Zipper fand niemals heraus, was später mit Tillinger geschehen war, er wußte nur, daß dieser weise, kleine, einfache Mann für ihn ein Lehrer gewesen war.

Während dieser Zeit hatten die beiden Zipper-Brüder nur wenig Kontakt. Sie spürten, daß es nicht allzu klug gewesen wäre, in irgendeiner Weise Aufmerksamkeit auf sich zu lenken, und so ließen sie auch nicht bekannt werden, daß sie Brüder waren. Anonymität war ein Schlüssel zum Überleben.

Spät im Juni kam auch der Poet und Schriftsteller Jura Soyfer, ein Freund Zippers aus den Kellerbühnen Wiens, im Lager an. 1938 war Soyfer bereits ein recht bekannter Theaterschriftsteller. Er wurde 1912 als Sohn eines wohlhabenden Geschäftsmannes der russischen Stahlindustrie in Charkow geboren. Ab dem Alter von vier Jahren hatte er eine französische Gouvernante und sprach daher fließend Französisch und Russisch. Nach der Revolution war es jedoch klar, daß die Familie Soyfer ihr Leben in Überfluß und Bequemlichkeit in Rußland nicht fortsetzen konnte; so gingen sie im Jahr 1920 zuerst in die Türkei und später nach Wien. In Wien interessierte sich Jura allmählich für Politik. Schon im Alter von 15 Jahren trat er einer sozialistischen Studentenorganisation bei. Er unternahm ein eher halbherziges Experiment, an der Wiener Universität zu studieren, verbrachte aber die meiste Zeit damit, sich dem politischen Journalismus zu widmen. Nach den Februar-Kämpfen 1934 war er, wie manche andere Sozialisten, mit der lauwarmen Reaktion ihrer Führer zutiefst unzufrieden. So trat Jura aus der sozialdemokratischen Partei aus und schloß sich einer kommunistischen Untergrundgruppe an. Sozialistische Zeitungen waren verboten, und so wandte sich Soyfer den Kellertheatern zu, wo er Herbert Zipper traf und mit ihm zusammen an ein paar Theaterstücken arbeitete. Er wurde recht bekannt für seine nur schwach verhüllte Kritik am Schuschnigg-Regime. Als die deutschen Truppen 1938 in Österreich einmarschierten, bildete Soyfer, ein Sozialist, ein Jude, ein Kommunist - ein hervorragendes Ziel. Er versuchte zwar, in die Schweiz zu flüchten - auf Skiern -, wurde aber an der Grenze gefangengenommen und nach Dachau geschickt. Soyfers Gefangennahme wurde von einem Überlebenden und Freund Zippers und Soyfers, von Hugo Ebner, folgendermaßen geschildert:

> *Mein Entschluß, durch das Montafontal zu flüchten, entstand, weil ich im Jahr zuvor, nämlich 1937, dort gewesen war, um Ski zu fahren, und die Gegend kannte. Ich glaubte auch, daß ich im Notfall meine Gegenwart in dieser Gegend nahe der Schweizer Grenze auch als harmloser Skiläufer hätte rechtfertigen können. Das war freilich eine Annahme, die sich dann als Irrtum herausstellte.*
>
> *Meine Freundschaft mit Jura Soyfer begann 1929. Bei dem Rücktritt der Schuschnigg-Regierung am 11. März 1938 waren wir eigentlich ziemlich sicher, daß wir von den Nazis verhaftet würden. Da Jura keinen Paß besaß - als er kurz zuvor aus einem Polizeigefängnis entlassen worden war, hatte man ihm seinen gültigen Paß nicht zurückgegeben -, entschlossen wir uns zur Flucht über die westlichen Alpen.*
>
> *Während der Nacht vom 12. auf den 13. März nahmen wir die Eisenbahn nach Bludenz. Von dort aus fuhren wir mit der Montafon-Bahn zu deren Endstation, wo wir für kurze Zeit einen Autobus benützten. Dann ging es auf Skiern weiter in Richtung Schweizer Grenze. Unterwegs liefen wir einer Grenzpatrouille, bestehend aus drei Gendarmen, in die Hände, die uns aufhielt. Wir zeigten unsere Identitätspapiere und sagten, daß wir uns auf unserem alljährlichen Skiurlaub befänden und schon im Jahr davor in dieser Gegend gewesen seien, und zwar in Gargellen, von wo wir unsere Skiausflüge unternahmen. Ich konnte sogar den Namen des Gasthofes nennen, in dem wir gewohnt hatten. Der Führer der Patrouille, ein älterer Gendarm, schien auch mit unseren Erklärungen zufrieden zu sein und wollte uns gehen lassen. Einer der jüngeren allerdings, offenbar ein wirklicher Nazi, stellte weitere Fragen und zeigte deutlich seinen Verdacht, der schließlich zu unserer Verhaftung führte.*
>
> *Wir wurden nach St. Gallenkirch geführt, wo man uns über Nacht festhielt. Am 14. März brachte man uns in Bludenz zur Polizei, wo wir zwei Tage blieben. Am 16. März wurden wir in das Gerichtsgefängnis in Feldkirch gebracht, wo wir bis zum 3. Juni in Haft blieben. Vom 3. bis zum 23. Juni waren wir dann im Polizeigefängnis in Innsbruck und wurden von dort nach Dachau verschickt.*[45]

Soyfer war ausersehen, Zipper als „Pferd" zu begleiten und mit ihm zusammen die Karren mit den schweren Steinen zu schleppen. Während dieser Zeit wurden sie viel engere Freunde als sie es in Wien gewesen waren. Sie merkten, daß sie beide die Erfahrung in Dachau in einer ähnlichen Weise realisierten - jeder war imstande, oder hatte vielleicht schon konstitutionell dazu geneigt, sich auf die äußere Welt auszurichten und nicht auf die eigenen inneren Ängste und Reaktionen. Beide waren Beobachter ihrer Umgebung und nicht Opfer ihres eigenen Ichs und dessen Nöten. Beide waren überzeugt, sollten sie aus Dachau lebendig herauskommen, so würden sie niemals mehr dieselben Menschen sein wie vorher. Soyfer brannte darauf, über seine Erfahrungen zu schreiben, und Zipper wollte seine Musik der breiten Öffentlichkeit vorstellen. Beide stimmten überein, daß eine Erfahrung wie Dachau ein entscheidendes Ereignis sei und, von allen normalen Konventionen und Bequemlichkeiten abgeschnitten, den Menschen Aug in Aug mit den äußersten Möglichkeiten brachte. Inmitten einer ihrer Diskussionen über diese Themen, an einem frühen Nachmittag im September, geschah es, daß sie, als sie von der Tagesarbeit in ihre Baracken zurückkehrten, eine Inschrift über dem Eingang sahen: „Arbeit Macht Frei". Zipper sagte zu Jura: „Das wäre ein Thema für ein gutes Lied." Jura sagte, er wolle darüber nachdenken. Jura, der ein wunderbarer junger Dichter und Theaterschreiber war, konnte schon einige Tage später Zipper die Zeilen eines neuen Liedes aufsagen. Zipper prägte diese Worte in sein Gedächtnis ein und sang es schon eine Woche später Jura wieder vor. Er hatte inzwischen zu Juras Worten die Musik komponiert. Dieses Lied sollte dann später noch eine ganz bemerkenswerte Reise machen.

Am folgenden Sonntag, Mitte September, begann Zipper, dieses Lied insgeheim einem Capo, der Violine spielte, und zwei Gitarristen beizubringen. Alle drei waren ausgezeichnete Musiker. Hier sollte erklärt werden, daß ein Capo zwar auch ein Gefangener war, aber in einer bevorzugten Stellung, denn er hatte eine Art von Autorität gegenüber den Häftlingen und befehligte jeweils kleinere oder größere Abteilungen, war allerdings der SS verantwortlich. Es gab die verschiedensten Typen von Capos; sehr oft war natürlich der Capo auch ein brutaler Mensch, der seine Mitgefangenen auf das grausamste behandelte.

Freilich, den Musikern einen Text oder eine Musik beizubringen, war gar nicht so einfach, denn es gab weder einen geschriebenen Text noch eine geschriebene Musik. Für Zipper war es sehr erregend, das Lied, das er komponiert hatte, auf den Instrumenten zu hören. Als knapp vor neun Uhr „Licht aus", ein Signal durch Sirenen gegeben wurde, schlichen sich Zipper und die drei Musiker zurück in die Baracken. Mit Arno Schirokauer als Wachtposten lehrte sie Zipper seine Komposition. Er wußte, daß er Dachau verlassen werde und hatte daher das Gefühl der Dringlichkeit mit diesem Lied. Er brachte ihnen die Melodie, die Worte und die Struktur bei. Alle drei waren verläßlich (Mitglieder der kommunistischen Partei, wie sich herausstellte). Bald sangen die Gefangenen überall im Lager dieses Lied, das „Dachau-Lied". Es war kein populärer Song, es hatte eine herausfordernde kriegerische Qualität, und es sprach die Gefangenen zutiefst an. Dies ist sein Text von Jura Soyfer:

Das Dachau-Lied.

Stacheldraht, mit Tod geladen,
Ist um unsre Welt gespannt.
Drauf ein Himmel ohne Gnaden
Sendet Frost und Sonnenbrand.
Fern von uns sind alle Freuden,
Fern die Heimat, fern die Fraun,
Wenn wir stumm zur Arbeit schreiten,
Tausende im Morgengrauen.

Doch wir haben die Losung von Dachau gelernt
Und wir wurden stahlhart dabei.
Bleib ein Mensch, Kamerad,
Sei ein Mann, Kamerad,
Mach ganze Arbeit, pack an, Kamerad:
Denn Arbeit, denn Arbeit macht frei,
denn Arbeit, denn Arbeit macht frei!

Vor der Mündung der Gewehre
Leben wir bei Tag und Nacht.
Leben wird uns hier zur Lehre,
Schwerer, als wir's je gedacht.
Keiner mehr zählt Tag' und Wochen,
Mancher schon die Jahre nicht.
Und so viele sind zerbrochen
und verloren ihr Gesicht.

Doch wir haben die Losung von Dachau gelernt
Und wir wurden stahlhart dabei.
Bleib ein Mensch, Kamerad,
Sei ein Mann, Kamerad,
Mach ganze Arbeit, pack an, Kamerad:
Denn Arbeit, denn Arbeit macht frei,
denn Arbeit, denn Arbeit macht frei!

Heb den Stein und zieh den Wagen,
Keine Last sei dir zu schwer.
Der du warst in jüngsten Tagen,
Bist du heut schon längst nicht mehr.
Stich den Spaten in die Erde,
Grab dein Mitleid tief hinein,
Und im eignen Schweiße werde
Selber du zu Stahl und Stein.

Denn wir haben die Losung von Dachau gelernt
Und wir wurden stahlhart dabei.
Bleib ein Mensch, Kamerad,
Sei ein Mann, Kamerad,
Mach ganze Arbeit, pack an, Kamerad:
Denn Arbeit, denn Arbeit macht frei,
denn Arbeit, denn Arbeit macht frei!

Einst wird die Sirene künden:
Auf zum letzten Zählappell!
Draußen dann, wo wir uns finden,
Bist du, Kamerad, zur Stell.
Hell wird uns die Freiheit lachen,
Schaffen heißt's mit großem Mut.
Und die Arbeit, die wir machen,
Diese Arbeit, sie wird gut.

Denn wir haben die Losung von Dachau gelernt
Und wir wurden stahlhart dabei.
Bleib ein Mensch, Kamerad,
Sei ein Mann, Kamerad,
Mach ganze Arbeit, pack an, Kamerad:
Denn Arbeit, denn Arbeit macht frei,
denn Arbeit, denn Arbeit macht frei!

Irgendwie fand das Dachau-Lied seinen Weg aus Dachau hinaus in andere Gefangenenlager - nach Frankreich und Holland, ja sogar nach England und Mexico. Das Lied überlebte durch mündliche Überlieferung den Krieg und wurde in Ostdeutschland in einer Anthologie antifaschistischer Lieder der Konzentrationslager veröffentlicht. 1953 erhielt Zipper einen Brief vom Kulturministerium der DDR, in dem sie anfragten, ob er der H. Zipper sei, der das Lied „Arbeit macht frei" komponiert habe. In der Zwischenzeit waren die gesammelten Werke von Jura Soyfer veröffentlicht worden, zu denen das Lied gehörte. Es ist klar, wie so viele andere Schriftsteller es erlebt haben, daß Werke der Kunst, einmal geschaffen, beginnen, ein Eigenleben zu führen. „Dachau-Lied" war so eine Schöpfung.[46]

Im September 1938, als Hitler im Begriff war, das Sudetenland zu besetzen und später die ganze Tschechoslowakei, machten die Nationalsozialisten Pläne, ihre Konzentrationslager zu vergrößern, um die zahlreichen Juden und politisch Unerwünschten aufzunehmen, die nun eintreffen würden. Zipper und viele seiner Mitgefangenen erfuhren eine Woche, bevor dies geschah, von ihren Capos, daß sie nach Buchenwald überstellt würden.

Am 22. September 1938, am Tag, bevor sie Dachau verließen, erhielten Zipper, sein Bruder Walter und die anderen, neue „Kleider". Die Kleidung aus dünnen, synthetischen Stoffen, die sie bis dahin getragen hatten, war höchst unbequem, wenn sie naß wurde. Sie war teilweise aus Holzfasern gemacht, und so gab es auch einen Spruch im Lager:

Pisch nicht an den Baum, du Schwein,
morgen kann's dein Anzug sein.

Der großgewachsene Zipper erhielt eine alte bayerische Polizeiuniform, die ungefähr seiner halben Größe entsprach. Die Ärmel endeten unterhalb seiner Ellbogen, die Hosen an seinen Knien. Seine Freunde lachten hysterisch, als sie ihn sahen. Einer meinte, diese Uniform sei offenbar für einen Zwerg geschneidert worden. Obgleich er lächerlich aussah, tröstete ihn doch die Tatsache einigermaßen, daß der Stoff aus Wolle war. Und während sich Hitler vorbereitete, mit Chamberlain zusammenzutreffen, wurden Herbert und Walter Zipper, Jura Soyfer und 4000 andere in ihre neue Unterkunft gebracht, nämlich in das Konzentrationslager Buchenwald nahe von Weimar.

Am 23. September 1938, nachdem die Gefangenen auf dem Appellplatz angetreten waren, marschierte die reguläre Abteilung der gefürchteten SS-Wachen, die seit der Eisenbahnfahrt von Wien nach Dachau die Aufsicht geführt hatten, ab, und eine neue Gruppe von etwas älteren SS-Leuten übernahm. Die Gefangenen mußten einige Stunden warten. Schließlich wurden sie in Passagierzüge eingeladen, Zipper in den ersten und Walter in den zweiten. Die Vorhänge mußten geschlossen sein. Es war verboten - wie alles andere -, aus den Fenstern hinauszuschauen. In Weimar angekommen, wurden die Gefangenen auf Lastwagen verladen. Sie mußten ihre Köpfe zwischen die Knie stecken, sodaß keiner der Bürger von Weimar wisse, wer oder was hier in den vielen Lastwagen durch ihre Straßen transportiert wurde. Zipper und die anderen besaßen keinerlei Illusionen, daß ihre neue „Heimat" irgendwie gastfreundlicher sein würde als Dachau.

Kapitel VI
Buchenwald

Hier waren wir,
umringt von einem Wald,
aber es gab auch Bäume
innerhalb der Mauern.
Zwischen der Küche und der Wäscherei
stand die Eiche Goethes
mit der Inschrift:
„Über allen Gipfeln ist Ruh."
Jedoch, als ob sie es wüßten,
daß dies kein Platz für sie sei,
gab es keine Vögel,
nicht einen einzigen,
in Buchenwald.

Paul Cummins

Buchenwald liegt auf einem Hügel, genannt Ettersberg, und blickt auf die Stadt Jena hinab. Es war ein Steinbruch, nicht weit von Weimar, dem Nabel der deutschen Kultur. Dort wurde 1937 dieses Konzentrationslager errichtet. Die Landschaft und der Ausblick waren wundervoll. Zwischen der Küche der Gefangenen und der Wäscherei stand eine große, majestätische Eiche, bekannt als die Goethe-Eiche. Dort hatte Goethe sein Gedicht „Ein Gleiches" geschrieben, welches mit der Zeile beginnt: „Über allen Gipfeln ist Ruh". Der Kontrast, diese Eiche und diese Inschrift mit dem barbarischen Konzentrationslager zu umgeben, war fast zu schmerzhaft, um ertragen zu werden.

Offenkundig war diese Ironie für die Vögel von Weimar verständlich. Denn bald nach seiner Ankunft bemerkte Zipper, daß es in Buchenwald keine Vögel gab. Ein anderer Insasse, der schon einige Zeit lang dort war, ein Journalist namens Walter Poller, der nach dem Krieg über seinen zweijährigen Aufenthalt in Buchenwald geschrieben hat, berichtet:

Lange bevor ich Zeuge dieses Hängens am Baum geworden war (eine schreckliche Folter für die Gefangenen, deren Hände hinter dem Rücken zusammengebunden und die an ihnen an einem Galgen oder Baum hochgezogen wurden, sodaß ihre Füße den Boden nicht berührten), hatte ich einmal an einem Sonntag mit meinen Freunden während unserer freien Stunde über die merkwürdige Abwesenheit der Vögel in diesem Wald gesprochen, obwohl es Nadelhölzer und Buchen gab, hohe und niedrige Bäume, aber auch Gebüsch im und rund um das Lager. Unter uns befand sich ein Ornithologe, der für diese Tatsache eine ganze Reihe von möglichen Gründen anführen konnte.

In den Lagern von Neusustrum und Borgermoor jedoch, habe ich bemerkt, daß die Vögel, die in diesen ungastlichen Gegenden früher nicht zu Hause waren, sich sehr bald ansiedelten. Der Grund für diese Tatsache war, so glaube ich, eine Art von Herdeninstinkt, der auf dem Wissen beruhte, daß sich die Vögel darauf verlassen konnten, rund um die Lager oder in den Lagern Futter zu finden.

Unser Ornithologe konnte das Fehlen der Vögel in Buchenwald, trotz der Belebung des ungastlichen Waldes durch menschliche Wesen und große Ställe aller Art, nicht wirklich erklären. Als verantwortungsbewußter Wissenschafter wollte er aber keine bloße Vermutung über eine Tatsache anstellen.

Aber nachdem ich das Baum-Hängen erlebt hatte, bedurfte ich keiner weiteren Erklärung, warum sich die Vögel stets von diesem höllischen Platz fernhielten.[47]

1938 beherbergte Buchenwald etwa 10.000 Gefangene. Schließlich waren 238.379 Gefangene durch die Tore marschiert. Von diesen wurden 56.545 Männer und Frauen ermordet.[48]

Anders als in Dachau, wo alles „Ruck-zuck" zu gehen hatte, war in Buchenwald das Tempo eher langsam. Der Boden war feuchter Lehm, man konnte nicht laufen oder sich allzu rasch bewegen, sonst blieben die Schuhe darin stecken. Zipper und seine Mitinsassen lernten bald, daß das Gehen in Buchenwald schwieriger war als das Laufen in Dachau. Dazu kam, daß die Landschaft eher gebirgig war und die Gefangenen daher stets bergauf marschieren mußten. Zippers Aufenthalt in Buchenwald begann mit dem normalen Appell, gefolgt von der Zuteilung zu den Baracken. Er kam in eine Baracke, wo er sich einer Kolonne anschließen mußte, die er und die anderen sehr bald mit dem Spitznamen „Eau de Kolonne" benannten. Denn zu ihr gehörte jene Abteilung, die dazu bestimmt war, die Latrinen zu leeren. Außerdem gab es auch in den folgenden paar Monaten kein fließendes Wasser in Buchenwald - nicht bis zum Jänner 1939. Die Gefangenen erhielten zweimal am Tag eine gallbittere Suppe und einen miserablen Kaffee. Das war das gesamte Maß an Flüssigkeit. Zipper und die anderen konnten weder ihre Zähne putzen noch durch Monate hindurch sich waschen.

Die Latrinen im Freien waren offene Gräben, siebeneinhalb Meter lang, drei Meter breit und drei Meter tief. Es gab vier von ihnen für Tausende von Gefangenen. Zippers Arbeit, zusammen mit 23 anderen Gefangenen, war, die Latrinen Tag für Tag zu entleeren. Dazu mußten sie 20-Liter-Eimer schleppen, diese dann an Stricken hinunterlassen, die Exkremente aufnehmen und dann wiederum den Abhang hinunter tragen, bis zu einer Ecke des Lagers, wo sie auf dem Boden ausgeleert wurden. All dies natürlich immer unter Aufsicht durch bewaffnete SS-Wachen.

Die Latrinen hatten weder Sitzbretter noch Griffe, um sich daran anzuhalten, und nichts, um sich anzulehnen. Manchmal fielen erschöpfte Gefangene, meistens ältere Männer, in die Exkrementengrube, manche starben dabei. Das eine Mal, als Zipper Augenzeuge eines solchen Sturzes war, war er auch der einzige, der bereit war, dem Mann herauszuhelfen. Danach mußte er sich, so gut er konnte, selbst reinigen - ohne Wasser. Es ist schwierig zu erklären, warum gerade Zipper, angesichts seiner ordnungsliebenden Natur, seines peinlich sauberen mittelständischen Heimes und seines Hintergrundes, seiner eleganten Erziehung, als einziger imstande sein sollte, sich mit menschlichen Exkrementen zu beschmutzen, nur um einem gefangenen Kameraden zu helfen. Wenn man ihn danach fragte, so antwortete er einfach, er habe getan, was getan werden mußte. Aber andere sahen auch, was getan werden mußte und waren oft nicht in der Lage, es zu tun. Zipper, so glaube ich, traf bei solchen Gelegenheiten existentielle Entscheidungen. Das Ausführen solcher Entscheidungen machte es ihm möglich, sein Gefühl für seine eigene Menschlichkeit und Individualität zu behalten inmitten von Umständen, dazu bestimmt, menschliches Fühlen auszulöschen. Zipper, so meine ich, rettete nicht so sehr andere, als er sich selbst rettete.

Andere Augenzeugen haben ähnliche Aussagen gemacht, so zum Beispiel Eugen Kogon in seinem sehr detaillierten Bericht über die Todeslager und im besonderen über Buchenwald. In „Der SS-Staat" beschreibt er, daß es ein Lieblingsspiel der SS gewesen sei, und zwar durch viele Jahre hindurch, Gefangene in dem Augenblick, als sie sich selbst erleichterten, zu erwischen und in die Grube zu stoßen: In Buchenwald erstickten allein im Oktober 1937 zehn Gefangene auf diese Art in Exkrementen.[49] Ein anderer Bericht von einem gewissen Eugene Weinstock, der selbst einer der Überlebenden von Buchenwald war, lautete folgendermaßen: „Die Örtlichkeit war schlüpfrig und unbeleuchtet. Von 30 Mann, die dieses Werk der Latrinenreinigung auszuführen hatten, fielen durchschnittlich zehn im Verlauf der Arbeit einer Nacht in die Grube. Den anderen war es nicht gestattet, die Opfer herauszuziehen. Wenn die Arbeit getan und die Grube leer war, dann - und nur dann - war es ihnen erlaubt, die Leichen herauszuholen."[50]

Mit Recht fragt man sich, warum soviel Nachdruck darauf gelegt wurde, daß sich die Gefangenen in diesen Exkrementen bewegen mußten. Einer der Überlebenden, der auch ein Buch geschrieben hat, meint, „es sei eine gezielte Politik gewesen, die auf die völlige Demütigung und Erniedrigung der Gefangenen abzielte". Es sei Macht, die sich an sich selbst nährte, und immer feindlicher und feindlicher wurde, als ihr Appetit zunahm. Das Ziel war, die Seele zu vernichten. In Buchenwald, so erzählt ein anderer Überlebender, sei es das Prinzip gewesen, die Moral der Gefangenen auf die niedrigstmögliche Stufe hinunterzudrücken. Dadurch sollte die Entwicklung von Kameradschaft oder einer Zusammenarbeit unter den Opfern verhindert werden.[51] Nach dem Krieg hat vor einem alliierten Gerichtshof der Kommandant des Lagers von Treblinka, Franz Stangl, ausgesagt, Ziel dieser Demütigung sei es gewesen, die Würde und die erkennbare Menschlichkeit der Gefangenen so zu erniedrigen, daß es für jene, welche die unmenschlichen Maßnahmen durchzuführen hatten, leichter wurde, zu tun, was sie taten.

Was immer auch die Logik hinter dem Ganzen gewesen war, es war dies jedenfalls die Realität, die Wirklichkeit, die Zipper mit anderen 23 Mitgliedern der „Eau de Kolonne" erdulden mußte. Die meisten der 24 waren Universitätsabsolventen. Zu ihrem Glück war der Capo (der Führer der Baracke) ein Mensch. Er hatte gelernt, auf die 24 einzuschreien und zu brüllen, eine Pose, die dazu verhalf, die SS fernzuhalten. Im Dezember wurden mehrere Leute weggeschickt (zwei Ärzte, ein Ingenieur usw.), und der Capo warf in gespielter Verzweiflung seine Arme hoch und sagte: „Ich verliere mein ganzes akademisches Personal. Wie soll ich dann meinen komplizierten Auftrag ausführen können?" Da standen sie, angezogen wie Clowns, stinkend und Eimer mit Scheiße haltend. Zipper und seine Kameraden verstanden den grimmigen Humor des Capos und brachen in schallendes Gelächter aus. Die Fähigkeit zu lachen, blieb auch weiterhin eines der Mittel für das Überleben.

Gelächter durch ein Ereignis hervorgerufen, das sowohl unverständlich als auch bizarr war: Aus Gründen, die niemand auch nur im entferntesten verstand, gab es in Buchenwald einen Wolf in einem Käfig, ein eher schäbiges und trauriges Wesen. Eines Morgens kündigte der Kommandant voller Wut den versammelten Gefangenen an, daß der Wolf gestorben war. Er schrie:

> *Der Wolf is g'storben. Die Juden ham den Wolf umbracht. A jeder Jud muß fünf Mark bezahlen für an neuen Wolf...*

Tatsächlich wollte der besoffene Kommandant nur einfach Geld, um mehr Schnaps kaufen zu können. Aber Zipper fand das ganze Ereignis so grotesk, daß er nicht anders konnte als lachen. Die anderen fanden es nicht so amüsant, aber Walter und Herbert Zipper sahen in diesem Ereignis die Absurdität des gesamten deutschen Autoritätswahnes.

Das Leben in Buchenwald war sonderbar verschieden von dem in Dachau. In Dachau war alles voraussehbar, Genauigkeit war eine der fixen Ideen der Nazi-Führer. Die Gefangenen nannten es schließlich „organisierte Hölle". Buchenwald war jedoch im Vergleich eine „desorganisierte Hölle". Der Platz war in völliger Unordnung, der Lagerführer, SS-Obersturmbannführer Rodl „ein dicklicher Mann mit einem aufgeschwemmten Gesicht und ungeschickten, bärenartigen Bewegungen".[52] Er war ein ungebildeter, unwissender Kerl, der offenkundig häufig betrunken war. Er konnte nicht einen einzigen anständigen Satz aussprechen. Zipper erinnert sich im besonderen eines wörtlichen Zitates:

> *„Wann i morgen an derwisch, der was net g'schorn is, so kriegts der Frisör und der andere."*

Für den Rest ihres gemeinsamen Lebens zitierten Walter und Herbert Zipper immer wieder diesen Ausspruch und brachen immer wieder in Gelächter aus. Rodl war jedoch nicht immer so amüsant.

Eines Abends gegen Ende November oder Anfang Dezember gegen drei Uhr morgens ertönten die Sirenen. Jedermann hatte sich sofort auf dem Appellplatz einzufinden. Es war eisig kalt, Schnee lag auf dem Boden. Der Kommandant erschien betrunken, unzusammenhängende Obszönitäten schreiend. Vor den Gefangenen waren Maschinengewehre aufgestellt. Sie bekamen den Befehl, sich all ihrer Kleider zu entledigen und im Schnee niederzuknien. Angesichts dieses lächerlichen Anblickes mußte Zipper kichern. Zehntausend nackte Männer mit ihren Hintern, die sie in die kalte Winterluft zu recken hatten. Dann erklärte der Kommandant: „Ihr alle werdet erschossen." Nach einer Pause befahl er dann, daß jeder seine Kleider wieder anziehen und zurück in die Baracken marschieren solle. Es hatte sich um irgendeine besoffene Angelegenheit gehandelt. Das Bewußtsein der Blödheit dieses Mannes und der Dummheit dieses ganzen Platzes half Herbert und Walter Zipper, ihr Gleichgewicht zu bewahren. Sie konnten einander auf das Groteske all dieser Dinge aufmerksam machen und darüber lachen.

Während Herbert und Walter Zipper sich ihrer neuen Umgebung anpaßten, bereitete Adolf Hitler seine nächsten Schachzüge vor. Am 30. September gaben in München die englischen, französischen und italienischen Regierungschefs Hitler nach - und das Sudetenland wurde am 10. Oktober ein Teil Deutschlands. Damit aber waren die Würfel gefallen für die kurz darauf folgende Invasion der Tschechoslowakei.

Am 27. Oktober führte Hitler seinen nächsten Angriff. 18.000 Juden, die vor 1914 in früheren polnischen Provinzen des russischen Reiches gelebt hatten, sich aber seit jenem Datum im Deutschen Reich befanden, wurden nun ausgewiesen. Einer dieser 18.000 war ein Mann namens Zindel Grynzpan, der in die polnische Stadt Zbaszyn zurückgeschickt wurde. Von dort aus schrieb er seinem Sohn Herschel eine Postkarte, auf der er die erniedrigende Behandlung, die seine Familie hatte erdulden müssen, beklagte. Herschel war darüber so wütend, daß er am 7. November 1938 zur deutschen Botschaft in Paris ging und dort den ersten deutschen Beamten, den er sah, erschoß. Das war der deutsche Attaché Ernst vom Rath. Während vom Rath noch im Sterben lag, ergriff Hitler die Gelegenheit, die Tat einer von den Juden inspirierten Weltverschwörung gegen Deutschland zur Last zu legen und veranlaßte einen 24 Stunden dauernden Sturm gegen die in Deutschland verbliebenen 300.000 Juden. Die Nacht vom 9. auf den 10. November ist als „Kristallnacht" bekannt geworden. In dieser Nacht wurden Synagogen und jüdische Institutionen bis auf den Grund niedergebrannt. Mehr als 7000 Geschäfte wurden zerstört, 91 Juden getötet und mehr als 30.000 - ein Zehntel der noch in Deutschland Verbliebenen - verhaftet und in Konzentrationslager geschickt. Bevor die meisten von ihnen zwei oder drei Monate später entlassen wurden, waren bereits an die tausend ermordet worden, 244 davon in Buchenwald.

Ab dem 10. November 1938 wurden Zipper und andere Gefangene täglich nach Weimar geschickt, um dort den Grund für eine neue Polizeistation auszuheben. Als sie am ersten Tag zu ihren Baracken zurückkehrten, sahen sie eine erschütternde Szene. Autobusse und Eisenbahn hatten 10.911 Juden nach Dachau gebracht, 9000 Juden nach Sachsenhausen und 9845 nach Buchenwald. Die Neuankömmlinge saßen auf dem Boden, die meisten von ihnen mit blutigen Köpfen. In der Folge wurden dann je 800 von ihnen in Baracken gepfercht, die für 400 bestimmt waren. Manche erstickten und starben. Andere wieder, die aufgrund ihrer Behandlung wahnsinnig geworden waren, wurden an Bäume gebunden. An diesem ersten Abend konnten Zipper und Jura Soyfer sie draußen im Freien stöhnen hören, besonders jene, die man an die Bäume gebunden hatte. Sie befanden sich in einem unvorstellbar elendiglichen Zustand, außerdem hungrig und durstig. Zipper und Soyfer konnten das Elend draußen nicht ertragen und entschlossen sich, trotz des großen Risikos, etwas zu unternehmen. Nach dem „Zapfenstreich" stahlen sie sich in die Dunkelheit hinaus, organisierten zwei Eimer und verstanden es, aus der Wäscherei Wasser zu holen, das sie dann den bemitleidenswerten Opfern brachten. Hätte man sie dabei erwischt, wären sie wahrscheinlich getötet worden. Am nächsten Morgen half Zipper, die Leichen hinauszutragen. Er selbst sah etwa 40 bis 45, darunter einige junge Burschen, zehn oder elf Jahre alt. Jura Soyfer, Hugo Ebner und Zipper meldeten sich freiwillig für einige besonders schreckliche Arbeiten, um zu sehen und zu erfahren, was vor sich ging.

Als zusätzliche Strafe für die Ermordung des Herrn vom Rath in Paris wurden die Lebensmittelrationen für sämtliche jüdische Insassen von Buchenwald halbiert. Die Menschen begannen zu verhungern und starben. Dann brach im Lager eine Typhus-Epidemie aus. Da die Exkremente am Rande des Lagers aus den Kübeln geleert wurden, wurden auch bald benachbarte Bauern angesteckt. Um der Gefahr einer Ausbreitung der Krankheit zu begegnen, wurde auf diese Ausschüttungen Kalk aufgebracht. Auch für diese Arbeit meldete sich Zipper freiwillig, um eine Abwechslung aus der täglichen Routine, Scheiße zu schaufeln, zu haben.

November und Dezember waren über alle Vorstellung hinaus grauenhaft.

Es gab keine Möglichkeit, in Buchenwald ein Orchester zu bilden oder andere „Kunst"-Ereignisse zu organisieren. Die einzig gute Arbeit, die Zipper verrichten konnte, war, den Versuch zu unternehmen, die niedergeschlagenen Mitgefangenen zu ermutigen. Ein solcher Gefangener war Walter Zirner, Sohn eines alten Freundes von Zippers Vater und Besitzer eines der größten Juweliergeschäfte Wiens. Zirner erklärte fast jeden zweiten Tag, er wolle sich umbringen. An solchen Morgen trieb Zipper ihn vor sich her, brüllte auf ihn ein und schlug ihn sogar ein paar Mal ins Gesicht, um ihn wütend zu machen, damit er seinen Kampfgeist wiedererhalte. Zirner überlebte. Obwohl er sich in einer besonders elendiglichen Dezembernacht die Füße erfror, kam er doch lebend aus Buchenwald. Schließlich mußte er einen Fuß amputieren lassen, aber sein Leben war dank Zippers wilder Entschlossenheit gerettet.

An einem kalten Dezembertag begann nachmittags die Sirene zu heulen, und die Gefangenen mußten antreten, als Zipper gerade die Typhuslatrine säuberte. Er war der einzige von vierzehn, denen diese Arbeit zugewiesen worden war, der nicht an Typhus erkrankte und starb. Als alle 10.000 versammelt waren, brüllte der Kommandant auf sie ein, es seien zwei Gefangene entflohen und sie müßten da stehen, wo sie standen, bis die zwei wieder gefangen seien. Selbst wenn es ein Jahr dauern sollte. Es begann eine schwere Prüfung, so bewegungslos zu stehen, wer sich bewegte, wurde geschlagen, - von fünf Uhr nachmittag bis etwa zwölf Uhr mittag des folgenden Tages, mehr als 19 Stunden bei eiskalter Witterung. Gefangene starben während dieser Nacht. Manche der älteren

Männer fielen einfach tot um. Zipper erinnert sich, mehr als 60 Leichen im Lichte des Morgens gesehen zu haben. Ihn ausgenommen, litten alle Insassen seiner Baracke an Frostschäden. Walter Zipper etwa hatte Erfrierungen an den Zehen und Fingern.

Während dieser Nacht lernte Zipper wiederum, sich seiner inneren Stärke zu besinnen, zu entdecken, welche Kräfte ein menschliches Wesen besitzt, aber, abgesehen von Augenblicken äußerster Krisen, nicht zu benützen versteht. Am Abend begann er, sich auf die Blutzirkulation in seinem Körper zu konzentrieren, und durch bloße Willenskraft hielt er seine Zirkulation in Fluß. Er konzentrierte sich auch darauf, kleine Bewegungen in jedem Teil seines Körpers zu machen und dadurch seine Zehen, Finger, jeden Muskel in einer Art in Bewegung zu halten, die von den Wachen nicht entdeckt werden konnte - Wachen, die umhergingen und auf die Leute einschlugen. Auf diese Art überlebte er die Quälerei ohne Verletzung.

Als am folgenden Morgen die beiden Flüchtlinge wieder eingefangen wurden, durften die Gefangenen wiederum in ihre Baracken zurückkehren und ihre halben Rationen essen. Dann kam der Befehl, die Leichen hinauszubringen und zu begraben. Zipper und Jura Soyfer meldeten sich freiwillig. Sie mußten die Leichen in Papierhemden hüllen und außerhalb des Lagers aufeinander schichten. Später wurden sie dann zu Verbrennungsanlagen gebracht, ihre Asche wurde per Post an die Heimatadresse geschickt - manchmal war die Asche nicht mehr als ein paar Gläser. Wenn sie die Tore passierten, mußten die Träger ihre eigene Lagernummer und jene der Leichen angeben. Zipper kann sich nicht genau erinnern, wieviele er damals hinausgetragen hat, aber es waren zwischen 50 und 60. Es ist ihm im Gedächtnis geblieben, daß eine der Wachen am Tor, dem offenbar ein Rest von Menschlichkeit geblieben war, nachdem sie eine ganze Anzahl von Leichen durchgetragen hatten, fragte: „Das sind aber lauter alte Männer, nicht wahr?" Woraufhin Soyfer in sehr herausforderndem Ton antwortete: „Alle im besten Mannesalter."

Bruno Bettelheim war ebenfalls zu diesem Zeitpunkt nach Buchenwald überführt worden und gibt uns einen Bericht von jenem schrecklichen Abend.

> *In einer schrecklich kalten Winternacht, während ein Schneesturm blies, wurden alle Gefangenen bestraft, indem sie ohne Mäntel - sie trugen ohnehin niemals welche - Stunden in Achtung-Stellung verharren mußten. Das, nachdem sie mehr als zwölf Stunden im Freien gearbeitet und kaum etwas zu essen erhalten hatten. Den Gefangenen wurde gedroht, sie würden die ganze Nacht stehen müssen.*
>
> *Der Grund für diese Bestrafung war, daß zwei Gefangene zu flüchten versucht hatten. Bei solchen Gelegenheiten wurden die Gefangenen stets auf das strengste bestraft, damit sie in Zukunft irgendwelche Geheimnisse, die sie erfahren hatten, freiwillig aussagen würden, weil sie ansonsten wiederum zu leiden hätten. Der Gedanke war, daß jeder Gefangene sich für jede Tat verantwortlich fühlen müsse, die ein anderer Gefangener begangen hatte.*

Bettelheims und Zippers Erinnerungen sind in etwa die gleichen, obwohl

Bettelheim vom Zusammenbruch der Disziplin und Ordnung im Morgengrauen weit mehr beeindruckt war:

Nachdem etwa zwanzig Gefangene infolge der Kälte und des Hungers gestorben waren, brach die Disziplin nieder. Die Drohungen der Wachen wurden nicht mehr beachtet. In solcher Art dem gräßlichen Wetter ausgesetzt zu sein, war eine grauenvolle Folter. Seine Freunde sterben zu sehen, ohne imstande zu sein, ihnen zu helfen, und selbst eine gute Chance zu haben, zu sterben, schuf eine Situation ähnlich der im Transportzug, nur, daß die Gefangenen nun mehr Erfahrungen mit der SS besaßen. Offener Widerstand war unmöglich, so wie es unmöglich war, etwas zu tun, um sich selbst zu schützen. Ein Gefühl äußerster Gleichgültigkeit verbreitete sich unter den Gefangenen. Es war ihnen nun gleichgültig, ob die SS auf sie schoß, es war ihnen gleichgültig, welche Quälereien auch immer sich die Wachen ausdachten. Die SS hatte keine Autorität mehr. Der Bann der Angst und des Todes war gebrochen. Es war wieder so, als würde das, was geschah, einem nicht wirklich selbst geschehen. Es war wiederum eine Spaltung zwischen dem Ich, dem es geschah, und dem Ich, dem es in Wirklichkeit gleichgültig war, das sich aber im wesentlichen von der Szene entfernt hatte wie ein Beobachter. Unglücklich wie die Situation nun war, fühlten sich die Gefangenen frei von Angst, und daher tatsächlich glücklicher als fast zu allen anderen Zeiten während ihrer Lagerexistenz.

Während die äußerste Schrecklichkeit dieser Situation möglicherweise eine geistige Spaltung, wie oben bemerkt, erzeugte, so verbanden sich doch eine Anzahl von Umständen, um ein Gefühl des Glückes in den Gefangenen zu erzeugen. Offenkundig war es leichter, den unerfreulichen Dingen zu widerstehen, wenn man sich mit allen anderen „im selben Boot" befand. Außerdem, da jedermann überzeugt war, daß seine Chancen, zu überleben, sehr gering seien, fühlte sich jeder heroischer und bereit, anderen zu helfen, als er es in anderen Situationen gefühlt hätte, wenn jemandem zu helfen ihn selbst in Gefahr hätte bringen können. Dieses Helfen und Geholfenwerden bestärkte den Mut der Gefangenen. Ein anderer Faktor war, daß sie nun nicht nur frei von der Furcht vor der SS waren, sondern daß die SS tatsächlich die Gewalt über sie für den Augenblick verloren hatte, denn die Wachen schienen zu zögern, alle Gefangenen zu erschießen.[53]

Bemerkenswerterweise hat zuzüglich zu Zipper und Bettelheim auch ein dritter Insasse des Lagers, Eugen Kogon, diesen Abend beschrieben:

Trotz der Kälte von minus 15 Grad und der ungenügenden Kleidung standen die Häftlinge 19 Stunden hindurch auf dem Appellplatz. Noch in der Nacht erfroren 25, bis zum folgenden Mittag erhöhte sich die Zahl auf über 70 ... Nach der Arbeit den ganzen Abend stehen, die ganze Nacht hindurch und den nächsten Tag bis mittags, ohne Essen - das schreibt sich so leicht nieder, auch die Zahl der Toten, die das jedesmal kostete, von den Dauergebrechen zu schweigen, die Hunderte davontrugen und an denen sie oft genug später zugrundegegangen sind.[54]

Fast eine ganze Woche waren Zipper und Soyfer nun Leichenträger, die die Opfer dieses schrecklichen Abends und dieser schrecklichen Nacht hinausschleppen mußten.

Das Leben in Buchenwald wurde 1939 von G. E. R. Gedye beschrieben, damals Mitteleuropa-Korrespondent der Londoner „Times", der den mutigen, aber vergeblichen Versuch machte, das Gewissen der Welt angesichts der Zustände in den Konzentrationslagern aufzurütteln. Voll Zorn und sehr rasch veröffentlichte er ein Buch mit dem Titel „Verrat in Zentraleuropa", in dem er die Zustände in Buchenwald im Herbst 1938 beschreibt. Obgleich er sich im Datum um zwei Monate irrt, ist das Faktum, wovon er schreibt, doch dasselbe, von dem auch Kogon, Bettelheim und Zipper berichten.

Gedye schreibt, daß, weil zwei Gefangene in Buchenwald entkommen waren, andere Gefangene nun in einer Achtung-Stellung von sechs Uhr abends bis elf Uhr des folgenden Vormittags stehen mußten. Mehrere Gefangene brachen zusammen und wurden bestraft, indem ihnen jede Nahrung für drei Tage entzogen wurde. Ein Gefangener namens Weinreiter, der sich in einer Tischlerei versteckt hatte, wurde gefunden und hingerichtet. Von den beiden Gefangenen, die entkommen waren, entkam einer tatsächlich, der andere wurde wieder eingefangen und, da er bei seinem Fluchtversuch eine Wache getötet hatte, der Polizei übergeben, als Mörder vor Gericht gestellt, zum Tode verurteilt und geköpft.[55]

Eines Morgens verlangte der Lagerkommandant - so Gedye in einem früheren Artikel - sieben Freiwillige für irgendeine besondere Aufgabe. Niemand meldete sich, woraufhin fünf Leute ausgewählt und vor das Lager geführt wurden. Dann hörte man Schüsse. Die Männer wurden niemals mehr gesehen, nur ihre blutbefleckten und von Kugeln durchlöcherten Kleider. Besonderen Mißhandlungen waren die „Bibelforscher" ausgesetzt. Einige mußten eine sogenannte „deutsche Taufe" erdulden. Sie wurden in ein Faß mit Abwasser gesteckt und gefragt, ob sie immer noch an Jehova glaubten. Die Bibelforscher haben in allen Lagern und Gefängnissen besondere Widerstandskraft gezeigt. In Buchenwald weigerten sie sich, diese Frage zu beantworten und wurden daraufhin im Abwasser ertränkt. Innerhalb eines Jahres, endend mit Mai 1938, wurden 145 Gefangene entweder kurzerhand getötet, solange geprügelt, bis sie starben, oder aber zum Selbstmord getrieben.

Das stand in einem Artikel des „Manchester Guardian" des Sonderkorrespondenten Gedye im August 1938.[56]

Eine weitere Illustration des Lebens in Buchenwald ist die Hinrichtung eines Mannes namens Forster. Dieser Gefangene war ein Mitglied der kommunistischen Partei, der in die Tschechoslowakei entkommen war und angeblich einen SS-Wächter getötet haben sollte. Nach der Konferenz von München wurde er im Sudetenland wieder verhaftet und zurück nach Buchenwald gebracht, um dort hingerichtet zu werden. Es war unmittelbar vor Weihnachten, am 21. oder 22. Dezember 1938. Alle Gefangenen mußten am Appellplatz antreten. Eine Plattform, darauf ein Galgen, war aufgebaut worden, von der zunächst eine Menge Ansprachen auf die Gefangenen hinabgebrüllt wurden - etwa, welches

Schwein dieser Mann sei, was er getan habe usw. Es war ein sehr schlanker Mann, der in der Kälte zitterte - mit verbundenen Augen und gefesselten Händen und Füßen. Er wurde schließlich zum Galgen gebracht und gehängt. Er starb jedoch nicht sofort, sondern zuckte und wand sich vor den Augen aller hin und her. Als sich Forster schließlich nicht mehr bewegte, schienen die SS-Leute, die sich während der Ansprachen voll des Hasses und der Verachtung erwiesen hatten, eine ganz andere Haltung einzunehmen. Es schien, als ob sie sich ängstigten und unsicher wären. Still marschierten sie alle in verschiedene Richtungen ab. Für Zipper war das eine Bestätigung seiner Überzeugung, daß Töten, selbst im Namen der Justiz, den Vollstrecker entsprechend negativ beeinflußt.

Der Dezember wirkte durch das „Z"-Ereignis noch niederdrückender. „Z" war ein Wiener Rechtsanwalt (dessen Namen Zipper nicht angeben will, um dessen überlebende Familienmitglieder nicht zu kränken). Er war im selben Transport mit Zipper von Wien nach München bzw. nach Dachau gebracht worden. Er hatte versucht, der SS zu erklären, daß er ein getreuer Deutscher sei, ein dekorierter Soldat im Ersten Weltkrieg, worauf ihn die SS-Wachen brutal zusammenschlugen. An einem bestimmten Punkt entschloß sich „Z", ein Informant zu werden. Nach ein paar Tagen in Dachau wurden Zipper und seine Mitgefangenen aufmerksam. „Z" schien nicht so schwer arbeiten zu müssen wie sie, er bekam sogar eine Schreibmaschine. Dem Capo wurde erklärt, er solle ihn in Ruhe lassen, weil „Z" seine eigenen Aufgaben habe. Bald wurden auch einige Insassen der Baracke für schwere Bestrafungen herausgeholt. Daraufhin entschlossen sich Zipper und die anderen, diesen Herrn „Z" zu isolieren. Eines Tages, so erinnert sich Zipper, besprachen der Capo, Tillinger und die anderen, was man tun solle. Jemand schlug vor, „Z" „zufällig" umzubringen. Zipper widersetzte sich, indem er meinte, daß Töten nicht ihr Geschäft sei und im Falle, daß er getötet werde, ihre Baracke besonders drankommen könnte. Außerdem werde sich die SS früher oder später seiner annehmen, und daher riet Zipper dazu, wachsam zu sein und zu warten.

„Z" war auch unter jenen, die nach Buchenwald gebracht wurden. Bald nach seiner Ankunft machte er einen fatalen Fehler. Er berichtete der SS, daß einige ihrer eigenen Leute Bestechungen von den Gefangenen annahmen. Die SS beschloß daraufhin, sich mit ihm einen Spaß zu machen. Zu dieser Zeit arbeiteten Zipper und die anderen in Weimar. Zipper nimmt an, daß sich wahrscheinlich der Kommandant die eigenen Taschen füllte, indem er billige Arbeitskräfte beistellte. Eines Abends, als sie von Weimar zurückkamen, leerten Zipper und andere einige Exkremente-Eimer aus und wurden dabei Augenzeugen einer erschütternden Tat. Mehrere SS-Leute hatten „Z" an den Rand des Lagers geführt und prügelten ihn dort gnadenlos, mit dem Ziel, ihn in das elektrische Drahtverhau, welches das Lager umgab, zu treiben, sodaß er „Selbstmord begehen" würde. Er wurde erbarmungslos geschlagen. Schließlich schleppten die SS-Leute den halbohnmächtigen Körper des Mannes vor die Baracken und ließen ihn dort liegen. Zipper und Soyfer brachten den Schwerverletzten auf einer Bahre in das Spital. Aber der dort kommandierende Capo wollte ihn nicht annehmen, weil er ein Spitzel sei. So brachten sie ihn zurück und legten ihn in den Torraum zwischen den Baracken.

Um Mitternacht konnte Zipper „Z" stöhnen hören. Er hörte auch ein Geräusch von der Pforte und stand auf, ging auf den Zehenspitzen zur Barackentür, öffnete diese leise einen Spalt und blickte hinaus. Er sah zwei oder drei SS-Männer, die mit Sandsäcken dem Mann auf den Kopf schlugen. Und er hörte, wie dieser sterbende, 40 Jahre alte Mann stöhnte: „Mutter, Mutter." Zipper ging leise wieder zu seiner Schlafstelle zurück. Obgleich „Z" ein Jude war, der seine eigenen Leute angezeigt hatte, war Zipper doch über diesen Mord erschüttert. Er war unfähig, in dieser Nacht zu schlafen und kämpfte mit einer steigenden Wut gegen jene, die diesen unseligen, leidenden Mann ermordet hatten. Diesen Mann, der um Gnade gebettelt hatte. Besonders demoralisierend für Zipper war, daß er sah, wie Menschen dazu ausgebildet werden konnten, ihr Menschentum an eine Ideologie auszuliefern, andere Menschen als Untermenschen zu sehen. Das Ereignis dieser Nacht diskutierte er am nächsten Morgen mit niemanden. Er wußte, daß sich die anderen befreit fühlen würden, da sie „Z" los waren und es närrisch gewesen wäre, „Z's" Recht auf Leben zu verteidigen. Zipper wußte auch, daß das Überleben eine Unterdrückung normaler Gefühle von Zorn oder Ärger erfordert und man die eigenen Gefühlsenergien sparen mußte, um auch noch den nächsten Tag durchstehen zu können. Jedenfalls, als 1938 in Buchenwald Weihnachten kam, wurden wieder die vollen Eßrationen ausgegeben.

Der Jänner 1939 begann für Zipper buchstäblich mit demselben Elend. Den Gefangenen war es jedoch erlaubt, jede zweite Woche einen Brief zu schreiben. Vor seiner Verhaftung hatte Zipper seiner Mutter gesagt, sollte ihm irgendetwas geschehen, so würden seine Briefe verschlüsselt sein: Alles, was er schrieb, müsse als das genaue Gegenteil aufgefaßt werden. So nannte er auch Walter Pepi und sich selbst Julia - nach ihren eigenen mittleren Namen Josef und Julius. So konnte ein Außenseiter den Eindruck bekommen, daß es sich um zwei Verwandte in Wien handelte. Nun aber war die gesamte Familie in Paris. Über jene Zeit berichtete Martin Gilbert, daß die Emigration noch immer einen Ausweg für jene Juden Deutschlands oder Österreichs bot, die sich in Freiheit befanden. Über 120.000 Juden, mehr als die Hälfte der jüdischen Bevölkerung Österreichs, wanderten in andere Länder aus. Sie wurden sogar von den Nazis selbst dazu ermutigt. Ein eigenes Zentralamt für jüdische Auswanderung wurde im Wiener Palais Rothschild eingerichtet, das von dem 32 Jahre alten SS-Führer Adolf Eichmann geleitet wurde.[57]

Wenn man ein Visum für ein Land in Übersee erhielt - nicht für die USA -, dann konnten Gefangene wie Herbert Zipper, der damals in einer Kategorie aufgelistet war, die „Schutzhaft" hieß, entlassen werden. Im Rückblick will es scheinen, als ob Zipper irgendwie ein besonders gesegnetes Leben gehabt hätte. Obgleich er das Unglück hatte, sowohl Dachau als auch Buchenwald erleben zu müssen, so hatte er doch wiederum insofern Glück, als er dort in der Zeit vor dem Krieg war. Dazu kam noch, daß er einen wohlhabenden Vater hatte, der sich gerade während des Anschlusses in London befand und daher imstande war, alle möglichen Fäden zu ziehen, um die Entlassung seiner Söhne zu erreichen. Diese Art von Entlassung zu bewerkstelligen, war ungewöhnlich schwierig, denn der Hitler-Staat wollte letztendlich die „jüdische Frage" ja nicht durch Deportation lösen. Auf der einen Seite fürchtete man, daß die starken jüdischen Interessen der deutschen Wirtschaft schaden könnten. Ein zweiter Grund - neben dem wirtschaftlichen - war: „Die bloße Abreise deutscher Juden konnte das enorme Potential des von den Nazis aufgespeicherten Hasses nicht befriedigen. Dieses Potential müßte andere Kanäle finden, sollte man allen deutschen Juden erlauben zu emigrieren."[58] Die „Endlösung" aber für Millionen Juden war die komplette Ausrottung. Es war nahezu ein Wunder, daß Herbert Zipper diesem Schicksal der Opfer des Holocaust entkam, denn ab 1941 war eine Auswanderung nicht mehr möglich. „Während des ersten Jahres nach dem Anschluß emigrierten rund 100.000 Wiener. Ab August 1939 hörten die Nazis auf, Ausreisegenehmigungen für jüdische Männer im Alter von 18 bis 45 auszugeben. Sehr bald danach kam die gesamte jüdische Auswanderung aus Wien zum Stillstand. Die letzte jüdische Flüchtlingsgruppe aus Wien, mit dem Ziel Portugal, reiste Ende Oktober 1941 ab."[59] Zipper rutschte geradezu unter dem Stacheldraht durch. Anfang Februar 1939 erfuhr Zipper, daß sein Vater Visa für die Familie für Uruguay erhalten hatte. Am 19. Februar wurde ihm von seinem Capo mitgeteilt, daß er und Walter (die Nazis wußten immer noch nicht, daß Herbert und Walter Brüder waren) und zwölf bis vierzehn andere mit dem Anfangsbuchstaben „Z" entlassen werden sollten.

Die Freude über die Möglichkeit, die Freiheit wiederzugewinnen, wurde jedoch in der Woche vor der Entlassung tragisch verringert. Zippers lieber Freund, der hochbegabte Schriftsteller Jura Soyfer, hatte sich Typhus zugezogen und wurde rasch schwächer. Dies war besonders tragisch, nicht nur, weil Zipper einen so guten Freund verlor, sondern auch, weil Jura ein ungewöhnlich talentierter Schriftsteller war, der über sein Leben in den Konzentrationslagern schreiben wollte, und nicht nur dem Elend, sondern auch den Fällen von Mut und Bejahung des Lebens Ausdruck geben wollte.[60] Erschütternderweise war auch er an der Reihe, entlassen zu werden, aber es kam zu spät für ihn. Für die Kranken gab es nur sehr wenig ärztliche Versorgung. Die letzten zwei Tage seines Lebens reagierte Jura auf nichts mehr. Seine Befreiung aus Buchenwald war der Tod.

Die letzten Tage Jura Soyfers werden von einem anderen Überlebenden, Max Hoffenberg, einem Freund und Mitgefangenen in Dachau wie auch in Buchenwald geschildert. Hoffenbergs Erinnerungen wurden in einem Buch von Horst Jarka, „The Legacy of Jura Soyfer", veröffentlicht. Dort heißt es:

> *Aber die Dinge wurden für uns wirklich schlimm, als die „Judenaktion" begann. Das Lager war nicht dafür eingerichtet, die große Zahl von Juden, die jetzt hereinströmten, zu beherbergen. Diese Überfüllung des Konzentrationslagers war der Grund für Juras Tod. Drei oder vier Wochen bevor die Judenhatz begann, wurden in Buchenwald fünf große Baracken gebaut. Ihre Inneneinrichtung war so einfach wie möglich, und sie hatten keinerlei sanitäre Einrichtungen. Als die ersten Opfer der Judenjagd eintrafen, ungefähr 10.000*

Juden, waren die Baracken sofort völlig überfüllt. Den darin eingeschlossenen Gefangenen war es nicht gestattet, in der Nacht ihre Betten zu verlassen, die sanitären Verhältnisse waren daher unbeschreiblich. Jeden Tag töteten die SS und kriminelle Capos Hunderte von Juden, stahlen ihr Geld und alle Wertsachen, die sie bei ihnen finden konnten.

Bald brach Typhusfieber aus. In der Krankenabteilung war Hilfe notwendig. Jura und ich mußten Leichen tragen. Jura war einer der ersten, die angesteckt wurden. Es gab keinerlei Vorsorge, sich selbst zu schützen. Durch fünf Wochen hindurch hatten wir nicht einmal Wasser, um uns zu waschen. Wir trugen die Toten, und bald danach aßen oder rauchten wir, ohne imstande zu sein, unsere Hände zu säubern. Trotz der unglaublichen psychologischen Belastung dieser Wochen, war Soyfer geistig so frisch wie immer. Ich erinnere mich, daß er mir, während wir arbeiteten, Französischunterricht gab.

Bald danach bekam ich selbst Typhus und kam in das Krankenzimmer, wo Jura schon lag. Er hatte Durchfall, und es ging ihm sehr schlecht. Seine Temperatur war hoch. Meine Krankheit war noch im Anfangsstadium, und so konnte ich mich ein wenig um ihn kümmern, aber es half nichts, Jura war schon zu krank. Seine zitronengelbe Hautfarbe beängstigte mich. In der Nacht zwischen dem 15. und 16. Februar saß ein Pfleger an meinem Bett und sagte mir, daß es Jura sehr schlecht gehe. Er stand auf, um wieder nach ihm zu sehen. Als er wieder zurückkam, sagte er: „Jura ist gestorben.“[61]

Zipper und Hugo Ebner trugen Soyfer hinaus, bekleideten ihn mit einem Papierhemd und legten ihn in eine Kiste. Es war einer der schmerzhaftesten Augenblicke in Zippers Leben.

Als die Entlassung näherkam, war Zipper voll der Besorgnis. Am letzten Morgen, am 20. Februar 1939, wurde er mit anderen 25 Männern der „Scheißbrigade“ ausgeschickt, um die letzte Typhuslatrine zu säubern. In jenen Stunden lernte er die Adressen und kurze Botschaften für die Familien der 25 anderen Männer auswendig. Wiederum war sein bemerkenswertes Gedächtnis eine Hilfe für seine Kameraden. Er erinnerte sich jeder Adresse und war imstande, jede Botschaft genau so auszurichten, wie sie ihm gegeben worden war.

Nach der Morgenarbeit mußten sich Zipper und die anderen einer medizinischen Untersuchung unterziehen, um entlassen werden zu können. Dies war ein Haupthindernis, denn jedes gesundheitliche Problem konnte einen dazu verdammen, zurückbleiben zu müssen. Zipper war für seinen Bruder Walter außerordentlich nervös, denn er hatte vom Frost angegriffene Zehen. Walter behielt während dieser Untersuchung seine Socken an, und glücklicherweise bemerkten das die Ärzte nicht. Den Gefangenen wurden dann dieselben Kleider ausgefolgt, in denen sie in Wien festgenommen worden waren. Zippers Anzug wies noch die Blutflecken von der Eisenbahnfahrt nach Dachau auf. Sie wurden häufig durchsucht, selbst ihre Gürtel wurden aufgeschnitten, um sicherzustellen, daß keinerlei Botschaften hinausgeschmuggelt wurden. Die Gefangenen warteten bis ungefähr vier Uhr nachmittags, dann wurden sie aus dem Lager zu den Autobussen hinausgeführt. Das war ein besonderer Augenblick. Hier waren schon Tausende gestorben, und hier sollten bis zum

Jahr 1945 über 56.000 menschliche Wesen noch als Opfer von Krankheit, Folter, medizinischen Experimenten und systematischem Völkermord sterben. Es war jedoch kein Augenblick, in Jubel auszubrechen, denn man wußte, was jene, die zurückbleiben mußten, noch zu erdulden hatten. Die Entlassenen kletterten in die Autobusse, und ihre Reise begann. Der Boden war gefroren, die Straße nach Weimar hinunter steil, eng und gefährlich. Walter scherzte: „Wir haben die Hölle durchlebt, und nun werden wir beim Weggehen getötet." Auf der Eisenbahnstation wurden sie von Gestapo-Männern in Zivil in Empfang genommen. Zwei alte Damen an der Station erkannten sie als Gefangene aus dem Konzentrationslager und gaben ihnen die erste anständige Tasse heißen Kaffees seit fast einem Jahr.

Die erste Fahrt mit dem Zug ging von Weimar nach Leipzig. Bei der ersten Gelegenheit ging Zipper auf die Toilette, nicht weil er sie benützen wollte, sondern um allein zu sein. In Buchenwald war man niemals allein. Das Gefühl, die Tür schließen und allein sein zu können, war in diesem Augenblick ein merkwürdig luxuriöses. Während der nächsten Fahrt von Leipzig nach Wien brachte ihnen ein Kellner, der an den geschorenen Köpfen und schmuddeligen Kleidern die unterernährten Reisenden als Opfer der Konzentrationslager erkannte, ein Gratisfrühstück: ihr erstes wirkliches Frühstück seit neun Monaten. Zipper und Walter saßen in einem Abteil mit einem Mann namens Zeitlin und dessen Sohn, die auch in Buchenwald gewesen waren. Zipper hatte eine kleine Auseinandersetzung mit dem älteren Zeitlin, einem orthodoxen Juden, der argumentierte, es gebe keine guten Deutschen. Zipper aber sagte, sein Capo sei ein anständiger Mann gewesen. Es war jedoch schwierig für Zipper, einen logischen Gedankengang zu fassen. Das Erlebnis von Dachau und Buchenwald war derartig erschütternd gewesen für sein Gefühl der Kontinuität zwischen Vergangenheit und Zukunft, daß er sich nicht konzentrieren konnte. Die plötzliche, unerwartete Entlassung gab wenig Zeit, sich zu akklimatisieren. Für eine Weile verlor er sein Gleichgewicht. Jedoch nach Wien zurückzukehren, war ausgesprochen vergnüglich.

In Wien am 21. Februar angekommen, begaben sich Herbert und Walter Zipper, so wie es angeordnet worden war, sogleich von der Eisenbahnstation zur Gestapo.

Sie nahmen ein Taxi, das sie von dem Geld bezahlen wollten, das man ihnen in Buchenwald gestattet hatte, ihrem Konto zu entnehmen. Sie sagten dem Taxifahrer, er solle sie zum Gestapo-Hauptquartier bringen. Als sie dort ankamen und zahlen wollten, wirkte der Taxifahrer verstört und sagte wegschauend: „Kein Geld von Euch." Bis sie imstande waren, von Wien abzureisen, mußten sie sich täglich bei ihrem örtlichen Polizeikommissariat melden.

Bruno Bettelheim spricht oft von dem Gefühl der Schuld, das die Überlebenden der Konzentrationslager spürten, weil sie andere weniger Glückliche zurückließen, um zu leiden und zu sterben. Zipper jedoch meint, er habe solche Schuldgefühle nicht gehabt, auch keine Alpträume über die Lager. Er wunderte sich, ob er nicht vielleicht ein Sonderfall sei, weil er kein Schuldgefühl, jedoch während seiner Gefangenschaft einen ausgesprochen klinischen Blick für das

Lager hatte. Denn klarerweise sieht er, daß seine Erfahrungen eine sehr gute Lehre gewesen sind. Im Rückblick anerkennt er sein „Glück", in den Jahren 1938-39 eingekerkert gewesen zu sein und nicht in den Jahren 1943-45, denn in den frühen Tagen vor der sogenannten „Endlösung" konnte er all dies ohne die Gewißheit erleben, daß sein Aufenthalt dort mit dem Tod enden werde.

Seine Einstellung während der Zeit in Dachau und Buchenwald war, alles zu beobachten und zu erleben, was er in diesem einzigartig historischen Augenblick erleben konnte, als die Menschheit sich auf jedem Niveau sozusagen nackt zeigte - die Gefängniswärter, die Gefangenen, die Kriminellen, die Capos, die Ärzte, die Generäle -, sie alle zeigten das weite Feld menschlicher Reaktionen. Teilweise als Mechanismus des Überlebens, teilweise auch infolge seines inneren Gefühls der Selbstsicherheit, die ihm half, innerlich auf seine Gefängniswärter herabzuschauen, war Zipper imstande, nicht nur diese Erfahrung durchzustehen, sondern aus ihr auch Nutzen zu ziehen. Als er zurückkehrte, bemerkten seine Schwester Hedy und die anderen, daß seine Persönlichkeit entscheidend verändert war. Stets ein ernster, fleißiger Mensch, war in seinen Augen nun eine Intensität, ein Ernst und eine Tiefe, die die eben durchgemachte Lebensepoche widerspiegelte. Er war nicht mehr nur ein Mann der Elite, ein Intellektueller, ein Künstler. Nun hatte sich ein radikales Feuer entfacht und brannte in seinen Augen und in seiner Seele.

Die nächste Aufgabe war nun, das Visum nach Uruguay zu benützen, um einen deutschen Paß zu erhalten. Dies bedurfte eines umfangreichen Handels mit den deutschen Beamten. In der Zwischenzeit mieteten Herbert und Walter Zipper ein Zimmer in einer Pension nahe den Eltern ihres Schwagers Fred Horwitz. Diese paar Wochen in Wien waren eine merkwürdige und traurige Zeit. Die einstige Hauptstadt europäischer Kultur, der Stolz des Habsburgerreiches war eine Provinzstadt geworden. Walter Zipper sandte den anderen Mitgliedern der Familie eine Postkarte nach Paris. Um verschlüsselt zu illustrieren, was in ihrer geliebten Stadt geschah, wie sehr sie vom Ruhm in die Vulgarität und Mittelmäßigkeit gefallen sei, schrieb er auf die Postkarte mit einem Bildnis des Stephansdomes: „Grüße aus Linz!" Wie ein Schriftsteller meinte: „Österreich hatte aufgehört, zu sein. Wien wurde nur noch eine andere deutsche Stadt und nicht einmal eine sehr bedeutende."[62]

Die Kleidung der Menschen war schäbig geworden. Nicht nur waren nahezu alle Juden weg, sondern auch manche wichtigen Leute waren nach Berlin übersiedelt, dem neuen Sitz der Macht. Menschen, die Zipper gekannt hatte, gaben nun vor, ihn nicht zu kennen und mieden ihn auf den Straßen. Hans Knappertsbusch, der berühmte Dirigent, erkannte Zipper einmal am späten Nachmittag am Ring. Er lief quer über die Straße auf ihn zu, umarmte ihn und sagte: „Oh, wie freu ich mich, daß Sie am Leben sind!" Zipper erwiderte den Gruß, aber er warnte seinen Freund, daß „es gefährlich sein kann, mit mir gesehen zu werden". Hans erwiderte: „Die Gestapo kann mich am Arsch lecken."

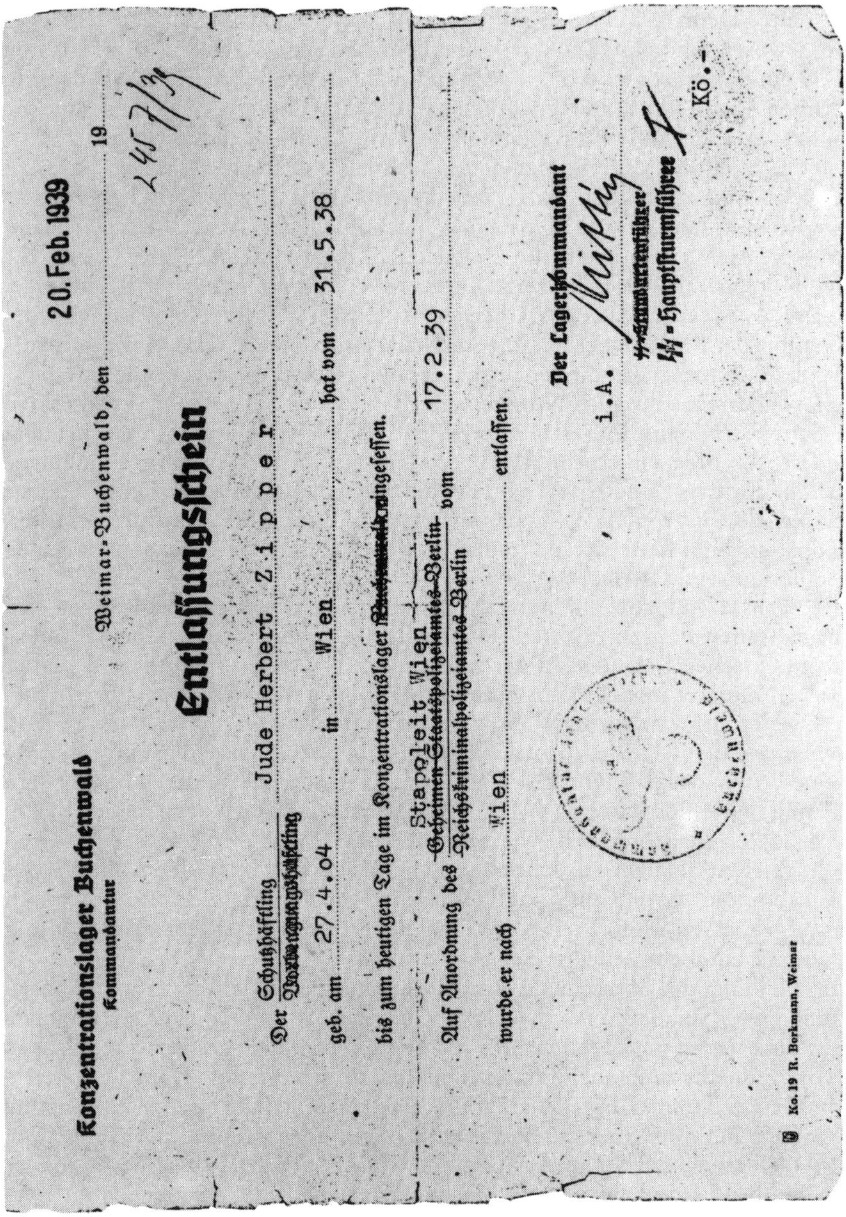
Konzentrationslager Buchenwald
Kommandantur

Weimar-Buchenwald, den 20. Feb. 1939 19..

2457/39

Entlassungsschein

Der Schutzhäftling ~~Vorbeugungshäftling~~ Jude Herbert Zipper

geb. am 27.4.04 in Wien hat vom 31.5.38

bis zum heutigen Tage im Konzentrationslager ~~Buchenwald~~ eingesessen.

Auf Anordnung des Stapoleit Wien ~~Geheimen Staatspolizeiamtes Berlin~~ ~~Reichskriminalpolizeiamtes Berlin~~ vom 17.2.39

wurde er nach Wien entlassen.

Der Lagerkommandant

i.A. [Unterschrift]

~~SS-Standartenführer~~

SS-Hauptsturmführer

Kö.-

Ko. 19 R. Borkmann, Weimar

Herbert Zippers Entlassungsschein aus dem Konzentrationslager Buchenwald 1939 (Photostat).[63]

DRITTER SATZ

VII Manila
VIII Befreiung

Kapitel VII
Manila: Vereinigung und neuer Krieg

„Zipper, Sie haben keine Gelegenheit ausgelassen, getötet zu werden!“

Otto Klemperer

Am 15. März 1939 marschierten deutsche Truppen in Böhmen und Mähren ein. Am nächsten Tag, am 16. März, befanden sich Herbert und Walter Zipper bereits auf der 24stündigen Bahnfahrt nach Paris. Die Familie hatte nun längst begriffen, daß ihr Überleben davon abhing, daß ihre Angehörigen sich in jener Zeit an verschiedenen Orten aufhielten, Vater Zipper in London und Paris, und sie daher in der Lage waren, für einander Arrangements zu treffen. Nun war die Reise nach Paris natürlich so gänzlich verschieden von jener nach Dachau, die anzutreten Herbert zehn Monate zuvor gezwungen worden war.

Herbert und Walter Zipper teilten ihr Zugsabteil mit einem ungarischen Diplomaten, der zunächst kein Wort sprach. Sobald der Zug jedoch die Grenze zwischen dem deutschbesetzten Österreich und der Schweiz passiert hatte, wandte sich der Ungar an die Brüder und kündigte mit seinem starken ungarischen Akzent an: „Meine Herren, ich will nicht unfein sein, aber jetzt können die mich am Arsch lecken!“ Er schloß sich damit offenbar der Meinung von Hans Knappertsbusch an.

Als der Zug in Paris ankam, wartete auf dem Bahnhof die ganze Familie: Papa, Mama, Otto, Hedy und Fred. Sie waren überrascht und erfreut, daß die beiden Rückkehrer verhältnismäßig gut aussahen. Dann fuhr man in ihr Heim in der Rue Borghese Nr. 8 in Neuilly. Sie fuhren in einem Auto, das aus Wien mitzubringen Otto gelungen war. Zu Hause wurde nun ein Festessen zelebriert und hauptsächlich über Probleme der Familie und ihre gegenwärtigen Pläne gesprochen. Es war eine unausgesprochene Regel, nicht über die Schrecknisse der Konzentrationslager zu sprechen. Die Wiedervereinigung war ein zu freudiger Anlaß, um rückwärts zu blicken. Nach dem Essen ging Zipper zum nächsten Postamt, um Trudl ein Telegramm zu schicken: „Gesund und munter in Paris mit Walter angekommen. Brief unterwegs. Liebe, Herbert.“ Für zwölf Jahre war Trudl tägliche Gegenwart im Leben Herbert Zippers gewesen. Sie waren Seelenverwandte, Liebe und Verbindung waren eine gegenseitige Garantie. Bald würde er sie wieder in den Armen halten und mit ihr sprechen können. Für den Augenblick jedoch war er durchaus zufrieden, allein zu sein. Sein überwältigendes Bedürfnis war, sich zu reinigen. Nach dem Schmutz im übertragenen und buchstäblichen Sinn, nach der Enge der zusammengepferchten Menschen, dem Kot und dem Dreck, der ihn umgeben und bedeckt hatte, nun allein zu sein, war, wie wenn man ein warmes und erfrischendes Bad nimmt und sich den Schmutz des vergangenen Jahres abwäscht.

An seinem ersten Abend in Paris unternahm er einen wunderschönen Spaziergang über die Champs Elysées. Von jenseits der Straße hörte er plötzlich jemanden seinen Namen rufen. „Herbert!" Die Stimme war die eines Freundes, Oskar Karlweis, halb Wiener und halb Franzose, ein sehr bekannter Schauspieler, der mit Zipper in Wien gearbeitet hatte. Karlweis, der beizeiten aus Österreich geflüchtet war, berichtete, er habe geglaubt, Zipper sei in Dachau gestorben. Erst gestern habe er einem Freund gesagt, Zipper wäre gerade der richtige Komponist für eine komische Oper gewesen, die sie eben aufführen wollten. So hatte Zipper bereits einen Auftrag. Die Berg- und Talbahn seines Lebens während dieser Zeitspanne war für ihn sehr erstaunlich, selbst als es gerade geschah. Dies war ein weiteres Beispiel in der merkwürdigen Folge von Ereignissen, die sein Leben von 1938 bis 1946 erfüllen sollten.

Karlweis sagte: „Ich habe das Libretto. Kannst du dazu in sechs Wochen eine Operettenmusik schreiben?" Die Antwort war klar: Wenn er ihn gefragt hätte, ob er es in drei Tagen mache könne, wäre die Antwort auch noch „Ja" gewesen. Sie gingen in das nahe gelegene Studio des Schauspielers, wo Zipper das Libretto erhielt - es war eine politische Satire mit dem Titel „Le Paraplui" („Der Regenschirm"). Hauptgegenstand der Satire war Neville Chamberlain, der britische Premierminister, der stets einen Regenschirm mit sich trug. Zipper war in Paris nur mit dem Gegenwert von 2,50 Dollar in der Tasche angekommen, und so machte er sich sogleich an die Arbeit. Zwei Wochen später hatte er soviel komponiert, daß die Proben beginnen konnten. Am 1. Mai hatte die Operette im Theatre Pigalle Premiere und lief bis zum Einmarsch der Deutschen in Paris ein Jahr später.

In Paris suchte und fand Zipper auch Helly Andis, die Freundin von Jura Soyfer. Helly wußte schon von Soyfers Tod, aber sie bestand darauf, nun einen genauen Bericht über seine letzten Tage zu erhalten. Während Zipper berichtete, weinte sie und war völlig verzweifelt, denn die beiden hatten einander innig geliebt. Er diktierte ihr auch den Text des „Dachau-Liedes", ohne Musik, da Kopiermaschinen nicht vorhanden waren. Sein Treffen mit ihr erfolgte knapp vor seiner Abreise aus Paris. Obgleich sie nach New York auswanderte, sah er sie niemals wieder.

In dieser Zeit kam Hans Weigel aus der Schweiz nach Paris, um Zipper zu besuchen. Ihm gab nun Zipper eine handgeschriebene Kopie des Textes und der Musik des „Dachau-Liedes". Er bat Weigel, eine Kopie machen zu lassen und diese an Eric Simon in Amerika zu senden. Die Version mit Musik und Text, die in Ostdeutschland veröffentlicht worden ist, hat durch die mündliche Übertragung der Lieder aus den Konzentrationslagern nach dem Krieg einen ganz anderen Weg genommen.

Als nächstes bemühte er sich, Schicksal und Aufenthaltsort anderer Freunde ausfindig zu machen. Er hörte, daß sich manche Flüchtlinge im Heim eines alten Mannes aufhielten, von dem es hieß, daß er Geld austeile. Auf der Suche nach Kontakten ging Zipper dorthin und wurde Zeuge einer denkwürdigen Szene. Da saß in seiner Wohnung ein alter rabbinisch aussehender Mann, der nur französisch sprach. Gramvoll hörte er den traurigen Geschichten seiner

Gäste zu und gab jedem der Opfer des Nationalsozialismus ein wenig Geld, das aber keineswegs von irgendeiner Hilfsorganisation stammte, sondern aus seiner eigenen Tasche kam, und das er von Herzen gab. Die Szene hatte etwas Urväterlich-Alttestamentarisches: ein berührendes Beispiel der in die Tat umgesetzten Lehren der Torah.

Am 3. Mai erhielt Zipper ein Telegramm von den Philippinen. Der Wiener Dirigent Alexander Lippay, der Begründer der Manila Symphoniker und Direktor der Akademie für Musik in Manila, war gestorben. Würde er, Zipper, als Nachfolger von Lippay nach Manila kommen? Das Angebot war für Zipper aus verschiedenen Gesichtspunkten ein erfreuliches: imstande zu sein, seine Karriere als Dirigent fortzusetzen, zu unterrichten, in einen aufregenden, neuen Teil der Welt zu reisen und, am wichtigsten, mit Trudl Dubsky wiedervereint zu werden.

Trudl war 1937 nach Manila gegangen, um dort als Leiterin eines Tanzstudios zu arbeiten, und gründete dort das Tanzdepartment der Universität der Philippinen. In Manila hatte sie Choreographie betrieben und verschiedene Kompositionen Zippers getanzt, die Lippay dirigierte. So waren die Fakultät und die Administration der Akademie mit den Fähigkeiten Zippers auf musikalischem Gebiet vertraut. Trudl selbst hatte mehr als nur ein wenig Werbung für ihn gemacht.

So begann der unerschrockene Dr. Zipper am 27. Mai ein weiteres Abenteuer. Er reiste per Zug nach Mailand. Dort gesellte sich ihm ein früherer Zimmergenosse aus Dachau und Buchenwald zu, Dr. Fritz Zerkowitz, der später in die USA emigrierte. Jahre danach sagte er Zipper (1946 in Watersbury, Connecticut), daß dessen Sinn für Humor ihm geholfen habe, manche der dunkelsten und verzweifeltsten Stunden zu überleben.

Am 30. Mai 1939 legte der Dampfer „Conte Biancamano" vom Kai in Genua ab, und eine 23 Tage dauernde Reise begann, in deren Verlauf das Schiff viele Häfen anlief. Ein erster Halt war Port Said, an das sich Zipper als einen heißen, stinkenden Ort, aber mit einer faszinierenden Kultur entsinnt. Zipper durchwanderte die Straßen in der Nacht, als die Stadt überhaupt erst lebendig wurde. Dann ging die Reise weiter durch das Rote Meer, wiederum in schweißtreibender Hitze. Zipper schlief auf Deck, um etwas Erholung zu bekommen. Die Reise ging weiter nach Aden, wo es seit drei Jahren nicht mehr geregnet hatte. Zusätzliche Landungen gab es in Bombay, das Zipper durch seine Armut erstaunte, und in Colombo auf Ceylon, wo er an den Stadtrand fuhr und Elefanten sah. Für einen Europäer und einen Überlebenden eines Konzentrationslagers war diese Reise von einer Aura der Unwirklichkeit und Phantastik erfüllt. Sie nahm Zippers Denken so stark in Anspruch, daß er Buchenwald, zumindest teilweise, vergaß, ja sogar die bevorstehende Wiedervereinigung mit Trudl. Aber es waren nicht nur einfach die exotischen und fremdartigen Anblicke, die Zipper befähigten, die Erfahrung des Konzentrationslagers in den Schubladen seines Gedächtnisses zu verstauen. Es lag daran, daß Zipper imstande war, seine Erlebnisse zu analysieren und zu definieren, aus ihnen Nutzen zu ziehen, anstatt, wie andere, durch sie gefühlsmäßig zerstört zu werden.

In Singapur genoß er zwei Tage kühlen Wind und hoffte, es sei ein Vorschuß auf Manila. Er nahm sich auch Zeit, Briefe zu schreiben, darunter einen an Eric Simon, in dem er seinen „Transport" nach Dachau beschrieb. Bei jeder Gelegenheit übte er sich in Englisch.

Am 23. Juni passierte das Schiff Corregidor, nur 17 Meilen von Manila entfernt, und Zipper packte nun auf das sorgfältigste, um seine Aufregung, Trudl wiederzusehen, in Schach zu halten. Schließlich legte der „Conte Biancamano" am Pier 7 in Manila Bay an.

Als Zipper das Schiff verließ, erlebte er seinen ersten Schock durch die tropische, alles umfassende Hitze der Philippinen. Es war ein unvergeßlicher Augenblick. Er hatte jedoch wenig Zeit, sich auf die Hitze zu konzentrieren, denn ein großes Empfangskomitee wartete auf dem Dock, um den neuen Dirigenten und Direktor der Akademie zu begrüßen. Da waren Mitglieder des Verwaltungsrates der Symphoniker, Musiker, Tänzer, Photographen und, am wichtigsten von allen, Trudl. Als sie Zipper für diese Aufgabe empfahl, hatte sie diskreterweise nicht erwähnt, daß Zipper und sie ein Liebespaar seien. Daher stürmte sie auch nicht auf ihn zu, um ihn zu umarmen. Sie bemerkte jedoch, daß er einen Regenschirm trug - eine lächerliche Angelegenheit auf den Philippinen. Um die Photographen zu vermeiden, schickte sie eine Freundin und Zimmergenossin, Harriet Agens, zu Zipper, um ihn zu begrüßen und ohne viel Aufsehens ihn von seinem Schirm zu befreien. Trudl aber stand dort am Dock, gekleidet in ein leichtes weiß-blaues Sommerkleid, die langen blonden Haare in der Morgenbrise wehend. „Sie schien mir sehr gut auszusehen", erinnert sich Zipper. Dann ging sie auf ihn zu, ihn zu begrüßen. Sie schüttelten einander formell die Hände, und er, wie ein richtiger Wiener Herr, küßte ihr die Hand. Zipper trug ein leichtes Wolljackett, das er der Hitze wegen ausziehen wollte, als er bemerkte, daß eben diese Hitze die rote Tinte auf seinem Reiseticket hatte zerfließen lassen, sodaß sein Hemd mit roten Flecken besät war. Für den Rest der Festivität behielt er die Jacke an und war bald in Schweiß gebadet.

Zipper und Trudl waren natürlich bemüht, bald allein zu sein. Aber das mußte warten. Er wurde vom Dock zu einer Packard-Limousine des Manila Symphonie Orchesters geleitet und zum Friedhof gebracht, um dort einen Kranz auf das Grab von Alexander Lippay niederzulegen. Dem folgte ein großer Empfang in der Musikakademie. Unter den Teilnehmern waren Aurora Quezon, die Frau des Präsidenten der Philippinen, und Herr Bocobo, der Minister für Erziehung. Es gab Ansprachen, Kammermusik und eine improvisierte Rede, die Zipper halten mußte, dessen Englisch zu diesem Zeitpunkt noch etwas wackelig war. Er wurde dann offiziell als Direktor der Musikakademie von Manila eingesetzt. Dem Empfang folgte ein Essen, und am späten Nachmittag waren Zipper und Trudl endlich allein - zum ersten Mal seit zwei Jahren. Sie gingen zur Bucht, saßen dort beisammen und blickten auf das Wasser. Das Abendrot im Juni zeigte eine prächtige Palette von rot und orange. Sie saßen dort, händehaltend, blickten auf den Himmel, und Trudl sagte: „Ich weiß, du hast mir viel zu erzählen, aber ich will jetzt keine Schreckensgeschichten hören."

Nach ihrem Spaziergang gingen sie zu Trudls Wohnung, wo sie mit ihrer Wohngenossin Hatty gemeinsam zu Abend aßen. Nach dem Essen zog sich Hatty in ihre eigenen Räume zurück, und Trudl und Zipper waren allein. Spät abends ging er zurück in seine neue Wohnung in einer Pension. Es würde Zeit für das Erzählen ihrer Erlebnisse geben, nun war es an der Zeit, wieder miteinander bekannt zu werden.

Am nächsten Morgen begab er sich in die große Probenhalle, um zum ersten Mal das Orchester bei einer Probe kennenzulernen. Zum Gedenken an Lippay sollte Tschaikowskys „Symphonie Pathétique" aufgeführt werden. Maestro Zipper mußte bald lernen, daß er arbeiten mußte, um sein Gehalt zu verdienen. Am Dirigentenpult angelangt, lächelte der neue Maestro seinem Orchester entgegen und gab das Einsatzzeichen. Jedoch statt der Eröffnungstöne des Fagotts hörte er einen merkwürdig spuckenden Klang. Nach einigen weiteren erfolglosen Versuchen stand der Fagottist auf und bekannte: „Maestro, wir wissen nicht, wie wir das Fagott blasen sollen." Obgleich die Instrumente des Orchesters europäische Qualitätsprodukte waren, wußten doch manche Holz- und Blechbläser des Orchesters nicht mit ihnen umzugehen, denn sie waren neu und praktisch ohne Erfahrung. Bis zum Jänner 1939 waren für das Orchester die Holz- und Blechbläser jeweils von der gut ausgebildeten Kapelle der Polizei abengagiert worden. Aus welchem Grund auch immer hatte die gesetzgebende Versammlung Ende 1938 beschlossen, daß es diesen Musikern nicht gestattet sei, irgendwelche Engagements außerhalb anzunehmen. Daraufhin bestellte die Symphonie-Gesellschaft sogleich Instrumente aus Europa, und kurz vor seinem Tod hatte Alexander Lippay diese auch unter den Musikstudenten und Jazz-Musikern verteilt, die freilich mit diesen Orchester-Instrumenten nicht vertraut waren. Das Orchester war zu diesem Zeitpunkt also eine Mischung aus erfahrenen und weniger erfahrenen Musikern. Alle waren Filipinos, mit Ausnahme des Ersten Cellisten, Vasili Prihodko, einem russischen Emigranten aus der Zeit von 1917-18. Damals waren manche russische Musiker nach China, auf die Philippinen oder in die USA emigriert. Und so fand Zipper, daß er dieses Orchester nicht nur dirigieren mußte, sondern daß er es vor allem auch unterrichten mußte - eine Form, die für seine ganze Karriere typisch werden sollte.

Jeden Nachmittag traf er sich mit kleinen Gruppen, den Fagottisten, den Hornisten usw., um dem Orchester beizubringen, wie man diese Instrumente spielt. Seine Geduld, Freundlichkeit, Intelligenz und Menschlichkeit waren an den Orchestermitgliedern nicht verloren. Die Loyalität und Liebe, die sich entwickelte, sollte später noch außergewöhnliche Dividenden bringen - in überraschenden und ganz unvorstellbaren Formen.

Bald war das Orchester auf wunderbare Weise imstande, verschiedene Konzerte zu geben. Als er noch in Paris war, hatte ihm Trudl telegraphiert, er solle gewisse Musikstücke, einschließlich des Requiems von Mozart, mitbringen. Als er ankam, fragte er sie, sie möge ihm etwas über den Chor sagen, für den sie das Requiem verlangt hatte. Sie antwortete: „Wir haben hier keinen Chor, aber ich weiß, daß du, wohin du auch kommst, einen haben mußt." Am folgenden Tag begann er, einen Chor zu organisieren, der allmählich über einhundert Mitglieder stark wurde. Als Präsident Manuel Quezon das Requiem hörte, bemerkte er zu Frau Benito Legarda: „Das möchte ich bei meinem Begräbnis gespielt bekommen."

Bald nach den ersten Wochen seiner Ankunft war die Legarda-Familie in Zippers Leben wichtig geworden. Don Benito Legarda wurde rasch ein enger Freund. Sein Großvater war der erste Filipino gewesen, der in Washington als Botschafter beglaubigt war. Die Legardas hatten großen Grundbesitz in Manila und waren eine sehr kultivierte, aristokratische Familie. Viele von ihnen waren in Paris erzogen worden. Benitos Mutter Filomena sprach ausgezeichnetes Französisch. Benito war in bezug auf Musik außerordentlich gut unterrichtet. Sein jüngerer Bruder José war und ist immer noch ein ausgezeichneter Pianist. Zum 70. Geburtstag Filomenas im Jahr 1942 half Zipper, eine Überraschungsdarbietung des Konzerts für vier Klaviere von Bach-Vivaldi zu organisieren. Es spielten Benito und José, Benitos Sohn, Benito jr., und Benitos Schwester Rosario Valdes.

Am 1. Oktober 1939 wurden Herbert Zipper und Trudl Dubsky endlich ein Ehepaar. Sie waren seit zwölf Jahren ineinander verliebt gewesen. Sie waren durch die Arbeit und die NS-Politik getrennt worden, wurden aber schließlich lebenslange Partner. Sie hatten eigentlich eine zivile Hochzeit im Rathaus geplant, aber die Symphonie-Gesellschaft von Manila bestand auf einer kirchlichen Hochzeit. So fand die Hochzeit im Palast des Erzbischofs mit Hunderten von Gästen, einschließlich der First Lady der Philippinen, statt. Die Hochzeit Herbert Zippers, eines österreichischen Juden, und Trudl Dubskys, deren Vater Jude und deren Mutter eine katholische Österreicherin waren, war eine katholische Zeremonie. Zipper hatte zugestimmt, er war dankbar, am Leben zu sein und heiraten zu können. Danach gab es noch eine große Gesellschaft im Universitätsklub an der Luneta (dem offenen Gebiet vor der Manila Bay) mit Blumenmädchen und einem traditionellen vier Fuß hohen Hochzeitskuchen. Die Neuvermählten verbrachten ihre Flitterwochen in ihrem neuen Apartment. Am folgenden Tag ging Zipper schon zu einer Orchesterprobe, und Trudl nahm ihren Unterricht in den Tanzklassen an der Universität wieder auf, sehr zum Erstaunen ihrer Studenten.

Die Orchestersaison endete im März 1940. Der Dirigent aber beschloß, daß es vorteilhaft wäre, die Saison auszuweiten, indem sich das Orchester in die kühlere Gebirgsprovinzstadt Baguio zu einem Sommerfestival begebe. Im Budget der Symphoniker gab es dafür allerdings kein Geld, und so besuchte er Baguio und dreißig der führenden Bürger. Er sagte ihnen, daß er 3000 Pesos brauche, jeder von ihnen versprach hundert Pesos. Die fünf Konzerte waren ausverkauft, und es wurden auch schon Pläne für die Saison 1941 geschmiedet.

Nach den Konzerten blieben Zipper und Trudl noch sechs Wochen dort - ihre ersten wirklichen Flitterwochen. Die Symphonie-Gesellschaft besaß hier ein kleines Haus in der Nähe des Dorfes Igorot. Die eingeborenen Frauen waren fasziniert von Trudls blonden Haaren und wollten es berühren. Die Zippers ihrerseits waren wiederum fasziniert zu erfahren, daß die Igoroten ihr Liebeswerben auf musikalische Art betrieben, gänzlich ohne Worte. Die Männer schnitzten sich großartige Nasenflöten, und auf einer Art Markt, genannt Ologs, machten die jungen Männer Musik für die jungen Mädchen, die dort auf bambusgewebten Betten lagen. Diese Musik bestand aus leisen, sanften Tönen, um andere nicht zu stören. Zipper entdeckte, daß dieses ungewöhnlich schöpferisch begabte Volk kein Wort in seiner Sprache für „Kunst“ hat. Sie sind wundervolle Holzschnitzer, Sänger, Tänzer, deren Kunst mit ihrem täglichen Leben verwoben ist, nicht als eine Unterhaltung oder ein wirtschaftliches Produkt, auch nicht getrennt von der Arbeit, sondern als die wahre, eigentliche Nahrung des Lebens selbst. Auch hier begann Zipper die Natur der Künste in besonderer Weise zu verstehen, als etwas, das entscheidend für das Überleben des menschlichen Geistes ist, so wie das Atmen und das Essen für den menschlichen Körper.

Die Universalität der Kunst wurde auch während der ersten Probe in Baguio eindringlich unter Beweis gestellt. Zipper und sein Orchester probierten Mozarts „Jupiter“-Symphonie, und er bemerkte, daß seine Orchestermitglieder verstört, ja sogar verängstigt wirkten. Die Filipinos des Tieflandes fühlten sich von den Gebirgsleuten bedroht. Als Zipper sich umsah, bemerkte er, daß dort einige Hundert Igorot-Kopfjäger saßen, ihre Speere und Schilde hatten sie draußen vor der Halle gelassen. Sie waren ruhig und genossen glücklich die Musik. Sie hörten ja zum ersten Mal ein Symphonieorchester westliche Musik spielen. Von nun an erschienen sie praktisch jeden Tag. Schließlich fragte Zipper einen ihrer englischsprechenden Führer, was sie denn so anziehe, warum sie immer wieder kämen. Der Igorot antwortete: „Weil es wundervoll ist.“

Unterdessen zogen sich sowohl über Europa als auch über dem Pazifik immer dunklere Wolken immer schneller zusammen. Während Zipper noch daran war, sich ein neues Leben auf den Philippinen aufzubauen, eroberte die Kriegsmaschine der Nationalsozialisten ganz Europa. Am 1. September 1939 griff Hitler Polen an, und Großbritannien und Frankreich erklärten ihm daraufhin den Krieg. Am 9. April 1940 begann die deutsche Invasion Norwegens und Dänemarks. Am 10. Mai griff Hitler Holland, Belgien und Frankreich an. Ende Juni war Frankreich bereits unter deutscher Herrschaft. Im Juni 1941, als Herbert und Trudl Zipper nach Manila zurückkehrten, um dort das neue Semester an der Akademie zu beginnen, ließ Hitler seine Truppen in Rußland einmarschieren.

Auf den Philippinen herrschte Unsicherheit, denn die Pläne der Japaner im Pazifik waren nun klar. Sie führten einen Vernichtungskrieg gegen die Chinesen und bauten in derselben Zeit eine große Kriegsmarine auf. Diese Flotte war offenkundig nicht für Verteidigungszwecke bestimmt - denn von welcher Seite mußten die Japaner einen Angriff fürchten? Ein Krieg mit Japan sei unvermeidlich, das sagte Claude Buss, ein Freund der Zippers und hoher Regierungsbeamter, aber auch einer der führenden Historiker des Fernen Ostens, der im selben Apartment-Haus wohnte wie die Zippers.

Im Juni 1940, in jener Atempause vor dem Krieg mit Japan, stattete Zipper einem Freund einen Besuch ab. Es war dies Francis B. Sayre (der Schwiegersohn von Präsident Woodrow Wilson). Da Sayre der Hochkommissar für die Philippinen war (das heißt, der Repräsentant des Präsidenten der Vereinigten

Staaten auf den Philippinen, damals US-amerikanisches Territorium), bat Zipper ihn um Hilfe. Denn Vater, Mutter und Otto Zipper waren immer noch in Paris, das sich nun unter der Herrschaft der Nazis befand. Seine Schwester Hedy und ihr Mann waren schon im Dezember 1939 in die Vereinigten Staaten emigriert. Walter befand sich in England. Herbert bat nun um Hilfe, damit die Familie in Paris Visa erhalte, um die von den Deutschen kontrollierte Stadt verlassen zu können. Sayre telegraphierte dem amerikanischen Außenministerium, und mit seiner persönlichen Garantie erhielten die Zippers Visa für die Philippinen, mit Transitvisa für die USA. Als sie Amerika erreichten, blieben sie dort. Nun waren alle außer Walter und Herbert in diesem neuen Land.

Der Zeitabschnitt von 1940-41 war, wie Herbert und Trudl Zipper später begriffen, eine Art „Narrenparadies". Eine neue exotische Landschaft, eine fremde Kultur, eine vollkommen andere Architektur mit anderen Arten des Transportes, vollkommen verschiedenen Bäumen und Blumen. Es gab Besuche von hohen Regierungsbeamten, die seinen Rat suchten - alles war völlig verschieden von Europa. Es war verführerisch, sich völlig auf dieses Neue einzustellen, Schüler zu werden, die jeden Tag neue Wege des Seins erfahren und diese wieder an andere weiterzugeben, sich selbst zu gestatten, die jüngst erlebten Dinge zu vergessen. Zippers persönliche Eigenschaft, unerfreuliche Realitäten zu analysieren und abzulegen und sich gefühlsmäßig von ihnen zu distanzieren, wurde nun verstärkt durch die Fremdheit der neuen Umgebung und dadurch, was es hier alles zu lernen gab.

Während Europa in Flammen stand, während Rußland eine Invasion erdulden mußte, während Frauen und Kinder aus Hongkong evakuiert wurden, weil sich auch der Ferne Osten seinem Schicksal des Krieges näherte, lebten doch die Jungverheirateten glücklich in ihrem schönen Apartment, von dem aus man auf die Bucht von Manila hinausblickte. An klaren Tagen konnte man sogar die Insel Corregidor sehen. Sie hatten einen ausgezeichneten Koch namens Julio und führten ein angenehmes, beschäftigungsreiches Leben. Trudl arbeitete mit ihrer Tanzklasse (modernes Ballett) und freute sich daran, an der Akademie und an der Universität Tanz zu unterrichten. Zipper dirigierte sein Orchester in ausverkauften Konzerten, lehrte Musiktheorie, Geschichte und Kammermusik und leitete die Akademie. Die Zeit von 1940-41 war so wunderbar wie die Zeit von 1938-39 gräßlich gewesen war. Sie endete mit dem 7. Dezember 1941.

Am 8. Dezember 1941 um vier Uhr früh fernöstlicher Zeit telephonierte Claude Buss mit Zipper und sagte ihm, was in Pearl Harbor geschehen war, nämlich der Überfall der Japaner auf die dort verankerte amerikanische Kriegsflotte. Zipper rief aus: „Sie müssen verrückt sein!" Aber er war nicht völlig überrascht. Am 5. Dezember hatte er ein Konzert zum Gedächtnis des 150. Todestages von Mozart dirigiert. Nach dem Konzert waren Zipper und Trudl in ihr Wochenendhaus in Tagaytay südlich von Manila gefahren, wo es bis zu 12 Grad Celsius kühler war. Als sie am Abend des 7. Dezember zurückkamen, bemerkten sie, daß die Pazifik-Flotte den Hafen verlassen hatte, einschließlich des Flaggschiffs „Augusta" (ein Schiff, auf dem sich später Franklin Delano Roosevelt und Winston Churchill auf dem Atlantik treffen sollten).

Nachdem er den Anruf von Buss erhalten hatte, erwartete Zipper, daß das Nichols Airfield, ein Flughafen, der sich nicht weit von ihrem Apartment befand, noch in dieser Nacht bombardiert werden würde. Am Morgen eilte er zur Akademie und sagte seinem Freund und Schatzmeister der Akademie, Benito F. Legarda, daß er jeden Augenblick einen Bombenangriff erwarte. Gerade da begannen Bomben auf Cavite, eine Marinebasis, zu fallen. Während Zipper und alle anderen, einschließlich der Japaner, erwartet hatten, daß die amerikanische Luftwaffe aufsteigen und dem Angriff Widerstand leisten werde, tat General MacArthur merkwürdigerweise nichts. Einige Historiker haben angenommen, daß er darauf wartete, daß der Kongreß der USA Japan offiziell den Krieg erkläre. Im weiteren jedoch haben sich die Geschichtsforscher darüber den Kopf zerbrochen, warum MacArthur, nachdem er doch die Nachrichten über Pearl Harbor erhalten hatte, in den folgenden neun Stunden nichts tat, was zur Folge hatte, daß die gesamte Luftwaffe am Boden zerstört wurde. Ein katastrophaler Schlag für Amerika in den ersten Monaten des Krieges. MacArthur schien die Japaner und ihr Kriegspotential zu unterschätzen. So hatte er nur drei Monate vor Pearl Harbor eine Ansprache gehalten, die Zipper hörte, in der er erklärte, er könne die Philippinen mit hundert Torpedobooten verteidigen. Nun war der Erfolg der Japaner total. Das japanische Nachrichtenwesen war tödlich genau, denn manche Filipino-Japaner erwiesen sich als Spione. Ein Bekannter Zippers, ein Händler pharmazeutischer Instrumente, erwies sich als Vizeadmiral der japanischen Marine. Auf der Basis vieler Berichte telegraphierte Hochkommissar Sayre an das amerikanische Außenministerium und warnte vor Japano-Amerikanern, die Spione sein könnten.

Am 8. Dezember wurde die Staatsuniversität geschlossen. Trudl wurde gesagt, sie werde zwei Monatsgehälter bekommen. Zipper fuhr sie zum Schatzamt, wo sie sich in einer Schlange anstellen mußten, aber andere Fakultätsmitglieder gestatteten ihr höflicherweise, vorzugehen. Sie erhielt ihren Scheck, und als sie wieder wegfuhren, kamen auch schon japanische Flugzeuge und bombardierten das Gebäude, das sie gerade erst verlassen hatten. Viele Leute wurden verwundet, manche starben.

Eine Woche später traf Zipper mit dem Verwaltungsrat des Orchesters zusammen. Es war klar, daß es sich um eine hoffnungslose Situation handelte: Die Flotte in Pearl Harbor war zerstört, die Luftwaffe auf der Nichols Airbase und Clark Field schwer angeschlagen. Admiral Hart war mit dem Überrest der amerikanischen Flotte aus der Manila Bay abgezogen. So konnte Manila nun nicht verteidigt werden. Der Präsident der Philippinen, Manuel Quezon, erklärte Manila zur offenen Stadt, die amerikanische Armee zog sich nach Bataan und Corregidor zurück. Man konnte nichts anderes tun, als die Akademie schließen, das Orchester auflösen und die Instrumente und die Bibliothek in ein Versteck bringen.

Eine neue Periode im Leben Zippers begann. Nachdem er den Schrecknissen in Dachau und Buchenwald entkommen war, mußte er nun seinen eigenen Einfallsreichtum benutzen, um sich auf die unmittelbar bevorstehende Invasion der Japaner vorzubereiten. Er begann damit, daß er große leere Kisten in den Keller des Heimes von General Basilio Valdes, des Stabschefs der philippinischen Armee, brachte. Zipper wußte, daß die Japaner Valdes' wunderschönes Haus besetzen würden und hatte einen Plan für später. Als nächstes versteckten er und Benito F. Legarda die meisten Instrumente und die Bücherei des Orchesters in einer alten, aufgelassenen Brennerei der Legarda-Familie. Obgleich die Brennerei schon seit vielen Jahren nicht mehr in Betrieb war, so befand sich dort doch noch eine ganze Menge Alkohol, der dort gelagert worden war. Als die Japaner die Manila Bay besetzten, wies Benito Legarda seine Angestellten an, den gesamten Alkohol im Wert von etwa 250.000 Dollar in einen Flußarm zu gießen. Denn Legarda sah voraus, daß die Japaner den Alkohol in irgendeiner Weise für ihre Kriegsanstrengungen verwenden würden. Für die Dauer des Krieges schlich sich Zipper mindestens einmal im Monat in die Brennerei, um im Versteck nachzusehen, wie es um die Instrumente stand, um sie zu säubern und instand zu halten. Es war dies geradezu eine rituelle Bestätigung seiner tiefen und ehrlichen Hingabe an die Künste.

Am 1. Jänner 1942 marschierte die japanische Armee in Manila ein. Zipper und Trudl vermieden es von da an, ihre Wohnung zu verlassen, außer wenn es unbedingt notwendig war. Wenn japanische Soldaten durch die Straßen von Manila marschierten, waren die philippinischen Bürger gezwungen, sich vor ihnen zu verbeugen. Taten sie es nicht, wurden sie von den Soldaten geohrfeigt. In den Wochen vor der Invasion bemerkte Zipper an sich dieselbe besorgte Erwartung, die er auch vor dem 11. März 1938 gespürt hatte. Während des Zeitraums zwischen dem 24. und 31. Dezember 1941 hatten die Amerikaner und die Filipinos Munitionslager und Ölraffinerien außerhalb der Stadt gesprengt, und ein bedrohlicher Vorhang aus schwarzem Rauch umringte Manila. Eines Morgens bemerkte Zipper, daß ihr kleiner Kanarienvogel nicht mehr sang. Er lag tot, vergiftet durch den Rauch, auf dem Boden seines Käfigs - ein Symbol der Dinge, die da kommen sollten.

Etwa drei Tage nach der Besetzung der Stadt, kündigten die Japaner an, daß sich alle feindlichen Ausländer, einschließlich Amerikanern, Engländern und Franzosen im Rizal Stadion zu melden hätten. Zipper und Trudl unternahmen den Versuch, sich ihren Freunden dort anzuschließen, weil sie meinten, sie würden dann weniger verdächtig wirken. Aber ihre Pässe wurden bemerkt, Herberts Paß war deutsch und der von Trudl tschechisch. So wurden sie wieder nach Hause geschickt.

Ein paar Tage später sah Zipper von seinem Fenster aus einen japanischen Truppentransporter vorfahren. Soldaten sprangen heraus und begannen, die Stiegen zur Wohnung der Zippers hinaufzutrampeln. Zuerst glaubte Zipper, daß sie gekommen waren, um einen Freund von ihm abzuholen. Der Sekretär des Manila Symphonieorchesters, A. V. H. Hartendorp, ein Amerikaner, der mit einer Filipino-Frau mehrere Kinder hatte, hielt sich bei den Zippers auf, um seinen Kindern nicht zu schaden. Zipper versteckte ihn rasch im Badezimmer, aber die Soldaten waren nicht gekommen, um Hartendorp zu holen. Als Zipper ihnen die Tür öffnete, stand dort grinsend der Photograph von Trudls Tanzgesellschaft - ein japanischer Spion, der nun Uniform trug. Er sprach englisch.

Zipper fragte: „Bin ich verhaftet?“ Er lächelte und erwiderte: „Ja.“ Zipper wurde nun auf den Mannschaftswagen verladen, umgeben von Soldaten mit aufgepflanzten Bajonetten. Die Japaner hatten gewußt, daß Zipper ein Freund des amerikanischen Hochkommissars Francis B. Sayre war, und sie wußten von seiner Freundschaft mit Claude Buss, der nach der Abreise von Sayre nach Corregidor und später per U-Boot nach Australien der Hauptrepräsentant der Amerikaner geworden war. Sie wußten auch, daß er MacArthur kannte. Er hatte außerdem sechs Wochen früher im Rotary-Club von Manila eine Rede gehalten, in der er die kulturellen Zerstörungen bedauerte, die die Achsenmächte verursachten.

Ironischerweise wurde nun das Musikkonservatorium an der Universität der Philippinen in Villamor Hall in ein Polizeigefängnis umgewandelt, so wie dies schon 1938 in Wien mit dem Schulgebäude geschehen war, das in ein Anhaltelager verwandelt worden war. Zippers neue „Zimmergenossen“ waren McCullough Dick, ein schottischer Zeitungsbesitzer der „Philippinischen Freien Presse“, der seinen 70. Geburtstag feierte, während sie im Gefängnis waren, und ein Amerikaner, Roy Bennett, der Chefredakteur des „Manila Daily Bulletin“, dessen Frau auch Gefangene war, und zwar in einem Gefangenenlager in Manila. Im Gefängnis angekommen, standen sie in langer Reihe vor einem Schreibtisch, an dem ein japanischer Offizier saß und ihre Personaldaten aufnahm. Dick stand vor Zipper, Bennett hinter ihm. Allen wurde erklärt, sie würden erschossen werden. Als die Reihe an Dick kam, befragt zu werden, brüllte ihn der Offizier an: „Sie, Besitzer von Free Press?“ Worauf Dick antwortete: „Nein, ich bin nicht der Besitzer, ich bin der Eigentümer!“ „Nein“, brüllte der Japaner, „Sie sind der Besitzer!“ „Nein“, antwortete Dick nachdenklich und ein wenig prätentiös, „Besitzer ist das falsche Wort, das richtige Wort ist Ei-gen-tümer!“ Bennett flüsterte in Zippers Ohr: „Siehst du, wir werden alle erschossen, und Dick gibt dem Japaner Englischunterricht.“ (Dabei geht es um einen ganz kleinen Unterschied im Englischen zwischen owner, das der Japaner meinte, und proprietor, was der Amerikaner meinte.) Ihr Gefängnisraum hatte Fenster auf die Taft Avenue. Zipper erinnert sich eines Morgens, an dem es eine große Siegesparade gab und alle japanischen Panzer - kleine, mittlere und große - aufgefahren waren. Auf ein Signal stiegen die japanischen Soldaten aus und verbeugten sich tief nach dem Osten vor dem Kaiser. Diese widerspruchsvolle Gegenüberstellung der modernen Panzer und der antiken Tradition des sich vor der aufgehenden Sonne Verbeugens war eine unvergeßliche Szene.

An einem Punkt während ihrer Verhöre wurde der gefangene chinesische Konsul (der für den Kuomintang, also für die Tschiang Kai-schek-Regierung stand) in Manila plötzlich krank. Ein japanischer Offizier ließ Zipper als Dolmetscher rufen. Der japanische Arzt sprach deutsch und der chinesische Konsul englisch. Sobald sich der Konsul bewegen konnte, wurde er nach Fort Santiago gebracht, um dort weiter verhört und schließlich erschossen zu werden. Zipper wurde allmählich und im steigenden Maße der außergewöhnlichen Tapferkeit der Filipinos gewahr. Tapferkeit ist vielleicht eine Eigenschaft, die man in allen Gruppen, Stämmen und Nationalitäten, besonders in Zeiten der Not findet, aber Zipper glaubt, daß die Filipinos eine ganz besondere stille Härte besitzen. Ein Filipino, Ramon Oriol, ein Freund Ben Legardas, war Bildhauer, der Marmormonumente für Friedhöfe schuf. Er machte aus seinem starken Haß für die Invasoren kein Geheimnis. Da er außerdem über Verbindungen in den Untergrund verfügte, wurde er gefangengenommen. Die Japaner wußten, daß er über das Netzwerk der Untergrundarbeiter Bescheid wußte. So wurde er 1942 nach Fort Santiago geschickt und aufs härteste gefoltert. Er sprach nicht und starb beinahe. Man erlaubte ihm, ein gewisses Maß an Kraft wiederzugewinnen und entließ ihn. Aber er konnte nicht mehr gehen und starb sehr bald an den Folgen der Folter. Er hatte jedoch nicht einen einzigen Namen verraten. Diese Art von Tapferkeit war nicht ungewöhnlich unter den Menschen der Philippinen.

Zipper bewunderte auch, zusätzlich zu deren Tapferkeit, die Ehrlichkeit des Volkes. Zum Beispiel wurde ein philippinischer Verkäufer der Oceanic Company Jewellery Store, die einer französischen Familie gehörte, mit einer Kollektion von Juwelen, deren Wert ungefähr 250.000 Pfund betrug, nach Mindanao und Visayan, zwei Inseln, geschickt. Er befand sich noch auf Reisen, als im Herbst 1941 der Krieg ausbrach. Im August 1945 erschien er wiederum in Manila, ging in das Büro der Oceanic Company, die wunderbarerweise den Beschuß überlebt hatte, und brachte die gesamte Juwelenkollektion zurück, die der Besitzer schon längst als verloren aufgegeben hatte. Er entschuldigte sich dafür, daß er ein paar Uhren verkauft hatte, um am Leben bleiben zu können. Im übrigen war die Kollektion vollständig und intakt.

Die Verhöre begannen am 1. Februar: fünf, sechs Tage pro Woche durch vier Wochen hindurch. Zipper wurde jeden Tag zu Verhören, die den ganzen Tag dauerten, nach Fort Santiago gebracht. Diese begannen immer mit Fragen nach dem Namen und den Personaldaten seiner Großeltern, seiner Eltern, was sie getan hatten - sich endlos wiederholende Fragen. Die Japaner wußten, daß am Abend, bevor der Hochkommissar Francis Sayre nach Corregidor gereist war, Zipper mit ihm zu Abend gegessen hatte, und auch, daß Zipper mit Frau MacArthur befreundet war. Infolgedessen nahmen sie an, daß er vielleicht irgendwelche Insider-Informationen habe. Tatsächlich basierte Zippers Freundschaft sowohl mit Frau MacArthur als auch mit Sayre nur auf der Musik. Zipper hatte tatsächlich und ehrlicherweise seinen Verhörern nichts zu sagen.

Der erste Verhörleiter, ein Major, starb nach etwa einer Woche. Der zweite wurde schwer krank, sodaß ein Ersatz für ihn notwendig wurde. Zipper schrieb Trudl in einem seiner geschmuggelten Briefe, daß „mich verhören vielleicht nicht gut für ihre Gesundheit ist". Er wurde von den Japanern nie geschlagen. Je länger der Krieg dauerte, desto schlimmer wurde die Brutalität. Aber in den Anfangstagen bemühten sich die japanischen Invasoren, „Herzen und Verstand" der örtlichen Bewohner zu gewinnen. Gegnerische Soldaten freilich behandelten sie von Anfang an sehr schlecht.

Zipper bemerkte, daß es außerordentliche Unterschiede zwischen dem deutschen und dem japanischen Militär gab. Die Deutschen hatten sorgfältig ein System der Brutalität entworfen, dem jeder, ob SS-Mann oder SA-Mann, bei

Todesstrafe zu gehorchen hatte. Es gab da keinerlei Abweichung von der Grausamkeit, die offiziell und spezifisch vorgeschrieben war.

Über die Brutalität und Grausamkeit sowohl der japanischen als auch der deutschen Gefangenenlager ist viel geschrieben worden. Jedoch sind die Unterschiede nicht sorgfältig erforscht worden. Bei den Japanern gab es nicht nur kein engmaschiges, bürokratisches System der Brutalität, sie nahmen auch Rücksicht auf die Stimmung der Bevölkerung und auch auf die Weltmeinung. Anfänglich wollten sie Zipper und sein Orchester als Mittel benützen, um die Unterstützung der Bevölkerung zu gewinnen. Sie waren auch weit mehr mit einem wirtschaftlichen Imperialismus beschäftigt als mit rassischer Ausrottung oder dem Entwerfen einer intensiven Propagandakampagne. Als sich im Fernen Osten die Nöte des Krieges und das Bewußtsein der bevorstehenden Niederlage verstärkten, gab es mehr und mehr Fälle von Brutalität, Grausamkeit und Folter, jedoch war dies niemals eine nationale Politik, die etwa von Kaiser Hirohito ausgegangen wäre, wie das mit den Deutschen und ihrem Führer Adolf Hitler war. Ein einzelner Gefangenenwärter mochte grausam sein oder auch freundlich. So war etwa einer, ein gewisser Leutnant Yamamoto, geradezu ein Gentleman. Er haßte den Krieg. Eines Tages zeigte er Zipper etwa zwanzig Brandmale von Zigaretten auf seinem Rücken, Resultat seines Widerstandes gegen einen brutalen Befehl. Er war ein kultivierter Mann, der gut englisch, französisch und deutsch sprach und gern mit „Dr. Zipper“ Schach spielte.

Nach vier Wochen sinnloser Verhöre ließ man Zipper in seinem Gefangenenraum unbelästigt. Bald jedoch begannen die Japaner ihn zu drängen, er möge das Manila Symphonie Orchester wieder reorganisieren und Konzerte geben. Als Belohnung bot man ihm seine Freilassung an. Er aber sagte, er könne solange nichts versprechen, als er im Gefängnis sei. Sollte man ihn aber freilassen, so würde er die Möglichkeit erkunden.

Ein paar Wochen später wurde er tatsächlich entlassen - gerade zwei Tage vor dem Fall von Corregidor, der Eroberung des letzten amerikanischen Stützpunktes auf den Philippinen durch die Japaner. Er begann, seinen Plan hinhaltender Taktik zu entwerfen. Zuerst sagte er den Japanern, daß sich alle Instrumente in Kisten im Keller des Hauses von General Valdes befänden. Als die Japaner die Kisten, beschriftet mit „Eigentum der Manila Symphoniker“, fanden, stellte sich heraus, daß sie leer waren. Zipper meinte nun, daß wohl japanische Soldaten, die dort stationiert seien, die Instrumente genommen hätten. Durch Wochen hindurch verhörten die Japaner ihre eigenen Soldaten. Dann wieder behauptete Zipper, er habe keine Ahnung, wo seine Musiker sein könnten. Einige, so meinte er, seien vielleicht getötet worden, andere im Gefängnis. Mehrmals im Monat besuchten japanische Offiziere Zipper und drängten ihn, das Orchester in Gang zu bringen. Er war immer sehr höflich und freundlich, aber ausweichend. Trudl sagte: „Wenn diese Leute kommen, um dich zu besuchen, dann wirst du immer einen Fuß größer, wenn du mit ihnen sprichst.“ Einmal drohten sie, ihn zu erschießen, wenn er die Instrumente und die Orchestermitglieder nicht fände. Er erwiderte: „Wir müssen alle eines Tages sterben. Tun Sie, was Sie tun müssen. Ich kann sie nicht finden.“ Er hatte durch Kriege,

Revolutionen und Konzentrationslager gelernt, daß man sich selbst jeden Tag ins Gesicht blicken können muß und Entscheidungen auf dieser Basis getroffen werden sollten. Er hatte gelernt, daß der Tod einem Leben vorzuziehen ist, in dem man sich selbst verachtet. Trudl verstand das und unterstützte ihn in seiner Haltung in Kriegszeiten.

In dieser Zeit wurde auch ein amerikanisches Ehepaar, Grace und Ralph Nash, und deren Kinder gefangengesetzt und blieben während der Dauer des Krieges interniert. Sie waren Freunde der Zippers, und Grace Nash schrieb nach dem Krieg einen Bericht über die Erlebnisse ihrer Familie, „That We Might Live". Die Zippers halfen ihnen, wo sie nur konnten. So berichtet etwa Grace Nash über den Februar 1943 folgendes:

> *Der nächste heimliche Besucher, der auf unsere Insel kam, war Trudl Dubsky-Zipper. Sie war wie eine Fee, die sich zu uns schlich, wie das nur wenige wagten, und riskierte, von den Japanern entdeckt zu werden, die sie und die Aktivitäten ihres Mannes genau beobachteten. Sie brachte Früchte und Süßigkeiten und erzählte mir von ihren Besuchen im philippinischen General Hospital, um dort meinen Sohn Stan und Ralph zu sehen, und im Convent vom Heiligen Geist, um dort meinen anderen Sohn Gale zu besuchen. Sie hatte auch ihm Süßigkeiten mitgebracht und ihm Geschichten erzählt, als er zu Bett lag. Sowohl Stan als auch Gale kannten und liebten Trudl und Herbert, denn die Besuche Trudls hatten sie aufgeheitert und ihnen Hoffnung gebracht. Die Zippers unterrichteten in ihrer Wohnung privat, und Herbert, trotz wöchentlicher Besuche der Japaner, um seinen Fortschritt bei der Reorganisierung der Symphoniker zu kontrollieren, verstand immer noch auf diplomatische Weise, dies nicht zu tun! Ich wußte, daß sie selbst nur wenig zu essen hatten, und trotzdem verstand es Trudl, uns immer wieder Früchte und Nahrungsmittel zu bringen, und dazu immer noch ein paar ermutigende Nachrichten.*[64]

Aus dieser Zeit ist eine lebenslange Freundschaft zwischen den Familien Zipper und Nash entstanden. Unterdessen, aus dem Gefängnis in seine Wohnung zurückgekehrt, wußte Zipper, daß die Tage ihres dortigen Aufenthaltes gezählt waren, denn angesichts der ausgezeichneten Lage ihrer Zimmer mußten sie damit rechnen, daß die Japaner die Wohnung sehr bald besetzen würden. In der Nacht des 6. Mai, dem Tag, an dem Corregidor nach schweren Kämpfen den Japanern in die Hände fiel, sah das Ehepaar Zipper von ihrem Balkon aus jenseits der Bucht die Blitze der Explosionen. Es gab sogar ein Erdbeben. „Es war ein klarer Abend", erinnert sich Zipper. „Aber wir wußten, daß die amerikanischen und philippinischen Soldaten verloren waren. Bald war es auch ruhig, und wir begriffen, daß alles vorüber war."

Die Zippers übersiedelten nun rasch in eine neue Wohnung in der Harran Street im Paco-Bezirk Manilas. Das neue Apartment-Gebäude stand im Besitz einer philippinischen Frauenärztin, Dr. Guazon. Zipper ließ sogar durch einen Ochsenkarren seinen fast neuen Plymouth dorthin bringen. Er hatte den Verteiler entfernt, um ihn für die Japaner nutzlos zu machen, die ihn sonst mit Sicherheit beschlagnahmt hätten. Das Auto verbrannte dann während der Kämpfe um die Befreiung Manilas.

Im Juli 1942 erschien ein junger Mann bei Zipper, stellte sich als Lucio (sein Deckname) vor und fragte Zipper, ob er bereit wäre, ihm bei der Organisation einer Untergrund-Nachrichteneinheit zu helfen. Zipper nahm an und wurde Teil einer Gruppe von 32 Männern, hauptsächlich Chinesen. (Die Chinesen waren angesichts ihrer sehr berechtigten antijapanischen Gefühle in dieser Art von Arbeit außerordentlich tüchtig.) Zippers Deckname war Berting. Nur einige Wohnblocks weiter befanden sich ein Markt und ein alter, eingemauerter Friedhof mit großen Bäumen und großen Grabsteinen - ein Ort, an dem Zipper sehr viele Treffen mit seinen Kontakten aus dem Untergrund abhalten sollte.

Lucio hatte herausgefunden, daß sie mit MacArthur's Sender in Funkverbindung treten konnten. Zipper-Berting, der von seinen Brüdern einiges über das Radio- und Funkwesen gelernt hatte, war imstande zu helfen. So wußte er zum Beispiel, daß die Japaner ihre Funksignale sehr wohl abhören konnten und man daher den Radiosender immer wieder an andere Orte bringen mußte. Üblicherweise versteckten sie das Radio unter Gemüse oder anderen Lebensmitteln und führten es auf einem Ochsenkarren oder einem Ziehkarren umher. Sie hatten nahezu täglich mit MacArthur's Hauptquartier, zunächst in Australien und dann auf Neuguinea, Kontakt. Die Japaner wußten, daß dieser Senderkarren existierte und suchten auch ständig nach ihm. Ein japanischer Lastwagen mit einer großen Antenne fuhr durch die ganze Stadt auf der Suche nach dem geheimen Radiosender, fand ihn aber nicht. Die Bevölkerung wußte, wo der Sender war, war aber so zuverlässig, daß innerhalb der nächsten drei Jahre kein einziger sie verriet. MacArthur's Hauptquartier wollte etwas über die Bewegungen der japanischen Kriegsschiffe in der Bucht von Manila wissen. Infolgedessen begab sich Zipper zu dem Besitzer eines neuen, acht Stock hohen Gebäudes, von dem aus man eine gute Sicht über die Bucht hatte, und verschaffte sich einen Schlüssel zu dem nicht bewohnten obersten Stockwerk. Der Eigentümer warnte ihn aber, daß sich auf dem Dach des Hauses Tag und Nacht ein japanischer Maschinengewehrposten befinde.

Herbert Zipper, der absolut nichts von Kriegsschiffen wußte, bedurfte nun zweier Dinge, erstens eines guten Feldstechers und zweitens einer 1941er-Ausgabe des „Janes Fighting Ships" - einer britischen Veröffentlichung, die eine ganz genaue Beschreibung sowie die Bilder von jedem Kriegsschiff der Welt enthielt. Wie aber sollte er sich dieses Buch verschaffen? Sicherlich würde die japanische Admiralität eines besitzen. Er beauftragte Lucio, ihm ein paar junge Chinesen zu bringen. Hatten sie vielleicht irgendwelche Freunde, die Bedienstete in der japanischen Admiralität waren? Nein, aber sie würden sich erkundigen. Was brauche er? Er beschrieb das Buch, und sie gingen wieder weg. Eine Woche später erhielt er zusammen mit seiner Morgenzeitung auch ein Exemplar von „Janes Fighting Ships", das in der Zeitung eingewickelt war.

Als Zipper begann, das Buch zu studieren, fragte ihn Trudl, was er denn eigentlich tue? Aber er erklärte ihr niemals, zu ihrem eigenen Schutz, was er tat. Vom Vater eines der Tanzstudenten Trudls verschaffte er sich dann einen Zeiss-Feldstecher. Ein- oder zweimal in der Woche ging er mit seinem Feldstecher, gut verborgen unter Gemüse in einem aus Bambus gefertigten Einkaufskorb, hinauf in den achten Stock und bezog dort seinen Ausguckposten. Aufgrund seiner neuerworbenen Kenntnisse verzeichnete er die Zahl der Schiffe, ob es sich um Kriegs- oder Transportschiffe handelte und von welcher Art sie waren - Zerstörer, Kreuzer, deren Klasse und Type, und lieferte allwöchentlich MacArthur's Hauptquartier einen Bericht ab.

Eines Morgens im Jahr 1944 befand er sich wieder auf seinem Ausguck, als er plötzlich Schritte hörte. Er wandte sich um, den Feldstecher in der Hand, und sah einen japanischen Wachposten sich nähern. Die Pistole hatte er im Halfter. Zipper entschloß sich blitzartig, jetzt gilt es: er oder ich, und wollte bis zum Tod kämpfen. Aber der Soldat blieb stehen und machte nur eine Geste, als wollte er eine Zigarette anzünden, und sagte: „Du, du, Zündhölzer?“ Herbert hatte welche, gab sie ihm, und der zufriedengestellte Soldat zog mit einem Lächeln ab. Zippers Herzschlag wurde wieder normal.

Damals trug es sich auch zu, daß Zipper und seine Frau aus einem Fenster ihrer Wohnung in der Calle Herran, im Paco-Bezirk, sahen, wie gerade vor ihrem Haus ein japanischer Munitionstransporter stehenblieb. Zwei japanische Soldaten stiegen aus dem Führerhaus aus, öffneten die Motorhaube und versuchten erfolglos, den Motor wieder zum Laufen zu bringen. Bald hatte sich eine Gruppe Filipinos um sie versammelt, und ein Mann, offenkundig Mechaniker, bot seine Hilfe an. Er arbeitete langsam, methodisch, auf dies und das deutend, sodaß er die Aufmerksamkeit der beiden Soldaten in Beschlag nahm. Unterdessen hatte eine Gruppe Filipinos ein menschliches Laufband gebildet und in aller Heimlichkeit und Stille den Lastwagen seiner Munition beraubt und die Kisten davongetragen. Ihre Beute verschwand in Häusern entlang einer Nebenstraße. Der Mechaniker redete in Tagalog, der offiziellen philippinischen Sprache, auf die beiden Soldaten ein, die ihn nicht verstanden. Schließlich, nach einer geraumen Zeit, vervollständigte er offenbar seine Arbeit, die Soldaten dankten ihm, stiegen wieder ins Führerhaus ein und fuhren mit dem Lastwagen davon, ohne zu bemerken, daß er nun leer war. Von ihren Balkonsitzen aus erfreuten sich die Zippers an dieser Aktion.

Auch ein anderes Ereignis ist der Erinnerung wert. An einem Tag im Jahre 1944 kamen zwei der chinesischen Jungen an ihrem Treffpunkt auf dem Friedhof zu ihm. Sie zeigten ihm Photographien von Nichols Airfield, auf dem sich sechs japanische Bombenflugzeuge befanden, die mit den amerikanischen Insignien bemalt worden waren: „Sun“-Bomber mit dem amerikanischen Stern. Zipper verstand sogleich, daß die Japaner offenbar den Plan hatten, Manila zu bombardieren und die Schuld den Amerikanern zu geben. Denn die Japaner wußten, daß die Filipinos mit überwältigender Mehrheit pro-amerikanisch waren. Sie wünschten offenbar, eine Propaganda-Gegenoffensive zu führen. Zipper zeigte die Bilder Benito Legarda sen., und die beiden heckten einen Plan aus, um die philippinische Bevölkerung zu informieren. Sie entschlossen sich, die Geschichte auf die Rückseite von Zehn-Centavo-Banknoten zu drucken. (Die philippinische Währung wurde während des Krieges von den Japanern gedruckt. Die Filipinos nannten sie „Mickey-Mouse-Geld“. Bei der Rückkehr der amerikanischen Streitkräfte wurde diese Währung wertlos.) Legarda verschaffte tausend Stück dieser Banknoten, und an einem Sonntagnachmittag, als keiner der Angestellten bei der Arbeit war, gingen sie in die Zeitungsdruckerei. Zipper besorgte von seiner Hausfrau, Dr. Guazon, eine Matrize, auf die sie ihre Botschaft druckten:

> *„Filipinos: Achtung. Die Japaner haben sechs ihrer Bombenflugzeuge mit amerikanischen Insignien bemalt. Sie haben die Absicht, Manila zu bombardieren, um antiamerikanische Gefühle zu erwecken.“*

Diese Botschaft druckten sie dann auf die tausend Banknoten. Sie brauchten dazu den ganzen Sonntagnachmittag.

Am folgenden Morgen nahm jeder von ihnen 500 Centavo-Banknoten, Legarda ging auf die Nordseite des Pasig Flusses, Zipper auf die Südseite. Dann ließen sie an öffentlichen Orten, in Märkten, Geschäftszentren usw. die Noten auf den Boden fallen. Zipper hatte in seine Anzugtasche ein Loch geschnitten und ließ die Banknoten einfach hinunterfallen. Sie steckten sie auch in die Postkästen von japanischen Beamten, sodaß diese wußten, daß ihr Spiel entdeckt worden war. Gegen elf Uhr vormittag rief Legarda an, um zu sagen, daß alles in Ordnung sei, ihr Schlüsselwort für „Mission durchgeführt“. Am Nachmittag jenes Tages erschien der erste Musikstudent Zippers sehr aufgeregt. Er hatte bei einem Einkauf eine Zehn-Centavo-Banknote mit der Botschaft auf der Rückseite erhalten. Späterhin freilich wurden diese Banknoten Sammlerstücke.

Zipper wußte nun, daß sein Plan gelungen war. Am nächsten Morgen brachte ein von den Japanern kontrolliertes örtliches Blatt einen Leitartikel, in dem das Bemalen der Bomber bestritten und der gesamte Vorfall der Feindpropaganda unterschoben wurde.

In dieser Zeit war freilich nicht alles so abenteuerlich. Nach und nach schenkten die Japaner Zipper weniger Aufmerksamkeit, und der Druck auf ihn, das Orchester wiederzubeleben, schwand, je heißer der Krieg wurde. Zipper arbeitete weiter im Widerstand, gab aber auch weiterhin private Musikstunden, etwa 60 pro Woche, um genug Geld für die Lebensmittel und die Miete zu haben und überleben zu können.

Im November 1943 aber wandten sich die Dinge zum Schlechteren. Bis dahin waren Lebensmittel zwar knapp gewesen, nun aber hatte eine schreckliche Flutwelle, verursacht durch einen Taifun, fast die ganze Landebene des nördlichen Luzon, einschließlich Manilas zerstört. Vor dem Haus der Zippers erreichte das Wasser eine Höhe von fast zwei Metern. Es gab nun weder Elektrizität noch Gas. Zipper hatte als Vorsichtsmaßnahme Holzkohle in seiner Garage gehortet. Nun schwamm er in diese Garage und brachte auch das Tor auf - heraus floß die Holzkohle. Er rief Trudl zu, sie solle ihm etwas hinunterwerfen, damit er die Holzkohle einigermaßen einsammeln könnte. Es blieb ihm nichts anderes übrig, als die Holzkohle-Ziegel in einem Hut einzusammeln. An diesem Abend dauerte es Stunden, um die Holzkohle für Trudl zu trocknen, um ein zweifellos nicht besonders köstliches Mahl zu kochen. Später pochte es an der Tür. Dr. Stransky, ein Wiener Arzt aus dem nahegelegenen General Hospital, konnte nicht nach Hause, und so war er zu den Zippers geschwommen, um dort die Nacht zu verbringen. Er nahm sein Geld aus der Tasche und legte es im Kerzenlicht auf Handtücher, damit es trocknen könne. Trudl sagte, es schaue aus wie Hogarth's „Der Geizhals".

Nach der Flut wurde die Suche nach Nahrung zu einem kritischen Problem. Der wachsende Haß der Japaner auf die Filipinos war nun derart groß geworden, daß sie die Zivilbevölkerung hungern ließen. Dementsprechend wurden die Zivilisten von den Guerillas abhängig, um japanische Transporte zu überfallen und Lebensmittel zu stehlen. Nun kamen die chinesischen jungen Leute zu Zipper und sagten, sie brauchten mehr Feuerwaffen für die Widerstandskämpfer.

Zipper besprach dieses Problem mit Ben Legarda, der imstande war, von einem Verwandten sechs 22-Kaliber-Pistolen zu beschaffen. Aber sie hatten keine Munition. So ging nun Herbert zu Huang Cheng Yung, dem Vater einer seiner Klavierstudentinnen, Dorothy Huang (heute ist sie selbst eine ausgezeichnete Klavierlehrerin in Los Angeles). Huang besaß eine Drogerie und war mit seiner ungewöhnlichen Geschicklichkeit irgendwie imstande, auch Munition zu verschaffen. Bevor er seine Geschenkpackungen an den Widerstand ablieferte, schrieb Zipper „Zur Lieferung an die japanische Militärpolizei" auf die Schachteln mit der Munition und den Waffen als Schutz, falls er aufgehalten werden sollte.

Das Problem der Nahrungsmittelknappheit ließ sich nicht lösen, und viele Bürger starben an Hunger. Im alten spanischen Teil von Manila, dem sogenannten Intramuros (innerhalb der Mauern), lebten vor dem Krieg etwa 40.000 Menschen. Am Befreiungstag waren davon nur mehr 224 übrig. Viele waren an Hunger gestorben, die meisten aber waren von den Japanern ermordet worden. Am 1. oder 2. März 1945 blickte Zipper in eine ausgebrannte Kirche und sah dort die Leichen von etwa 700 Menschen. Die japanischen Soldaten hatten sie in die Kirche getrieben und das Gebäude in Brand gesteckt.

Am 23. September 1944 gegen neun Uhr früh saß Zipper an seinem Schreibtisch. Sein Hausjunge räumte auf, und Zipper, noch immer der Musiker, schrieb den dritten Akt eines Ballettstücks. Plötzlich wurde er durch das Dröhnen von Flugzeug-Motoren aufmerksam. Es war aber ein anderer Klang als der, den er gewöhnt war. Er rief Trudl: „Das sind keine japanischen Flugzeuge - laß uns aufs Dach gehen." Von dort aus sahen sie nun das Schauspiel. Aus den Wolken kam eine Welle amerikanischer Flugzeuge nach der anderen, Kampfflieger von der Flotte Admirals Halsey's. Sie bombardierten den Hafen und versenkten buchstäblich jedes Schiff. Dutzende von japanischen Flugzeugen gingen in Flammen auf. Die ganze Bucht war von dichtem, schwarzem Rauch bedeckt. An diesem Nachmittag ging Zipper zu seinem Aussichtsplatz, zeichnete und meldete den angerichteten Schaden. Am folgenden Morgen hatten die japanischen Zeitungen folgende Schlagzeile: „Schaden ganz gering."

Eine Woche vor der Invasion sah Zipper, daß die Acht-Zoll-Geschütze eines halbgesunkenen Kreuzers wieder instandgesetzt wurden und das Schiff mit Munition ausgerüstet wurde - offenkundig, um auf die Stadt zu feuern. Er funkte seine Beobachtungen an das amerikanische Hauptquartier, und am nächsten Morgen kamen drei US-Kampfflugzeuge und zerbombten den Kreuzer. Die Befreiung Manilas stand nun unmittelbar bevor.

Kapitel VIII
Befreiung: Dr. Zipper gibt ein Konzert

Die Künste leben ewiglich, und sie leben buchstäblich durch den Glauben; ihre Natur, ihre Formen und ihre Anwendung überleben unverändert in allem Wesentlichen durch die Zeiten der Unterbrechungen, ihrer Zurückdrängung, ihrer Vernachlässigung; sie überleben Regierungen und Religionen und Gesellschaften, ja sogar die Zivilisationen, die sie hervorgebracht haben. Sie können nicht völlig zerstört werden, weil sie die Substanz des Glaubens repräsentieren und die einzige Realität. Sie sind das, was wir wiederfinden, wenn einmal die Ruinen weggeräumt sind.

Katherine Anne Porter

Während die Bevölkerung von Manila die Veränderung ihres Lebens schon voraussah, welche die Befreiung bringen würde, führte ein bereits veränderter Herbert Zipper ein Doppelleben. Äußerlich war er einfach ein Bürger der Stadt, der sich mühsam seinen Lebensunterhalt verdiente. Doch hinter der Schattenmauer war er nun ein aktiver Arbeiter im Widerstand. Er war nicht mehr der Wiener, der Kaffeehaus-Intellektuelle, nicht länger der elegante Gentleman, der Akademiker. Er war auch nicht mehr der Überlebende des Konzentrationslagers, dessen tägliche Existenz fast ein Jahr nur von dem Wunsch motiviert war, durchzuhalten. Nun war er verändert, nun war er ein Aktivist, der mit dem Volk in den Straßen zusammenarbeitete, mit Eingeborenen, die ihm vertrauten und sich auf ihn verließen. Die Veränderung war radikal und beständig. Die Sitten, soziale Privilegien und die wirtschaftliche Sicherheit, in denen er aufwuchs, waren in Dachau und Buchenwald und nun wieder in Manila ausgelöscht worden. Es konnte kein Nach-Rückwärts-Gehen geben. Die Saat für sein zweites Leben als Arbeiter in einer Gemeinschaft war gesät. Er hatte Europa verloren, aber er hatte eine weltumfassende Humanität gewonnen.

Als 1944 zu Ende ging und 1945 begann, setzten die Zippers in ihrer Tag-für-Tag-Welt ihr sehr gefährdetes Leben fort, das auf der einen Seite aus Lehren und Unterrichten bestand, auf der anderen Seite darin, den Versuch zu unternehmen, in all dem Elend, das immer mehr anwuchs, doch auch etwas Kreativität zu bewahren. Er unterrichtete 60 Studenten, und mit vielen von ihnen hatte er eine Art Tauschvertrag abgeschlossen, um zu bestimmten Lebensnotwendigkeiten zu kommen. Inmitten dieser höchst ungewissen Tage gelang es Zipper auch irgendwie, Musik zu komponieren. Seine Hauptarbeit war ein komplettes Ballett, „Veritas", das er für Trudl schrieb. Sie entwarf dann die Choreographie, selbst die Kulissen und außergewöhnlich schöne Zeichnungen für die Kostüme. Das Szenario schrieben sie zusammen. Unglücklicherweise ging die Partitur während der Bombardements und Beschießungen im Verlauf der Befreiung Manilas verloren, und das Ballett ist niemals aufgeführt worden.

Nur das Szenario und ein paar Kostümzeichnungen haben im Büro von Ben Legarda bis auf diesen Tag überlebt.

Aber ein anderes Besitztum Zippers überlebte den Fall von Manila. Anfang 1941 hatte Zipper die 14. Ausgabe der vielbändigen „Encyclopedia Britannica" von einem Ehepaar erstanden, das die Philippinen verließ. Im Jänner 1945, als die amerikanischen Truppen in Luzon landeten, begann Zipper, sich auf die bevorstehende Schlacht vorzubereiten, indem er seine wenigen Besitztümer an einen Ort brachte, wo er sie in Sicherheit glaubte. Er hatte einen kleinen Schubkarren konstruiert, wozu er die Räder von Fahrrädern verwendete, und damit beförderte er die Encyclopedia in die Wohnung eines Freundes in einem großen Betongebäude an der seiner eigenen Wohnung gegenüberliegenden Straßenseite. Doch ein paar Tage später bemerkte er, daß die Japaner in der Vorhalle jenes Gebäudes Bomben einlagerten. Und so übersiedelte er seine Encyclopedia wiederum. Diesmal schaufelte er im Garten seines Nachbarn ein Loch und vergrub sie dort, darauf spekulierend, daß es verläßlich in den ersten drei Monaten des Jahres kaum regnete. Als er seinen zusammengezimmerten Karren mit den schweren Büchern darauf die Straße hinunterschob, lehnte sich ein alter Ire aus dem Fenster seines Apartments und rief: „Da geht der Zipper mit der Weisheit der Welt."

Die Befreiung Manilas begann am 3. Februar 1945. In den 30 Tagen der Kämpfe, die der Ankunft der amerikanischen Truppen folgten, wurde Manila buchstäblich dem Erdboden gleichgemacht. Die Zerstörung ähnelte ungefähr der von Dresden und Warschau. Von den 700.000 Menschen, die in Manila lebten, starben mehr als 100.000, zumindest sechs Zivilisten für je einen Soldaten auf beiden Seiten. Der japanische Befehlshaber von Manila, General Tomoyuki Yamashita, gab ausdrücklich Befehl, alle militärischen Einrichtungen in die Luft zu sprengen, alle Vorräte zu entfernen oder zu zerstören und eine neue Verteidigungslinie außerhalb der Stadt einzurichten. Der Historiker William Craig gibt uns einen Bericht über die folgenden Ereignisse:

> *Als die Truppen MacArthur's die Stadtgrenzen erreichten, stellten sie fest, daß sich die Japaner völlig zurückgezogen hatten. Ein Kommuniqué wurde in die Welt hinausgesandt, in dem die Eroberung der Stadt mitgeteilt wurde. Eine triumphale Parade war in Planung. Die erste Kavalleriedivison sollte die Ehre erhalten, diese Prozession in die Hauptstadt anzuführen. Die Uniformen wurden gebügelt, Ansprachen vorbereitet.*
>
> *Drei Beobachtungsflugzeuge, die über die friedlichen Straßen flogen, bemerkten große Feuer in der Mitte der Stadt. Manila stand in Flammen. Die Japaner hatten haltgemacht, um zu kämpfen.*
>
> *Die amerikanischen Offiziere waren über diese Nachrichten entsetzt. Niemand wollte die schöne Stadt in ein Schlachtfeld verwandelt sehen. Viele der Leute rund um MacArthur hatten Jahre im Fernen Osten verbracht und betrachteten Manila wie ihre Heimatstadt. Für die einen war sie sogar eine Art romantische Geliebte, für andere eine abenteuerliche Oase aus ihrem früheren Leben. Die sechste Armee ging schweren Herzens in den Kampf.*

Draußen in den Bergen hatte Yamashita angenommen, daß seine Soldaten die Hauptstadt verlassen hätten. Abgeschnitten von dem Rest seiner Armee konnte er nicht wissen, daß sich eine Einheit der Marinelandungstruppen innerhalb der Mauern der Stadt eingegraben und entgegen ausdrücklichen Befehlen Barrikaden auf den Straßen errichtet hatte. Wie so häufig in japanischen militärischen Kreisen, bestand zwischen der Armee und der Marine keine Einigkeit. Admiral Okochi, der Befehlshaber der Marine, hatte sich entschlossen, Manila zu verteidigen und deshalb den Vizeadmiral Iwabuchi mit der Aufgabe in die noch unversehrte Stadt geschickt, die Amerikaner so lange wie möglich aufzuhalten. Iwabuchi und seine zu allem entschlossene Nachhut leisteten auch großartige Arbeit.

Fast einen Monat, bis Ende Februar, war Manila ein Schlachtplatz, die Szene fürchterlicher Grausamkeiten, als die japanischen Marinesoldaten wie die Wahnsinnigen kämpften, um die strategisch unwichtige Stadt zu verteidigen. In den Bergen von Luzon konnte General Yamashita zwar nichts über das Ausmaß des Blutbades wissen, aber er wurde von dem sinnlosen Kampf seiner Nachhut doch informiert. Er gab darauf der Marineinfanterie den Befehl, die Stadt Manila zu räumen. Er sandte sogar eine Hilfskolonne der Armee, um den Streitkräften Iwabuchis beim Rückzug zu helfen. Es gelang dieser Truppe nicht, Kontakt mit den kämpfenden Japanern aufzunehmen, aber die Situation konnte ohnehin kaum mehr verändert werden.[65]

Die etwa 16.000 Mann Marineinfanterie weigerten sich zu kapitulieren, und so wurde die Stadt allmählich Haus um Haus in Trümmer verwandelt. Ein Gebäude nach dem anderen wurde durch schwere Artillerie zerstört. Hunderte von Menschen gerieten in das Kreuzfeuer zwischen Amerikanern und Japanern und ihrer Geschütze. Der Geruch des Todes war überall. Denkmäler wurden zerstört, die wunderschöne Altstadt von Intramuros wurde total zerschossen. Von manchen Stellen im Zentrum der Stadt konnte man den ganzen Weg bis zur Bucht sehen - denn nichts war mehr übrig von den Gebäuden, alles war nur mehr Schutt.

William Manchester beschreibt in seiner Biographie des Generals Douglas MacArthur die Ereignisse dieser 30 Tage sehr lebendig:

Die Zerstörung von Manila war eine der großen Tragödien des Zweiten Weltkriegs. Von den Städten der Alliierten in jenen Kriegsjahren hatte nur Warschau Ärgeres zu erleiden. 70 Prozent der öffentlichen Einrichtungen, 75 Prozent der Fabriken, 80 Prozent des südlichen Wohndistrikts und 100 Prozent des Geschäftsbezirkes wurden dem Erdboden gleichgemacht. Nahezu 100.000 Filipinos wurden von den Japanern ermordet. Spitäler wurden in Brand gesteckt, nachdem man ihre Patienten an die Betten festgebunden hatte. Leichen der Männer wurden verstümmelt, Frauen aller Altersstufen vergewaltigt, bevor man sie umbrachte. Babys hatte man die Augen ausgestochen und an die Wand geschmiert wie Gelee.

Am meisten litt der Mittelstand, die Gewerbetreibenden, die Angestelltenschaft. Ironischerweise gehörten die meisten Überlebenden der Oligarchie oder der führenden Schicht aus der Zeit vor dem Krieg an, waren Mitglieder des

Marionettenregimes von Laurel, die sich in Baguio und in Sicherheit bei General Yamashita aufhielten.

MacArthur gab dem japanischen kommandierenden General die Schuld an diesem Völkermord, aber in Wirklichkeit lag die Verantwortung anderswo.[66]

John Toland berichtet nämlich:

Anders als Corregidor sollte Manila nicht verteidigt werden. Yamashita zog alle Einheiten mit Ausnahme der Sicherheitstruppen aus der Stadt ab. Kaum war er abmarschiert, als Vizeadmiral Sanji Iwabuchi Manila mit 16.000 Mann der Marine wiederbesetzte. Einmal dort, verwandelte er gegen die ausdrücklichen Befehle Yamashitas die Stadt in ein Schlachtfeld.[67]

Entweder hatte Iwabuchi den Befehl Yamashitas - so spekuliert Manchester -, der Manila zur offenen Stadt erklärte, nicht erhalten, oder er hatte sich entschlossen, den Befehl zu ignorieren. Nachdem er sich einmal entschlossen hatte, die Stadt zu verteidigen, begannen die Grausamkeiten. Und je länger der Kampf dauerte, desto schlechter stand es um die japanische Kommandostruktur, bis schließlich die Uniformen der japanischen Marinesoldaten und Matrosen selbst mit Filipino-Blut getränkt waren.

Die amerikanischen Soldaten kämpften mit ihnen Mann gegen Mann, Zimmer um Zimmer, Kammer um Kammer. Schließlich zogen sich die überlebenden Feinde in die alte, ummauerte Stadt von Intramuros zurück, deren Steinmauern, 12 Meter dick und 7,5 Meter hoch, vier Jahrhunderten von Erdbeben widerstanden hatten.[68]

Zipper entsinnt sich dieser Tage ebenso lebhaft wie jener in Dachau und Buchenwald: „Das waren Augenblicke, in denen man wußte, daß man in Zeiten lebte, die Geschichte machten." Zippers nachrichtendienstliches Netzwerk hatte das amerikanische Hauptquartier davon informiert, daß die südlichen Zugänge von Manila schwer befestigt waren und vor einer Invasion bombardiert werden sollten. Aus welchen Gründen auch immer wurde der Bericht ignoriert und infolgedessen das Leben vieler amerikanischer Soldaten überflüssigerweise geopfert. Als sich die Amerikaner Manila näherten, wußte Zipper, daß die Japaner die Brücken verminen würden. Er instruierte daher seine Widerstandsgruppe, die Kabel der Japaner, die zu den Sprengstoffpaketen führten, durchzuschneiden. Das geschah natürlich bei Nacht, aber jeden Tag kontrollierten die Japaner und ersetzten die durchgeschnittenen Kabel. Zippers Bemühungen schlugen hier schließlich fehl, denn die Japaner sprengten alles, was nur irgend möglich war, in die Luft.

Als sich die amerikanischen Panzer und Truppen der Stadt näherten, nahm Zipper an, daß, sollte es zu Straßenkämpfen kommen, er und Trudl in ihrer Wohnung im zweiten Stock buchstäblich in einer Falle säßen. Er brach daher im Keller durch die Mauer eine Öffnung, sodaß man an der Rückseite des Gebäudes herauskommen konnte. Das Gebäude durch die Eingangstür zu verlassen wäre Selbstmord gewesen, denn auf der Straße befand sich eine Maschinengewehrstellung neben der anderen. Die Zippers waren im November 1944 in dieses Haus übersiedelt, weil sie gerüchtweise gehört hatten, daß Freunde von ihnen wieder festgenommen worden waren. Nun wußten nur Ben Legarda und einige Freunde, wo die Zippers lebten. Es stellte sich als eine weise Vorsichtsmaßnahme heraus, denn die Japaner suchten ihn tatsächlich an seiner alten Adresse, aber dort wußte niemand, wohin er gegangen war. Einige Bekannte in seiner alten Nachbarschaft wurden auf der Straße vor ihren Häusern geköpft.

Am Abend des 6. Februar befanden sich Zipper und Trudl in ihrem Wohnzimmer. Trudl lachte über irgendetwas herzlich, und offenbar als Antwort pfiff eine Kugel durch das offene Fenster. Am folgenden Morgen kam ein Bekannter, um Zipper zu erzählen, daß ein Freund von ihm aus Wien, Dr. Markuson, im Spital liege und dort an Tetanus sterbe. Lucio war an diesem Morgen in Zippers Wohnung gekommen und konnte sie nicht mehr verlassen, weil auf der Straße gekämpft wurde. So halfen Lucio und Zipper einander, über Zäune auf der Rückseite des Hauses zu klettern, um mit einem Antitetanus-Serum ins Spital zu kommen. (Zipper hatte das Serum von einem spanischen Apotheker weiter unten auf der Straße erhalten.) An einer Mauer prasselten die Geschosse nur so um sie und verfehlten nur knapp ihre Köpfe. So entschlossen sich die beiden, wieder umzukehren. Zipper entwarf einen anderen, sehr kühnen Plan. Er borgte sich ein Stethoskop aus und ließ sich von Trudl ein rotes Kreuz auf sein weißes Hemd nähen. Daraufhin marschierte er kühn auf die Straße, vorbei an den japanischen Soldaten, die sich mit ihren Gewehren im Laub der Bäume versteckten. Er marschierte direkt zum Spital, wo sein Freund das Serum erhielt. Dr. Markuson dankte den Bemühungen Zippers durch eine vollkommene Wiederherstellung.

Als sie nach Hause zurückkehrten, sahen er und Lucio auf der Straße vor ihrem Wohnhaus einen Körper liegen. Es war der eines jungen Chinesen. Sie brachten ihn in den Garten. Dort entdeckten sie in seiner Brust einen Einschuß direkt unter dem Herzen und ein Austrittsloch am Rücken. Obgleich sie ihn in eine Decke Zippers einwickelten, so zitterte er doch immer noch. Daraufhin wickelten sie ihn in einen kleinen Teppich. So hat der Teppich die folgende Zerstörung der Wohnung und des Hauses Zippers überdauert und ist eine der wenigen übriggebliebenen Erinnerungsstücke an jene Zeit. Denn die nächsten drei Wochen trugen sie den Jungen überall hin mit. Es gelang ihnen auch, ihn am Leben zu erhalten. Die Zippers nannten ihn ihr Maskottchen. Am 26. Februar fanden sie endlich eine amerikanische Ambulanz und übergaben ihn dem Roten Kreuz. Der Arzt meinte, der Junge hätte eigentlich sterben müssen. Wie sich herausstellte, hatte das Geschoß beim Eintritt in seinen Körper eine Rippe getroffen, war dann kreisförmig um den Brustkorb gelaufen und schließlich wieder ausgetreten, auf diese Weise das Herz verfehlend. (Als Herbert Zipper 1951 die Philippinen wieder besuchte, begrüßte ihn dieser junge Mann mit einem Blumenstrauß am Flughafen. Der Teppich, der den jungen Chinesen gerettet hatte, blieb im Besitz Zippers.)

Am 6. Februar mußte ein Hauptproblem gelöst werden, denn es war notwendig, Lebensmittel aufzutreiben. Sie hatten ein paar Dosen mit Marine-Biskuits, und die drei, Zipper, Trudl und Lucio, erlaubten sich, täglich drei solche

Biskuits zu essen. Bald merkten sie, daß das Artilleriefeuer stärker wurde. So zogen sie sich in den Hinterhof des nächsten Gebäudes zurück, wo sie sich dann eine Art Schützengraben bauten. Zipper bestand darauf, daß niemand in ihr Wohnhaus zurückkehren sollte, weil er überzeugt war, die Amerikaner würden beginnen, die Straße mit Granatfeuer zu belegen. Am dritten Tag des Beschusses waren Trudl und ihr Hausjunge Toni heimlich, ohne daß es Zipper wußte, in das Haus zurückgekehrt, um die Ballettpartitur und ein Buch über Kontrapunkt, das Zipper für die philippinischen Studenten geschrieben hatte, zu retten. Zippers Voraussage verwirklichte sich mit einer großen Explosion. Die ganze vordere Hälfte ihres Wohnhauses wurde in die Luft geblasen. Irgend jemand rief ihm zu: „Mein Gott, Ihre Frau ist da drinnen!“ Er rannte in das Gebäude zurück und fand Trudl bedeckt mit Staub und Trümmern. „Es ist alles in Ordnung“, murmelte sie. Später mußte er fünf kleine Stücke von Schrapnell aus ihrem Haar herausholen. Wunderbarerweise war sie unverletzt geblieben, allerdings etwas vom Granat-Schock befallen. Toni hatte eine zackige Wunde von einem Glassplitter an seinem Arm, und wieder war Zipper vorbereitet. Er hatte Sulfonamid-Pillen, aus denen er Pulver machte und auf die Wunde gab. Später bemerkte ein Arzt, dies habe möglicherweise den Arm des Jungen vor einer Amputation gerettet. Die Wohnung war von einer schweren US-Granate getroffen worden. Herbert Zippers Manuskripte waren nur noch Konfetti.

Sie wußten, daß sie nun unbedingt und sofort aus diesem Hof ausziehen mußten. Sie wanderten die Straße hinauf zu einem Kirchhof und kauerten sich dort hinter eine Mauer. Die Artilleriesalven und Einschläge gingen ununterbrochen weiter. Trudl machte sich Gedanken, ob sie wohl überhaupt überleben könnten. Er aber tröstete sie: „Natürlich.“ Nachdem er die Schrecken von Dachau und Buchenwald überlebt hatte, gab es für ihn wenig Zweifel, daß er auch die Belagerung von Manila überleben würde. Aber er setzte seine Vernunft und seine Erfahrung ein, um die Situation richtig einzuschätzen und dementsprechend zu handeln. Während der nächsten Tage zogen sie von Ort zu Ort, um sich halbwegs in Sicherheit zu bringen. Sie versuchten, die Räume der schwersten Artillerieeinschläge zu meiden - während sie immer den verletzten chinesischen Jungen mit sich schleppten. Schließlich fanden sie Zuflucht in einem großen ausgebombten siebenstöckigen Gebäude, wo sich mit ihnen ungefähr 800 Menschen verkrochen hatten. Zipper brachte Trudl, Lucio, den chinesischen Jungen und auch sich selbst in einer Halle unter, wo er meinte, daß es sicherer sein würde als in einem Zimmer. Seine Argumentation war, daß die amerikanischen Granaten mit Aufschlagzündern versehen waren und daß zwei Zementmauern relative Sicherheit verschafften. Es gab in dem Gebäude kein Wasser, und die Toilette-Anlagen waren unbrauchbar. Eine Gruppe von hauptsächlich chinesischen Männern und Zipper entwarfen und bauten eine Latrine. Zipper überwachte die Arbeit, denn in Sachen Latrine war er ja Experte.

Da man Geschichten über japanische Soldaten hörte, die Männer umbrachten und Frauen vergewaltigten, so rief Zipper fünfzehn Chinesen zusammen und entwarf mit ihnen einen Plan, sollten die Japaner in ihr Wohnhaus eindringen. Ein paar Tage später erschien tatsächlich eine Truppe von Japanern. Der japanische Kommandant brüllte: „Alles herunter in den Hof!" Und die Soldaten standen mit ihren gefällten Gewehren vor dem Stiegenhaus. Nun aber erschienen auf ein vereinbartes Signal alle 800 Bewohner des Gebäudes. Sie kamen nicht bloß aus dem Stiegenhaus, sondern aus jeder Tür und jeder Ecke und umringten die etwa 30 Soldaten. Ihr Plan, den die Japaner klarerweise bemerken konnten, war, die Soldaten anzugreifen. Obwohl vielleicht einige von ihnen sterben würden, so würden sie doch durch ihre Anzahl die Japaner überwältigen können. Aber die Soldaten zogen sich zurück und marschierten ab. Sie kamen auch nicht mehr zurück.

Durch seine ganzen Erfahrungen vor und während des Kriegs kam Zipper zu dem Schluß, daß er seinen Instinkten trauen könne. Er entdeckte, daß jeder von uns unberührte Bereiche der Intelligenz und Fähigkeiten, die Welt zu begreifen, besitzt. Nur in Augenblicken der Krise sind wir gezwungen, alle unsere Kräfte einzusetzen. Als sich der Krieg in Manila seinem Ende näherte, ereigneten sich innerhalb einer Woche zwei Vorfälle, die sein wachsendes Bewußtsein bestätigten. Der erste ereignete sich eines Morgens, als er mit zwei chinesischen Jungen unterwegs war, Wasser zu beschaffen. Dabei mußten sie kriechen und stießen ihre Behälter vor sich her, weil die Japaner ihre Maschinengewehre auf sie richteten. Als sie den Wasserplatz erreicht hatten und dabei waren, ihre Eimer zu füllen, hatte Zipper plötzlich einen überwältigenden Drang, nicht länger auf diesem Platz zu bleiben, er hatte das Gefühl eines bevorstehenden Unheils. Ohne zu denken, nur einem Impuls folgend, sprang er über eine Mauer. Aber schon zwei Sekunden später fiel eine Granate direkt auf den Platz, wo er gewesen war. Die beiden Jungen wurden getötet. Er kroch zurück zur Wohnung.

Das zweite Ereignis geschah ein paar Tage später. Zipper und Trudl halfen zwei Frauen bei der Geburt. Keiner von ihnen kannte sich dabei aus, aber sie konnten doch irgendwie helfen. Später sagte Trudl, sie könne den Schmutz und den Staub nicht länger ertragen. Sie müsse sich waschen. Er durchsuchte das Gebäude und fand eine leere Wohnung mit einem intakten Badezimmer. Natürlich gab es dort kein fließendes Wasser. Er sagte zu ihr: „Gut, bleib da mit Lucio, und ich werde Wasser holen." Als er zurückkam, hörte er eine gewaltige Explosion und sah, wie eine Ecke des Gebäudes in die Luft flog. Es war jener Teil des Gebäudes, wo Trudl wartete. Zipper rannte zurück, das Badezimmer war verschwunden. Sekunden vor der Explosion jedoch hatte Trudl eine Vorahnung gehabt. Sie hörte kein Pfeifen der Granaten. Sie war einfach plötzlich von einem Gefühl überwältigt, daß sie sich fortbewegen müsse. Und so packte sie Lucio bei der Schulter und zog ihn mit in einen benachbarten Raum. Als sie die Tür schloß, schlug die Granate ein und riß das ganze vordere Gemäuer des Raumes, den sie gerade verlassen hatten, weg. Lucio hatte ein paar blutige Kratzer an der Schulter.

Am 26. Februar 1945 um vier Uhr morgens kroch Zipper wiederum über die Straße, als er eine ungewöhnliche Stille bemerkte. Es gab keine Schüsse. Er schaute nach links und sah dort Helme. Er schrie beinahe vor Freude, denn es waren keine japanischen Helme. Einer der Soldaten erhob sich ein wenig und winkte. Zipper sprang auf und rannte zu der Barrikade. Ein Offizier dort, ein Hauptmann, sagte: „Sie schauen ein bißchen schlecht aus. Möchten Sie vielleicht einen Schluck Kaffee?" Ja, das wollte er. Der Hauptmann fragte dann: „Wieviele Leute sind in dem Gebäude? Wir werden es in 15 Minuten beschießen." „Nein, nein, tun Sie das nicht. Da sind etwa 1000 Leute drinnen!" Der Hauptmann fragte, wie lange es wohl dauern würde, um sie alle herauszubringen. Zipper sagte: „Eine Stunde." Der Hauptmann benachrichtigte nun die Artillerie und verschob das Bombardement um weitere 45 Minuten. Wieder hatten sie Glück gehabt. Wäre Zipper nur 20 Minuten später um Wasser gegangen, er und Trudl und tausend andere wären in die Luft gesprengt worden.

Zipper rannte zu dem Gebäude zurück und setzte seine chinesischen Boten in Bewegung. Der verwundete Junge und die beiden Frauen, die gerade geboren hatten, wurden hinausgetragen, der Junge wieder in den Teppich gewickelt, nun aber einer Ambulanz vom Roten Kreuz übergeben. Als sie sich schon hinter den amerikanischen Linien befanden, entdeckten einige einen japanischen Scharfschützen, der sich hinter einem Busch verbarg. Man zerrte ihn hinaus, und die Filipinos waren schon dabei, ihn totzuschlagen. Zipper aber intervenierte. Er schrie mit aller Kraft, über die er verfügte und die ihn selbst, aber auch die anderen überraschte: „Tut das nicht. Ihr werdet das nicht verwinden können." Die Menschen starrten ihn an, als wäre er verrückt. Aber dann übergaben sie den Japaner in aller Ruhe den amerikanischen Soldaten. Zipper hatte dem jungen Burschen in die verängstigten Augen geblickt und sah einen mißleiteten jungen Mann, der nur tat, was man ihm befohlen hatte. Er wußte, daß diesen Jungen zu töten alle auf das niedrigste Niveau des Krieges herabzerren würde, denn er hatte in Dachau, Buchenwald und nun in Manila gesehen, daß jene, die töteten und erniedrigten, sich schließlich selbst töteten und erniedrigten.

An diesem Abend konnten Herbert und Trudl Zipper in einem Garten hinter den amerikanischen Linien schlafen und unwirklicherweise glauben, daß sie sich nun in Sicherheit befanden. Am folgenden Morgen führte Zipper einige Soldaten zu einer Inspektionstour rund um das ganze Areal und zeigte ihnen, wo es Minenfallen gab. Er ging dann nach Südmanila und sah dort den vollen Umfang der Zerstörungen. Es war unglaublich. Die Stadt bestand fast völlig aus Schutt. Hier ein verbrannter Baum, dort eine Stiege, die ins Nichts führte, hier eine Toilette, die nur noch an den Rohren inmitten des Nichts hing, dort die Überreste einer Mauer. An einem bestimmten Punkt, etwa eineinhalb Kilometer vom Ufer des Meeres entfernt, wo einst eine ganz eng aneinandergebaute Stadt existiert hatte, konnte man ohne weiteres bis zum Strand blicken. Die Stadt war einfach dem Erdboden gleichgemacht. Überall der Gestank von tausenden Leichen, die in der tropischen Hitze verwesten.

Claude Buss beschreibt die gräßliche Szene in einem im „Fortune Magazine" abgedruckten Bericht:

Manila ist vollkommen zerstört. Vom Nichols Field bis zur Luneta ist diese Stadt nichts als ein Haufen staubiger, ineinander verkeilter Trümmer. Die lieblichen alten Häuser an der Taft Avenue und dem Boulevard sind verschwunden - in die Luft gesprengt oder in Brand gesteckt, in einer der sinnlosesten Orgien der Bestialität, die jemals gegen ein hilfloses Volk begangen worden ist. Das Haus der Gesetzgebung und das Gebäude für Landwirtschaft und Handel und auch das Gebäude des Finanzministeriums sind dem Erdboden gleichgemacht. Jai Alai ist eine schreckliche Narbe. Die Hafengegend liegt in Trümmern, der Hafen selbst ist ein Friedhof gesunkener Schiffe. Die Escolta gleicht auf tragische Weise einem Haufen von Spielzeugwohnhäusern, die ein Riese im Wahnsinn zusammengetreten hat. Nördlich des Flusses sind Zeilen um Zeilen von Häusern derartig vernichtet worden, daß nicht einmal die Umrisse übriggeblieben sind. Und unter diesen Ruinen befinden sich Hunderte, wenn nicht Tausende verbrannte Automobile, vermischt mit den Skeletten von Nähmaschinen, Friseursesseln, Schirmen, Öfen, Drehbänken und Eiskästen.

Mauerreste ragen hier und dort in zerbrechlicher Herausforderung empor. An manchen Orten hängen noch die Fußböden an Stücken von Beton und Stahl: Dutzende Überreste von Gerüsten stehen wie Silhouetten schwarz gegen den weißen tropischen Horizont. Die Universität der Philippinen sieht aus wie Ruinen des Alten Rom. LaSalle College und Letran sind nichts als leere Schalen. Das General Hospital ist ein zerstörtes Monument für die Helden, die dort untergegangen sind. Intramuros ist pulverisiert worden. Die dicken Mauern des alten spanischen Forts sind zusammengebrochen unter den Granaten der Artillerie. Das Amt des Hochkommissars, der Army and Navy Club, der Elks Club und die Manila-Bay-View-Hotels, einst aristokratisch und glänzend, sind nun ausgebrannte Gräßlichkeiten in einer Nachbarschaft von Gräbern.

Das Gras ist heuer in diesem hauptstädtischen Manila nicht grün. Es gibt kein Gras. Die Flammenbäume zeigen ihre herrlichen Farben nicht mehr; diese Riesen sind bis zu den Wurzeln vernichtet worden. Haustiere wie Hunde und Katzen sind verschwunden. Nichts bleibt von dem Tiergarten, ausgenommen die verbrannten und verbogenen Käfigstangen. Nur ein paar ruppige Ponys sind geblieben, um die Karren durch die Straßen Manilas zu ziehen. Diese Stadt, die einmal für die Philippinen das war, was San Francisco und New York zusammen für die USA sind, ist zerstört.[69]

Einmal fragte General Basilio Valdes Zipper, ob er noch irgendwelche Besitztümer habe. Zipper dachte einen Augenblick nach und sagte dann, es könnte vielleicht eine Ausgabe der „Encyclopedia Britannica" übriggeblieben sein. Sie fuhren durch den Gestank der verwesenden Leichen und den Schutt der Stadt zu dem Wohnblock. Von der Wohnung war nichts übriggeblieben, nicht einmal eine Saite der drei völlig vernichteten Klaviere. Aber wunderbarerweise fanden sich alle 24 Bände der Encyclopedia im Garten, alle noch in recht gutem Zustand. Diese Bücher und der kleine chinesische Teppich waren die einzigen Besitztümer, die überlebt hatten. Alle übrigen, auch jene, die er an Freunde auf der anderen Seite des Pasig-Flusses verteilt hatte, wurden Opfer der totalen Zerstörung von Südmanila. Später an diesem Tag marschierten Zipper, Trudl, Lucio und „Niddy", der kleine Hund der Zippers, der sie durch all die vergangenen Abenteuer begleitet hatte, zum Fluß und wurden dort von einem Armeelastwagen aufgenommen, der sie über die Bailey-Bridge (eine Pontonbrücke) zu dem noch unversehrten Haus von Dr. Alejandro Legarda, dem Bruder von Ben, brachte. Dort fanden sie zu ihrer großen Freude an die 30 Freunde und Bekannte. Am Abend nach dem Essen gingen Herbert und Trudl in aller Stille in den Garten an der Rückseite des Hauses. Es gab in Manila kein Wasser, aber Dr. Legardas Haus besaß einen Ziehbrunnen. Dort - umgeben von Mango- und Avocadobäumen, von Orchideen und des Nachts blühendem Jasmin, die den Gestank des Todes in der Luft vertrieben - zogen sie ihre Kleider aus und schütteten Eimer voll kalten Wassers über einander. Es war ein stiller, fröhlicher und fast heiliger Moment, eine Art Taufe des Überlebens.

Am nächsten Tag, am 1. März, herrschte fast völlige Waffenruhe. Mögliche Gefahren nicht scheuend, ging Zipper aus, um seinen Freund Jim Halsema zu suchen, und fand ihn auch in einem Zelt, das die Associated Press aufgeschlagen hatte. Zipper war erleichtert, ihn in halbwegs gutem Zustand aufzufinden, obgleich er sehr schlecht aussah, nachdem er von japanischen Soldaten auf das übelste behandelt worden war. Zipper fragte ihn nach einer Schreibmaschine und einigen Bögen Briefpapiers mit dem Kopf der Manila Symphonie Gesellschaft und ferner um Hilfe beim Schreiben eines Briefes. „An wen?“ fragte Halsema. „An General MacArthur“, erwiderte Zipper. „Ich will sofort das Manila Symphonie-Orchester wieder organisieren.“ Halsema fragte, ob er den Verstand gänzlich verloren habe. „Nein“, antwortete Zipper, „die Stadt ist zerstört, der Gestank des Todes ist überall, jedermann ist niedergeschlagen und demoralisiert. Wir brauchen irgend etwas, um die Menschen wieder aufzurichten.“[70]

Zipper diktierte diesen Brief und ging noch am selben Nachmittag um zwei Uhr zu MacArthurs Hauptquartier und gab den Brief einem Militärpolizisten, der ihn dann wohl beim General ablieferte. Zipper bat in diesem Brief den General um die Hilfe der Streitkräfte bei der Reorganisation des Manila Symphonie-Orchesters, das während der japanischen Besatzung stillgelegt worden war. Wie er schon seinem Freund Halsema erklärt hatte, betonte er nun auch in seinem Brief an den General die Leiden der Bevölkerung unter der japanischen Besetzung und dem langen Kampf um die Befreiung, daß es in der Zwischenzeit keinerlei kulturelle Aktivitäten gegeben hätte und es nun eines künstlerischen Ausdruckes organisierter Schönheit bedürfe, nämlich der Wiedergeburt des Symphonie-Orchesters und dessen Tätigkeit als Symbol der Hoffnung und des Mutes.

Schon gegen fünf Uhr am selben Nachmittag kamen Brigadegeneral Bonner Fellers und Oberst Andres Soriano (ein Mäzen des Symphonie-Orchesters und Eigentümer der San Miguel Brauerei) zur Wohnung der Zippers. Sie fragten, wie sich Zipper das alles vorstelle. Zipper erklärte ihnen, er wolle ein sofortiges Zusammentreffen des Verwaltungsrates des Symphonie-Gesellschaft erreichen, um das Orchester selbst zu reorganisieren und gleich mit Konzerten zu beginnen. „Ich brauche“, sagte er ihnen, „Streichinstrumente, Flöten, Holzblasinstrumente, Bogen und Dutzende andere Instrumente und Instrumentenbestandteile aus Amerika.“ Sie sagten ihm, er solle am folgenden Morgen gegen 8.30 Uhr mit einer Liste dieser Gegenstände im Hauptquartier sein. Zipper verlangte, diese Liste müsse nach San Francisco mit Priorität ferngeschrieben werden. „Das", sagte General Fellers, „ist schwierig."

An diesem Abend verfertigte Zipper die Liste und gab sie am nächsten Morgen General Fellers. Dieser wieder ging zu Douglas MacArthur, der seinen Kopf aus der Tür steckte und zu Zipper sagte: „He, ich bin froh, daß Sie am Leben sind, ich wünsche euch viel Glück." Fellers kam bald darauf aus dem Büro mit der Liste, die MacArthur abgezeichnet hatte, und sagte zu Zipper: „Mit dieser Unterschrift können Sie bis zu Gott vorkommen!" Statt zu Gott ging Zipper zu Oberst Harry Disston, dem Chef der Special Services, und überreichte ihm die Liste. Der Oberst schaute sie an und sagte: „Mein lieber Mann, wissen Sie nicht, daß es noch Krieg gibt?" Der Oberst fragte dann, wer das denn abgezeichnet hätte. Woraufhin Zipper auf die Unterschrift zeigte. Das rief nun eine sofortige Reaktion hervor. „Okay, okay." Disston gab Zipper einen Jeep und eine Ordonnanz. Die fernschriftliche Verbindung mit San Francisco wurde hergestellt, und sechs Tage später waren die angeforderten Musikalien und Instrumente in Manila.

Zipper berief dann die erste Sitzung des Manila Symphonie-Verwaltungsrates seit 1941 ein. Einige der Mitglieder waren tot, andere ausgebombt, manche wieder glaubten, daß der Maestro offenbar verrückt sei. Wo zum Beispiel sollte das Konzert abgehalten werden? Zipper antwortete: „In der ausgebombten Santa Cruz Kathedrale." „Und woher soll das Geld kommen?" „Ich werde es schon bekommen." Schließlich sagte Mrs. Legarda, die Präsidentin und eine sehr mächtige, einfallsreiche Frau: „Los, machen wir es."

Das nächste große Problem war, die Orchestermitglieder zu finden, denn die Stadt lag in Ruinen, und daher gab es selbstverständlich auch keine Adressen. Einige Musiker waren tot, andere waren in die Berge geflüchtet. Unverzagt aktivierte Zipper den „Bambustelegraphen" - das Mund-zu-Mund-Netzwerk. Er fuhr auch mit einem Fahrrad, das ihm General Valdes geliehen, und später mit dem Jeep, den er von der Armee bekommen hatte, in der Stadt herum, um die Mitglieder seines alten Orchesters zu finden. Eines Tages befand er sich in Pasay, einer Vorstadt von Manila, auf der Suche nach einem Cellisten. Als er einmal stehenblieb, näherte sich ihm eine alte Dame.

> *„Sind Sie vielleicht Herr Zipper?" fragte sie.*
> *„Ja."*
> *„Suchen Sie vielleicht Musiker?"*
> *„Ja. Ich suche vor allem Agapito Cruz," antwortete er.*
> *„Nun gut", sagte sie, „ich denke, er ist dort drüben in diesem Baum."*

Der Dirigent ging zu einem großen, alten Baum neben dem Aschenhaufen, der wohl einmal ein Haus gewesen war, und schaute in eine Höhlung am Fuß des Baumes. Dort erblickte er eine kleine Figur, die in einem Buch las. Dr. Zipper erkennend sprang dieses kleine Wesen auf und rief: „Maestro!" Sie umarmten einander, dann griff er hinunter in das Loch im Baum, holte einen Gegenstand heraus und sagte: „Schauen Sie!" Was er da hielt, war sein Cello. Das war alles, was er aus seinem Haus gerettet hatte. Er war von der Idee, das Orchester wieder zu organisieren, begeistert. „Aber", so rief er aus, „ich kann nicht kommen, denn ich habe nicht einmal Hosen." Zipper sorgte dafür, daß ein Lastwagen der US-Armee Khakihosen und -hemden an verschiedenen Sammelpunkten für sein wiederentstehendes Orchester deponierte.

Es gab auch manche traurige Geschichten. Der Geiger und Konzertmeister Ernesto Vallejo, war unter den Hunderten Bürgern, die von japanischen Soldaten in eine Kirche seiner Heimatstadt gepfercht und dort verbrannt worden waren. Als Zipper seinen Ersten Hornisten, Ramon Atilon, gefunden hatte, sagte dieser, er würde sehr gern kommen, aber er sei halb verhungert und zu schwach, sein Horn zu blasen. Zipper sorgte sofort dafür, daß ihm und anderen Musikern Reis und Konserven zugestellt wurden. Die amerikanische Armee fand besonderes Vergnügen daran, die „Musik" zu füttern. Zipper vervollständigte auch das Orchester mit einigen Zugaben, nämlich mit Musikern, die er aus der Armee rekrutierte, so zum Beispiel den Komponisten Robert Kurka (der später nach dem Buch vom braven Soldaten Schwejk eine Oper schrieb), ferner den früheren Konzertmeister des New Yorker Radio City Orchestra, Leon Zsawisha, der auch Violine spielte. Dazu verschaffte er sich auch noch einen Ersten Klarinettisten und einen australischen Leutnant, Horace Samford (G 2), der das Cello spielte, und auch noch eine ganze Zahl anderer Musiker. Später, im Juni, erhielten diese Musiker den Befehl, wieder zu ihrer Kompanie einzurücken und nach Norden zu marschieren, um dort bei den Säuberungsaktionen mitzutun. Wiederum schrieb Herbert Zipper einen Brief an MacArthur, in dem er bat, er möge ihm diese Musiker für weitere Dienste belassen, die - besonders die Holzbläser - derzeit nicht ersetzt werden könnten. Die Bitte wurde für alle, die dem Orchester zugeordnet waren, gewährt. Ein paar Tage später kam die Nachricht, daß gerade diese Kompanie in einen Hinterhalt geraten und bis zum letzten Mann getötet worden war. Nur die Soldaten, die Musiker waren, entrannen dem Tod.

Mrs. Legarda hatte vom Erzbischof die Erlaubnis erhalten, die ersten Konzerte in den ausgebombten Ruinen der Santa Cruz Kathedrale im Herzen der Stadt abzuhalten. Am 2. April war Zipper soweit, daß er mit den Proben beginnen konnte. Ein Hindernis blieb: Wie sollten die Musiker bezahlt werden? Er ging zum Chef des Amtes für Kriegsinformation, Pacific War Office, Frederick Marquardt, einem alten Freund, und sagte: „Ich brauche 3600 Pesos (etwa 1800 Dollar)." Marquardt sagte: „Ich habe aber keine Vollmacht, um Filipino-Symphoniker zu bezahlen. Aber ich werde es trotzdem tun." Ein paar Minuten später kam er mit dem Geld.

Die Proben begannen. Ende April lud Zipper ein paar der hohen Tiere, Obersten und Generäle, zu den Proben ein. Sie waren überrascht und verlangten von ihm, er solle ein Wiederholungskonzert für die Armee einplanen. Unterdessen hatte Zipper eine Fülle von logistischen Problemen, etwa, wie sollte er für das Orchester eine Plattform bauen, woher das Holz nehmen? Amerikanischer Einfallsreichtum löste dieses Problem, denn eines Nachts, gegen Mitternacht, erschienen drei Obersten, führten Zipper zur Eisenbahnstation und befahlen den Militärpolizisten, sie sollten auf ihren Lastwagen Holz aufladen.

Es wurden keine Requisitionen notwendig. Tatsächlich „stahlen" sie das Holz sich selbst. Diese Art der Beschaffung von Material für Zipper wurde dann bekannt als die „mitternächtlichen Requisitionen".

Ein neues Problem entstand. Das Konzert war Ende April durch ein paar Anschläge an den Mauern angekündigt worden. Tage später begann um sieben Uhr früh der Kartenverkauf. Um acht Uhr hatte sich bereits eine riesige Menschenschlange gebildet, etwa zehn Wohnblocks lang, und um 10.30 Uhr vormittags war das Konzert mit seinen 2400 Sitzen ausverkauft. Aber es gab im zerstörten Manila keine Sessel. Das Rote Kreuz konnte irgendwie 400 Faltstühle auftreiben, aber das waren immer noch um 2000 zuwenig. Was sollte man tun? Zipper versuchte alles, was nur denkbar war, aber ohne Ergebnis. Er brachte sogar die großen Tiere, die Generale und Obersten, dazu, seine Sessel zu suchen, aber auch sie konnten nichts auftreiben. Das Wort „Sessel" begann ihm Alpträume zu verursachen. Schließlich, in seiner Verzweiflung und auf eine Vermutung hin - woher er die hatte, kann er bis heute nicht erklären -, wandte sich Zipper an den australischen Leutnant Samford, der angeboten hatte, ihm zu helfen und bat, ihn in den Trümmerhaufen zu führen, der einmal Manilas Chinatown gewesen war. Bis zum Konzert waren es nur noch fünf Tage. Der verblüffte Leutnant fragte: „Was zum Teufel soll es helfen, wenn wir in der Nacht in Chinatown herumfahren und nach Sesseln suchen, wo das Konzert in fünf Tagen stattfinden muß?" Doch Zipper ließ sich nicht davon abbringen.

In Chinatown bemerkte Zipper zwei Männer, die an der Brüstung einer kleinen Brücke über einen stinkenden Kanal lehnten. „Bitte stehenbleiben", sagte er zu Samford, sprang aus dem Wagen und gesellte sich zu den zwei jungen Chinesen. Einer erkannte den Dirigenten und fragte: „Sind sie Zipper?" und „können wir etwas für sie tun?" „Ja, ich brauche dringendst Sessel." „Was für Sessel?" „Sessel zum Sitzen." Darauf hielten die beiden Chinesen eine lebhafte Diskussion in Kantonese, baten Zipper, sich ein wenig zu gedulden und verschwanden in der Dunkelheit.

Zipper und Samford blieben bei diesem übelriechenden, von einer kleinen Ölflamme spärlich beleuchteten Kanal und warteten fünf Minuten, 10 Minuten - während Samford begann, sich ernstlich der Meinung hinzugeben, daß Zipper übergeschnappt sei.

Nach mehr als einer Viertelstunde kamen die beiden jungen Chinesen, begleitet von einem alten Mann mit einem kurzen, weißen spitzen Bart, sein Haar in Zöpfe geflochten und bekleidet mit einem traditionellen Kimono. Vor Zipper blieb er wortlos stehen und betrachtete ihn von Kopf bis Fuß. Nach einer Weile kam die Frage: „Sie wollen was von mir?" Zipper: „Ja, Sessel!" Der Chinese: „Sessel - mhm, wie viele Sessel?" Zipper: „Zweitausend Sessel!" Samford stieß einen hysterischen Lacher aus; da steht dieser Wiener Kapellmeister im nächtlichen Chinesenviertel einer völlig zertrümmerten ostasiatischen Stadt und erwartet, daß ein fremder, alter Chinese übernacht zweitausend Sessel hervorzaubern kann. Die Absurdität dieser Situation war für ihn fast unerträglich.

Der alte Mann hingegen stand da, schweigend und unbeweglich vor sich hinblickend - für eine Zeit, die Zipper vorkam wie eine Ewigkeit. Plötzlich kam die hoffnungsreiche Frage: „Sie zahlen wieviel?“ Zipper wußte, daß er jetzt dem alten Mann die Freude am traditionellen „Handeln“ (Feilschen) nicht verderben durfte, und antwortete: „25 Centavos Leihgebühr pro Sessel und pro Woche.“ Der Chinese ging sofort auf das Spiel ein, schüttelte den Kopf mit trauriger Miene und lenkte ab: „Sie sind verheiratet?“ Zipper: „Ja.“ Chinese: „Kinder?“ Zipper: „Nein.“ Chinese: „Mindestens 50 Centavos.“ Zipper freundlichst: „Wie viele Kinder haben Sie?“ Chinese: „Drei und vier Enkelkinder.“ Zipper: „Gratuliere, haben alle den Krieg gut überstanden?“ Chinese: „Schwer.“ Zipper: „30 Centavos Leihgebühr.“ Chinese: „Es wird spät, 40 Centavos.“ Schließlich einigten sie sich auf 35 Centavos Leihgebühr, Zahlungsbedingungen und Lieferungstermin.

Der alte Mann stellte noch eine Bedingung, nämlich 24-stündige, tägliche Bewachung der Sessel durch die Militärpolizei, „... weil sonst Sessel Füße bekommen, die laufen können.“ Samford konnte die Bewachung versprechen. Durch kräftiges Händeschütteln wurde der Vertrag besiegelt, und der alte Chinese verschwand in der Dunkelheit.

Samford stand da mit offenem Mund und ungläubiger Miene: „Sie glauben wirklich, daß dieser Mann, den sie nie vorher gesehen haben, diese mündliche Vereinbarung tatsächlich einhalten wird?“ Zipper, tief aufatmend, entgegnete: „Seit vielen Nächten werde ich heute zum erstenmal wieder gut schlafen, denn ein chinesischer Händedruck ist viel wertvoller als ein geschriebener Vertrag.“

Um sieben Uhr früh des folgenden Tages, dem 6. Mai, erschien der alte Mann, der sich jetzt als Mr. Lee vorstellte, im Büro des Symphonie-Orchesters. Dort erhielt er die erste Hälfte der Leihgebühr, 350 Pesos; die andere Hälfte sollte in der Kirche bei der Lieferung der Sessel bezahlt werden. Am 8. Mai, einen Tag vor dem Konzert, wieder um sieben Uhr früh, kam eine wahre Prozession von klapprigen alten Lastwagen, hochbeladen mit 2000 Sessel in allen Formen und Arten zur Santa Cruz-Kathedrale. Zipper, Dale Pontius und alle anderen Anwesenden trauten ihren Augen nicht. Als schließlich Zipper Mr. Lee die zweite Hälfte der Leihgebühr zahlte, sagte er: „Und jetzt bitte Mr. Lee, erklären sie mir, wie und wo haben sie alle diese Sessel aufgetrieben?“ Mr. Lee antwortete:

> *„Sehr einfach! Schulen in Vororten nicht zerstört, aber Kinder bleiben zu Hause. So, ich sage Schuldirektor: Leih uns Sessel für eine Woche, ich zahle euch 10 Centavos per Sessel. Gutes Geschäft für alle!“*

Zippers Erfahrungen mit Chinesen hatten ihn gelehrt, daß sie oft intelligent, einfallsreich und außerordentlich verläßlich sind. Seine Freunde in der Armee und andere, die dann halfen, die Sitznummern auf den Sesseln zu befestigen, waren verblüfft.

Das Konzert am 9. Mai 1945 wurde zu einem legendären Ereignis. Selbst jetzt, 45 Jahre später, erinnern sich Leute daran, als wäre es gestern gewesen. Einer davon ist der damals junge Militärarzt, George Shape. In seinen 1989 veröffentlichten Memoiren berichtet er von dem großen Eindruck, den dieses Konzert gemacht hat. Ein anderer damaliger Zuhörer, der Geophysiker Dr. Wallace Campbell, meint, er habe damals gelernt, Musik zu lieben.

Herbert Zipper wartete vor Beginn des Konzertes vor der Kathedrale. Ein Gefühl der Unwirklichkeit hatte ihn überkommen, weit weg von Wien, in den Ruinen dieser Kirche, ohne Dach über dem Kopf, aber mit Mrs. MacArthur, in der ersten Reihe sitzend, in einer Stadt, die so schlimm zerstört war wie Warschau, hatten sich doch 2400 Menschen die Zeit genommen, inmitten der Katastrophe ihres Lebens ihren Geist und ihre Seele zu erfrischen. Sie hörten Beethovens „Eroica“ und Dvořáks „Neue Welt“-Symphonie. Der Symbolismus der Titel dieser zwei Werke entging niemandem.

Während des Zweiten Satzes der „Eroica“ (des „Marcia Funebre“), in Augenblicken verhältnismäßiger Stille, konnte man das ferne Donnern des Artilleriefeuers aus dem etwa 50 Kilometer entfernten Antipolo hören - ein Klang, der die Wirklichkeit des Krieges und des Todes jedermann in der Kirche wieder deutlich machte. Es war ein ironischer Kommentar zur Kraft des „Trauer-Marsches“ von Beethoven. Jedermann der Zuhörerschaft kannte die Wirklichkeit des Krieges aus erster Hand. Dieses, das Leben bejahende Konzert stellte nahezu eine Frage: Was ist die endgültige Wirklichkeit - der Tod und die Zerstörung und der Krieg? Oder Leben und Schöpfung und Friede? Zippers eigener Mangel an internationaler Bekanntheit trug vielleicht auch noch zum Erfolg des Konzertes bei. Hätte Toscanini dirigiert, so wäre wohl das Hauptaugenmerk auf den großen Maestro gerichtet gewesen. Aber angesichts des nur wenig bekannten Dirigenten war doch die Musik der absolute Mittelpunkt.

Am nächsten Tag erreichten Manila Nachrichten, daß der Krieg in Europa zu Ende gegangen sei. Der Kriegskorrespondent William J. Dunn, der seine Erinnerungen 1988 veröffentlicht hat, fand die Nachrichten von der deutschen Kapitulation für die Bewohner von Manila, einer Stadt, die in Trümmern lag, nicht besonders herzerfrischend. Aber auch Dunn berichtet von der Wirkung dieses Konzertes und besonders von der Persönlichkeit Dr. Zippers: Es bildete eine sehr bewegende Ausnahme in der nahezu völligen Interesselosigkeit, mit der Manila die Nachrichten vom Sieg der Alliierten in Europa begrüßte. Dr. Herbert Zipper war ein Wiener Musiker, ein Flüchtling, der Monate in Konzentrationslagern gelitten hatte. Als Gefangener der Nazis hatte er sich selbst gelobt, den Sturz Adolf Hitlers und des Nazi-Regimes dadurch zu feiern, daß er eine Dankesaufführung von Beethovens 3. Symphonie, der „Eroica“, dirigieren werde. Am 9. Mai 1945, nach zwölf langen Jahren, da an Hitlers Tod und der endgültigen Niederlage des Dritten Reiches kein Zweifel mehr bestand, konnte er das wirklich tun.

Nach Überwindung der gewaltigen Schwierigkeiten, im zerstörten Manila Musiker zu finden und mit ihnen proben zu können, gelang endlich diese Aufführung. So wurde dieses Konzert nicht nur wie ursprünglich geplant eine Feier zur Befreiung des Asyllandes von Herbert Zipper, sondern auch eine Feier für das Ende des Krieges und den Sturz des Nationalsozialismus.

„Die Eroica ist von vielen größeren Orchestern aufgeführt worden, aber niemals mit mehr Gefühl. Ich habe viel größere Orchester die Eroica spielen gehört, aber sie haben viel weniger Tränen in die Augen gebracht. Man konnte

nicht kritisch sein, wenn man wußte, daß der frühere Konzertmeister von den Japanern ermordet worden war, daß der Erste Holzbläser dasselbe Schicksal erlitten hatte. Die Tatsache, daß die Hörner in dem Trio des Dritten Satzes nicht so stark waren, wie sie vielleicht sein sollten, wurde unwichtig, da zwei der besten Hornisten der Philippinen ihr Leben für ihr Land gelassen hatten. Was von diesem Orchester übrig war, spielte die Eroica auf einer zusammengezimmerten Bühne im Schiff der Ruine der Kathedrale von Santa Cruz, von dem was übriggeblieben war von einer der ältesten Kirchen Manilas. Die Musik erklang zwischen den gebrochenen Mauern und stieg auf zu einem tropischen Himmel, der das einzige Dach bildete. Es war zugleich ein Freudengesang und ein Gebet der Danksagung."[71]

Zwei Tage später wurde das Konzert für die Streitkräfte der USA wiederholt. Danach verlangte der Chef der Marinebasis von Manila, Admiral Kaufman, eine weitere Wiederholung. Und nach diesem Konzert bat das Hauptquartier Zipper zu einem speziellen Treffen. Die Armee wollte, daß die Konzerte nun jeden Tag stattfinden sollten. Zu diesem Zweck mieteten sie ein altes, großes Kino, „The Rex", in Chinatown. Und so, für die nächsten 45 Wochen nach einer „Dürre" von vier Jahren, dirigierte Herbert Zipper bis zu sechs und manchmal sieben Konzerte pro Woche für eine nach Kultur ausgehungerte, vom Krieg gehärtete und fieberhaft beglückte Zuhörerschaft von Soldaten und Zivilisten. Jede Nacht war das Haus ausverkauft. Sie wechselten das Repertoire jede zweite Woche, ausgenommen der Symphonie von Schubert in C-Dur, die so beliebt war, daß man sie drei Wochen hindurch wiederholen mußte.

Mehr als 40 Jahre später, im April 1988, erschien im „Christian Science Monitor", als Reaktion auf Artikel über Dr. Zipper als Dirigent in einem Kindergarten, ein Leserbrief, geschrieben von Worden Gifford, vor dem Krieg ein junger Musikstudent, der im Jahr 1945 als Soldat nach Manila gekommen war. Gifford erinnert sich, damals etwa 30 Kilometer südlich von Manila stationiert gewesen zu sein. Eines Tages habe der Hauptfeldwebel mitgeteilt, es gebe einige Eintrittskarten für die Vorführung der Manila Symphoniker an jenem Abend. Er als junger Musikstudent habe voll Eifer diese Gelegenheit ergriffen. Nach Erreichen des „Rex"-Theaters, das sich im Chinesenviertel Manilas befand, hätten sie keine Sitz-, sondern nur Stehplätze erhalten. Sehr bald sei ein großer, dünner, energischer und sehr lebhaft wirkender Gentleman erschienen, der rasch zum Podium ging. Dann habe ein Abend voll außerordentlich schöner Musik begonnen, die geholfen habe, die niederdrückende Häßlichkeit der Zerstörungen des Krieges, die sie rundherum umgaben, zu verwischen. Der Dirigent war Dr. Zipper:

Die US-Armee war einen Vertrag mit den Manila Symphonikern eingegangen, um eine Serie von Konzerten für das gesamte militärische Personal auf einer regulären Basis zu veranstalten. Jedes Konzert wurde während einer zweiwöchigen Periode achtmal wiederholt. Das machte es vielen GI's möglich, an diesem musikalischen „Atemzug frischer Luft" teilzunehmen.

Während des Jahres, das ich in Manila verbrachte, hörten jene, die diese Konzerte besuchten, die großen Symphonien, viele Concertos (wenn Solisten gefun-

den werden konnten) wie etwa den „Messias" zu Weihnachten und viele, viele kleinere, von allen geliebte Musikstücke. Nach mehreren Monaten wurden die Konzerte aus dem „Rex"-Theater in ein Riesenzelt verlegt, das von der Armee zur Verfügung gestellt wurde. Das bedeutete, daß viel mehr Soldaten an jedem Konzert teilnehmen konnten.

Die Premiere an dem neuen Ort war eine unvergeßliche Gelegenheit. Herr und Frau Dr. Zipper hatten ein Ballett, nämlich Mussorgskiy's „Bilder einer Ausstellung" choreographiert, inszeniert und produziert. Eine ähnliche Pracht habe ich weder vor- noch nachher jemals wieder gesehen oder gehört.

Die Schwierigkeiten, die sich Dr. Zipper tagtäglich in den Weg stellten, um diese Konzerte für die amerikanischen Soldaten veranstalten zu können, waren enorm. Das Fehlen von Transportmitteln für die Mitglieder des Orchesters in einer vom Krieg zerstörten Stadt, die Proben in einem Raum im zweiten Stock eines Gebäudes, Kilometer vom Veranstaltungsort der Konzerte entfernt, ungenügende Ventilation an beiden Orten, außerordentliche Hitze zu jeder Zeit, die Armeebürokratie, ungenügende Finanzierung, fehlendes Notenmaterial und der Mangel an Reparaturen der Musikinstrumente, all das plagte die Symphoniker ständig. Ich habe aber nie erlebt, daß Dr. Zipper in eine andere Richtung als vorwärts gegangen wäre.

Die Leben Tausender amerikanischer Soldaten wurden durch Dr. Zippers unermüdliche Bemühungen mit den Manila Symphonikern berührt. Es wäre schwer abzuschätzen, welches Vergnügen und welche Erfrischung er dem militärischen Personal, das in und rund um Manila stationiert war, geschenkt hat.

Ich habe Manila 1946 verlassen. In den späten vierziger und fünfziger Jahren kam Dr. Zipper in die Vereinigten Staaten und war der musikalische Direktor des Brooklyn Symphony Orchestra.

1971 habe ich ihn kurz in Wilmington, Delaware, gesehen, als er durch die Vereinigten Staaten reiste, um die Aktivitäten von Gemeindemusikschulen zu unterstützen und ins Leben zu rufen.

Dr. Zipper ist überzeugt, daß die Künste nicht nur heilen, sondern auch inspirieren, daß sie buchstäblich den Menschen Leben einhauchen. Aus dem Schutt und Gestank Manilas kam eine Art neuen Lebens durch die Konzerte, die Zipper 1945-46 dirigierte. Die Musik war nicht nur Unterhaltung oder ein abgesondertes Kapitel vom Wiederaufbau der Stadt. Die Musik wurde ein integraler Teil des täglichen Lebens der Menschen, wo ästhetischer Ausdruck so natürlich wurde wie das Atmen. Viele von jenen, die in den Jahren 1945 und 46 in Manila waren, lernten dies, wenn sie ein Konzert mit anhörten, das Dr. Zipper dirigierte.

ZWISCHENSPIEL

Zwischenspiel
Patriot der Erde

„Ich bin ein Patriot der Erde."

Herbert Zipper

Die Konzerte für die Armee dauerten bis zum Februar 1946. Im Dezember des Jahres davor hatte Präsident Osmena Herbert Zipper in sein Büro gerufen und ihn davon informiert, daß er soeben ein Komitee für den kulturellen Wiederaufbau der Philippinen gegründet habe. Er lud Zipper ein, an diesem Komitee teilzunehmen, Vorschläge für dessen Politik zu machen und nach Amerika zu reisen, um dort finanzielle Unterstützung zu erreichen. Trudl und Herbert begannen sofort, entsprechende Vorkehrungen zu treffen. Zu diesem Zeitpunkt waren beide „staatenlos". Aber da ihre Gegenwart nun in Amerika erwünscht war, erhielten sie innerhalb einer Woche durch den amerikanischen Konsul entsprechende Visa. Dann bedurften sie einer Reisegelegenheit, um in die Staaten gelangen zu können. Da eine Flugreise noch unmöglich war, ging Zipper jeden Morgen hinunter zum Hafen, wo sich die Schiffahrtsagentur eines gewissen Herrn Rocha befand, der auch ein Mitglied des Komitees des Manila Symphonie-Orchesters war.

Am Morgen des 12. Februar 1946 sagte ihm Rocha, es gebe Platz für zwei Personen auf dem „Russell A. Alger", einem „Liberty"-Frachtschiff. Es war zwar nicht für Passagiere ausgerüstet, aber die leerstehende Kabine des zweiten und dritten Funkers konnte für das Ehepaar hergerichtet werden. Allerdings würde das Schiff schon am selben Nachmittag um 14 Uhr abfahren. Zipper raste nach Hause und sagte um 10 Uhr vormittags seiner Trudl, daß sie um 14 Uhr nach den USA reisen würden.

„Fein!" sagte sie, „aber du mußt mir einen Lastwagen besorgen." Sie bestand darauf, verschiedene Gegenstände, die sie, da sie ja alle ihre Besitztümer verloren hatten, von Freunden ausgeborgt hatte, rückzuerstatten. Zipper erhielt tatsächlich einen Armeelastwagen, und sie unternahmen eine Rundfahrt, um dies und jenes zurückzugeben. Um ein Uhr kehrten sie wieder nach Hause zurück, nahmen ihre wenige übriggebliebene Habe, luden sie samt ihrem kleinen Hund Niddy auf und fuhren zum Pier, wo sie in ein wartendes Motorboot stiegen, das sie zu dem weit draußen in der Manila Bucht verankerten Schiff brachte.

Zipper hatte alles, was er in Österreich besessen hatte, verloren, und was er und Trudl in Manila erworben hatten, war in Flammen aufgegangen, als ihre Wohnung vernichtet wurde - zuerst durch amerikanische Granaten und dann von den japanischen Brandstiftern. Ein altes Sprichwort der Sufis betont, daß „man nur das besitzt, was bei einem Schiffbruch nicht verlorengeht". Herbert und Trudl Zipper hatten diese Lektion gut gelernt. Am 12. Februar 1946 kletterten sie über eine Strickleiter an Deck der „Russell A. Alger“ mit ihrer Ausgabe der Encyclopedia Britannica, dem chinesischen Teppich und dem kleinen Hund Niddy.

Der Zahlmeister des Schiffes schien irgendwie irritiert zu sein, denn bis zu dem Augenblick, wo er sie zu Gesicht bekam, war er nicht informiert, daß er zwei Passagiere haben werde - noch dazu die einzigen an Bord. Daher fragte er nun: „Sagen Sie, spielen Sie vielleicht Schach?“ Als Zipper sagte, er würde sich sehr freuen, Schach zu spielen, schien der Zahlmeister durchaus zufriedengestellt. Der Chefingenieur des Schiffes war gewohnt, mit seinem dritten Funker täglich Schach zu spielen, der allerdings zusammen mit dem zweiten Funker von Bord gegangen war. Seit damals war der Ingenieur geradezu trübsinnig geworden, und da niemand sonst an Bord Schach spielen konnte, fürchtete die Besatzung um die geistige Gesundheit ihres Ingenieurs. Der Schach spielende Zipper brachte nun Hilfe. Die Reise dauerte 31 Tage, und für die ersten 23 Tage schlug der Ingenieur Zipper bei jedem Schachspiel. Dann jedoch lieh er ihm eines Tages ein Buch von Richard Reti über Schach (Retis Bruder Rudolf, ein Wiener Komponist und Musikkritiker, war ein Bekannter von Zipper gewesen). Zwei Tage lang studierte Zipper dieses Buch und gewann nun die nächsten acht Spiele. „Ich habe ihm dieses Buch geborgt“, beklagte sich der Ingenieur beim Kapitän, „und jetzt kann ich kein Spiel mehr gewinnen. Unglücksvogel der ich bin.“

Ein großes Vergnügen war es auch, wieder Bücher zu finden. Das Schiff besaß eine gute Bibliothek, und nun hatten die Zippers nach langer Zeit wieder einmal Gelegenheit und Ruhe, zu lesen. Die Reise war auch eine herrliche Zeit für sie, in einer friedlichen Welt zusammen zu sein, zu sprechen, Hände zu halten und einfach auf die Schönheit des Meeres hinauszublicken, ohne zu wissen, was die Zukunft bringen würde, und sich in diesem Augenblick nicht an die Schrecknisse der Vergangenheit zu erinnern, dafür aber zuzusehen, wie der kleine Hund Niddy Seemöwen jagte. Schön war es, einfach still zusammen zu sein.

Diese Zeit war für Herbert Zipper eine Art Pause zwischen zwei Akten seines Lebens. Er hatte gerade den Zusammenbruch seiner Welt erlebt. Er würde nicht nach Österreich zurückkehren. Nicht nur, daß er noch immer zornig war über das Verhalten der Österreicher, verglichen mit dem loyalen Benehmen der Filipinos während der japanischen Okkupation. Er hatte auch gesehen, daß die alte Weltordnung zu Asche verbrannt war. Zipper konnte sich nicht vorstellen, daß man versuchen sollte, die alte Welt wiederherzustellen, wie sich das manche wünschten. Was notwendig war, war ein Neuaufbau der Gesellschaft. Er sah keine Restauration der alten Eliten, der hierarchischen und gesellschaftlichen Ordnung, sondern vielmehr die Schöpfung neuer Werte, das Erkennen und Bestärken neuer demokratischerer Wege und menschlicher Würde.

Der zweite Akt seines Lebens sollte nun beginnen. In Dachau und in Buchenwald hatte Zipper verschiedene Wahrheiten gelernt, der Stärke seiner eigenen Kräfte zu vertrauen und daß, „obgleich der Mensch auch ohne Kunst überleben kann, er ohne sie nicht wirklich am Leben ist und unter gewissen Umständen die Künste helfen können zu überleben". Während er die Abgründe kennengelernt hatte, zu denen Menschen absinken können, hatte er doch auch neue Höhen gesehen, zu denen aufzusteigen man imstande ist. Es war klar, welche Wahl man zu treffen hatte.

So entschloß er sich, seine früheren Ziele beiseite zu schieben und über sie hinauszugehen, hinaus über „die beschränkenden Horizonte europäischer Tradition, europäischer Besonderheiten und Vorurteile, deren er sich erst völlig bewußt wurde, nachdem er einige Jahre außerhalb Europas gelebt hatte". Er kam außerdem zu dem Schluß, „daß es viel mehr Menschen in Europa gibt, die den gleichen Hintergrund besitzen wie ich und meine Arbeit tun können als außerhalb Europas, und ich hatte das Gefühl, in Asien und Amerika viel mehr gebraucht zu werden".

Erfahrungen von Dachau bis Manila lehrten Zipper in den vierziger Jahren eine Erkenntnis, die Amerika und Rußland noch in den achtziger Jahren sich mühten zu begreifen, daß der Nationalismus nicht länger ein geeigneter Weg ist, den Planeten zu organisieren, daß nationale Grenzen eine Stufe auf der Straße zur Weltbürgerschaft sein müssen. „Ich bin", so beteuert Zipper voll Stolz, „ein Patriot der Erde." Und so widmete er die zweite Hälfte seines Lebens der Bemühung, den Horizont kleiner Gemeinschaften in Amerika und Asien, die Lehrpläne von Erziehungssystemen zu erweitern, indem man gute Kunstprogramme in sie aufnahm, um so das allgemeine Niveau der kulturellen und multikulturellen Bildung in einer großen Anzahl von Schulen und Gemeinden zu heben. Die feindlichen Mächte von Dachau bis Manila waren körperliche Brutalität und Bestialität gewesen, in den nächsten 40 Jahren sollten dies die Mittelmäßigkeit und die Unwissenheit sein. Natürlich sind diese beiden Dinge nicht ohne Verwandtschaft, denn es ist sicherlich die Mittelmäßigkeit und die Unwissenheit des „Mittelschleims", der eine „Figur aus der Gosse", wie Winston Churchill einen Adolf Hitler genannt hat, zur Macht gelangen läßt. In Dachau hatte Zipper gelernt zu tun, was notwendig war, um zu überleben. Er wurde ein radikaler Empiriker, der Pläne entwarf und entsprechend handelte, um die notwendigen Ergebnisse zu erzielen. Die strengen Strukturen und der Inhalt der formellen, traditionellen europäischen Erziehung waren in einem Gefangenenlager nutzlos. Was man brauchte war Phantasie, Einfallsreichtum, Selbstbewußtsein und Gemeinschaftsgeist. Das waren die Qualitäten, die Herbert Zipper mit sich brachte, als er und Trudl am 14. März 1946 in die Bucht von San Francisco einfuhren.

VIERTER SATZ

IX Amerika

X Chicago

XI Manila wiederbesucht

Kapitel IX
Amerika: Von der Symphonie „Die Neue Welt“ zur Neuen Welt

„Du hast sie zerstört,
Die schöne Welt
Mit mächtiger Faust,
Sie stürzt, zerfällt...
Baue sie wieder,
In deinem Busen
Baue sie auf!“

Goethe, Faust I

Die Reise von Manila nach San Francisco dauerte 31 Tage. Mit gutem Rückenwind pflügte die „Russell A. Alger“ mit neun Knoten pro Stunde vorwärts. Schließlich, am frühen Morgen des 14. März 1946, kam die Golden Gate Bridge in Sicht. Es war ein windiger Märztag. Das Meer war unruhig, und die beiden ehemaligen Wiener Bürger standen auf dem Vorderdeck und wischten das Haar aus ihren Augen. Eine blaße Sonne schien auf ein dunstiges Meer. Das Paar blickte auf eine unglaubliche Aussicht. Sir Francis Drake konnte nicht aufgeregter gewesen sein, als er Neuland sah. Es bedurfte noch drei Stunden, um in die Bucht der „weißen Stadt“ einzulaufen. An einem Punkt wandte sich Trudl Zipper zu ihrem Mann und rief, noch immer die Erfahrungen aus Manila in Erinnerung, aus: „Schau, Herbert, alle Häuser haben Dächer!“ Das Schiff ankerte in der Mitte der San Francisco Bay, und zwei Einwanderungsbeamte kamen an Deck. Sie überprüften die „Interim Papers“ der Zippers und gingen nach einigen Minuten wieder. Der Kapitän stand an Deck und hielt Niddy, den kleinen Dackel, in seinen Armen. Er sagte den Einwanderungsbeamten, es sei sein Hund, und auf diese Weise verhinderte er, daß Niddy in Quarantäne kam. Als das „Liberty“-Schiff am Kai in Oakland festmachte, stürmte die Besatzung von etwa 40 Mann sofort an Land und ließ Zipper und seine Frau an Deck sitzen. Sie schauten herum, da sie noch andere Formalitäten erwarteten, aber statt dessen hatte man sie allein gelassen. Niemand kam, um ihre Habseligkeiten zu inspizieren. Nach Jahren fanatischer deutscher Ordnungswut fanden sie sich hier kaum beachtet und frei. Es war gleichzeitig ein wenig bedrückend und doch erfreulich. Als sie an Land gingen, sah Zipper ein Auto am Ende des Docks. Daraus stiegen Papa Zipper und dann Otto aus, Mama Zipper, die nicht sehr gut zu Fuß war, blieb im Wagen. Man könnte eine bewegendere Szene wohl kaum beschreiben. Die ersten paar Minuten waren ein Durcheinander fast verwirrter Gefühlsbewegung. Jeder umarmte den anderen, lachte und redete, und man umarmte einander wieder. Emil Zipper, eine sehr starke Persönlichkeit, war wild vor Freude. Zipper hatte seine Eltern und seinen Bruder nicht mehr gesehen, seit er Paris 1939 verlassen hatte. Hedy war zu dieser Zeit in Santa Monica, Walter in London geblieben.

Am Abend wurden die beiden Emigranten in ein Hotel gebracht, wo die Marine für sie eine Suite gemietet hatte. Trudl war überglücklich - endlich eine Badewanne! Ein Bad zu nehmen war ein unbeschreiblicher Luxus. Sie waren jedoch gar nicht imstande, auf den weichen Matratzen zu schlafen, denn sie waren gewohnt, auf harten Steinböden zu liegen. Zuerst legten sie Matratzen auf den Boden - immer noch zu weich, dann schliefen sie einfach auf dem Boden. So war es recht. Am nächsten Tag gab die Marine für sie einen Empfang mit der Presse. Danach war mehr Zeit für die Familie, damit man sich wieder kennenlernen konnte.

Die Zippers wurden Ende April in Washington erwartet. Nach zwei Tagen in San Francisco fuhr Otto die ganze Familie in einem geborgten Cadillac nach Santa Monica, um bei Zippers Schwester Hedy Holt, ihrem Ehemann Fred und deren Kindern Lucy und Henry zu bleiben. Hedys Gatte hatte seinen Namen von Fritz Horwitz auf Fred Holt geändert. In Wien war er Besitzer einer Buchhandlung gewesen, in Amerika war er Landschaftsarchitekt geworden. Sein Bruder, der Pianist im NBC Klavier-Quartett gewesen war, wurde aufgefordert, seinen Namen zu ändern, um keine Verwirrung mit dem berühmten Vladimir Horowitz zu verursachen. So amerikanisierte auch Fritz seinen Namen im Einklang mit seinem Bruder. Während der vier Wochen des Aufenthalts verbrachten Zipper und Trudl ein bißchen Zeit damit, ein paar Dinge einzukaufen, ein paar Kleider zum Beispiel. Otto Zipper, der in Los Angeles ein bekannter Automobilhänder geworden war (VW und BMW), verschaffte ihnen einen gebrauchten Vorkriegs-Coupé-Studebaker mit vier neuen Reifen - zu jener Zeit ein fast unerhörter Luxus. Angesichts ihrer bevorstehenden Reisen gaben sie Niddy zu Hedy und Fred. Dieser kleine tapfere Hund aus Manila wurde nun der große Liebling im Rustic Canyon in Santa Monica.

Nach einer herrlichen Familienfeier mit den Eltern Zippers, mit Hedy und ihrem Gatten Fred und deren Kindern, die ebenso ihre Tante und ihren Onkel aus Manila seit 1939 nicht mehr gesehen hatten, gingen Herbert und Trudl auf eine Reise quer durch Amerika. Sie fuhren von Stadt zu Stadt, wo sie sich überall bemühten, für einen Wiederaufbau der kulturellen Institutionen der Philippinen Stimmung zu machen. Es waren Ansprachen, Pressekonferenzen, Gesellschaften, von Flagstaff nach Phoenix, Albuquerque, Denver, Kansas City, St. Louis, Chicago, Cleveland, Cincinatti, Pittsburg, Washington D.C. und schließlich zurück nach Kalifornien. Zippers Ziel war, zwei bis drei Millionen Dollar aufzubringen, um das Manila Metropolitan Theater wieder in Stand zu setzen, ebenso die Büchereien, die Schulen für Kunst und Musik und derartiges. Es waren aufregende Tage der Entdeckungen und der Überlegungen. Entdeckungen an Orten wie etwa dem Grand Canyon und dem Yosemite, die für österreichische Emigranten überwältigend majestätisch wirkten. Später, nach der neunten oder zehnten Visite des Grand Canyons, meinte Zipper: „Es ist ein

Jammer, daß nicht Beethoven, sondern Ferde Grofe diese Landschaft in Musik gesetzt hat.“

Die ersten Eindrücke der Zippers von diesem neuen Land waren ein merkwürdiges Gewebe aus Positivem und Sonderbarkeiten. Sie waren sowohl von den wunderschönen Gärten wie von den schmutzigen Straßen überrascht. Das Fehlen von Zäunen und versperrten Türen und das Durcheinander der Architektur, aber auch die Freundlichkeit der Menschen des Mittelwestens und die erschütternde Grobheit in den Straßen von New York: Sie waren verblüfft von dem Raum und den Entfernungen und der außerordentlichen Verschiedenheit der Landschaft und der Menschen. Sie waren auch überrascht von den wundervollen Büchereien, aber verblüfft und erstaunt von dem Grad der kulturellen Unwissenheit, Vulgarität und vor allem von der Naivität der durchschnittlichen Menschen. Die weite Erstreckung des Landes entsprach der Fülle verschiedener Persönlichkeiten, auf die sie trafen. Dann war da noch die Geschwindigkeit von allem: die Autos, die Entwicklung der Städte und der Industrie, aber auch die Annahme und Durchführung neuer Ideen. Es war dies eine wilde Mischung, die Zipper erregte. Die ruhige, gesetzte Tradition Europas war schließlich für einen Mann seiner Art, seiner Ideen und Unternehmungen nicht das Geeignete. Hier, so spürte er, konnte er seiner Phantasie die Zügel schießen lassen. Obgleich Volksmusik wie Country-Music, Radio-Unterhaltungsmusik und Seifenopern die vorherrschende Kost waren, so schienen doch die Möglichkeiten für eine Änderung enorm.

Im Oktober 1946 ließ Zipper Trudl in Santa Monica zurück und brach mit Vater Emil zu einer zweiten Reise nach New York auf. Am Tag seiner Ankunft wurde er vom Chef der Abteilung der philippinischen Kommission für den kulturellen Wiederaufbau angerufen, J. Weldon Jones, der damalige Budgetdirektor der Amerikaner, der ihm sagte: „Herbert, ich habe schlechte Nachrichten. Man hat uns den Teppich unter den Füßen weggezogen.“ Auf den Philippinen hatte eine Wahl stattgefunden, und ein neues Regime unter Manuel Roxas hatte sich entschlossen, das kulturelle Wiederaufbauprogramm zu verschieben. Zipper war nun mit nur wenig Habseligkeiten und wenig Geld in New York gestrandet.

Zippers Ankunft in New York wurde allerdings von Zeitungen berichtet, und er hatte das Glück, daß einige Soldaten, die früher auf den Philippinen im Einsatz gewesen waren, dies lasen und ihn nun kontaktierten und fragten, ob er vielleicht bereit wäre, ein Orchester in Brooklyn, das aufgelöst worden war, als Sir Thomas Beecham nach England zurückkehrte, wieder ins Leben zu rufen. Die Künste waren hier kein Teil des Gefüges des täglichen Lebens. Dieser Zustand der Dinge feuerte jedoch seinen schöpferischen Sinn an. Doch wie konnte er Wege finden, um das Problem anzugehen? Er unternahm es nun, Musik nach Brooklyn zu bringen.

Als er das erste Mal in New York eintraf, nahm er eine Wohnung von Max Eastman nahe der New School of Social Research (Neue Schule für Soziale Studien) in Untermiete. Im November ließ er Trudl kommen, und zu Weihnachten unternahmen sie einen einwöchigen Ski-Ausflug mit Eric Simon in New

Hampshire. Nach Weihnachten wohnten sie für sechs Wochen im Great Northern Hotel in der 57. Weststraße. Unter den dortigen Hotelgästen befanden sich sein Freund Otto Klemperer, der weltberühmte Dirigent, und Hedwig Kanner, eine sehr bekannte und sehr strenge Wiener Musikkritikerin, die auch Pianistin und im übrigen die Witwe des Pianisten Moritz Rosenthal war. Die Miete im Hotel betrug zehn Dollar pro Tag für beide. Nach ihrem Aufenthalt im Hotel übersiedelten sie zuerst in die 96. Straße am Broadway und am 1. Mai 1947 nach Brooklyn, wo sie sich schließlich in der Clark Street Nr. 35 niederließen, nahe dem St. George Hotel. Es war ein bequemes, möbliertes, mit zwei Schlafzimmern ausgestattetes Apartment.

Um diese Zeit erhielt er eine Berufung an die New School for Social Research. Er sollte dort zweimal pro Woche einen Kurs über die Geschichte der Oper abhalten. So begann seine Arbeit in Amerika: lehrend, dirigierend, neue Programme entwickelnd. Er konnte nun seine außerordentliche musikalische Begabung mit seinen anderen positiven Eigenschaften vereinen, nämlich als Erneuerer, als Problemlöser und als Schaffender. In Amerika eingetroffen, sah er bald, daß sein wirksamster Beitrag für die Neue Welt nicht so sehr als Dirigent sein werde, vielmehr als jemand, der zur Entwicklung der Kultur beitrug, als Erzieher, als Schöpfer von Gemeinschaften. Dies bedeutete aber eine dauernde Verpflichtung, die ihn dazu führen müßte, große Aufgaben als Dirigent abzulehnen, um sich den kleinen und großen Gemeinschaften zu widmen, um die Anfänge künstlerischer Programme zu organisieren und zu entwickeln.

Seine außerordentliche und manchmal sehr ungewöhnliche Phantasie im Schaffen von Programmen erwies sich schon früh an der New School, wo er unter vielem anderen einen Musikkurs für schwangere Frauen einrichtete. Der Präsident der New School war zunächst sehr verwundert. Aber kaum war der Kurs im Katalog angekündigt, meldeten sich schon am ersten Tag 50 Frauen, die in anderen Umständen waren. Zipper mußte freilich von der Fakultät eine ganze Menge an Spott hören. Unerschrocken aber trat Zipper vor seine Klasse und lehrte ihnen Lieder, die sie ihren Kindern in der Wiege singen konnten oder auch beim Stillen, und wie man überhaupt eine musikalische Atmosphäre im eigenen Heim schaffen konnte. 1974 hielt Zipper Vorträge in St. Louis an der Washington University. Nach einem seiner Vorträge kam eine junge Frau auf ihn zu und fragte: „Darf ich Ihnen einen Kuß geben?" Er dachte, daß dies gewiß eine besonders enthusiastische Reaktion auf seinen Vortrag sei, aber sie setzte fort: „Vor Jahren hat meine Mutter ihren Kurs für schwangere Frauen besucht, und sie hat mir die Lieder vorgesungen, die sie damals gelernt hat, und ich habe sie alle geliebt!" Und sie berichtete, daß sie eben diese Lieder den Kindern ihrer Schwester beibringe.

Man wirft einen Kieselstein in einen Teich und...

Die meisten Klassen, in denen er lehrte, waren freilich weniger eigenartig. Seine analytischen Kurse schlossen ein: die Quartette von Beethoven, die Symphonien von Beethoven, die Opern von Mozart, die Quartette von Bartók. Besondere Erwähnung verdienen zwei: Einer der Kurse hieß „Thematische Logik in der Musik". Gewöhnlich konzentrieren sich Vorträge über die

Geschichte der Musik oder über Formen oder Analysen eben auf Formen und die harmonischen Strukturen. Zippers Kurse begannen mit der Frage, wie sich wohl die großen Meisterwerke aus ihren anfänglichen Vorhaben entwickelt hatten, wuchsen sie etwa so natürlich wie ein Baum? Die Verwandlung dieser ursprünglichen Idee in viele verschiedene Ausdrucksformen, demonstrierte Zipper, sollte dem Zuhörer geben, was Leonard Bernstein als „Unvermeidlichkeit“ beschrieben und der deutsche Philosoph Helmholtz „Vernünftigkeit“ in der Musik genannt hat. Eine zweite Vortragsreihe hieß „Moderne Zeit in den Künsten“ und untersuchte die Entwicklung der Literatur, der Musik, der Philosophie und der bildenden Künste von der Renaissance bis zur Gegenwart. Zipper war der Musikspezialist in einem Team von vier Vortragenden. Jeder hatte pro Woche eine Lesung von 90 Minuten. Und alle vier kamen mit ihren Studenten zu einem wöchentlichen zweistündigen Gespräch zusammen. Zipper und die Studenten hatten an diesen Kursen eine außerordentliche Freude.

Seine Professur an der New School fiel zusammen mit dem Beginn der McCarthy Ära. Die Zusammenkünfte der gesamten Fakultät der New School wurden in einem großen Vorlesungsraum im obersten Stockwerk des Gebäudes abgehalten. Drei Wände dieser Vorlesungshalle waren bedeckt mit farbigen Wandgemälden des „Völkerbundes“, einschließlich Porträts von Stalin, Hitler und anderen, gemalt von dem mexikanischen Künstler Jose Clemente Orozco (1883-1949). Zu dieser Zeit war die New School, eine aufregende und bunte Mischung von Menschen, bekannt als die „Universität im Exil“. Es gab zahlreiche prominente europäische Intellektuelle ebenso wie Gastvorlesende, wie etwa Eleanor Roosevelt, Felix Frankfurter, bekannte Liberale, US-Höchstrichter, geborene Österreicher und Langston Hughes, ein sehr berühmter schwarzer Poet.

Bei einer dieser Sitzungen im Jahre 1950, an der etwa 150 Fakultätsmitglieder teilnahmen, wurde Präsident Hans Simons (ein Politikwissenschaftler und früherer deutscher Sozialdemokrat) von einem Fakultätsmitglied, der ein Beamter des State Department war, angesprochen. Er erklärte dem Präsidenten, daß die New School in Washington den Ruf erhalten habe, eine linke Organisation zu sein, und da in diesem Raum viele öffentliche Zusammenkünfte abgehalten würden, so müsse das Orozco-Wandgemälde entfernt werden, weil es Ärgernis errege. Zipper spürte, wie ihm das Blut zu Kopf stieg. Präsident Simons schlug vor, da das Wandgemälde während der Vorlesungen eher ablenkend wirke, könnte man es mit einem Vorhang verdecken. Zipper fühlte wiederum das schon zuvor verspürte Empfinden in sich aufsteigen: In diesem Raum, angefüllt mit der Intelligenz der Universität, sprach niemand dagegen, niemand protestierte. Wiederum war es diese Unterwerfung unter die Angst. Er hob seine Hand, stand auf und erklärte, er habe eben erst sinnlose Angst Europa überwältigen gesehen, er habe erlebt, wie Bücher verbrannt wurden und Kunst geschändet wurde. Dann sagte er: „Wenn diese Wandgemälde verdeckt werden, werde ich gehen. Und jedermann, der so fühlt wie ich, sollte mit mir gehen.“ Etwa die Hälfte der anwesenden Fakultätsmitglieder begann aufzustehen, als Präsident Simons sagte: „Hoho, Sie sind vollkommen im Recht.“ Das Wandgemälde blieb unverdeckt, und am nächsten Tag rief ihn Präsident Simons an, um sich zu entschuldigen. Im weiteren wurden er und Zipper Freunde.

Auch Trudl Zipper fand sehr schnell Arbeit. Sie besuchte Erwin Piscator, den Direktor des wohlbekannten Dramatischen Workshop in New York, und er, sehr angetan von ihrer Qualifikation, stellte sie als Direktorin des Tanzdepartments an. Piscator, der ein überzeugter Anhänger des linken Flügels war, verließ schließlich während der McCarthy Ära New York und kehrte nach Berlin zurück, wo er in den zwanziger und Anfang der dreißiger Jahre als Theaterdirektor berühmt geworden war. Trudl erhielt ihr erstes Gehalt noch vor ihrem Gatten. Während ihrer Arbeit am Dramatischen Workshop unterrichtete sie auch solche Schauspieler wie Walter Matthau, Paul Newman und Tony Curtis (der damals noch Bernie Schwartz hieß). In ihren letzten Jahren in Brooklyn eröffnete sie ihr eigenes Tanzstudio.

Sehr bald nachdem sie in New York zu arbeiten begonnen hatten, trafen die Zippers einige Übereinkünfte. Angesichts der Unterbrechungen ihres gemeinsamen Lebens in Europa, des Krieges auf zwei Kontinenten und ihrer Arbeitsverpflichtungen hatten sie sich entschlossen, zunächst keine Kinder zu haben. Sie hatten auch vereinbart, niemals über Geld miteinander zu sprechen oder danach zu verlangen. Jeder hatte ein eigenes Sparkonto, und mit typisch österreichischer Genauigkeit legten sie jeden Monat eine gewisse Geldsumme beiseite, die Zipper sehr bald in Wertpapieren anzulegen begann. Sie entschlossen sich, keine Lebensversicherung abzuschließen, denn Trudls Vater, selbst ein Generaldirektor einer Versicherungsgesellschaft in Europa, hatte ihnen den Rat gegeben, davon abzusehen: „Lebensversicherungen“, so sagte er ihnen, „sind nur dann gut, wenn man das Glück hat, unmittelbar nach dem Abschluß zu sterben.“

Diese frühen Jahre in Amerika waren für Herbert und Trudl Zipper arbeitsame und aufregende Jahre. Ihr Lebensstil war zwar hektisch, aber ihre Liebe vertiefte sich, und sie waren mit jedem neuen Abenteuer glücklich - auch miteinander. Sie freuten sich auch darüber, neue Freunde zu gewinnen und alte Freundschaften zu erneuern. So etwa lebte Edward Kephardt, ein Mitinternierter Zippers aus dem japanischen Gefängnislager Santo Tomas in Manila, nun in Brooklyn. Bevor Zipper ein Büro in den Räumen des Brooklyn Orchesters hatte, benützte er die Kephardt-Adresse, nämlich 265 Henry Street in Brooklyn Heights, ein altes Ziegelgebäude.

Die Zippers blieben auch eng befreundet mit Eric und Ruth Simon. Eric war ein lieber Freund Herberts aus den Wiener Zeiten, und die beiden Paare hatten im Sommer 1947 ein Haus in Sherman, Connecticut, gemietet. Sherman war eine erfrischende Erholung nach Brooklyn. Es ist eine hügelige, bewaldete und ländliche New England-Gegend im Housatonic River Valley mit großen alten Gebäuden, weitverstreut in der Landschaft. Die Stadt bestand in der Hauptsache aus einem alten Fachwerk-Rathaus, einer Kirche, einem Kaufhaus und einer Schule. Der Dichter Malcolm Cowley beschreibt das Land in seinem Gedicht „Die Pfefferminzgärten“:

In meinem Land wachsen die großen Kiefern
an dem Rand der Wälder,
im Herzen der Wälder,
wo immer die Herbstwinde sie hingepflanzt haben,

nicht in enger Ordnung, Reihe an Reihe,
wo Räume frei geblieben sind
und Menschen sie dulden,
in meinem Land, wo die Kastanienbäume wachsen
und ihre Ernte verstreuen, wie es ihnen beliebt.

In meinem Land ist nichts großartig:
drei romantische Hügel, aber eben niedriger,
zwei Täler, die du in deiner Hand halten könntest,
eine Kirche, ein Geschäft an einem Kreuzweg, eine Schule
nicht höher als bis zu deinem Gesicht,
ein Fluß voller Forellen,
so katalogisiere ich die Magie meines Landes:
Außerdem ein Hain von Hickory-Nußbäumen,
außerdem eine stillgelegte Fabrik,
außerdem - verdammt mein Gedächtnis,
du mußt dir den Rest selbst vorstellen.[72]

Das Haus, erbaut in einem vorrevolutionären 18.Jahrhundert-Stil, gehörte einem bekannten Autor, Matthew Josephson, dessen Buch „The Robber Barons“ ein wesentlicher Beitrag zur amerikanischen intellektuellen Geschichte ist.[73] Josephson nannte das Haus „Twin Willows“ (Zwei Weiden) und fühlte sich in geistiger Verwandtschaft mit Thoreau, wenn er dort wohnte. (Henry David Thoreau, ein amerikanischer Schriftsteller aus der Mitte des 19. Jahrhunderts, übte heftige Kritik am Staat, schrieb über die Pflicht zum Ungehorsam gegen den Staat und lebte in einer Blockhütte, die er selbst gebaut hatte, in einem Wald. Er beeinflußte Tolstoi und Gandhi.) Hinter dem Haus floß ein wunderschöner kleiner Bach, der sich allmählich zu einem Teich erweiterte, wo man an heißen Sommertagen auch ein paar Schwimmstöße machen konnte. Die Zippers und die Josephsons wurden bald Freunde. Matthew und Hannah Josephson stellten sie auch den dort hausenden Malcolm und Muriel Cowley und dem sehr bekannten Maler Peter Blume und seiner Frau Ebie vor. Diese fünf Paare verbrachten zusammen mit den Simons manche Abende über Kunst, Literatur und Politik diskutierend - hauptsächlich freilich über Politik, denn alle waren eher linksradikal eingestellt. Manchmal war es auch schwierig, eine einigermaßen ausgewogene Konversation mit Josephson zu führen, der ein wenig schwer hörte und es liebte, über irgendein gegebenes Thema ausführliche Reden zu halten. Doch waren diese sehr befruchtenden Abende für Zipper und Trudl äußerst erfreulich. Das letzte Gespräch Zippers mit Josephson fand während einer Gesellschaft in Eric Simons Haus statt. Irgendwie aus dem Blauen heraus sagte Josephson: „Wissen Sie Zipper, das Genie des Abraham Lincoln war seine Fähigkeit, eine neue biblische Sprache zu erfinden, mit kurzen, entscheidenden Sätzen und Absätzen, die unvergeßlich sind. Er hat dadurch die religiösen Gefühle verstärkt und auf die Politik übertragen.“ Darüber wolle er noch schreiben, sagte er. Aber er starb kurz danach.

Manchmal wandte sich das Gespräch auch dem Fernen Osten zu, wobei man Zippers Ansicht hören wollte. Dieser war sehr überrascht zu entdecken, wie wenig amerikanische Intellektuelle über Asien wissen. Cowley, Josephson und Blume waren nicht nur unwissend, sondern geradezu naiv, was China, Japan und die Philippinen anlangte - ihre Ansichten und Meinungen waren hauptsächlich durch die Massenmedien geformt, in denen die Realität, wie es Theodore White und Edgar Snow und andere später zeigten, auch auf das traurigste verzerrt wurde. Zipper erklärte nun selbst seinen Freunden, daß Tschiang Kai-schek keineswegs ein Held und sicher nicht der amerikanischen Unterstützung wert sei. Obgleich Zipper später nach Chicago übersiedelte und noch später nach Los Angeles, so blieb er doch mit den Ehepaaren Cowley und Blume befreundet und hielt die Korrespondenz aufrecht bis zu deren Tode. Die Abende in Sherman waren für die Zippers eine ausgezeichnete Einführung in die Ansichten der intellektuellen Welt Amerikas.

Sherman in Connecticut war ein deutlicher Gegensatz zu Brooklyn Heights, wo Zipper und Trudl für fast sieben Jahre wohnten. Sie waren fasziniert von der Nachbarschaft, die eine internationale Mischung darstellte: White Anglo-Saxon Protestants (die sogenannten Wasps) und die „Neu-Amsterdamer", irische und italienische Katholiken, African-Americans (Schwarze), Juden von überall her, Skandinavier, Armenier, Iraner, die Wasserpfeifen rauchten und auf kleinen persischen Gebetsteppichen saßen. Da waren liebe alte, kleine Damen mit purpurroten Haaren, aber altmodischen Hüten, die ihre kleinen Schoßhunde spazieren führten und an Szenen aus „Arsen und alte Spitzen" erinnerten. Sie alle sprachen eine besondere Art von Englisch, alle fuhren mit der Untergrundbahn und kauften Dinge bei Abraham & Strauss. Aber es gab ebenso radikale Unterschiede. Zu Hause sprachen sie alle ihre eigenen Sprachen, sie veröffentlichten ihre eigenen wöchentlichen Zeitungen, und sie hielten fest an ihren eigenen ursprünglichen Bräuchen und ihrer kulturellen Erbschaft.

Politisch stellte Brooklyn Heights einen Mikrokosmos amerikanischen Denkens dar. Es gab Traditionalisten, die noch im Geiste von Henry Ward Beecher dachten und handelten, dem berühmten Geistlichen der Plymouth Church, der sich für die Abschaffung der Sklaverei eingesetzt hatte, der das Wahlrecht für Frauen vorschlug und dafür eintrat, in den Schulen die wissenschaftliche Evolution zu lehren. Zugleich aber verkörperte er den Geist eines Walt Whitman im noch immer bestehenden „Brooklyn Eagle". (Walt Whitman, einer der berühmtesten amerikanischen Dichter, ein Menschenfreund und Poet, ein Vorkämpfer der Demokratie, der aber auch über Liebe und Tod, über Nationalismus und Schönheit des menschlichen Körpers geschrieben hat. Whitman beeinflußte auch die europäische Dichtung.) Es gab dort auch Anhänger der neuen progressiven Partei des Henry Wallace, der sich gegen die Kalte-Krieg-Politik der Regierung wandte und dafür eintrat, mit der Sowjetunion zusammenzuarbeiten und ferner die Verwaltung der Auslandshilfe durch die Vereinten Nationen befürwortete und Abrüstung verlangte. In den Wahlen von 1948 gewann sie zwar nichts, erhielt aber doch mehr als eine Million Stimmen. Ihr wurde lautstark von den „Ultrakonservativen" opponiert, den „Blaublütigen" von Brooklyn Heights, den Nachkommen der Pilgerväter und Gründer der ersten Kolonien von Plymouth und der Holländer, die ihrerseits wiederum alle anderen als „Fremde“ und Gesindel betrachteten.

1948 hatten Zipper und Trudl schon eine solche Menge an Büchern erworben, daß sie unbedingt Bibliothekskästen brauchten. Jemand empfahl ihnen einen Handwerker, einen ältlichen Juden aus Rußland, der sich auf den Bau von Bibliotheksschränken spezialisiert hatte. Eines Abends kam er, stellte sich vor und ging sogleich daran, die Stöße von Büchern abzumessen und eins nach dem anderen zu untersuchen. Als ihn Zipper fragte, wonach er denn eigentlich suche, antwortete er sehr ernsthaft in seinem stark russischen Akzent: „Bevor ich es annehme, für irgend jemand zu arbeiten, muß ich wissen, was sie lesen. Ich nehme nicht jede Arbeit für irgendwen an, aber Sie scheinen in Ordnung zu sein.“ Ebenso wie die Zippers war er ein glühender Anhänger von Henry Wallace und verlangte von den Zippers nur 30 Dollar pro Bücherkasten. Zipper besitzt diese Bücherkästen auch noch heute nach 40 Jahren.

Zipper erfuhr bald, daß sein Wortschatz und sein Verstehen des amerikanischen Englisch behindert wurde durch seine Unkenntnis des Baseball und im besonderen der Brooklyn Dodgers, einer berühmten Baseball-Mannschaft. Anläßlich einer Sitzung des Aufsichtsrates der Brooklyn Symphoniker hörte Zipper merkwürdige Gespräche: „Können die Bums die Giants schlagen?“ „Haben Sie Pee Wee's doppelten Diebstahl gestern gesehen?“ „Denken Sie, daß Duke Sal den Barbier schlagen kann?“ usw. Zipper, immer bereit, etwas zu lernen, wandte sich an seinen Freund und Mitaufsichtsrat Rembert Wurlitzer und bat ihn um eine schriftliche Erklärung, der dann eine Entdeckungsreise zum Spielfeld von Ebbets folgte. Zipper freute sich am Anblick der Leute, die dieses merkwürdige Spiel so ernst nahmen wie die Italiener ihre Oper. Besonders angetan war er von der Bewegung der Pitcher (Ballwerfer), die er ähnlich ästhetisch einem Ballett fand. Zipper war aber auch erschüttert, als die Dodgers an Los Angeles verkauft wurden und war überrascht, wie wenig Protest oder Aufregung dieser Verkauf hervorrief. Wäre in Europa ein örtliches Fußballteam verkauft worden, so hätten wohl die Stadtbewohner dagegen protestiert oder sogar einen Aufstand inszeniert.

Am 12. April 1952 waren die Zippers von Brooklyn nach Sherman in Connecticut gefahren, um das übliche Wochenende mit Eric und Ruth Simon zu verbringen. Während ihres Besuches rief Hedy Holt aus Kalifornien an, um Herbert zu sagen, daß ihr Vater Emil Zipper an einer Gehirnblutung gestorben war. Er hatte Komplikationen nach einer Blinddarmoperation sechs Wochen zuvor entwickelt. Vater Emil und Mutter Rosie waren 1901 in den Ehestand getreten, als sie 26 und 24 Jahre alt waren. Obgleich beide in Österreich geboren, hatten sie doch begonnen, Amerika zu lieben und fühlten sich als „Amerikaner“.

Wie viele österreichische Juden, die von der Gesellschaft akzeptiert werden und geschäftlichen Erfolg haben wollten, war Emil Zipper ursprünglich ein politisch Konservativer gewesen. Aber im Laufe der Zeit war er allmählich immer weiter nach links abgerückt. In Amerika wurde er ein Bewunderer und Anhänger von Franklin D. Roosevelt. Er allein in seiner Familie und im Kreis seiner Freunde hatte darauf bestanden, daß Truman Dewey schlagen werde (Truman war als Nachfolger des verstorbenen Roosevelt Kandidat der Demokraten, Dewey dagegen Kandidat der Republikaner). Vater Zipper freute sich sehr, daß er das richtig vorausgesagt hatte. Die Überzeugungen Emil Zippers wurden durch die katastrophalen Ereignisse in seiner Welt beeinflußt, aber auch bis zu einem gewissen Grad von den radikalen Ansichten seines Sohnes. Aber auch sein eigener Einfluß auf Herbert Zipper und die übrige Familie war sehr stark. Er war ein wirklicher Patriarch, mit allem, was dieses Wort beinhaltet. Er war offenkundig immer imstande, auch die anderen von dem Wert seiner Ideen zu überzeugen und davon, daß man voranschreiten müsse, um Lösungen der Probleme zu suchen und durchzuführen. Es war dieses Vorbild auch, das Herbert Zipper in den dunklen Tagen von Dachau und Buchenwald aufrecht erhielt. Das Erbe Emil Zippers, eingepflanzt in seinen Sohn, half diesem zu überleben.

Auf der anderen Seite war Vater Zipper wiederum recht diktatorisch und hatte ein aufbrausendes Temperament. Doch seit sie nach Amerika gekommen waren, hatte sich Zippers Verhältnis zu seinem Vater vertieft. Sie schrieben einander regelmäßig und telephonierten allwöchentlich miteinander. Häufig besuchten sie sich auch. Der Anruf von Hedy Zipper am 12. April war wie ein elektrischer Schlag. Erst einen Tag zuvor hatte Zipper mit seinem Vater einen Besuch am folgenden Wochenende besprochen. Nun erklärte er Trudl und den Gästen, daß er zum Abendessen nicht zu Hause sein werde, vielmehr unternahm er einen langen Spaziergang, um seine Gefühle und Gedanken in Ordnung zu bringen.

Zipper hatte seit langem, in den Konzentrationslagern von Dachau und Buchenwald, gelernt, daß man menschlicher Tragödie gegenüber im wesentlichen allein ist. Er hatte gelernt, mit den fast unerträglich schmerzvollen Ereignissen des Lebens fertig zu werden und die Trauer in Arbeit und schöpferischer Tätigkeit zu sublimieren. Vielleicht war das auch eine Art von Wechselwirkung, um Gefühle zu unterdrücken. Es sollte zu einem Muster in seinem Leben werden, wie Zipper auf den Verlust seines Vaters reagierte: Er vergrub sich in der Arbeit. Die New School war für Zipper eine erstaunliche Institution und half ihm, mit seiner Trauer fertigzuwerden. Das dort herrschende freie Denken und die Vielfalt der Meinungen waren heilend und anfeuernd. Intellektuelle Flüchtlinge aus allen Gegenden der Welt fanden hier ein Heim und eine Aufgabe, zu lehren. An dieser „Universität im Exil“ fand Zipper nicht nur Internationalität, sondern jede geistige Strömung vor. Alwin Johnson hatte die Schule 1918 als eines der ersten bedeutenden Erziehungszentren für Erwachsene begründet. Nach dem Krieg wurde die Hörerschaft durch abgerüstete Soldaten vergrößert, die voll Eifer darauf aus waren, etwas zu lernen und überdies etwas über den Sinn ihres Lebens zu erfahren. Diese Soldaten waren es, die Zipper den Gedanken eingaben, einen Erziehungsplan für die Streitkräfte zu entwerfen.

Nachdem er den Krieg aus erster Hand beobachtet hatte und Zeuge von dessen entwürdigender Wirkung geworden war, entwarf Zipper einen Plan für die kulturelle und erzieherische Weiterbildung eingezogener Soldaten. 1951 legte er diesen Plan der stellvertretenden Verteidigungsministerin Anna Rosenberg vor. Er gefiel ihr, und sie lud Zipper ein, mit dem Dekan Francis Sayre - Sohn des früheren Hochkommissars der Philippinen und ein Enkel des Präsidenten der USA, Woodrow Wilson - und einigen Generälen der US-Armee zusammenzukommen. Zipper fuhr ins Pentagon nach Washington und wurde dort durch ein Labyrinth von Räumen geführt, bis er in ein Zimmer kam, wo an einem langen Tisch die Generäle und Obersten in eisigem Schweigen saßen. Sayre führte Zipper ein, der sogleich seinen Vorschlag vortrug.

Seine Idee war, die Soldaten, die dienstfrei waren, zu ermutigen, an einer Vielzahl von künstlerischen, gesellschaftlichen und kulturellen Tätigkeiten teilzunehmen. Die Erfahrungen des Zweiten Weltkriegs, gefolgt vom Konflikt in Korea legten diese Brennpunkte nahe. „Denn“, so ermahnte Zipper, „wir wollen die Soldaten nicht nur lehren, wie sie kämpfen sollen, sondern ihnen auch die tieferen Gründe, die offenkundig den Konflikten und Ideologien zugrunde liegen, klarmachen.“ Man sollte die Soldaten ermutigen: 1. Ihre eigenen Zeitungen zu schreiben und herauszugeben. 2. Politische Diskussionsrunden und entsprechende Debatten zu organisieren. 3. Theaterproduktionen zu proben und aufzuführen. 4. Musikalische Programme zu organisieren. 5. Handwerkskünste auszuüben. 6. Vorhandene berufliche Ausbildung und Tätigkeit fortzusetzen durch weitere Erfahrungen. 7. Radio- und Fernsehprogramme vorzubereiten und 8. an den Kunstprogrammen benachbarter Kommunen teilzunehmen. Sein Plan verlangte einen Koordinator für jede Kompanie, ausgesucht unter den Soldaten, und eine Anzahl von Spezialisten aus dem zivilen Leben, die jedem Regiment beigegeben werden sollten.

Die Generalität hörte zu und teilte mit, daß diese Ideen nun unter Beratung stehen würden. Anna Rosenberg sagte Zipper viele Monate später, es sei unwahrscheinlich, daß seine Vorschläge in die Tat umgesetzt würden. Diese Ideen und andere, die Zipper entworfen hat, haben sich nicht verwirklichen lassen, obwohl sie interessant und potentiell wertvoller sind als manche, die realisiert worden sind. Es gibt jedenfalls eine praktische Erklärung, warum viele dieser Träume nicht verwirklicht worden sind.

Zipper hat sein ganzes Leben lang gearbeitet und geübt, um ein Musiker zu sein. Der Krieg jedoch war mehr als nur eine Unterbrechung. Er war eine außerordentliche Schulung und eine Periode radikaler Veränderung. Zipper ist wirklich erschüttert von der Grausamkeit der Menschen, ihrer Irrationalität, und kann nicht begreifen, warum die Menschen nicht vernünftiger sind. Vorgänge, wie er sie in Dachau, Buchenwald und Manila beobachtet hat, demonstrieren die erschreckenden Möglichkeiten des Chaos und der Unordnung. Vielleicht ist es Zippers angeborener Sinn für Ordnung oder sein Bedürfnis nach Sauberkeit, die ihn in einer merkwürdigen Weise dazu geführt haben, Probleme in einem größeren Maßstab lösen zu wollen und mehr zu tun als nur zu dirigieren. Er hatte einen überwältigenden Wunsch, die Unordnung der Welt in Ordnung zu bringen. Dementsprechend kam Zipper mit einer neuen Verpflichtung gegenüber einer größeren Gemeinschaft als nur jener der klassischen Musikwelt nach Amerika. Seine Kenntnis aus erster Hand des Hungers aus beiden Kriegen, seine Liebe zu den Bergen, seine Augenzeugenschaft der Zerstörung von Städten, die Erosion der Kultur und des Anstandes und sein weitgespanntes Interesse und die reiche Literatur, die er gelesen hat, führten ihn zu neuen Anliegen.

Kurz nach der Ankunft in New York begann er, die Werke von Fairfield Osborn zu lesen, eines Ökologen und Umweltschützers, den ich einmal gegenüber Zipper als einen „Mann seiner Zeit voraus" charakterisierte. Aber Zipper war nicht einverstanden: „Ein Mann ist nicht seiner Zeit voraus, vielmehr ist er seiner Zeit bewußt. Es sind die Kultur, die Regierung und die Gesellschaft, die hinter der Zeit zurück sind." Zipper las zwei Bücher von Osborn, „Unser geplünderter Planet" und „Die Grenzen der Erde", 1948 und 1953 erschienen. Lang vor Rachel Carson, Paul Ehrlich, Jacques Cousteau und anderen wurde er durch diese Lektüre ein Anhänger und Vorkämpfer der Naturschutzbewegung. Liest man Osborn heute, wird schmerzhaft klar, welche Gelegenheiten in den vergangenen 40 Jahren versäumt worden sind. Denn die Warnungen Osborns waren klar und absolut zutreffend:

> *Die Entdeckung der Kernenergie signalisiert eine eigene Epoche in der Geschichte des Menschen. Andererseits wird dies zu einem bedeutungslosen Zwischenfall, wenn wir nicht intelligent bewahren, gebrauchen und entwickeln, was es an lebenserhaltenden Elementen auf der Erde gibt - ihren Boden, ihre Wälder und ihre Wasservorräte - und zur selben Zeit auch die Zahl der Menschen, die von der Produktivität der Erde ernährt werden können, einschränken. Die technologischen Fortschritte dieser Ära sind eindrucksvoll über jede Vorstellung. Die nackten Tatsachen bleiben aber - die Kernenergie ist sinnlos für den Mann, dessen Körper hungert.*[74]

Angeregt durch die Schriften Osborns schlug Zipper 1959 Dr. Hans Simons, dem Präsidenten der New School, vor, die Universität möge durch eine Serie öffentlicher Veranstaltungen eine Plattform bilden mit dem Ziel, die Gesetzgeber zur Erlassung von Gesetzen für die Schlüsselthemen dieser Zeit zu bewegen. Nach Zippers Ansicht waren diese Themen die Erforschung des Weltraums, die Kontrolle der Ausbreitung der Kernenergie (damals gab es nur drei Mächte, die über Kernenergie verfügten), die Kontrolle der Flüsse, die Aufforstung, die Kontrolle der Abfälle und schließlich ein umfassendes Erziehungssystem in den USA. Die Universität stimmte zu, daß dies wichtige Themen seien, aber entsprach dann doch nicht den Empfehlungen Zippers, denn im wesentlichen war sie etwas wie ein Mikrokosmos der Bundesregierung, die auch die frühen Warnungen eines Fairfield Osborn oder einer Rachel Carson oder eines Herbert Zipper zu beherzigen verfehlte. Obgleich manche sagen, es sei zu spät, um den nuklearen oder ökologischen Untergang noch zu verhindern, so bleibt Zipper doch hoffnungsvoll. Entscheidungen, von Menschen getroffen, haben unsere gegenwärtigen Probleme geschaffen, daher sind es auch wieder Entscheidungen, die getroffen werden müssen, um diese Probleme zu lösen.

In Worten, welche Zipper schon vor 40 Jahren las, hatte Osborn Fragen gestellt, die heute eine noch viel unmittelbarere Bedeutung haben:

Der Präsident der Philippinen, Ramon Magsaysay, begrüßt Herbert Zipper. In der Mitte die Präsidentin der Gesellschaft der Manila-Symphoniker, Mrs. Trinidad F. Legarda.

Probe für ein Kammermusikkonzert: Herbert Zipper 1953 in Manila.

Bruno Walter heißt den neuen Dirigenten des Brooklyn Orchesters in New York willkommen (März 1949).

Herbert Zipper mit seinem Jugendfreund Eric Simon am Klavier, 1950 in New York.

Nach einem Konzert an der Universität von Südkalifornien 1983: Herbert Zipper mit seinem Freund, dem Pianisten Rudolf Serkin.

Herbert Zipper mit dem aus Wien stammenden Komponisten Ernst Toch im Jahre 1962.

Eine Holzplastik, 1990 verfertigt von Herbert Zipper. Er gab ihr den Namen „Hoffnung".

Zipper und seine Frau Trudl mit Martha, der Witwe des Schriftstellers Lion Feuchtwanger.

Zipper mit dem von ihm hochverehrten Bruno Bettelheim, dessen Ideen der Förderung frühkindlicher Kreativität er teilt.

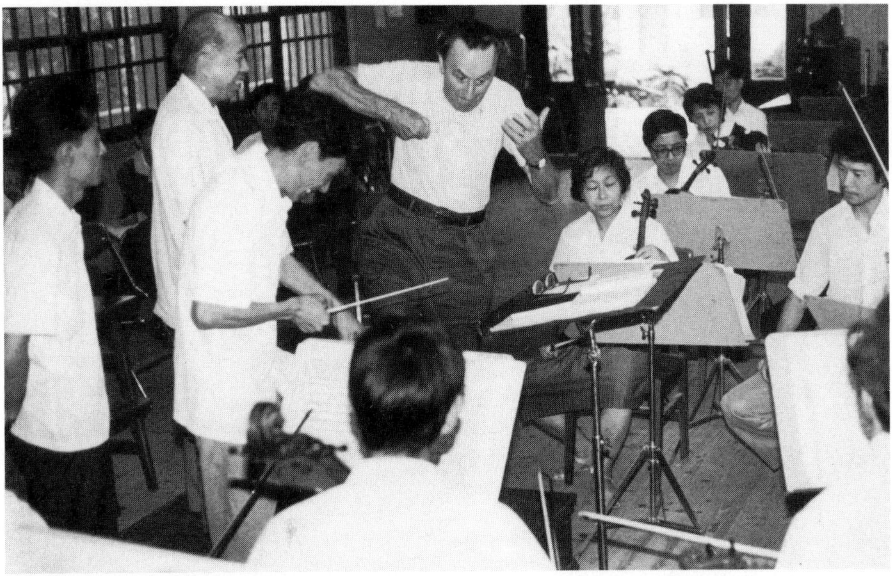

Musik überwindet alle Grenzen: Der Dirigent und Lehrer Herbert Zipper an der Arbeit in Guangzhou, China, 1981.

Hoffnungsland China: Das Symphonie-Orchester von Tientsin 1984 unter der Stabführung von Herbert Zipper.

Ein Liebespaar durch 45 Jahre. Herbert und Trudl Zipper 1972. Doch 4 Jahre später verlor Herbert seine geliebte Gefährtin.

Rückkehr nach Wien: 1956 besuchte Dr. Zipper zum ersten Mal seit 1939 seine Geburtsstadt Wien. Das Foto zeigt ihn mit seinem Lehrer aus Akademietagen, dem berühmten Komponisten Josef Marx.

Erinnerung an Zeiten des Terrors und des Mutes: Zum Gedenken des 50. Jahrestages der Entstehung des „Dachau-Liedes“ von Jura Soyfer und Herbert Zipper, ein Festkonzert beim „Steirischen Herbst“ in Graz. Herbert Zipper dirigiert am 23. September 1988 eine konzertante Aufführung des „Dachau-Liedes“.

Vor dem Denkmal Johann Wolfgang Goethes auf der Wiener Ringstraße: Herbert Zipper mit dem Autor Paul F. Cummins.

Herbert Zipper, eine Aufnahme aus dem Jahre 1990 in Santa Monica.

China: Herbert Zipper dirigiert in Guangzhou (Kanton) Beethovens Neunte Symphonie im Jahre 1982. Das Bild wurde bei der Stelle „... und der Cherub steht vor Gott ...“ aufgenommen.

...Wir müssen uns fragen: „Ist es wirklich der Zweck unserer Zivilisation zu sehen, wieviel die Erde und der menschliche Geist ertragen können?“ Es ist noch immer an uns, die Entscheidung zu treffen, unter der Voraussetzung, daß wir anerkennen, daß das Ziel des Humanitären nicht die Quantität, sondern die Qualität des Lebens ist.

Wenn wir dieser Entscheidung ausweichen, dann droht uns das Unausweichliche - selbst noch weit strengere Kräfte werden diese Entscheidung dann für uns treffen. Wir dürfen nicht verzögern oder ausweichen, denn jetzt, wie wir sehen, können wir die Grenzen der Erde abschätzen.[75]

Zipper hat sich für Osborns Gedanken entschieden. Sie stellen eine wesentliche Qualität in Zippers Denken dar. Es entspricht der Widmung in Osborns Buch „Die Grenzen der Erde“: „Für alle, die an das Morgen glauben.“

Unterdessen nahm das Brooklyn Symphonie-Orchester Gestalt an, und die ersten Konzerte verliefen gut. Die Saison bestand im wesentlichen aus Winter- und Herbstserien mit Programmen, die alle zwei Wochen wechselten. Ein Konzert wurde in der Brooklyner Akademie für Musik gehalten, die anderen in örtlichen Schulen. Zipper benützte seine Verbindungen, aber auch seine Fähigkeit als guter Verkäufer, um Solisten etwa wie Isaac Stern (Violine), Brenda Lewis (Sopran), Robert Merrill (Bariton), Grant Johanneson (Klavier), Arthur Balsam (Klavier) und Zino Francescatti (Violine) zu verpflichten. Außerdem veranstaltete er eine konzertante Aufführung des vierten Aktes von Verdis „Don Carlos“ mit Regina Resnick und Giorgio Tozzi. Er mußte aber auch erfahren, daß es nicht immer nur ein Vergnügen ist, ein Orchester zu leiten. So entdeckte er bald, daß das Aufbringen der notwendigen Geldmittel eine ständige Belastung darstellt. Eric Simon, der damalige Klarinettist im City Center Orchester, das früher von Leopold Stokowski geleitet wurde, stellte Zipper dem neuen Dirigenten des Centers, dem sehr jungen Leonard Bernstein, vor. Zusammen beklagten Zipper und Bernstein die Plage der Aufbringung der Geldmittel.

Zipper war nicht damit zufrieden, einfach nur für die Konzertsaal-Zuhörerschaft zu spielen und begann daher sogleich eine Praxis, die er eingeführt und ständig vorangebracht hat. Er sagte dem Verwaltungsrat des Orchesters: „Wir müssen unser Orchester und unsere Musik zu den örtlichen Schulen hinausbringen. Wir müssen Zuhörerschaft für die Zukunft gewinnen.“ Niemand hatte das bis dahin getan. Nun begann Zipper, die Musik hinauszubringen in den 16. Bezirk und dessen High Schools. Sowohl die Studenten als auch die Erwachsenen liebten die Konzerte. Diese Idee hat er dann auch in Chicago, Los Angeles und Manila, ebenso in manchen anderen Städten propagiert und verwirklichen können.

Anfänglich hatte er einige Schwierigkeiten mit dem Aufsichtsrat der Symphoniker, der seine kühnen und völlig neuen Praktiken und auch die Zusammensetzung seines Orchesters, das acht Frauen und vier Schwarze einschloß, mit einer gewissen Reserve beobachtete. Die Zahl der Frauen war viel höher, als es sonst in Symphonie-Orchestern üblich war. In anderen Symphonie-Orchestern gab es zu jener Zeit überhaupt keine Schwarzen. Jackie Robinson hatte gerade erst im professionellen Baseball die Farben-Barriere durchbrochen. Tatsächlich zeigte ein großer Artikel in der „Sunday Tribune“ über das neue Brooklyn Orchester die Bilder nur jener zwölf Mitglieder, wodurch der Anschein erweckt wurde, daß das Orchester Zippers nur aus Schwarzen und Frauen bestehe. Zipper war stets ein ausgesprochener Vorkämpfer für die Rechte der Minderheiten gewesen, ebenso der Frauen und der Minderprivilegierten. Verschiedene Aufsichtsratsmitglieder nahmen sich aber kein Blatt vor den Mund in der Meinung, daß ein Symphonie-Orchester vor allem dazu existiere, um der weißen Oberklasse zu dienen. Zipper aber wollte „dem Volk dienen“. Ein Mitglied des Aufsichtsrates sagte einmal: „Warum Perlen vor die Schweine streuen?“ Zipper war wütend und konnte nur durch seinen Freund und Mitaufsichtsratsmitglied Rembert Wurlitzer daran gehindert werden zu explodieren. Zippers Beziehungen mit Verwaltungsräten waren niemals besonders gut, weil er stets nach seinem eigenen Kopf handeln wollte.

In jener Zeit lernte er den schon erwähnten Dichter Langston Hughes kennen. Von ihm lernte er sehr viel über das Schwarzen-Problem in Amerika. Zipper hatte die Vizepräsidentin der New School gefragt, warum es denn keine schwarzen Studenten gäbe. Sie antwortete, daß diese nicht in die 12. Straße hinunterkommen wollten. Zipper sagte darauf: „Warum gehen wir dann nicht zu ihnen nach Harlem hinauf?“ Das sei zu gefährlich, lautete die Antwort. In Dachau aber hatte Zipper seinen Sinn für Gefahr verloren, und so wandte er sich an Langston Hughes, um ein Zusammentreffen mit einem Pastor in Harlem zu arrangieren. Zipper bot an, Vorträge über Musik und die Geschichte Europas abzuhalten, und hielt auch schon in der folgenden Woche seine erste Vorlesung in der Gesellschaftshalle einer Kirche. Sie sollte eine Stunde dauern, er aber blieb weitere drei Stunden, um Anfragen zu beantworten. Die Vorlesungen waren frei zugänglich, und Hughes war außerordentlich erfreut darüber. Zipper kam viele Male wieder und brachte auch andere dazu, solche Vorlesungen zu halten.

Seine Verbindung mit Langston Hughes wurde im Jahre 1949 als Ergebnis einer Zusammenarbeit noch enger. Ein junger deutscher Komponist, Jan Meyerowitz, hatte mit Hughes zusammengearbeitet, um eine Oper zu schreiben. Ursprünglich hätte diese Oper „Mulatto“ heißen sollen, denn sie basierte auf einem Theaterstück dieses Namens, aber der Titel wurde dann in „The Barrier“ (Die Barriere) geändert. Die Oper handelte von den Themen Rassenvermischung und Generationskonflikt. Im November war es dann soweit, daß die Oper in Washington aufgeführt werden konnte, aber die Kritiken waren wenig günstig. Angesichts der feindseligen Haltung der Kritik kam es nur zu fünf Aufführungen. Hughes selbst meinte, es sei nicht so sehr die Oper selbst als die Inszenierung gewesen, die nicht angekommen sei. Brutalität und selbst Sadismus in der Art eines bombastischen Melodrams hätten in der Vorstellung vorgeherrscht statt des Themas einer tragischen Selbstverteidigung. Ein Teil der Schuld mochte auch, wie Meyerowitz, der die Aufführung dirigiert hatte, selber meinte, an dem Sammelsurium von Musikern gelegen haben. Und der Sänger der Hauptrolle war auch nicht der beste.[76]

Nun wurde Zipper gebeten zu helfen. Er stimmte zu, und nachdem Meyerowitz einige Änderungen in der Partitur vorgenommen hatte, widmeten sich Zipper ebenso wie Simon der Orchestrierung. Wiederaufführungen in Brooklyn erwiesen sich als erfolgreich, und so kam es schließlich am 2. November 1950 am Broadway, im Broadhurst Theatre, auch zu einer Premiere, wobei Herbert Zipper den Dirigentenstab führte. Die Hauptrollen sangen Muriel Rahn und Lawrence Tibbett. In der ersten Reihe saß General Omar Bradley und war so gerührt, daß er nach dem ersten Akt weinte. Beim Publikum war die Oper ein großer Erfolg. Aber die Kritiker, meist Dramen-Kritiker, zerrissen sie in Stücke, indem sie behaupteten, sie übertreibe die negativen Beziehungen zwischen schwarz und weiß.

Angesichts der schlechten Kritiken wurde die Oper auch nach drei Aufführungen wieder abgesetzt. Meyerowitz war der Meinung, daß der Grund des Fehlschlages klar sei. „Diese Produzenten vom Broadway sind geborene Erpresser", meinte er einige Jahre später. „Ich rate Ihnen, nichts mit ihnen zu tun zu haben, wenn Sie es irgendwie vermeiden können. Hätten wir das Mansfield Theatre gehabt, wie es in unserem Kontrakt stand, so hätten wir die Sache schon weiter gebracht. Aber das Geld der CBS (einer Radiostation) war einfach zu mächtig. Was meine Musik anbelangt, so denke ich, daß sie vielleicht zu jüdisch war. Wenn ich sie heute höre, dann klingt sie mir schrecklich jüdisch. Und sie ist auch zu negermäßig, aber vielleicht nicht genug für so eine Schau."[77]

Zipper war von Meyerowitz's Ansichten ein wenig amüsiert. Gewiß, so meinte er, sei die Musik nicht wie eine Jazz-Oper geschrieben oder mit dem Atem eines Neger-Spirituals, und gewiß gebe es hie und da auch Spuren von Gustav Mahler, aber sie sei keineswegs besonders „jüdisch" gewesen. Sei etwa „Falstaff" besonders englisch im Musikalischen? Zu dem Mißerfolg meinte Zipper: „Die Presse kann zwar ein Kunstwerk nicht machen, aber sie kann es töten." Nichtsdestoweniger war diese Erfahrung mit der Oper für ihn bedeutend. Sie diente dazu, seine Aufmerksamkeit und seine Hingabe an die Sache der rassischen Gleichheit und sozialen Gerechtigkeit in diesem neuen Land zu verstärken.

In dieser Periode wachsender Vertrautheit mit der amerikanischen Kultur wurde Zipper immer mehr mit dem System der amerikanischen Schulen konfrontiert. Nach einem seiner Vorträge an der New School for Social Research, in dem er erklärt hatte, welche Bedeutung die Künste in der Erziehung besitzen, kam eine junge Frau zu ihm und fragte, ob er bereit wäre, mit ihrem Vater zu sprechen, dem Direktor einer Mittelschule in der Bronx. Diesen Mr. Levine, der ein dynamischer und lebendiger Mann mit feurigen Augen und einer Leidenschaft für seine Arbeit war, traf Zipper bald darauf. Levine sagte ihm, daß seine Schule, zu deren neuem Leiter er ernannt worden sei, eine Schande wäre - es gebe dort täglich Raufereien, Vergewaltigungen, ja nahezu Mord und ständige rassische Spannungen zwischen Schwarzen, Juden und Puertoricanern. Jede zweite Woche gebe es dort für die Zeitungen eine Geschichte (besonders in der „Daily News") über Zwischenfälle in dieser Mittelschule. „Ich habe die Vorstellung“, sagte Levine, „daß wir diese Schule durch die Künste verwandeln könnten.“ Zusammen sicherten sie sich die Erlaubnis des Aufsichtsrates und erhielten freie Hand, eine entsprechende Lehrerschaft zu engagieren und einen Lehrplan zu entwerfen - solange, als es ihnen nur gelingen würde, die Schule aus den Zeitungen herauszuhalten.

Levine und Zipper verwandelten diese Schule nun in eine Junior High School für Musik und Kunst (das entspricht etwa den Oberklassen unseres Gymnasiums oder Realgymnasiums, heute AHS genannt). Levine wechselte den Lehrkörper aus. Sie engagierten neue, hauptberufliche Lehrer (alle ohne Diplome) für Künste, Musik und Drama. Innerhalb von zwei Monaten war der Frieden in der Schule, die so schrecklich von Konflikten heimgesucht gewesen war, wieder hergestellt.

Drei Jahre nach der kritischen Periode der Umwandlung dieser Schule kam Zipper wiederum zu Mr. Levine auf Besuch. Die Schule war nun die Nummer zwei, was die Schülerzahl anbelangte, und Nummer vier akademisch. Der Vandalismus hatte fast völlig aufgehört. „Life Magazine“ schickte Reporter, um über die Schule eine Geschichte schreiben zu lassen, aber der Stadtschulrat verhinderte das ganze. Es wäre eine Katastrophe geworden, meinte man dort, denn dann wolle jedermann in der Stadt eine solche Schule haben. Korrekterweise fragten sie Levine: „Können Sie die Qualität Ihres Lehrkörpers so vervielfachen, um 500.000 Kinder zu unterrichten?“ „Natürlich nicht“, war die Antwort. Die Erfahrung jedoch machte Zipper nur neuen Appetit, die Künste in die Schulen zu bringen. Die Gelegenheit dazu sollte nicht lange auf sich warten lassen.

Eine Bekannte aus seiner philippinischen Zeit, Grace Nash, die an der Winnetka School of Music Violine unterrichtete, wandte sich im November 1952 an Herbert Zipper, ob er wohl bereit wäre, der neue Direktor dieser Schule zu werden. Er flog nach Chicago und traf auf dem Flughafen Grace Nash und einen der Aufsichtsräte der Schule, Richard D. Colburn. Colburn war ein Kaufmann gleicher Qualität wie Emil Zipper, und er trug Zipper seine Träume vor, eine Schule zu schaffen, die das Modell für die ganze Nation sein könnte. Zipper, der einer solchen Überlegung sehr wohl empfangsbereit gegenüberstand, wurde von dem sehr redegewandten Colburn schließlich sehr stark beeinflußt.

Am nächsten Tag wurden sie von Harrison Collins, dem Superintendenten der Northfield Public Schools, besucht. Er sagte Zipper, er sei vom Zustand des Wissens über Musik und die Künste in den Mittelschulen entsetzt und wünsche sich nichts Besseres, als mit ihm zusammenzuarbeiten, falls er bereit sei, die Direktion zu übernehmen. Zippers jüngste Erfahrungen mit Levine in New York ließen dieses Angebot als sehr interessant erscheinen. Für Trudl war dieses Angebot jedoch weniger anregend. Sie hatte mit ihrem eigenen Studio und dem „Piscator Dramatischen Workshop“ genug zu tun. So diskutierten die Ehepartner des langen und breiten dieses Problem und entschlossen sich schließlich, daß es eine Gelegenheit sei, mehr über Amerika zu lernen. Außerdem war es auch ein neues Abenteuer, eine Chance, etwas von der Saat wachsen zu sehen. Angesichts seines sich entwickelnden Interesses für den Aufbau von

Gemeinschaften, zusammen mit der Möglichkeit von Gemeinschaftsprojekten mit den örtlichen Mittelschulen, war diese Chance, nun für Chicago ein solches Projekt verwirklichen zu können, für Zipper zu verlockend, als daß er hätte widerstehen können. So führte nun die Odyssee Zippers über Wien, Düsseldorf, wieder Wien, Dachau, Buchenwald, Wien, Paris, Manila, Brooklyn nach Chicago.

Kapitel X
Chicago

„Wir wollten einen Fisch fangen und bekamen einen Wal an die Angel."

Benjamin Rumage, Verwaltungsrat des Music Center of North Shore

Entlang des Nordufers des Michigan Sees von Evanston nach Winnetka und weiter bis Glencoe und Highland Park gibt es nur sehr wenige Unterschiede zwischen den Städten. Wie in vielen amerikanischen Ortschaften, anders als in den meisten europäischen Städten, gibt es keinen Mittelpunkt, kein Zentrum. Es gibt keine Kirch- oder Rathaustürme. Vielmehr wirken diese Orte wie Villenviertel, großräumig stehen dort zweistöckige Häuser, umgeben von Rasenflächen, die wiederum beschattet sind von Ulmen und Trauerweiden. Seine neue Position nahm Zipper im März 1953 an und übersiedelte mit seiner Frau am 15. Mai nach Winnetka. Nun war es vorbei mit der farbigen Umgebung des internationalen Brooklyn und auch mit dieser radikalen Mischung aus städtischem Überfluß und Schmutz. Man kam vielmehr in die Welt von North Shore von Chicago, von Damen, die, wie E. E. Cummings schrieb, „in wohlmöblierten Seelen leben und sehr bequeme Meinungen und Wesen besitzen". So betrat nun der jüdisch-radikale Österreicher eine konservative Bühne von sub-urbanen, exklusiven Country Clubs (worunter man in den USA Klubs wohlhabender Besitzbürger in ländlicher Umgebung versteht). Zipper selbst beschrieb gegenüber Trudl diese Umgebung als die „Homogenität einer kulturellen Mittelmäßigkeit".

Das Ehepaar hatte zwei Wochen Zeit, um einzuziehen und sich an die Umgebung zu gewöhnen. Am 30. Mai reiste Zipper schon wieder ab, um seine jährliche Sommerverpflichtung bei den Manila Symphonikern zu erfüllen. Schon seit 1950 war er engagiert worden, um beim Wiederaufbau des Orchesters zu helfen, das in den Jahren 1946-50, während seiner Abwesenheit, darniedergelegen hatte. 1951 war er zurückgekehrt, um im Rizal Memorial Coliseum Konzerte zu geben. Er und Trudl hatten außerdem eine Ballettversion des „Sommernachtstraums" von Mendelssohn veranstaltet. Angesichts dieser Verpflichtung auf den Philippinen verhandelte Zipper über einen Neun-Monat-Kontrakt mit der Winnetka Schule (von Mitte September bis zum 1. Juni), und man kam überein, daß Grace Nash als stellvertretende Direktorin die Sommerschule führen würde.

Die Winnetka School of Music, wie sie zu jener Zeit genannt wurde, war eine Community School, eine Schule, die Kindern und Erwachsenen am Nachmittag und in den frühen Abendstunden diente. Sie war und ist Teil eines Netzwerkes von Kunstschulen im ganzen Lande. Ursprünglich 1931 durch David und Dorothy Dushkin gegründet, war die Schule in einem alten Farmhaus beheimatet, das in einem Apfelbaumhain stand. Die Dushkins verfertigten im Schulkeller Instrumente, buken Gebäck für die Kinder und lehrten eine ganze Anzahl von Instrumenten. Etwas ihrer Zeit voraus, glaubten die Dushkins, daß Kinder einen natürlichen Drang zur Musik besitzen - eine Annahme, die nun von Pädagogen bestätigt wird, die herausgefunden haben, daß selbst ein drei Monate altes Kleinkind schon lernen kann, den richtigen Ton zu übernehmen. Die Dushkins ermutigten Eltern, mit den Musikstunden ihrer Kinder sehr früh zu beginnen. Schon im Alter von vier oder fünf Jahren wurden die Kinder gelehrt, Blockflöte zu spielen, und waren innerhalb ein paar Monaten imstande, in einem Ensemble mitzuwirken.

Nach drei Jahren übersiedelte die Dushkin-Schule in ein größeres städtisches Gebäude und erhielt nun den Namen Winnetka Musikschule. Allmählich wuchs auch die Schülerzahl, und die Schule wurde zu einem gewohnten Teil der North Shore-Gemeinde. Nach 22 Jahren entschlossen sich die Dushkins, nach Vermont zu übersiedeln, und Grace Nash, die, aus dem japanischen Gefängnis in Manila befreit, dem Lehrkörper beigetreten war, empfahl Herbert Zipper für die Position des Direktors.

Im September 1953 kehrte der nun 49 Jahre alte Zipper, der enthusiastische Dirigent, der Komponist und Erzieher, von den Philippinen zurück, um sein erstes Schuldirektorat in den USA zu übernehmen. Die Zippers wohnten nun in jenem Apartment innerhalb des Schulgebäudes, das früher die Dushkins bewohnt hatten. Es war bequem und ein angenehmer Gegensatz zu den Jahren in Brooklyn, wo man in recht engen Räumen gelebt hatte und sich in der U-Bahn durch die Menschenmengen drängen mußte.

Zipper hatte, bevor er den Auftrag annahm, die Zustände in der Dushkin-Schule genau beobachtet. Nun kam er zu der Ansicht, daß er hier eine recht bedeutende Aufgabe habe. Die Dushkins waren lebhafte charismatische Leute, geliebt von den Kindern, aber die allgemeine Qualität des Musikprogramms war weniger großartig. Die Musikgruppen waren im besten Fall mittelmäßig. Sie spielten auf von den Kindern selbstgemachten Blockflöten so falsch, daß es, wie Zipper meinte, den Ohren wehtat. Die Takteinhaltung war zufällig, und die Intonierung war laut Zipper so, daß es einem die Schuhe auszog. Außerdem war auch noch die Teilnehmerschaft zurückgegangen, es gab nur noch 94 Schüler. Und die privaten Lehrer waren nach Ansicht Zippers keineswegs von wünschenswerter Qualität. Er übernahm zwölf Instrumentenlehrer, aber mit Ende des Jahres hatte er mit Ausnahme von zweien alle ausgetauscht. Die neuen Leute waren Spitzenkräfte und berufsmäßige Musiker. Jedoch eine Anzahl von Mitgliedern des Aufsichtsrates ärgerte sich über Zipper und klagte ihn des „Professionalismus" an. Einige von ihnen traten am Jahresende auch zurück. Glücklicherweise aber hatten viele der Ratsmitglieder - geführt von Richard Colburn - begriffen, worum es ging. Sie begriffen auch die wirkliche musikalische Qualität Zippers und unterstützten seine Bemühungen. Wann immer es um die Diskussion von musikalischem Standard ging, unterstützte Colburn, selbst Geiger, enthusiastisch die Meinung Zippers. Die Aufsichtsratsmitglieder glaubten korrekterweise, daß Zipper sich bemühe, ihre putzige und gemütliche kleine „Mama-und-Papa-Schule“ in etwas weitaus Größeres, als sie selbst sich vorgestellt hatten, zu verwandeln. Ein Ehepaar, das sogar mit den Zippers befreundet war, zeigte sich außerordentlich verwirrt, weil ihre Tochter nun von ihren neuen Lehrern so sehr angefeuert war, daß sie zwei bis drei Stunden pro Tag musizierte. Sie sorgten sich, daß sie es „allzu ernst“ mit der Musik meine.

Zipper begann nun auch damit, den Lehrplan zu revidieren. Er fügte ein umfassendes Programm für Musiktheorie hinzu, weitete die Angebote für Kammermusik aus und gründete unter der Führung von Trudl ein völlig neues Tanzdepartment. Einer der Aufsichtsräte warnte, daß das Tanzprogramm eine „Schar von Schwulen“ anziehen würde und fragte, ob es nicht irgendwie anders betitelt werden könnte als „Tanz“. Aber es blieb bei „Tanz“, und am Ende des Jahres zog die Aufführung der Tanzgruppe ein begeistertes Publikum an. Es kamen mehr als 900 Personen. Danach war Jahr für Jahr diese Jahresschluß-Tanzvorführung ein großer Erfolg. Zippers Probleme jedoch waren nicht nur begrenzt durch den Lehrkörper und die Entwicklung des Lehrplanes. Kaum daß er diesen Posten angetreten hatte, sah er sich einer ganz schweren Krise gegenüber.

Als er im September aus Manila zurückkam, erhielt er mit der Post ein großes offizielles Dokument, das ihn davon unterrichtete, daß sich die Schule in einer illegalen Bauzone befände und geschlossen werden müsse. Die Schule sollte aber in zwei Wochen eröffnet werden. Es schien, als ob es irgendwelche merkwürdige Vorgänge gegeben hätte, von denen er im vorhinein nicht informiert worden war. Offensichtlich hatte David Dushkin die Zusicherung erhalten, daß, solange er Direktor der Schule sei, diese auf dem gegenwärtigen Platz bleiben dürfe. Jedoch, nachdem er sich zurückgezogen hatte, besaß diese Zusicherung über eine Ausnahme von der entsprechenden Widmung in Wohngebiete und sonstige Gebiete keine Gültigkeit mehr. Daher hatte die Stadt die Schließung der Schule angeordnet. Da die Winnetka Musikschule sich an der Straße gegenüber der Skokie Jr. High School befand, war es für Zipper sehr schwer, dieses Gebietswidmungsproblem zu verstehen.

Glücklicherweise gehörten einige einflußreiche Leute dem Aufsichtsrat der Winnetka Musikschule an. Diese intervenierten bei der Stadtverwaltung und erreichten auch einen Aufschub für zwei Jahre. Ein einflußreicher Mann, der zum Freund Zippers wurde, war Denison Bingham Hull, ein früherer Kandidat für den US-Senat, der schließlich Vorsitzender des Aufsichtsrates wurde und sich in dieser Eigenschaft als unschätzbare Hilfe für Zipper in der Entwicklung der Schule erwies.

Nun hatte man zwar einen Aufschub von zwei Jahren, aber wo sollte man dann hingehen? Eines Sonntagmorgens im November 1953 erhielt Zipper einen Anruf des Direktors und Gründers der nahegelegenen North Shore Country Day School, namens Perry Dunlap Smith. Dieser sagte: „Ich habe Ihre Vorträge gehört, und ich möchte mit Ihnen sprechen.“ Er erklärte Zipper, daß seine Schule ein großes Gelände mit einem nicht genützten Streifen Land besitze, der an die Green Bay Road grenze. Wenn man dieses Stück Land planiere, so könne dort eine große Schule gebaut werden. Dies war tatsächlich ein außergewöhnlich aufregender Vorschlag, weil die Green Bay Road eine Hauptverkehrsstraße mit Autobuslinien entlang des North Shore war.

Zipper berief sogleich eine Sitzung des Aufsichtsrates ein, und entsprechende Pläne für die Aufbringung des Geldes wurden entworfen. Denison Hull übernahm die Führung dieser Bemühungen, assistiert von Richard D. Colburn und anderen. Das neue Schulgebäude würde etwa 125.000 bis 135.000 Dollar kosten. Hull versprach, einen großen Kredit beizubringen, für den der Aufsichtsrat geradestehen würde, einschließlich des Verkaufswertes der alten Schule, insgesamt 25.000 Dollar.

Der Aufsichtsrat ging nun daran, das Geld aufzutreiben. Aber 1954 waren 25.000 Dollar eine viel größere Summe als dies heute der Fall wäre. Das Jahr verging, aber die Finanzierung war noch nicht zustande gekommen. Im November dieses Jahres kam Denison Hull mit drei weiteren Aufsichtsräten zu Zipper. Sie waren Männer, denen das Wohlergehen der Schule wirklich am Herzen lag. Sie sagten Zipper, daß sie nur imstande gewesen seien, von den 25.000 Dollar, die gebraucht wurden, etwa 8200 Dollar aufzubringen. Daher werde die Schule im Juni 1955 zusperren müssen.

Zipper hörte aufmerksam zu, sagte wenig, aber überlegte, was er nun tun müsse. Er hatte in seinem Leben schon viele Krisen durchgestanden und wollte gerade deshalb nicht gestatten, daß die Schule geschlossen werde. Eine Krise war für ihn nur eine Einladung, eine Lösung zu finden. In diesem Fall kam diese Lösung von fünf Damen, die Mitglieder des Aufsichtsrates waren. Zipper schrieb an die Mitglieder des Rates und unterrichtete sie über die Krise, die über die Schule hereingebrochen war. Daraufhin übernahmen es die fünf Frauen, die notwendigen 16.800 Dollar aufzubringen. 1954 waren 16.000 Dollar, darauf muß wieder hingewiesen werden, wie 160.000 in den neunziger Jahren. Ferner mußten sie in zwei Monaten das zusammenbringen, was der gesamte Aufsichtsrat in neun Monaten nicht zusammengebracht hatte. Der Endtermin war der 1. Februar 1955. Am 30. Jänner erschienen Lucy Montgomery, Carol Sopkin, Ruth Roberg, Jean Evans (Mrs. Bergen) und Ellie Martin an der Schwelle von Zippers Wohnung, und in einem Ausbruch ungehemmten Jubels öffneten sie ihre Handtaschen, aus denen Bargeld, Schecks und Zahlungsversprechen purzelten, insgesamt 16.800 Dollar. Sie tanzten rund um den Tisch, der wahrscheinlich noch nie so ein Fest gesehen hatte, während Zipper und Trudl lachten und lachten und einander vor Freude umarmten. Das Music Center des North Shore wurde an diesem Tage geboren.

In Wahrheit hatte Zipper niemals daran gezweifelt, daß die Krise irgendwie abgewendet werden würde. Während der Bemühungen um das Aufbringen des Geldes, hatte er sogar ein neues Programm begonnen, das noch zusätzlicher Finanzierung bedurfte. Anfang Jänner 1954 traf sich Zipper mit Harry Collins, dem Superintendenten der Schule, der dazu beigetragen hatte, ihn nach Chicago zu locken. Sie diskutierten das allgemeine kulturelle Klima des North Shore und kamen überein, daß es eher traurig sei. Nirgends konnte man Kinder sehen, die Geigenkästen trugen. Cellokästen mußten in der Schule aufbewahrt werden, denn keines der Kinder wollte es riskieren, sich lächerlich zu machen, wenn es sie nach Hause trug. In den Schulen gab es kaum Musik, und sicherlich keine gute klassische Musik. Zipper sagte Collins: „Man kann mit den Erwachsenen nicht oben zu bauen anfangen, man muß mit den Kindern arbeiten. Wir müssen professionelle Orchester in die Volksschulen bringen." Collins schlug auf den Tisch und rief: „Das ist es. Das ist es, was wir tun müssen!"

Zipper legte seinen Aufsichtsratsmitgliedern einen entsprechenden Vorschlag vor. Einige meinten, es sei eine großartige Idee, aber angesichts ihrer gegenwärtigen finanziellen Probleme, durch die Notwendigkeit, die Finanzen für den Bau der neuen Schule aufbringen zu müssen, sei es völlig ausgeschlossen, sich jetzt über das Warum und das Wie und die Weisheit eines solchen Planes zu unterhalten. Dies zwang Zipper, nun im einzelnen die Gründe für seinen Vorschlag darzulegen. Mit der Zeit lernte er sogar die Konservativen als ein notwendiges Element zu schätzen. Sie zwangen ihn, jede Erneuerung genau durchzudenken. Seinen Schülern pflegte er zu erklären, daß jedes Fahrzeug einer Menge Kraft bedürfe, um sich vorwärts zu bewegen; aber es brauche auch Kraft, um imstande zu sein anzuhalten, vielleicht ein bißchen weniger Kraft, aber es brauche auf alle Fälle Bremsen. Ein Aufsichtsrat, so begann er langsam zu begreifen, bedurfte sowohl der Motoren als auch der Bremsen.

Nichtsdestoweniger war er entschlossen, daß niemand seine „Kinderkonzerte" einbremsen sollte. Er erklärte dem Aufsichtsrat, daß Orchester-Konzerte für Kinder, die in großen Konzerthaussälen abgehalten werden, weniger als ein Prozent der Schülerschaft der Elementarschulen erreichten und daß der Hauptanziehungspunkt für den Besuch die Konzertsäle seien und nicht so sehr die Musik. Konzerte in Schulen dagegen, so bedeutete er dem Aufsichtsrat, seien sowohl erzieherisch als auch physisch vollkommen verschieden. Die Zusammenkunft endete freilich mit nur sehr wenig Unterstützung durch den Rat, und Zipper ging recht niedergedrückt nach Hause, wenn auch entschlossen, diese Konzerte durchführen zu lassen.

Eine der Aufsichtsrätinnen, Ruth Roberg, war von seinen Vorschlägen begeistert und fühlte sich dieser Idee verpflichtet. Sie sprach am nächsten Tag mit Zipper und sagte: „Symphonie-Konzerte in Volksschulen, das wäre ein Wirklichkeit gewordener Traum!" So ging sie daran, für Zipper eine Reihe von Vorträgen zu organisieren - bei Mittagessen, bei Zusammenkünften zum Tee, in Frauenklubs, bei den Rotary- und den Lions-Clubs und bei Serviceorganisationen aller Art. Ihre Haltung war „Schauen wir einmal, was geschieht". Eines Tages, im Februar 1954, hatte Zipper vor dem Frauenklub von Winnetka gesprochen. An jenem Abend läutete bei ihm das Telephon. Es meldete sich ein gewisser Arnold Maremont, der ihm sagte, seine Frau habe ihn sprechen gehört, und er selbst würde daher auch gern mit ihm sprechen und lud Zipper für den nächsten Tag zum Essen ein. Auf seine Erkundigungen bei Ruth Roberg erfuhr er, daß Maremont ein Großindustrieller, ein Kunstsammler und ein Philanthrop sei. Am nächsten Abend bei den Maremonts angelangt, wurde er schon in der Eingangshalle von Bildern von Braque und Picasso begrüßt. Es war eine angeregte Konversation bei Tisch, bei der Maremont eine große Anzahl von Fragen stellte. „Was etwa würden die Konzerte kosten?" Zipper legte dar, wie hoch die

Kosten wohl sein würden. Nun erklärte Maremont: „Fangen Sie an, ich werde das ganze Programm finanzieren." Er setzte hinzu, es solle an einem Samstagabend ein frei zugängliches Konzert für die Eltern geben, und er werde ihnen erklären, wie ihre Pläne aussähen. Mit diesem Einführungskonzert für die Eltern begann dann am 5. Mai 1954 an der Skokie Junior High die Reihe der Kinderkonzerte. In den folgenden Wochen wurden dann nicht weniger als zehn Konzerte in Volksschulen abgehalten, und zwar in Northfield, Winnetka, Wilmette und Highland Park. Zu einem späteren Zeitpunkt schloß sich diesen Städten auch Northbrook an. Das Orchester bestand nun aus einer Gruppe erstklassiger Berufsmusiker. Zipper war überzeugt, daß die Kinder große Musik hören sollten, aufgeführt von qualifizierten Musikern.

In einer Schrift über das Music Center of the North Shore beschreibt Barbara Polikoff, wie sich diese Konzerte gestalteten: Zipper hatte ein Berufsorchester aus 33 Musikern gebildet, dem sowohl Lehrer aus dem Center als auch örtliche Berufsmusiker angehörten. Er nannte es das Music Center Orchestra, später wurde es umbenannt in North Shore Philharmonic. Das Programm begann in zehn Schulen mit etwa 4000 Kindern. Schon ein paar Jahre danach war das Programm selbsterhaltend, wobei zwei Drittel der Kosten von den Eltern und deren Organisation getragen wurden und ein Drittel von einem entsprechenden Fonds beigesteuert wurde. Das Orchester besuchte jede der teilnehmenden Schulen dreimal im Jahr und spielte jedes Mal ein Dreißig-Minuten-Programm. Zwei Wochen vor dem Konzert erhielt der Lehrkörper Hintergrundmaterial über die zum Vortrag kommende Musik. Zipper besaß besonderes Talent, Programme zu entwerfen, die chronologische Perioden der symphonischen Literatur darstellten. Dabei hatte kaum eines der Stücke mehr als sieben Minuten Länge. Ein Mitglied des Orchesters beschreibt den Vorgang: „Es war eine rechte Plage, an einem Morgen in drei Schulen zu spielen, wobei wir oft durch Schneestürme fahren mußten und unsere Mahlzeiten versäumten. Aber wenn wir ankamen, waren wir stets in entsprechender Kleidung und, selbst wenn die Hälfte der Kinder bei diesen frühen Morgen-Konzerten schlief, so hatten wir doch nach unserem besten Können zu spielen."

Aus diesem Center Orchester wurde auch sehr bald „Dr. Zippers Orchester". Nach der Vorführung sammelten sich oft Kinder, um mit Zipper und den Orchestermitgliedern zu sprechen und um Autogramme zu bitten. Die Lehrerschaft berichtete, daß Lerneifer und Lernleistung an Tagen, an denen das Orchester spielte, stiegen und auch noch in den nächsten Tagen höher waren als sonst. In dem Bericht eines Musiklehrers in einem Schulbezirk von etwa 2000 Schülern hieß es, daß, bevor die Orchestervorführungen begannen, nur 53 Kinder Instrumente studiert hätten. Drei Jahre später habe sich diese Zahl auf 252 erhöht, wobei die meisten Streichinstrumente gewählt hatten. Zumindest teilweise war der Wunsch von Ruth Roberg, mehr Streicher in die Welt zu bringen, verwirklicht.[78]

Diese Konzerte waren einer der wichtigsten Beiträge zur allgemeinen Erziehung. Konzerte für Kinder waren keineswegs eine neue Idee, denn schon viele Jahre vor Zipper hatte es solche Konzerte gegeben, aber doch meist in Konzertsälen. Aber Zipper war der Meinung, wie schon gesagt, daß die Kinder dann in der Hauptsache das schöne Konzertgebäude und die roten Teppiche in Erinnerung behielten. An die Musik erinnerten sie sich nicht so sehr. Daher war es also seine Idee, die Symphonie-Orchester in die Schulen der Kinder zu bringen. Dort würden die Kinder in enger Berührung mit den Musikern und deren Instrumenten sein, und die Barrieren zwischen Kindern und Musikern würden beseitigt. Die Idee tat ihre Wirkung, und tut es noch immer in Stadt für Stadt, überall, wo dieser Gedanke in die Praxis umgesetzt wird. Ein Jahr nachdem die Konzerte in Chicago begonnen hatten, nahm die New York Times den Gedanken auf und brachte am 7. Februar 1955 einen entsprechenden Artikel mit der Überschrift

„Ernsthafte Symphonien für Jugend gefordert".

Darunter wurde die Idee Zippers auseinandergesetzt, daß Symphonie-Konzerte für Kinder keineswegs durch irgendwelche lustigen Vorführungen oder Späße aufgelockert werden müßten, um die jungen Leute zu unterhalten und zu beschäftigen. Zipper sei der Meinung, so hieß es in dem Artikel, daß Musik den Kindern ernsthaft vorgeführt werden müsse. Er sei überzeugt, daß Konzerte mit Berufsmusikern in die Schulen gebracht werden sollten. Zipper habe in der North Shore Area von Chicago schon in 22 Schulen, vom Kindergarten bis zur 8. Klasse Konzerte vor 1100 Kindern gegeben. Pro Schule gebe es vier Konzerte im Jahr mit Kosten pro Kind von 70 bis 75 Cents pro Programm.

Das Problem sei, so berichtet die Zeitung, laut Zipper, daß die jungen Leute viel zuviel elektronische Musik oder Konservenmusik hören. Es gehe aber darum, den Jungen einen Eindruck von „lebendiger Musik" zu geben. Und je früher ein Kind mit der Musik konfrontiert werde, umso mehr werde es lernen, gute Musik zu lieben. Der Beweis dafür werde jederzeit bei Konzerten in Kindergärten geführt. Die Kleinen seien still und von der Musik gefangen. Die einzige Unruhe, die es gebe, werde durch Kinder verursacht, die sich bemühen, das Orchester nachzuahmen, ob es sich darum handle, in der Phantasie spielend die Trommel zu schlagen oder zu fiedeln.

Zippers Konzerte würden, wo immer möglich, in Turnsälen abgehalten und nicht auf einer Bühne, sondern so, daß die Kinder auf dem Boden rund um das Orchester sitzen können: Ein Konzert dauert nie länger als 45 Minuten, und dies während der normalen Schulzeit.

Zipper selbst sah diese Konzerte als einen Beitrag für Amerika, wo man nahezu jede Idee haben kann, wie ausländisch sie auch sein möge, und man dann eine gute Chance hat, sie auch durchzusetzen. Dr. Zippers Orchester, wie Tausende Kinder es schließlich nannten, war eine solche erfolgreiche Idee.

Neben der harten Arbeit gab es auch sehr angenehme Überraschungen. Eine davon war ein Anruf, den Zipper Anfang 1954 erhielt. Eine Vizepräsidentin der New School for Social Research in New York, Clara W. Mayer, rief an, um Zipper zu sagen, daß er den Louis S. Wise Award, einen Preis für seinen Beitrag zur Erziehung, erhalte. Obgleich in Chicago lebend, hielt er doch bis zum Jahr 1957 jeden Monat einmal an dieser New School in New York Vorträge. Das größte Geschenk für Zipper in diesen Jahren war jedoch, daß sich seine Beziehung zu seiner Frau Trudl innig vertiefte. Sie arbeiteten und lachten miteinander, sie verbesserten Programme und fanden Freude am Wachsen der Schule. Darüber hat Barbara Polikoff berichtet:

Zu Zippers Plänen gehörte auch die Gründung eines Tanzdepartments, das seine Frau leiten sollte. Trudl Zipper war in Wien ein Wunderkind gewesen und hatte im ganzen kontinentalen Europa, in England und auf den Philippinen Tanzvorführungen gegeben. Sie war eine kleine zarte Frau mit langen goldenen Haaren und dem Körper einer Tänzerin, der so alterslos schien wie ihr Geist. Die Mutter eines jungen Tanzschülers fragte Zipper einmal, wie es denn Trudl zustande bringe, bei einer Probe mit 150 Studenten aller Altersklassen zu erreichen, daß jedermann genau wußte, was er im richtigen Augenblick zu tun hätte. Zippers Antwort war: „Weil Trudl die richtige Mischung des Geistes der Freiheit mit der Disziplin eines wohlwollenden Feldwebels verbindet."

Sie selbst charakterisierte ihre Tätigkeit als „der freie, ausdrucksvolle Gebrauch des ganzen Körpers, ungehindert durch irgendeinen Formalismus". Tatsächlich ergänzte sie den modernen Tanz durch Ballett und ließ nur die französischen Namen der einzelnen Schritte aus. Tanzvorführungen waren wichtige Ereignisse am Music Center. Die Proben dauerten oft bis in die späten Nachtstunden, wie das George Banhalmi bezeugt, der für die Klavierbegleitung verantwortlich war. (Ein verläßlicher Zeuge behauptet, daß Banhalmi während solcher Marathonproben ein kleines Transistorradio aufgestellt habe, welches das Baseballspiel übertrug, während er ein und dieselbe Musikphrase zum zwanzigsten Mal spielen mußte.)

Selbst eine begabte Graphikerin, bemalte Trudl Zipper die Hinterwandvorhänge, sodaß der Vortragssaal zu einem magischen Wald oder einem Spielzeuggeschäft wurde. So schuf sie Dekorationen. Nach ihrer Anleitung saßen Mütter stundenlang, um Knöpfe anzunähen, für eine Feenprinzessin ein Kleidchen anzufertigen, Kostüme für die Hexe oder einen scheuen Drachen, während die Kinder ihre Tanzprobe abhielten. So sind Kostüme auch heute noch, weil sich mit ihnen zu viele schöne Erinnerungen verbinden, in den Garderoben mancher Häuser des North Shore. Manche dieser Tänzer, heute schon 20 oder 30 Jahre alt, entsinnen sich der Proben und Aufführungen als Zeiten großen Vergnügens. Einer von ihnen meinte: „Trudl hatte eine magische Fähigkeit, für jeden von uns herauszufinden, was er am besten tun konnte. Sie gab jedem von uns die Chance, sich wunderschön zu fühlen."[79]

Nach der Arbeit erforschte das Wiener Ehepaar Chicago, seine Restaurants, seine Konzertsäle und ganz allgemein seine kulturellen Möglichkeiten. Man kann sich vielleicht die Frage stellen, ob diese Ehe wirklich so glücklich war, wie sie Zipper heute, mehr als 80 Jahre alt, darstellt. Einige Freunde und Familienmitglieder meinen, er habe diese Ehe durch eine Verfeinerung seiner Erinnerungen ein wenig idealisiert und sich seine eigenen Mythen und Legenden erschaffen. Wenn man Zipper glauben darf, so stritten sie niemals, es sei denn über Fragen des künstlerischen Geschmacks oder über berufliche Fragen. Andere Familienmitglieder meinen, daß es nicht ganz so gewesen sei und daß

Trudl manchmal sehr scharf und sarkastisch sein konnte, und auch recht kritisch ihrem Mann gegenüber. So habe zum Beispiel Zipper manchmal in einer Konversation den Faden dadurch verloren, daß er offenkundig in der Erinnerung an eine Symphonie oder ein anderes Orchesterwerk schwelgte. Trudl aber soll sich dann über seine künstlerische Verträumtheit lustig gemacht haben. Zipper wiederum schien wenig empfänglich für ihren Humor oder ihre Kritik, all das glitt an ihm ab. Henry Holt erzählt, sie hatten „eine große Leidenschaft“ füreinander. Gegenüber Trudl konnte Herbert Zipper manchmal aus diesen und jenen Verstecken aus seinem sonst sorgfältig geordneten Leben etwas hervorbringen und herzeigen, so vielleicht manches Unterdrückte und Weggesteckte. Er selbst behauptet freilich, daß sich diese Konflikte niemals in seinem Inneren, sondern immer nur zwischen ihm und der äußeren Welt zugetragen hätten. Er hat in der Tat nur sehr wenig von seinem inneren Leben hergezeigt, sodaß es schwierig ist, die Behauptung zu prüfen. Es mag sein, daß die Kombination aus seiner Erziehung in Wien, seiner natürlichen Hinwendung zu Ordnung und Sauberkeit und seine dramatischen Erfahrungen in Dachau und Buchenwald ihn veranlaßt haben, seiner eigenen inneren Welt sehr feste Zügel anzulegen. Es mag sein, daß er einfach ein recht bemerkenswert sicherer Mensch ist und nicht im Krieg mit sich selbst. Jedenfalls konnte er sich mit Trudl gehenlassen und auch einmal einen dummen Scherz machen, vor allem aber auch mit ihr teilen, was er von seinem inneren Leben preisgeben wollte.

Mit seinem Aufsichtsrat passierten Zipper freilich manche Irrtümer. Bei einer Gelegenheit geriet er in Zorn, weil das Kind eines der Mitglieder des Aufsichtsrates seine Musikstunden bei Zipper selbst versäumte. Er teilte darauf der Kindesmutter mit, er sei zu beschäftigt, um auf ihren Sohn zu warten, und er werde ihm daher einen anderen Lehrer zuteilen. Der Vater, ein Mitglied des Rates, war wütend und begann irgendwie mit feinen oder weniger feinen Mitteln gegen Zipper zu arbeiten. Schließlich wurde das aber entdeckt, und er wurde von den anderen Mitgliedern des Rates aufgefordert zurückzutreten. Für Zipper jedoch war das eine sehr wertvolle Lehre, sich niemals auf einen Streit mit Kindern des Aufsichtsrats einzulassen.

Bei verschiedenen Gelegenheiten verursachte auch Zippers Verachtung von Regeln und Anordnungen und der Ansicht der Mehrheit einige Schwierigkeiten. In seinem Eifer, darauf zu achten, daß Dinge tatsächlich geschahen, handelte er manchmal, ohne dafür die volle Unterstützung des Aufsichtsrates oder irgendwelcher Komitees zu haben. Ein solches Beispiel war der „Lastwagen-Zwischenfall“. Als die erste Serie von den Konzerten in den Schulen im Mai 1954 beginnen sollte, bot sich die Frau eines der Aufsichtsräte, Mrs. Howard Fisher, an, Schlagzeuginstrumente von Konzert zu Konzert zu transportieren. Das war aber nur ein vorläufiges Arrangement, und so wurde der Schule ein Lastwagen geschenkt. Aber nach ein paar Jahren im Schuldienst brach überdies dieses Fahrzeug zusammen, und nun begann sich um die Frage eines neuen Fahrzeuges ein Streit zwischen Zipper und dem Aufsichtsrat zu entwickeln. Zwei seiner Gegner hatten einen alten Gebrauchtlaster gefunden und verlangten von Zipper, ihn allwöchentlich für die Schule zu mieten. Das hätte für Zipper jedoch bedeutet, jede Woche in die Stadt zu dem Gebrauchtwagenhändler zu fahren, um den Wagen dort abzuholen. Bei der ersten Ausfahrt brach dieses Fahrzeug zusammen. Statt nun der Weisung des Aufsichtsrates zu folgen und jede Woche einen Wagen zu mieten, entschloß sich Zipper, einen Volkswagen-Bus zu kaufen. Er zahlte 500 Dollar von seinem eigenen Geld als Vorschuß und bekam den Wagen für 1600. Zipper schrieb nun dem Aufsichtsratspräsidenten, daß er diesen Wagen der Schule zur Verfügung stelle, aber dafür müsse man ihm die Zinsen ersetzen. Das war aber nur die Hälfte von dem, was die Miete gekostet hätte. Nun fragte aber der Präsident, Ben Rumage, warum denn Zipper die Weisungen des Rates nicht befolgt habe. Zipper erklärte, warum sein Entschluß der bessere sei, aber der konservative Flügel des Rates war wütend und vergab Zipper niemals.

Trudl jedoch, die an den Zusammenkünften des Aufsichtsrates als eine Art Beobachterin teilnahm und für Erfrischungen sorgte, drängte ihren Ehemann, sogar noch heftiger in seiner Opposition gegenüber den Konservativen zu sein. Sie trieb ihn auch in Angelegenheiten an, die rein administrativ waren und in Wirklichkeit völlig außerhalb ihrer Erfahrungen und Kenntnisse lagen.

Nichtsdestoweniger war der Aufsichtsrat erfolgreich in der Finanzierung des Kaufes des Landes und der Erbauung eines neuen Centers, ohne daß man Schulden machen mußte. Am 31. Jänner 1960 nahm Zipper an einer Party teil, bei der der Aufsichtsrat „das Verbrennen der Hypothek“ auf die alte Schule feierte. Mehr als 100 Menschen, alle in bester Stimmung, feierten bei der Gelegenheit. Spät am Abend sagte Arnold Maremont, nun ebenfalls Mitglied des Rates und einer der einflußreichsten Leute dort, zu Zipper: „Herbert, du bist in Schwierigkeiten. Du bist zwar über eines der höchsten Hindernisse hinweggekommen, und die Mitglieder des Rates sind zufrieden mit dem, was sie erreicht haben. Aber sie werden wieder tief in Schlaf sinken, wenn du nicht etwas erträumen kannst, was sie wiederum aufweckt.“ Zipper sagte ihm, er möge sich nicht sorgen, da ein Memorandum für den Aufsichtsrat bereits in der Post sei mit einem Vorschlag für die nächste Sitzung am Sonntag.

Zipper hatte einen Vier-Jahres-Entwicklungsplan für das Music Center vorbereitet: Die Serie der Konzerte in den Schulen sollte ausgeweitet werden, ebenso der Umfang des Instrumentalunterrichtes in der Schule selbst. Musikprogramme in den privaten Heimen sollten außerdem organisiert und überdies das Fine Arts Quartet als ständig engagiertes Quartett im Music Center verpflichtet werden. Das Fine Arts Quartet war eines der führenden Streichquartette Amerikas und bisher verpflichtet, eine Reihe von Seminaren im Music Center abzuhalten. Die vier Musiker waren gerade von ihrer ersten Tournee durch Europa zurückgekehrt, das sie als erstes amerikanisches Quartett bereist und wo sie außerordentlichen Erfolg gehabt hatten. Die Zeitungen veröffentlichten großartige Berichte über ihre Konzerte. Aber sie kamen nach Hause und hatten gar kein Geld mehr. So hatten sie Zipper aufgesucht und ihm ihre finanziellen Sorgen dargelegt. Sie konnten keine andere Alternative sehen, als das Quartett aufzulösen und andere Arbeit zu suchen. Sie mußten ja schließlich und endlich auch ihre Familien erhalten. Zipper überredete sie, noch eine Weile zuzuwarten, bis er in ein paar Wochen eine mögliche Lösung gefunden habe.

Noch vor der Sitzung des Aufsichtsrates wandte sich Zipper an die Damen in dieser Institution, die die wahren Motoren des Rates waren und auch die Qualität des Fine Arts Quartets begriffen. Er bat um ihre Unterstützung seiner Idee eines fest engagierten Quartetts. Die Damen waren von der Idee begeistert, und zwar nicht nur wegen des Fine Arts Quartets, sondern auch für den Mann Zipper. Vielleicht ist es der wienerische Charme Zippers und seine maskuline Vitalität gewesen, die diesen Damen gegenüber nicht verloren war. Jedenfalls glaubten die vier Frauen an die Ideen Zippers und freuten sich darauf, an seinen Projekten mitzuarbeiten.

Am 7. Februar 1960 fand die Sitzung statt und dauerte bis Mitternacht. Es gab hitzige Debatten, und Zipper mußte wiederholt den Vorwurf hören, daß solche Pläne für den Aufsichtsrat viel zu teuer und viel zu gewagt seien. Jedoch die Damen und eine Reihe anderer Anhänger der Zipper'schen Ideen setzten sich durch, und so wurde das erste amerikanische Kammermusik-Quartett als fest angestelltes Quartett eingerichtet. Sehr bald gab es eine ganze Reihe von größeren Geldspenden.

Die Zeitung „Chicago Daily News" vom 30. September 1960 schrieb über diese Vorgänge:

> *KULTUR GEWINNT.*
>
> *Die Aussicht, vier Musiker auf einer Bühne sitzen und Meisterstücke der Kammermusik spielen zu sehen und zu hören, hat in der Vergangenheit noch kaum dazu geführt, daß die Zuhörerschaft die Kassen gestürmt hätte. So ist der einzigartige Erfolg des international respektierten Fine Arts Quartets, daß es die Bewohner von Chicago und den Vorstädten in seine neubegonnene Serie von 28 Konzerten gelockt hat, ein Grund für Glückwünsche. Wenn dieses Projekt des Fine Arts Quartets hier in Chicago dauernde Wurzeln schlägt, so wird man imstande sein, jeder musikalischen Hauptstadt der Welt hinsichtlich der Kammermusik ins Auge zu blicken, einer der seltensten und verfeinertsten Formen künstlerischen Ausdruckes.*

1962 dirigierte Zipper zum ersten Mal in 40 Jahren Schönbergs „Pierrot Lunaire". Die Mitwirkenden waren Louise Burge (Flöte und Piccolo), Chester Milosovich (Klarinette und Baßklarinette), Abram Loft (Violine und Viola), George Sopkin (Cello), Alice Howland rezitierte den Sprechteil, Gilbert Kalish spielte Klavier. Abe Loft trug häufig zur Erheiterung und damit zur Erholung bei. Vor den Aufführungen sind Künstler häufig einer gewissen nervösen Spannung ausgesetzt, gemischt mit unterdrückten Ängsten und gemindertem Wohlsein. Am Abend des ersten „Pierrot" im Chicago Studebaker Theatre versammelten sich die Mitwirkenden einschließlich des Dirigenten bei der Bühnentür. Abe Loft, der die recht schwierige Aufgabe vor sich hatte, abwechselnd Violine und Viola zu spielen, drehte sich plötzlich um und fragte: „Also, was ist denn schon schlecht am Unterrichten?"

Aufgrund ihrer Lebenserfahrungen hatten Zipper und Trudl den Entschluß gefaßt, keine Kinder zu haben. Nichtsdestoweniger drehte sich alles in ihrem Leben um Kinder. Ein junger Neffe, Henry Holt, lebte von 1955-57 bei ihnen, während er die Northwestern Universität besuchte. Neben seinen Vorlesungen unterrichtete er selbst Klarinette und Klavier in der North Shore School am Nachmittag und spielte die Zweite Klarinette bei Zippers Kinderkonzerten. Holt erinnert sich auch noch heute mit Vergnügen an die Zeiten, die, besonders dann, wenn man nicht mehr zu arbeiten hatte, fröhlich und leichtsinnig waren. „Wir haben", so berichtet er, „13 und 14 Stunden am Tag gearbeitet, aber dann sind wir drei beisammen gewesen, um halb zwölf Uhr nachts, haben Sherry getrunken und uns wie kleine dumme Kinder benommen." Die Dummheit bestand etwa darin, daß unsinnige Wortspiele gespielt wurden. Manchmal paradierte Zipper als Mannequin, und Henry und Trudl gaben ihm Positionen um Positionen auf.

Die Jahre von 1953-67 vergingen damit, daß man einem Projekt nach dem anderen nachjagte. Zipper übte mehrere Ganztagstätigkeiten gleichzeitig aus. Da er im Herzen immer Lehrer war, nahm er auch die schwere Last des Unterrichts auf sich. Schließlich kamen zusätzlich Verwaltungsarbeiten und die Entwicklung neuer Projekte. Außerdem dirigierte Zipper drei Orchester. Da war das Chicago Businessmen's Orchestra, das er von 1955-62 dirigierte. Das Orchester setzte sich zur Hälfte aus Berufsmusikern und zur Hälfte aus Amateuren zusammen. Es gab einige wundervolle Konzerte in einer Vielfalt von Konzertsälen und brachte auch Solisten heraus wie etwa Janos Starker und Sidney Harth. Diese Arbeit gab Zipper schließlich auf, weil er herausfand, daß er schon zu viele Dinge auf sich genommen hatte. Dann war da das Orchester, das Konzerte für Kinder gab. Schließlich besuchte man alljährlich 85 Schulen und spielte vor einer Zuhörerschaft von 40.000 Kindern pro Jahr. Nicht zu vergessen das Manila Symphonie Orchester, das er jeden Sommer dirigierte. Als ob dies alles nicht genug gewesen wäre, war er noch in einen 16 Jahre dauernden Kampf um die Gründung eines kulturellen Zentrums auf den Philippinen verwickelt.

Kapitel XI
Manila wiederbesucht

„Doch werdet ihr nie Herz zu Herzen schaffen,
wenn es euch nicht von Herzen geht."

Goethe, Faust I

Im Dezember 1945, als der Präsident der Philippinen, Sergio Osmena, Herbert Zipper als Mitglied eines Komitees für den kulturellen Wiederaufbau bestellt hatte, faßte dieser den Plan, ein Kunstzentrum für die darstellenden und die bildenden Künste in Manila zu errichten. Dieses Zentrum sollte aus der Asche Manilas wie ein Phönix auferstehen. Jedoch im Herbst 1946 wurde das Komitee aufgelöst, und Zipper mußte seine Träume einstweilen zurückstellen. In den folgenden Jahren wirkte sich das Fehlen eines entsprechenden Gebäudes, um Aufführungen zu veranstalten, immer negativer für das kulturelle Leben der Stadt aus. Nichtsdestoweniger ließen die politischen und die wirtschaftlichen Verhältnisse jener Zeit jede Hoffnung auf das Errichten eines solchen, zweifellos teuren Bauwerkes dahinschwinden.

Dann erhielt Zipper durch einen freilich nicht sehr gut angelegten Plan für die Philippinen, der in Washington seinen Ursprung nahm, noch einmal die Gelegenheit, seine Idee zu verfolgen. So begann jener 16jährige Kampf von seiten Zippers, um ein Zentrum der darstellenden Künste für das philippinische Volk einzurichten. Wie auch schon so oft in Amerika spielte er eine Rolle hinter den Kulissen. Er vermied Publizität und weigerte sich auch, irgendwelche Gehälter anzunehmen, um politisch sauber zu bleiben und auch niemandem verpflichtet zu sein als den Musen und dem gegenwärtigen Projekt.

1953 beschloß der amerikanische Kongreß, gedrängt von einem früheren amerikanischen Botschafter auf den Philippinen, Emmet O'Neill, die Errichtung eines „Bataan-Corregidor Kriegsdenkmals" auf der Insel Corregidor. Seine Kosten wurden mit 7,5 Millionen Dollar veranschlagt. Eine eigene Kommission für das Kriegsdenkmal wurde unter dem Vorsitz von O'Neill in Washington geschaffen und eine dementsprechende philippinische Kommission in Manila organisiert. Nach Jahren der Diskussionen wurde schließlich 1957 ein Architekturwettbewerb in den USA abgehalten, der unerklärlicherweise jede Teilnahme von Filipinos ausschloß. Schließlich wurde ein Entwurf durch eine Jury ausgewählt, die ebenso nur aus Amerikanern bestand. Die Philippinen-Kommission stimmte offiziell höflich zu, aber im Privaten teilten ihre Mitglieder Zipper mit, wie sehr sie verärgert seien. Als dann 1958 in den Zeitungen Manilas das ganze Projekt und der siegreiche Entwurf veröffentlicht wurden, begann sich ein Gewitter gegen diese Idee zusammenzuziehen, sowohl gegen den Entwurf als auch gegen die Örtlichkeit und vor allem gegen die Gefühllosigkeit gegenüber den Vorstellungen der Filipinos. Niemand hatte aber rechte Lust, Washington entgegenzutreten, und selbst der amerikanische Botschafter Charles Bohlen, der über das ganze Konzept tatsächlich erschüttert war, sah sich nicht in der Lage, irgendwelche Schritte gegen einen Plan zu unternehmen, der sowohl von beiden Häusern des Kongresses angenommen als auch von Präsident Eisenhower gebilligt worden war. Aber Zipper fühlte sich frei, zu handeln.

Zu jener Zeit war Zipper Präsident der National Guild of Community Music Schools, und als solcher war er Mitglied des National Music Council, dem vom Kongreß ein eigenes Statut verliehen worden war. Als er von seiner Sommertätigkeit in Manila im Herbst 1958 zurückkehrte, bereitete er, nachdem er sich mit den führenden Persönlichkeiten in Manila, einschließlich des Botschafters Bohlen und des Vorsitzenden der amerikanischen Handelskammer auf den Philippinen beraten hatte, ein Memorandum vor. In diesem Memorandum und einer entsprechenden Resolution, die er dem National Music Council am 18. Dezember 1958 vorlegte, wurde das erwähnte Denkmalprojekt abgelehnt. Zipper sorgte dafür, daß diese Resolution einstimmig angenommen wurde. Danach sandte Zipper sowohl die Resolution als auch den sie unterstützenden Bericht an die Mitglieder des Kongresses und schickte ferner einen entsprechenden Brief an den Abgeordneten Frank Thompson Jr. (New Jersey), der damals eine führende Persönlichkeit hinsichtlich aller Angelegenheiten war, die die Künste betrafen und zur parlamentarischen Behandlung kamen. Nach der Sitzung des National Council legte Zipper die Angelegenheit Aura Smith vor, die Leitartikel für die „New York Times“ schrieb. Er erbat sich ihre Unterstützung, aber ohne dabei von dem Kulturzentrum zu sprechen: Hätte Smith dieses Gebäude als eine Heimstatt der Künste erwähnt, wäre klar geworden, wer Smith diese Informationen gegeben hatte. In der Tat veröffentlichte sie am 26. Februar 1959 den folgenden Leitartikel:

> *In Manila werden Einwände gegen den Plan erhoben, 7,5 Millionen Dollar für die Errichtung eines Corregidor-Bataan Memorial zu Ehren der Filipinos und Amerikaner, die Seite an Seite gefallen sind, zu errichten. Es wird vorgeschlagen, daß das wirkliche Denkmal weitaus bescheidener sein sollte und ein Teil der dafür bestimmten Gelder für dauerhafte Projekte im öffentlichen Interesse verwendet werde.*
>
> *Die Einwände gegen den Plan für das Denkmal haben ihre Gültigkeit. Das Denkmal für die Männer von Bataan und Corregidor sollte eher eine lebendige Sache sein, nicht irgendeine Ansammlung von leblosem Marmor. Das Geld kann auf eine Weise ausgegeben werden, die weit größere Ehrung für die Männer, deren es hier zu gedenken gilt, bringen wird.*
>
> *Eine gute Alternative wäre die Errichtung eines geeigneten Kinderspitals und eines Erholungsheimes. „Oben“ auf Corregidor selbst wäre dafür eine geeignete Örtlichkeit. Solche Einrichtungen werden dringend gebraucht, und ihre Errichtung wäre sicher ein idealer Weg, um die Toten durch die Lebenden zu ehren. Die Filipinos, so sind wir überzeugt, würden mit diesem Gesichtspunkt völlig übereinstimmen.*

Die Resolution, der Bericht Zippers und der Leitartikel der „New York Times“ wurden im Repräsentantenhaus vom Abgeordneten Thompson vorgelesen und in den Congress-Record (eine Art von Parlamentsprotokoll) aufgenommen. Die Folge war, daß der Plan, ein Kriegsdenkmal für 7,5 Millionen Dollar auf der Insel Corregidor zu errichten, fallengelassen wurde. Gleichzeitig aber fand auch die Idee, an dessen Stelle ein Kunstzentrum zu errichten, in den Kreisen der Regierung keinerlei Unterstützung. Zipper jedoch gab nicht auf. Bei jeder sich bietenden Gelegenheit sprach er von seiner Idee. Im Juli 1959 erhielt er in einer feierlichen Zeremonie im Malacanan Palast den Preis des Präsidenten der Philippinen. Dabei ergriff er die Gelegenheit, mit Präsident Carlos P. Garcia die Bedeutung eines Kulturzentrums in Manila für die Philippinen zu besprechen. Für seine Ideen fand Zipper in Garcia nicht nur einen willigen Zuhörer, sondern auch einen Enthusiasten. Unterstützung hatte Zipper aber auch bei der US Information Agency (USIA) gefunden. Dementsprechend begannen die philippinische als auch die amerikanische Regierung, einander in dieser Angelegenheit zu kontaktieren, und so wurde im Jänner 1960 die philippinisch-amerikanische Kultur-Foundation gegründet. Die Regierung der Philippinen widmete einen wertvollen Streifen Land in Quezon City (einem Bezirk von Groß-Manila, wo sich der Campus der Universität der Philippinen befand) und verlieh der Foundation außerdem die Steuerfreiheit. Der Aufsichtsrat bestand aus einer Anzahl von Freunden Zippers, darunter Benito F. Legarda. Gleichzeitig verlangte die USIA vom Kongreß eine Zuweisung von 1,365.740 Dollar für die Foundation. In diesem Zusammenhang schrieb Zipper viele, viele Briefe, in denen er um Unterstützung ersuchte. Er organisierte auch eine Briefkampagne an die Mitglieder des Senates und des Bewilligungsausschusses des Repräsentantenhauses. Im Juli 1960 erhielt Zipper einen Brief von Senator Leverett Saltonstall, in dem er informiert wurde, daß der Betrag vom Kongreß bewilligt sei. Der „Siebenjährige Krieg“ war offenbar gewonnen.

Da nun die finanziellen Dinge in Ordnung waren, stellte auch das Außenministerium der USA für die Foundation einen Executive Director, namens E. V. Niemeyer, zur Verfügung, außerdem wurde ein Architekt für das Gebäude ernannt, Leonard („Lindy“) Locsin, der die entsprechenden Pläne zu entwerfen hatte. Zipper wurde als künstlerischer Konsulent nominiert, was er auch auf einer freiwilligen Basis akzeptierte. 1961 jedoch wurde Präsident Garcia bei den nationalen Wahlen auf den Philippinen von dem Vizepräsidenten Macapagal geschlagen. Dieser trat sein Amt im Dezember 1961 an. Seine Regierung hob sogleich die Devisenkontrollen auf, mit dem Ergebnis, daß der Wert des Dollars gegenüber dem Peso auf die Hälfte sank. Das wirkte sich freilich auch auf die für die Foundation bewilligten amerikanischen Gelder aus. Es erwies sich sogar als katastrophal, denn nun standen nur noch 800.000 Dollar zur Verfügung, die keineswegs ausreichten, um das ursprünglich geplante Gebäude zu errichten. Zögernd entschloß sich der Aufsichtsrat die Pläne für das Gebäude so zu reduzieren, daß sie den zur Verfügung stehenden Geldern entsprachen. Davon wurde Zipper Anfang Dezember 1962 unterrichtet. Er war zwar traurig, aber nicht bereit, die Niederlage hinzunehmen. „Ich entschloß mich, Himmel und

Erde in Bewegung zu setzen, um das originale Konzept des Kulturzentrums doch verwirklichen zu können."

Für seinen Kampf gegen eine Verkleinerung des Gebäudes an Umfang und Höhe bereitete er sogleich einen Bericht vor, in dem er nachdrücklich gegen eine solche Verringerung der Kapazität des Auditoriums argumentierte. Es hätte bedeutet, das Maximum der Besucherzahl von 1200 auf 600 bis 800 zu verringern. In seinem Bericht erklärte er, eine solche Verringerung würde unwirtschaftlich sein, eine Wiederholung des bestehenden Zustandes bedeuten und schließlich für das philippinische Volk negative Auswirkungen haben. Er wandte sich auch dagegen, die Außenfassade des Gebäudes schmucklos zu halten, weil er der Meinung sei, das Äußere habe dem Betrachter „die Würde und Großartigkeit des Zwecks des Gebäudes vor Augen zu führen". Überdies sollte die Fassade, wenn auch zeitgenössisch, doch den Eindruck der Zeitlosigkeit vermitteln. Zipper schloß seine Argumente über die äußere Form des Gebäudes mit einem sehr gewichtigen Argument ab, indem er sich gegen allzu große Sparsamkeit auf Kosten der ästhetischen Schönheit wandte:

> *Dies durch einen „nützlicheren" Entwurf zu ersetzen könnte sehr wohl für den Zweck, für den das Gebäude geschaffen werden soll, katastrophal sein. Viele zeitgenössische Gebäude, die den Künsten gewidmet und in jüngerer Zeit errichtet worden sind, einschließlich der Philharmonic Hall in New York, sind von sehr kompetenten Experten auf das schärfste kritisiert worden - und zwar in den bedeutendsten Zeitungen der Vereinigten Staaten -, weil sich ihr Äußeres nur sehr wenig von dem Nützlichkeitscharakter zeitgenössischer Warenhäuser, Flughafengebäude, Bürohäuser und ähnlichen Dingen unterscheidet.*

Er sandte seinen Bericht an verschiedene Schlüsselfiguren in Washington, darunter auch an den Herausgeber der „Washington Post". Die Amtszeit von Vic Niemeyer ging zu Ende, und sein Ersatzmann war weniger durchschlagskräftig. Nichtsdestoweniger war die USIA noch immer recht hilfreich. Die wirklichen Probleme entstanden durch die Vertreter des Außenministeriums und die einander folgenden Beamten, zuständig für die kulturellen Angelegenheiten, die von den Zuständen auf den Philippinen so gut wie nichts wußten. Einer der letzten Beamten, der mit dem Projekt befaßt war, ein gewisser Esterline, tat sein Äußerstes, um das Projekt zum Scheitern zu bringen. Er widersetzte sich sogar dem Vorschlag Zippers, das Projekt zu verschieben, die bestehenden Gelder zu hohen Zinsen auf die Bank zu legen und abzuwarten, bis der Fonds wieder so angewachsen sei, daß er den Bau nach dem ursprünglichen Plan gestatte. Das Projekt wurde jedoch vertagt, und Zipper tat weiterhin hinter den Kulissen sein Möglichstes, um die Idee am Leben zu erhalten.

Bei diesem Projekt, so wie bei allen anderen Plänen in Zippers Leben, war Trudl der unterstützende Partner, der sich über jedes neue Abenteuer aufregte, gute, einsichtige Vorschläge machte und ihm half, seine Ideen zu verfeinern. Sie las seine Briefe, Notizen und Berichte. Im Lauf der Jahre hatte sich eine Art Ritual zwischen ihnen entwickelt: Wenn Zipper nach Hause kam, sagte er etwa, er habe über irgendetwas nachgedacht, sei es ein Autor oder eine Idee: „Darf ich dir das vortragen?" Und Trudl ließ sogleich alles, was sie gerade getan hatte, liegen und stehen, setzte sich in einen bequemen Fauteuil, zündete eine Zigarette an, und Zipper begann, ihr vorzulesen oder vorzutragen. An einem Tag mochte es Walt Whitman sein, ein Dichter, den beide liebten, oder aber vielleicht der Dichter Heine oder jener merkwürdige, sarkastische deutsche Dichter Joachim Ringelnatz, dessen Bücher von den Nazis unterdrückt worden waren. Zipper war erst nach dem Krieg imstande, seine gesammelten Gedichte zu erwerben. Obwohl Trudl selbst Bücher verschlang, war sie doch in einer wunderbaren Art wie ein Kind, das es liebte, vorgelesen zu bekommen. Oft merkten sie, daß es schon recht spät war und sie vergessen hatten, ein Abendessen herzurichten. Da Trudl nie sehr gern kochte, so war es häufig genug Zipper, der sich dieser Mühe unterzog und irgend etwas Einfaches herstellte. So besonders feines Essen oder gar Restaurants mochte das Ehepaar nicht. Sie waren glücklich in ihrer eigenen Gesellschaft.

Auf langen Autofahrten sagte Trudl manchmal, wie hübsch es sei, hier in ihrem „Schneckenhaus" zusammenzusein, in einem Versteck, fern von Telephonen und Verantwortungen. Beide liebten diese langen ruhigen Zeiten, die man miteinander verbrachte, ob nun schweigend oder im Gespräch. Eines Samstagnachmittags im Jahre 1962, Zipper war gerade bei der Arbeit an einer Komposition, kam Trudl von ihrer Unterrichtsstunde um 14 Uhr nach Hause und sagte sehr verärgert zu ihrem Mann: „Herbert, ist dir klar, daß wir keine Zigaretten mehr haben?" Daraufhin sprang Zipper auf, fuhr zum Drugstore an der Ecke und verlangte zwei Kartons seiner Lieblingszigaretten und der ihren. Als die Verkäuferin sie holen ging, hatte Zipper plötzlich einen Augenblick der Erkenntnis. Er begriff, daß er Sklave seiner Gewohnheit war, und blitzartig entschloß er sich, das Rauchen aufzugeben. Er kaufte daher auch nur einen Karton, und als er nach Hause zurückkam und von Trudl gefragt wurde, warum er denn nur einen Karton mitgebracht hatte, erklärte er ihr, daß er nicht mehr rauchen werde. Zipper war imstande, durch einen sehr starken Willensakt eine jahrelange Sucht aufzugeben. Danach versuchte er immer wieder vergeblich, Trudl dazu zu bringen, das Rauchen ebenfalls aufzugeben, aber ihre Schwäche sollte sich später noch als tragisch erweisen.

Im Jahre 1965 wurde der damalige philippinische Präsident Macapagal nach einem erbittert geführten Wahlkampf von Ferdinand Marcos geschlagen. Sogleich sah Zipper eine Chance für die Wiederbelebung seiner Idee eines Kulturzentrums. Marcos trat sein Amt am 30. Dezember 1965 an, und schon im Jänner schrieb Zipper ein neues Memorandum, das er sogleich an den Präsidenten sandte, ebenso an das amerikanische Außenministerium. Marcos überließ alle kulturellen Angelegenheiten seiner Frau Imelda, und so landete auch Zippers Memorandum auf ihrem Schreibtisch.

Imelda Marcos erkannte die Möglichkeit, ein Denkmal für sich selbst zu errichten, und so ging sie sofort mit voller Kraft ans Werk, freilich vor allem, um ihre eigenen Ideen zu verwirklichen. Sie kaufte alle Pläne von der philippinisch-amerikanischen Foundation und ließ das Stück Land in Quezon City wieder in Regierungseigentum zurückwidmen. Sie entschied, den Plan, ein

Kriegsdenkmal zu errichten, überhaupt fallen zu lassen. Sie schloß auch jede amerikanische Teilnahme an dem Kulturzentrum aus und ließ das Zentrum am Ufer der Manila Bay am Roxas Boulevard errichten. Dies stellte sich als eine sehr kostspielige Entscheidung heraus, denn ein Teil der Fläche, auf der das Zentrum stehen sollte, mußte erst dem Meer abgerungen werden. Außerdem erwies sich, daß der Felsengrund viel tiefer lag, als man zunächst angenommen hatte. Aber dies hielt die sehr energische Dame nicht auf. Das Zentrum mußte an diesem Punkt gebaut werden, Geld spielte keine Rolle. Bis heute weiß niemand, was der Bau des Zentrumgebäudes wirklich gekostet hat.

Anfang Juni 1965 kam Zipper nach Manila, um seine alljährliche Verpflichtung im Sommer als Dirigent zu erfüllen. Sehr bald ließ Imelda Marcos ihn zu sich in den Malacanan Palast kommen. Sie teilte Zipper mit, daß sie den Architekten Leandro Locsin behalten wolle und auch der ursprüngliche Entwurf des Gebäudes durchgeführt werde. Sie sagte jedoch, das Ausmaß des Zuschauerraums sei noch in Diskussion und fragte Zipper, was er dazu meine. Er empfahl nun, falls Kosten keine Rolle spielten, die Zahl der Sitzplätze auf 1800 zu bringen, vielleicht sogar auf ein Maximum von 2000. Und Imelda Marcos entschied sich sofort für 2000. Sie forderte auch Zipper auf, seine Funktion als Konsulent in allen akustischen Fragen weiter auszuüben. Und während der vier folgenden Jahre des Baues des Zentrums war er stets in Kontakt mit dem Architekten Locsin und den Baufirmen.

Im September 1969 war die Vollendung in Sicht. Die amerikanische Botschaft, die bis dahin aus all diesen Angelegenheiten ausgeschlossen war, bot nun an, einen amerikanischen Solisten beim Eröffnungskonzert auftreten zu lassen, einem Konzert, das natürlich Dr. Herbert Zipper dirigieren sollte. Schließlich einigte man sich darauf, daß der berühmte Pianist Eugene Istomin zwei Klavierkonzerte als Solist spielen werde, und dies im Auftrag des amerikanischen Außenministeriums. Die Botschaft sorgte auch für die Beistellung eines gedruckten Programmes, das merkwürdiger- und unglaublicherweise jeden Hinweis darauf vermissen ließ, daß es sich bei diesem Konzert um die große Eröffnung des philippinischen Kulturzentrums (P.C.C.) handelte. Für Zipper schien dies eine recht billige und nicht sehr vornehme Demonstration der Verärgerung über den Ausschluß der amerikanischen Regierung aus den Planungen für das Zentrum. Jedoch druckte die Manila Symphoniker-Gesellschaft gemeinsam mit der Verwaltung des Kulturzentrums ein zweites Programm, in dem der historische Augenblick entsprechend gewürdigt wurde - eine Feier, 14 Jahre nach Zippers Befreiungskonzert in den Ruinen der Kathedrale von Santa Cruz und eine Feier des kulturellen Wiederaufbaus auf den Philippinen. Das Konzert wurde zu einem großen festlichen Ereignis. Zipper dirigierte Beethovens „Prometheus"-Ouvertüre sowie Beethovens Klavierkonzert Nr. 4, die 3. Symphonie von Gustav Mahler und das Klavierkonzert Nr. 2 von Chopin. Bei dieser Aufführung in dem herrlichen, neuen Gebäude hatte Zipper ein ganz besonderes Gefühl der Erfüllung, denn dieses Konzert stellte den Erfolg der Arbeit von 16 Jahren dar.

Zipper gab auch regelmäßig Symphonie-Konzerte in den diversen Schulen in

Manila, wie er das ja schon seit seinen frühen Jahren in Amerika nicht anders gehalten hatte. Die amerikanische Schule auf den Philippinen, eine private Volks- und Mittelschule, die vor allem der Ausländerkolonie in Manila diente, hatte seit vielen Jahren diese Konzerte für sich gebucht. Einmal, am Ende eines Konzertes im Jahr 1965, kam dort eine gutaussehende Studentin auf Zipper zu, stellte sich in einem unverkennbaren Wiener Deutsch vor und sagte ihm, sein Name sei in ihrer Familie bekannt. Ihre Art zu sprechen, ihr Aussehen und besonders der Ausdruck ihrer Augen erinnerte Herbert plötzlich an eine Schauspielstudentin, die er an der Staatsakademie in den zwanziger Jahren kennengelernt hatte. Sie war damals eine Kollegin, mit der er eine intime Verbindung eingegangen war. Veranlaßt durch die außergewöhnliche Ähnlichkeit fragte Herbert nun das Mädchen: „Sagen Sie, ist Ihre Mutter etwa gar eine Schauspielerin?" „Nein", antwortete das Mädchen, „das ist meine Großmutter. Sie ist die einzige Schauspielerin in unserer Familie." Dies war ein Schlag für Zipper, nicht aber für seine Frau, die dem Gespräch mit Vergnügen zugehört hatte, und es machte ihr großen Spaß, ihren Mann für den Rest des Tages nur noch mit „Großpapa" anzusprechen.

Anläßlich einer seiner Sommerverpflichtungen auf den Philippinen dirigierte Zipper Anfang 1950 ein Konzert, in dem unter anderem der Prolog und die Krönungsszene aus Mussorgskijs Oper „Boris Godunow" aufgeführt wurden. In der Krönungsszene gibt es eine dramatische Pause, in der man das glorreiche Läuten der Kirchenglocken hört. Zu dieser Zeit war Manila noch halb zerstört, und Zipper suchte vergeblich nach Kirchenglocken. Er erinnerte sich jedoch an ein Grundprinzip aus jenen Tagen, als er noch nach Sesseln suchen mußte: Wenn du etwas brauchst, wende dich an die Chinesen. Wiederum ging er zu seinem Freund Huang Cheng Yung, der empfahl, Herbert solle Hilfe bei einem Chinesen suchen, der als Tenor im Chor der Manila Symphoniker sang, einem gewissen Chua Egan.

Am nächsten Morgen schon ging Zipper zu dem Elektrogeschäft, das Chua Egan führte. Dort fragte er ihn, ob er wisse, wo man vielleicht Kirchenglocken borgen könne.

Der Chinese meinte: „Was für Kirchenglocken brauchen Sie denn?"

Zipper antwortete: „Kirchenglocken, wie man sie bei den Gottesdiensten läutet."

Darauf der Chinese: „Und wieviele brauchen Sie?"

Zipper meinte: „Viele, vielleicht 10 oder 15 oder sogar 20."

Darauf meinte Egan: „Das wird sehr schwer zu finden sein. Wozu brauchen Sie sie denn?"

Und Zipper erwiderte: „Für die Krönungsszene in der Aufführung von Mussorgskij."

Daraufhin war das Interesse von Chua Egan sofort geweckt, denn er selbst sang ja als Tenor im Chor mit. „Warten Sie eine Minute", sagte er und verschwand im Lagerraum seines Geschäftes. Nach einer kurzen Zeit kam er mit einem kurzen Stück Stahlrohr zurück, sowie einem Hammer, mit dem er das Rohr schlug.

Nun fragte er Zipper: „Wird das nicht genügen?"

Zipper meinte: „Nein, leider, das genügt nicht. Es klingt genauso wie das, was es ist."

Da meinte Egan: „Das ist zu dumm. Lassen Sie mich nachdenken. Geben Sie mir Ihre Telephonnummer, ich werde Sie anrufen, wenn mir etwas einfällt."

Schon fünf Tage später rief er an und fragte:

„Haben Sie irgendwelche Fahrzeuge?"

Zipper sagte: „Ja, natürlich, einen Jeep. Warum?"

„Also, dann kommen Sie morgen", meinte Egan, „und holen Sie die Glocken."

Sie kamen überein, sich bei dem Elektrogeschäft Egans zu treffen. Dort rief er seine „boys", die nun 25 Glocken, wirkliche Bronzeglocken aus den Kirchen heranbrachten, und zwar in allen Größen. Als Herbert fragte, wo er denn diese um Himmels willen aufgetrieben hätte, meinte Egan, er habe in den Klöstern elektrische Kirchenglocken installiert und dafür die wirklichen Glocken für zwei Wochen ausgeborgt. Zipper erzählte lachend die Geschichte und meinte, man frage den Chinesen um das Unmögliche, und er wird es verwirklichen. Als dann Chua Egan die Glocken nach der Aufführung zurückbrachte, entschlossen sich einige der Klöster, bei den elektrischen Glocken zu bleiben und kauften diese. So hatte sich seine gute Tat sogar noch als Geschäft entpuppt.

Im März 1966 starb Herbert Zippers Mutter Rosie. Die 90jährige hatte mit seiner Schwester Hedy in Santa Monica gelebt, wo drei Generationen der Familie wohnten - Vater Emil mit Rosie, Schwager Fred mit Schwester Hedy Holt und deren Kinder Lucy und Henry. Mit Ausnahme der letzten beiden Jahre war Herbert Zippers Mutter eine lebhafte, fröhliche Frau gewesen, geliebt von allen, die sie kannten. Seit sie in Amerika war, hatte sie einen ausgesprochenen Patriotismus entwickelt und war etwa eine begeisterte Anhängerin von John F. Kennedy. Sie verschlang Zeitungen und Bücher und war besonders beglückt, weil Herbert ihr zum 80. Geburtstag die gesammelten Werke von Hermann Hesse geschenkt hatte. Sie war auch eine gute Musikerin, und ihr Einfluß hatte eine große Rolle in der Entwicklung Herbert Zippers gespielt. Sie vertrug sich ausgezeichnet mit den Freunden ihrer Söhne, manchmal schien es, als ob sie die junge Generation der eigenen vorzöge. Auch die Freundinnen ihrer Söhne besaßen gute Beziehungen zu „Mutter Rosie". Herbert Zipper war in Wien etwa zwei Jahre hindurch mit Ilse Furtwängler eng befreundet, einer Nichte des berühmten Dirigenten. Auch sie stand in einem engen Verhältnis zu Rosie. Nur in den letzten Jahren war Mutter Rosie auf den Rollstuhl angewiesen und wurde auch immer weniger klar im Geist. Mit ihrem Tod war die letzte starke Verbindung Herbert Zippers an die alte Welt des habsburgischen Wien dahin. Wie es bei ihm seit den Tragödien von Dachau, Buchenwald und Manila schon zu einer Art Gewohnheit geworden war, so versuchte Zipper auch diesmal, seinen Gram in Arbeit zu ertränken.

Während dieser Jahre hätte das Geschäft der Verwaltung sehr wohl ein Fulltime-Job für Herbert Zipper werden können. Er dirigierte nicht nur auf zwei Kontinenten, sondern mußte auch die Verwaltung dreier Orchester besorgen, die Planung für die Vorlesungen, für die Workshops und die Konzertserien des Fine Arts Quartet. Eine weitere Aufgabe war natürlich auch das Aufbringen der finanziellen Mittel. Seine in jüngerer Zeit hiefür erworbene Geschicklichkeit wurde auch für den Fernen Osten gebraucht. 1965 wurde Zipper klar, daß die Manila Symphoniker einen gewissen Entwicklungsstillstand erreicht hatten und nun einer Blutauffrischung durch neue Lehrer und Virtuosen bedurften. Da er meinte, es müßten neue Lehrer für Oboe, Fagott, Baßgeige und Cello engagiert werden, entwarf er einen Vorschlag für den sogenannten JDR-3rd Fonds (John D. Rockefeller III, Präsident). Er hatte eine Zusammenkunft mit dem Direktor des Fonds, Porter McCray, und alsbald erhielt er für zwei Jahre je 68.000 Dollar. Die positiven Ergebnisse des Programmes für die Erweiterung des Lehrkörpers der philippinischen Akademie ermutigten den JDR-3rd Fonds, um mit ähnlichen Programmen in andere Länder Ostasiens zu gehen. Infolgedessen forderten sie Zipper auf, er möge Projekte in Taiwan, Südkorea, Hongkong und Thailand überprüfen und unter Umständen auch für ihre Durchführung sorgen.

Diese Programme fanden in den Jahren von 1969-74 statt, in welcher Zeit Zipper nun auch die Symphonie-Orchester von Taipeh und Seoul, also der Hauptstädte von China-Taiwan und Südkorea, dirigierte. Diese beiden Städte konnten sehr wohl darauf hinweisen, daß sie ausgezeichnete und auch entsprechend große Musikschulen für westliche Musik besaßen und auch beträchtliche Zuhörerschaft für die Aufführungen europäischer klassischer Musik. Thailand hingegen war künstlerisch nur wenig vom Westen beeinflußt und kultivierte in der Hauptsache seine eigene ursprüngliche Kunstform.

Während der Sommersaison in Manila von 1969 erhielt Zipper vom JDR-3rd Fonds-Direktor Porter McCray die Aufforderung, er möge in Bangkok die dortigen Verhältnisse und Möglichkeiten musikalischer Erziehung erkunden. Denn McCray hatte von der Regierung Thailands ein Ansuchen erhalten, die eigene Musikschule durch eine nach amerikanischer Art organisierte Schule oder ein staatliches College mit kompetenten Musiklehrern zu unterstützen.

Am Flughafen von Bangkok angekommen, wurde Zipper vom Verwalter der Musikschule begrüßt und ins Hotel Oriental gebracht. Dort unterrichtete man ihn dann von den Notwendigkeiten der Schule. Als er aber den Wunsch äußerte, die Schule, die Mitglieder der Fakultät und die Studenten zu sehen, stieß er auf offensichtliche Überraschung und Ablehnung. Erst als er darauf bestand und drohte, wenn man ihm nicht eine eingehende Inspektion der Schule gestatte, müsse er sofort nach Manila zurückkehren und in New York berichten, daß man ihm nicht erlaubt habe, die Schule zu besuchen, wurde mit großer Reserve zugestimmt, Zipper diese Schule am nächsten Morgen zu zeigen.

Man brachte Zipper in eine große Hofanlage, umgeben von einer ganzen Anzahl von eindrucksvollen Gebäuden. Man forderte Zipper auf, einstweilen in einem großen buddhistischen Tempel zu warten, der einen hohen Plafond besaß, einen großen goldenen Buddha an einem Ende, das ganze mit der akustischen Qualität einer Kathedrale. Wenig später erschienen etwa 200 Studenten, die die verschiedensten Instrumente mitbrachten - Streichinstrumente, Blasinstrumente, sowohl Holz als auch Blech, und Schlagzeug. Sie versammelten sich entsprechend ihren Instrumenten in Gruppen entlang der Wände des Tempels.

Zipper glaubte zuerst, daß dies eine Art von Appell sei, aber bald wurde ihm das Gegenteil bewiesen. Eine Gruppe von müden alten Männern erschien, die nun zu den Studenten stießen. Bis zu diesem Augenblick war alles in völligem Stillschweigen vor sich gegangen. Pünktlich aber um 9.30 Uhr vormittags hob einer der alten Männer einen kleinen Stock, und die Studenten begannen zu spielen, verschiedene Übungen, Etüden, Tonleitern und Rhythmen - aber all das zur gleichen Zeit. Der Schock dieser ohrenzerreißenden Attacke war mehr als Zipper ertragen konnte, und so floh er hinaus ins Freie, gefolgt von einer Gruppe der Verwalter.

Die Thailänder sind ein sehr empfindsames und liebenswürdiges Volk. Doch brauchte Zipper einige Augenblicke, bis er wieder imstande war, höflich zu sein und seinen Ärger zu unterdrücken. Er erklärte nun, daß die Situation im Tempel für jeden fremden Lehrer unerträglich sein würde. Sollte dies der einzige Platz für so eine Schule sein, müsse er absolut negativ berichten. „Gibt es denn keinen anderen Platz, um die Schule unterzubringen?“ fragte Zipper. Ein Herr zeigte auf ein großes, modernes Gebäude und erklärte, daß dessen vierter Stock vollkommen leer stehe, aber für die Musikschule nicht verwendet werden könne. Zipper verlangte, daß man ihm diese Räumlichkeiten zeige. Dieser vierte Stock bestand aus einem sehr großen Raum ohne Unterteilungen. Würde man jedoch schalldichte Zwischenwände einziehen, könnte man zumindest zehn durchaus geräumige Studios und zwei Vortragsräume einrichten. Zipper verlangte sodann den höchsten Regierungsbeamten, der für dieses gesamte Gebäude verantwortlich sei, zu sprechen und erhielt auch sogleich einen Termin. Ein Repräsentant eines Rockefeller findet selbst in Thailand offene Türen. Wenig später saß Zipper einem Herrn Sariman gegenüber, dem er nun die Situation und das Problem erklärte. Sariman zeigte Verständnis - entweder ein entsprechender Raum für die Schule oder keine Unterstützung aus den USA. Sariman machte eine Reihe von Telephonanrufen, und schon vor dem Mittagessen war die Erlaubnis gegeben, die Musikschule in den vierten Flur des Gebäudes zu übersiedeln und auch die notwendigen Umbauten durchzuführen, so wie sie Zipper wünschte.

Bevor er nach Manila zurückkehrte, versprach er noch, er werde in sechs Wochen nach Bangkok kommen, um die vollendeten Arbeiten zu inspizieren und einen Langzeitplan für die musikalische Erziehung bei der Regierung und dem JDR-3rd-Fonds vorzulegen.

Nach Bangkok zurückgekehrt, wurde Zipper von einem strahlenden Schuldirektor mit dem Lift in den vierten Stock gebracht. Der Direktor öffnete die Lifttür, und Zipper war von Entsetzen gepackt. Derselbe ohrenzerreißende Klang des Chaos, das er im Tempel erlebt hatte, wiederholte sich nun hier. Es stellte sich heraus, daß die angeblich schalldichten Wände zwar aufgerichtet worden waren, aber nicht bis zum Plafond hinaufreichten - sie waren um 30 bis 40 Zentimeter zu niedrig. Zipper war wütend, aber es wurde ihm klar, daß jedermann das Klangchaos aus dem Tempel gewöhnt war, die neue Unterbringung sehr schön fand und die akustische Katastrophe noch gar nicht bemerkte.

Der Architekt wurde herbeigeholt, der seinen Irrtum sofort verstand und die Zwischenwände innerhalb von 24 Stunden so weit in die Höhe bauen ließ, daß die Ergebnisse durchaus befriedigend waren. Wieder in Amerika, engagierte Zipper vier Lehrer und zugleich Virtuosen für Streichinstrumente, mit der Idee, daß sie zuerst für die Studenten ein Institut für Violine einrichten sollten und zur gleichen Zeit als Streichquartett regelmäßig für die Studenten und für die Fakultät der Schule spielen sollten, außerdem auch für das Publikum, um Interesse an der westlichen Musik zu wecken.

Durch vier Jahre war nun dieses Streichquartett in Bangkok mit einigen Veränderungen personeller Art aktiv. Jedes Jahr verbrachte Zipper dort ein paar Wochen, mußte aber feststellen, daß trotz aller übermenschlichen Anstrengungen der vier Lehrer nur ein Minimum an Fortschritt erzielt worden war. Die Studenten kratzten weiter auf ihren Instrumenten, mit einer schrecklichen Intonierung und führten die Bögen mit steifen Armen. Das geringe öffentliche Interesse an westlicher Musik hatte sich nicht verändert. Für Zipper war es Zeit zuzugeben, daß das Projekt von Bangkok eine grandiose Fehlinvestition war. Infolgedessen regte er dessen Abbruch an.

Bei seinem letzten Besuch gab der Außenminister Thailands ihm zu Ehren ein Bankett und hielt eine freundliche und sehr schmeichelhafte Rede, die mit den Worten endete: „Vor einigen Jahren war ein anderer amerikanischer Musiker hier aktiv, der auch Ideen hatte, die den Ihren glichen. Er starb in Verzweiflung."

John D. Rockefeller III besuchte einmal eine Musikschule, die Zipper organisiert hatte. Als Zipper bemerkte, der Erfolg sei das Verdienst der sehr guten Lehrer, gratulierte ihm Rockefeller mit den Worten: „Vergessen Sie nicht, die ganze Zivilisation der Menschen ist auf einigen wenigen Leuten aufgebaut. Und ich spreche mit einem von ihnen." Zippers Ziele im Fernen Osten waren dieselben wie seine Anstrengungen in Chicago, und wie sie dies sein ganzes Leben gewesen sind: nämlich das Verständnis der Menschen für das, was machbar ist und was nicht, was getan werden darf und was nicht, zu erwecken. Er hat sein ganzes Leben damit zugebracht, Menschen dabei zu helfen, ihre Ziele oberhalb der Mittelmäßigkeit anzusetzen, und Menschen das Verständnis für wirkliche Qualität zu geben.

In der Zeit nach dem Krieg haben Zipper und seine Frau oft genug von ihrer Heimat geträumt. Schließlich, im Mai 1956, nur ein Jahr nach dem Ende der alliierten Besetzung von Österreich, unternahmen sie eine Reise nach Wien, um ein paar Freunde zu besuchen und ihren Geburtsort zum ersten Mal seit 1939 wiederzusehen. Trudl war sogar noch länger, nämlich seit 1937 nicht in Wien gewesen. Es war keine sehr befriedigende Reise, denn die schmerzlichen Erinnerungen übertönten die Gefühle der Nostalgie. Was von dieser Reise zurückgeblieben ist, ist ein Gedicht ohne Reime, das Zipper am 13. Mai geschrieben hat:

Wie ein alter, prachtvoller Palast
ist Wien,
wo Prinzen, Könige und Kaiser lebten.
Sie sind vor langer Zeit gestorben,
die Scharen ihrer Höflinge
sind heute nur noch Erinnerungen.
Ihre Überreste sind verwandelt
in eine Gesellschaft von Dienern und Lakaien,
die vielleicht die Parketten und die Bürgersteige
in Ordnung halten -
aber der Geist, der hier zuvörderst herrschte,
ist verschwunden.
Die Nachfolger schlurfen vorbei
mit gesenkten Köpfen,
jederzeit bereit,
um voll Unterwürfigkeit
ein hingeworfenes Trinkgeld einzustreichen.
Mit Kratzfüßen und Verbeugungen
treten sie einander auf die Zehen
mit einer jammervollen Widerlichkeit.
Sie bejammern die Ergebnisse ihrer eigenen Untaten.
In der Hierarchie der Verächtlichen
wird der höchste Rang von jenen eingenommen,
die mit verblassenden, vergoldeten Buchstaben
auf alten vermorschenden Anzeigetafeln mit ihrer
Abstammung von k. und k. Hoflieferanten prahlen.

Der Höhepunkt der Rückkehr Zippers nach Wien war ein Zusammentreffen mit seinem früheren Lehrer aus der Zeit der Akademie, mit dem berühmten Komponisten Joseph Marx. Noch bevor Zipper und Trudl zur Wohnung von Joseph Marx in der Traungasse gingen, sagte Herbert: „Du wirst sehen, es wird nicht lange dauern, bis Marx von Debussy sprechen wird.“ Und in der Tat, die Zippers hatten sich kaum niedergesetzt, als Marx erklärte: „Du weißt, Zipper, Debussy war der einzige wirklich heidnische Komponist in der gesamten westlichen Kultur. Seine Musik ist vollkommen unberührt von der jüdisch-christlichen Tradition.“ Der Nachdruck und die Art, wie Marx dies sagte, machte es deutlich, daß für die Qualität des Künstlerischen seine Verwandtschaft mit Debussy zählte. Dieser Besuch war die letzte Gelegenheit, Marx zu sehen, denn er starb schon am 4. September 1964 in Graz.

Während ihres Besuches in Wien hatte Zipper auch die Möglichkeit, einen früheren Mitarbeiter aus den Kleinkunst-Tagen der dreißiger Jahre zu sehen, nämlich Rudolf Weys, und herauszufinden, wie es ihm im Krieg ergangen war. Weys, der kein Jude war, lebte während des Krieges in Wien, und es gelang ihm auch, seine Frau, die Jüdin war, versteckt und sicher durchzubringen. Seine Frau, für die Zipper in jener Zeit auch ein Lied komponiert hatte, war eine ausgezeichnete Interpretin von Kabarett-Chansons. Weys hatte sich bemüht, auch in der NS-Zeit seine Widerstandskraft aufrecht zu erhalten, indem er heimliche

Treffen in seiner Wohnung abhielt. Dort hatten Leute die Gelegenheit, wenigstens ihrem Ärger und ihrer Trauer über das, was vorging, Ausdruck zu geben, über den Verlust Wiens als Kulturzentrum und über die Vulgarität und Barbarei des Nationalsozialismus.

Während jenes Besuches in Wien unternahmen Zipper und Trudl auch Ausflüge und kleine Reisen in die wundervollen Landschaften Österreichs und erinnerten sich an Ferienaufenthalte ihrer Kindheit, wie etwa in Zell am See, St. Wolfgang, St. Gilgen und Kitzbühel. Während sie in Kitzbühel in einem Kaffeehaus saßen, fragte Zipper einen Kellner, ob sein alter Freund Alfons Walde noch am Leben sei und vielleicht sogar in der Nähe wohne. Walde war ein Kamerad aus Skifahrzeiten aus dem Jahr 1925. „Er sitzt da drüben", sagte der Kellner und deutete auf den Rücken eines Mannes nur zwei Tische von ihnen entfernt. Zipper ging zu ihm hin. „Mein Gott", sagte der überraschte und erfreute Walde. „Ich dachte, du bist tot." Die beiden umarmten einander und gingen nun in Waldes Studio, wo sie zwei Flaschen Rotwein leerten und in Erinnerungen schwelgten. Seit 1934 hatten sie einander nicht gesehen. Walde, inzwischen ein sehr bekannter Maler und glühender Sozialist, war während des nationalsozialistischen Alptraums zweimal eingesperrt worden, hatte sich aber nach seiner Entlassung in seinem Studio vergraben und weitergemalt. Er starb nur zwei Jahre nach dieser Begegnung, nämlich 1958, ist aber in den achtziger Jahren als einer der großen Maler anerkannt worden, dessen Arbeiten heute hohe Preise eintragen und auch sehr respektiert werden. Zurückgekehrt nach Wien besuchte Zipper eines seiner Lieblingskaffeehäuser, nämlich das Café Museum, um dort zu frühstücken. Als er Platz nahm, kam ein alter Kellner aus der Küchengegend langsam herangeschlurft, blickte auf Zipper und schlurfte, ohne ein Wort zu sagen, wieder davon. Nach zehn Minuten kam er mit einem Tablett, auf dem sich genau jenes Frühstück befand (ein weichgekochtes Ei, zwei Stück Toast, Butter, Marmelade und eine Melange), das Zipper 1936, vor 20 Jahren, zu bestellen pflegte. Er setzte das Tablett vor Zipper und sagte: „Sie sind aber lange nicht hiergewesen."

Auf die Philippinen zurückgekehrt, gingen Zipper und seine Frau sogleich an ein neues Projekt. Er hatte dessen Planung schon eines Abends im Jahr 1953 ins Auge gefaßt, während er den wundervollen Sonnenuntergang vor dem Hause der Legardas betrachtete. Zippers Idee war, eine Inszenierung der Oper „Carmen" zu veranstalten, indem man den Schauplatz vom Spanien des 19. Jahrhunderts auf die Philippinen des 19. Jahrhunderts verlegte. Außerdem wollte er, daß in der Oper nicht wie üblich Französisch oder gar Spanisch, sondern vielmehr Tagalog gesungen und gesprochen werde, nämlich in der nationalen Sprache der Philippinen. Zu Mrs. Legarda sagte Zipper: „Wissen Sie, es ist hier alles vorhanden, sowohl das Schmuggeln als auch der Stierkampf." (Der Stierkampf wurde erst 1918 in Manila verboten.) Das Ehepaar Legarda dachte darüber nach, und ein Jahr später wurde dieses Projekt tatsächlich bewilligt. Zipper hatte einen philippinischen Schriftsteller gebeten, Übersetzer zu finden, und dieser, der selbst Tagalog nicht sprach, unternahm den Versuch, die Übersetzung in Eigenregie durchzuführen. Dabei ließ er von seinem Koch die Richtigkeit der Übersetzung kontrollieren. Verständlicherweise war diese Übersetzung unzureichend, und so mußte Zipper, nur noch wenige Wochen vor der Premiere, zwei neue Übersetzer ans Werk lassen. Die beiden arbeiteten manchmal bis um Mitternacht oder gar bis vier Uhr früh, um das Französische in Tagalog zu übersetzen. Der ursprüngliche Übersetzer, der Schriftsteller, protestierte, und die Presse begann, sich mit dieser Streiterei zu beschäftigen. Sehr zum Vergnügen Zippers, denn zur Premiere war das Opernhaus ausverkauft.

Die erste Vorstellung fand im August statt. Es waren vier Vorstellungen geplant. Aber der Erfolg war dermaßen, daß man auf acht Vorstellungen ausweiten mußte. Eine der Vorstellungen mußte fast abgesagt werden, weil ein Taifun und schwere Regengüsse heranzogen. Vor dem Theater stand das Wasser fast einen Meter hoch, aber Zipper gestattete nicht, daß die Opernaufführung abgesagt werde, vielmehr wurden philippinische Jungen angestellt, um Damen über die Straße zu tragen. (In manchen Fällen bedurfte es zweier Jungen, weil die Damen sehr gut genährt waren.)

Die Darbietung der „Carmen“ in der heimischen Tagalog-Fassung fand in der Presse großen Beifall. Da hieß es etwa:

> *Hier wurde diese weltberühmte Oper nicht in dem üblichen fremden Gestammel, sondern in der heimischen, schnellen, leuchtenden Sprache Tagalog gesungen. Und so wirksam ist diese Übersetzung der „Carmen“ aus ihrer sevillianischen Welt der Mädchen, der Zigeuner, der Giralda und der Macarena in das Manila des 19. Jahrhunderts, der Mestizen, der Tulisanen, der Muralla und des Roasario, daß es völlig natürlich wirkt, so sehr fügt sich die Szenerie Sevillas in jene von Binondo. Es war eine Tat der Manila Symphoniker-Gesellschaft, der beiden Zippers und des Tagalog-Librettisten Manuel Car Sangiato und seines Mitarbeiters Vicente Liwag, die dieser Version Magie und Elegance verliehen.*[80]

Die Oper war so beliebt, daß Zipper diese Produktion 1958 und 1979-80 wiederholen mußte.

Nach den USA zurückgekehrt, wurde Herbert Zipper für die Dauer von vier Jahren zum Präsidenten der National Guild of Community Music Schools (Nationale Vereinigung öffentlicher Musikschulen) gewählt. Während seiner Amtszeit kam er zu der Erkenntnis, daß die Guild einen ganzzeitig beschäftigten Direktor brauchte. Nachdem in der Mitte der sechziger Jahre das Kulturzentrum in Manila gesichert schien, setzte Zipper seine Fähigkeit, Geldmittel aufzubringen, für die Aufgabe ein, eine Zuwendung von der „National Endowment of the Arts“ (NEA), damals geleitet von Roger Stevens, der später Präsident des Kennedy Center for the Performing Arts in Washington D.C. wurde, zu erhalten. Er legte seinen Vorschlag der NEA Anfang 1967 vor, und knapp bevor er im späten Mai wieder nach Manila abreiste, erhielt er einen Anruf von Fanny Taylor, der Direktorin des Musikprogrammes der NEA. Sie teilte ihm mit, daß man für eine solche Geldzuteilung günstig gestimmt sei, aber meine, daß der Executive Director innerhalb der Guild ausgewählt werden sollte. „Unsere Stiftung“, sagte sie, „würde es gern sehen, wenn sie der Direktor wären." Zipper meinte, er werde diesen Vorschlag überlegen, er müsse aber eine offizielle Aufforderung haben, bevor er den Aufsichtsrat der North Shore School davon benachrichtigen könne. Er machte sich Sorgen wegen möglicher Schwierigkeiten mit einer Anzahl von Gegnern im Aufsichtsrat.

Im Juli erhielt er in Manila ein Telegramm von Charles C. Mark, damals Hauptgeschäftsführer der NEA. Es wurde ihm mitgeteilt, daß nun der Vorschlag ein offizieller sei. Da die Zuweisungen der NEA jeweils für ein Jahr galten, schrieb Zipper dem North Shore Aufsichtsrat, daß er gern Urlaub für die Dauer eines Jahres hätte, um einen entsprechenden Vorstand der National Guild zu organisieren. Gleichzeitig teilte er dem Aufsichtsrat mit, daß er einen idealen Ersatzmann für ein Jahr gefunden habe. Als Zipper jedoch im September nach Chicago zurückkehrte, teilte man ihm mit, daß man einen neuen Direktor angestellt hatte, den Klavierlehrer eines der Aufsichtsräte, einen Mann, der keinerlei Verwaltungserfahrung hatte. Zipper war entsetzt und versuchte, den Aufsichtsrat zu überreden, wobei er argumentierte, daß das Center eine sehr vielfältige, komplexe Organisation von hoher Qualität geworden sei, die einen erfahrenen und geschickten Verwalter brauche. Um diese Zeit war sein Verhältnis zu einigen Mitgliedern des Aufsichtsrates sehr schlecht geworden, und so wurden seine Argumente ignoriert. Bald darauf übernahm der neue Direktor die Geschäfte, und Zipper übersiedelte in seine neue Stellung. Im Frühjahr jedoch hatte das Center sehr ernste Probleme, und Zipper wurde um Rat gebeten. Er schlug ein paar Kandidaten vor und wandte sich selbst an einen, nämlich an Kalman Novak, den Direktor der Boston Community Music School, und ermunterte ihn, sich um diese Position zu bewerben. Das tat Novak dann auch, und der Aufsichtsrat stellte ihn an.

Unterdessen waren Zipper und Trudl umgezogen, und zwar in ein Haus, das sie in Wilmette gemietet hatten, und am 1. November 1967 begann Zipper, in seiner Stellung als Executive Director der National Guild zu arbeiten. Seine Arbeit bestand in der Hauptsache darin, Tag für Tag Probleme für die Mitgliedsschulen (etwa 40 im Jahre 1967) zu lösen. Die Gründung zweier neuer öffentlicher Schulen erwies sich als ein typisches Herbert-Zipper-Abenteuer. Als er die neugeschaffene Position als Executive Director der Guild übernahm, war eines seiner wesentlichen Ziele, dem die NEA und das Office of Education (Unterrichtsministerium) zugestimmt hatten, Techniken für die Organisation neuer Schulen in Gebieten zu entwickeln, wo solche Möglichkeiten zum Erlernen der Künste bis dahin nicht existent waren. Zu Beginn wurden drei Modelle ins Auge gefaßt: eines in einer großen Stadt, eines in einem Gebiet mit mittelgroßen Städten und schließlich eines in einer ländlichen Gegend. Zipper, der sich niemals nur die leichten Arbeiten aussuchte, entschloß sich, mit einer Schule in einem Gebiet zu beginnen, wo klassische Musik als Unterrichtsgegenstand völlig unbekannt war.

Nachdem man eine Region von Arkansas als Zielgebiet ausgesucht hatte, wandte sich Zipper an seinen Freund Porter McCray und bat ihn, eine Zusammenkunft mit dem Gouverneur Winthrop Rockefeller von Arkansas zu arrangieren. Das Treffen fand auch bald statt, und Frau Rockefeller bot ihre Hilfe an.

Sie organisierte ein Studien-Team zusammen mit dem Staatssuperintendenten für Erziehung. Als Zipper drei Wochen später zurückkam, hatten sie bereits sechs Schulbezirke ausgesucht.

Diese befanden sich in drei südöstlichen Bezirken von Arkansas: Ashley (Bevölkerung 24.220), Drew (Bevölkerung 15.213) und Chicot (Bevölkerung 18.900). Das gesamte Schüleraufkommen dieser sechs teilnehmenden Gemeinden war ungefähr 9000, von denen 5730 Schüler weiß und 3270 schwarz waren. Das mittlere Familieneinkommen lag zwischen 2.013 und 3.432 Dollar. Zipper vertrat die Ansicht, daß das „ländliche Amerika an den schönen Künsten weder teilnimmt, noch zu ihnen in einem halbwegs annehmbaren Ausmaß beiträgt. Das ländliche Leben muß attraktiver, anziehender gemacht werden, und das ruhende künstlerische Potential sollte aufgeweckt werden.“ Zipper hatte erkannt, daß kleine, isolierte ländliche Schulbezirke es sich nicht leisten können, für die verschiedenen künstlerischen Disziplinen eigene Spezialisten anzustellen. Aber er war entschlossen, daß „eine bewegliche Einheit, erhalten und benützt von den aneinandergrenzenden Schulbezirken, diese Wünsche sehr wohl verwirklichen könnte“. Wenn es nicht möglich sei, weit auseinander lebende Kinder zu einem Kunstzentrum zu bringen, so könnte man doch die Künste zu den Kindern bringen. Es war in einem gewissen Sinn eine Variante zu den „Konzerten in den Schulen“.

Dementsprechend wandte er sich an eine Industrieanlage, die Karosserien von Autobussen herstellte. Deren Präsidenten erklärte er seine Idee: gebrauchte Schulautobusse mit elektrischen Klavieren und anderen Instrumenten sowie einer Air condition auszustatten und damit herumzufahren, Musik- und Tanzunterricht zu erteilen. Der Präsident war von dem Gedanken so sehr eingenommen, daß er selbst einen gebrauchten Autobus spendete und ihn auch zugleich ausrüsten ließ. Zipper vereinbarte mit der Wurlitzer Company, sechs Klaviere um einen Dollar pro Jahr zu mieten. Die Gehälter der Lehrer wurden ebenfalls aus öffentlichen Mitteln bezahlt. Zipper kam dann mit Michael Saltzman und dessen Frau Wilma McCool überein, sich von der Northfield School in Illinois (einer Vorstadt von Chicago) versetzen zu lassen, um Direktor des Projektes und Orff-Lehrer zu werden. Noch in diesem Sommer begann die Arbeit der Schule. Sie war ein augenblicklicher Erfolg. Schwarze und weiße Kinder arbeiteten zusammen, schwarze und weiße Mütter kümmerten sich um die Angelegenheiten der Schule. Sobald das Projekt in vollem Ausmaß finanziert und im Gange war, legte Zipper einige Gedanken vor. Seine Überlegungen sind heute genauso gültig wie sie es 1969 waren. Während man staunend sieht, in welchem Ausmaß Zipper tiefen Einblick nimmt und Visionen hat, so ist es ebenso enttäuschend zu sehen, wie wenig Sorge und Anstrengung bisher und auch in Zukunft für das Kulturleben weiter Abschnitte der Nation vorhanden sind bzw. unternommen werden. Sein fahrbares Schulprojekt hat Zipper mit folgenden Überlegungen abgeschlossen:

Die Zuwanderung aus dem ländlichen Amerika in die Städte ist der Grund eines unserer ernstesten Probleme. Eine Verbesserung der Lebensqualität auf dem Lande kann vielleicht diese Flut eindämmen und schließlich auch unseren Städten Nutzen bringen.

Die Massenmedien bringen ein gewisses Ausmaß an Welterfahrung auch in das Hinterland, aber sie üben zugleich auch einen einebnenden Einfluß aus. Ketten von Kaufhäusern, deren Ziel es ist, einen nationweiten Verbrauch zu ermöglichen, zerstören aber zugleich örtliche Ausdrucksformen, Vorlieben und Empfindlichkeiten. Ländliche Akademien, wie sie von diesem Programm vorgesehen sind, könnten helfen, dem Zug zu einer einfärbigen Zivilisation entgegenzuarbeiten und künstlerische Schöpfungskraft der Einheimischen anzuregen. Dementsprechend könnten Künstler, die Bewohner ländlicher Gegenden werden, sehr wohl neue Herausforderungen, neue Motivationen und Inspirationen finden.

Die schwarze Bevölkerung Amerikas hat in einem großen Maße zu den darstellenden Künsten beigetragen, aber aus einem Mangel an Gelegenheit sind doch viele Kunststudien-Gegenstände für sie nicht erreichbar. So gibt es zum Beispiel in den Vereinigten Staaten nur sehr wenige schwarze Geiger. Wenn man ihnen in der frühen Kindheit Gelegenheit zu einem guten Unterricht gibt, so kann man erwarten, daß auch die schwarze Bevölkerung dazu beitragen wird, den wachsenden Mangel an Streichern zu verringern.

Für die aktiven Teilnehmer ebenso wie für die Zuhörerschaft übersteigt das Vergnügen, das aus den Künsten erwächst, jede menschliche Barriere. In unserer heterogenen Gesellschaft können Musik und die darstellenden Künste ein großartiges vereinigendes Element sein, das keinem anderen nachsteht.

Die politische Demokratie ist eine Wirklichkeit. Die wirtschaftliche Demokratie ist in Sicht. Kulturelle Demokratie ist noch ein fernes Ziel. Die Dringlichkeit, sie auf das energischste anzustreben, ist offenkundig. Pläne für die Verwirklichung müssen das ländliche Amerika einschließen.

Die nächste Schulgründung im Jahre 1968 erfolgte in Newark, New Jersey. Stella Argand Lass, die von der Tätigkeit Zippers gehört hatte, erbat seine Hilfe, eine Community School zu begründen. Stella war die Tochter eines polnischen Schneiders, der nach Amerika ausgewandert war, um mehr Geld zu verdienen, damit seine Tochter, eine hoffnungsvolle Konzertpianistin, nach Przemysl gehen könne, um dort Musik zu studieren. Er war daher allein nach Amerika gekommen, arbeitete in einem Textilwerk und sandte monatlich 20 Dollar nach Hause. Er hatte in der k.u.k. österreichisch-ungarischen Armee gedient, und Stella besuchte daher eine deutsche Volksschule in Galizien, dem österreichischen Polen. Nach dem Ende des Ersten Weltkriegs war jedoch diese Schule geschlossen worden, und Stella besuchte nun eine Untergrundschule, in der Deutsch gesprochen wurde. Aber sie mußte noch eine Klosterschule besuchen, um auch ein entsprechendes Abschlußzeugnis zu erhalten. Nach ihren Studien an der Mittelschule holte sie ihr Vater nach Amerika, und sie begann wiederum Studien in Newark, New Jersey.

Stella Lass war in den Jahren 1967 und 1968 nicht nur eine der zehn Klavierbegleiterinnen der Newark Public School, sondern erteilte auch Klavierunterricht. Sie war jedoch von der herrschenden Öde der Kultur entsetzt. Sie hörte von Zippers Bestellung zum Executive Director der Guild und wandte sich an ihn. Sie trafen einander in New York. Stella Lass bat Zipper um Hilfe bei der Gründung einer Community School. Beide gingen ans Werk. Sie trug Leidenschaft und Energie bei, er Phantasie und Wissen. Das Muster war dasselbe wie zuvor - sich Klaviere als Geschenke zu sichern, ebenso andere Instrumente, entsprechende Räume, ebenfalls durch Spenden bezahlt, beizustellen, sich im Radio und Fernsehen mit der Bitte um Hilfe an die Öffentlichkeit wenden, Kredite aufzunehmen, Schenkungen zu erlangen und vor allem: hart zu arbeiten.

Als Stella Lass merkte, daß die Schule zu wachsen begann, fand sie ein entsprechendes Gebäude, das bis dahin medizinisch genützt wurde und nun verkauft werden sollte. Der Preis hätte 25.000 Dollar betragen. Sie bat Zipper um Rat. Er riet ihr, zur örtlichen Bank zu gehen. Tatsächlich bekam sie eine Anleihe, oder besser gesagt einen Kredit, obwohl sie nur 200 Dollar und sehr viel Frechheit einzusetzen hatte. Dann gelang es ihr, 5000 Dollar von der Englehardt Foundation zu erhalten. Die Ursache dafür war das Interesse eines der Verwaltungsräte des Fonds, einer Frau, die die Nichte von Adlai Stevenson war und dazu noch die Gattin des Gouverneurs von New Jersey. Mit diesen 5000 Dollar überzeugte sie vier weitere Banken, ihr je 5000 Dollar Kredit zu geben.

Im Herbst 1967 waren in Newark Unruhen ausgebrochen, und als die Schule Mitte Jänner des Jahres 1968 ihre Tore öffnete, brannten manche Feuer, die diese Unruhen ausgelöst hatten, immer noch. Man sagte Stella Lass, es sei eine Narretei, in solchen Zeiten mit einer Schule anzufangen. Aber selbst im kalten Winter stand eine Menschenschlange an den Toren der Schule, um Einlaß zu erhalten. So wurde die Schule in die Tat umgesetzt. Der Instrumentalunterricht kostete zehn Cents, aber jedermann mußte etwas bezahlen. In den nächsten paar Jahren unterstützte Zipper Frau Lass ziemlich großzügig - indem er Ansuchen um Geldmittel für sie schrieb, Ziele definierte und ihr beibrachte, wie man eine Schule zu verwalten hatte. Vor allem aber war sein Einfluß für Stella Lass ermutigend weiterzumachen. Die Schule wurde ein Erfolg und besteht bis heute.

Zwei Ereignisse in den ersten Tagen dieser Schule charakterisieren für Zipper die Bedeutung und den Wert solcher Schulen. Am ersten Tag der Einschreibung in Newark, als die Schule eröffnet wurde, kam am Nachmittag ein schwarzer Lastwagenchauffeur mit seinen drei Kindern. Er zeigte auf diese drei Kinder und erklärte: „Von der möchte ich, daß sie Klavier lernt, er soll Cello und der Geige lernen." Als man fragte warum, erwiderte er, er habe ein bestimmtes Musikstück im Radio gehört und sich in dieses verliebt. Nachdem ihm Zipper ein Dutzend Melodien verschiedener Trios vorgesummt hatte, kamen sie drauf, daß es sich um Beethovens C-Dur Trio handelte.

An einem anderen Wintertag in Newark gegen sechs Uhr abends fand Zipper eine große Gruppe von Leuten, die vor der Schule standen. Er fragte, ob sie auf ihre Kinder warteten. Nein, sie hätten keine Kinder, sie hörten nur einfach zu. Einer der Leute sagte: „Wir haben den Klang aus den Fenstern kommen gehört, und es ist das einzig Hoffnungsvolle in dieser Stadt."

Zusätzlich zu Newark und Arkansas half Zipper auch viele andere Schulen in diesen Jahren organisieren. Dazu gehörten solche Örtlichkeiten wie Washington D.C., Worcester (Massachusetts), Waukegan (Illinois), Mountain View, Oakland, Claremont (Kalifornien) und Vancouver (Kanada). Der Präsident des Aufsichtsrates der Guild zu jener Zeit, Harris Danziger, pflegte Zipper „unser Johnny Appleseed der Künste" (Johnny Appleseed, recte George Chapman, Propagator des Anbaus von Apfelbäumen in Amerika) zu nennen.

FÜNFTER SATZ

XII Kalifornien
XIII China

Kapitel XII
Kalifornien

„Was gut ist in den Menschen und dementsprechend in der Welt, ist, daß sie auf der Schöpfung bestehen.“

E. M. Forster

In den fünfziger und sechziger Jahren bereisten die Zippers häufig Kalifornien: um ihre Familie in Santa Monica zu besuchen, um Schulen der Guild aufzusuchen und Freunde an der Universität von Südkalifornien (USC) zu sehen, darunter Musiker wie etwa die Cembalistin Alice Ehlers und den Pianisten John Crown. Bei einem dieser Besuche traf Zipper auch Grant Beglarian. Beglarian war 1969 nach Kalifornien gekommen, um dort an der USC das Amt des Dekans der School of Performing Arts zu übernehmen. Kurz nach dem Zusammentreffen mit Zipper begannen sie, schriftlich Ideen über Musik, Erziehung und Community Schools auszutauschen. Beglarian erinnert sich, daß er von Zipper oft als einem „bemerkenswerten Aktivisten auf der musikalischen Szene“ dachte.

Im Sommer 1970 schlug Beglarian vor, Zipper solle nach Kalifornien kommen, wo sich eine ganze Reihe von Dingen abzeichnete. Die Universität von Südkalifornien betrieb bereits ihre eigene Mittel- und Vorbereitungsschule. Ihr Zweck war, Studenten aller Altersstufen als Vor-College-Institution, die keine Diplome ausstellte, zu dienen. USC war auch von der benachbarten Schule der 32. Straße ersucht worden, eine formelle Verbindung einzugehen. Zippers Einsatz für eine Qualitätserziehung für Kinder hatte auf Beglarian großen Eindruck gemacht, und so, als Zipper 1971 wieder von einer Reise nach Asien zurückkehrte, schlug ihm Beglarian vor, daß er an die USC kommen solle, um Projektdirektor der Schule für darstellende Künste zu werden.

Beglarian und Zipper waren ein einzigartiges Team. Beide waren Träumer und Visionäre, beide waren Männer von hohem Intellekt, beide waren Komponisten und Gelehrte. Dabei waren sie beide praxisbezogene „Macher“, die auch hart sein konnten. Sie regten andere an und führten die USC dazu, in den umgebenden Gemeinden in einer Weise aktiv zu werden, wie das nur sehr wenige andere Universitäten versucht haben.

Trudl und Herbert Zipper kamen im Juli 1972 nach Kalifornien, wo sie im Jahr zuvor an den Pacific Palisades ein Haus gekauft hatten. Dort lebt Zipper heute noch, in einem Haus auf den Hügeln, von denen man auf den pazifischen Ozean blickt.

Er begann seine Arbeit an der Universität im September. Eine seiner ersten Aufgaben war, sich um die USC-Schule in Idylwild zu kümmern. Max und Beatrice Krone hatten der Universität von Kalifornien eine Sommerschule der schönen Künste geschenkt, in den Bergen oberhalb von Hemet und Palm Springs. Die Schule, genannt Isomata, war jedoch zu einer ständigen finanziellen Belastung für die Universität geworden, und Beglarian bat Zipper, er möge doch feststellen, ob da nicht etwas zu machen sei, indem man die Schule anziehender gestaltete. Die Herausforderung war eine willkommene, Zipper konnte helfen, die Künste in eine kleine ländliche Gemeinde zu bringen. Eines seiner ersten Probleme war, mit einer Unterströmung von Mißtrauen bei den Bewohnern der Stadt gegenüber der Universität fertigzuwerden. So trat Zipper der Gemeinde von Idylwild nicht nur als Botschafter der Universität von Südkalifornien gegenüber, sondern auch als Anwalt dafür, die Künste zu einem integralen Teil des täglichen Lebens dieser kleinen Stadt zu machen.

Zippers Plan war, einen energischen, schöpferischen und dynamischen jungen Musiker anzustellen, eine Art künstlerischen Ombudsmann, der mit der Organisation beginnen und die Einbeziehung der Gemeinde herbeiführen sollte. Diese Person mußte dazusehen, daß ein Gemeindechor entstand, bei der örtlichen Kirchenmusik helfen, instrumentale Gruppierungen, also Kleinstorchester führen, an der örtlichen Volksschule unterrichten und mit dem Programm der nahegelegenen Redlands University zusammenarbeiten. Außerdem sollte er sich auch noch aktiv bei den Sommerkursen der USC Isomata School einsetzen. Zipper dachte sich dieses Programm als den Prototyp von nationaler Bedeutung für die Entwicklung örtlicher kultureller Möglichkeiten in ländlichen Gemeinden. Er sah auch das Projekt als eine Chance, Studenten der Universität von Südkalifornien eine Art von Trainingsgrund für ihr künftiges Berufsleben im öffentlichen Dienst zu bieten. Nicht zum ersten Mal schoß seine idealistische Vision weit über das hinaus, was realistisch möglich war. Nichtsdestoweniger erreichte man mit dem Isomata-Projekt durchaus einige Ziele.

Terry Danne wurde ausgewählt, das Programm zu leiten, und Herbert Zipper stellte seine Erfahrung, seine Weisheit und die Möglichkeiten der Universität von Kalifornien bei, um Danne zu helfen. Ihre Ziele waren, Familien in den Orten, Schulen, Kirchen, Gemeindeklubs und Organisationen zu interessieren. Das war alles nicht so ohne weiteres möglich, aber im großen und ganzen funktionierte das Experiment relativ gut. Die Programme waren erfolgreich, und Isomata wuchs und wurde allgemein akzeptiert. Darüber hinaus weiteten sich die Möglichkeiten auf kulturellem Gebiet der entsprechenden Gemeinden aus. Eine Serie von Konzerten mit Gastkünstlern, Chorgruppen, ein Ensemble, das Dixieland Jazz spielte, Verbesserungen in den Lehrplänen für Kunst an den örtlichen Schulen, Musicals, Solistenkonzerte und Vorträge örtlicher Künstler - all dies und viele andere Aktivitäten waren das Ergebnis des Wirkens Zippers hinter den Kulissen. Schließlich wurde sogar eine ausgezeichnete neue künstlerische High School ins Leben gerufen, nämlich die Idylwild School of the Arts, und zwar unter der Leitung von William Lowman, der von Zipper nicht nur gute Ratschläge, sondern vor allem auch Begeisterung eingeimpft erhielt.

Ein anderes spezielles Projekt in Idylwild bedarf einer ganz besonderen Erwähnung.

Eines Tages im Jahr 1973, als Zipper mit einer Keramikerin der Universität, Susan Peterson, über amerikanische Kunst diskutierte, erwähnte er, die wirkliche ursprüngliche amerikanische Kunst sei die Keramik der eingeborenen Amerikaner. Susan ihrerseits nannte den Namen einer berühmten Keramikerin, Maria Martinez, aus dem Pueblo von San Ildefonso in New Mexico. Sie war einmal sogar von Präsident Franklin D. Roosevelt ins Weiße Haus geladen worden.[81] Zipper schlug vor, man solle Martinez und ihre Familie für das Sommerprogramm für Jugendliche und Erwachsene der Südkalifornischen Universität im Jahr 1972 einladen, eine Veranstaltung, die auf dem Idylwild Campus abgehalten wurde. Sie kamen überein, daß man für den ersten Sommer etwa 10.000 Dollar brauchen würde. Zipper, der nie zögerte, etwas zu unternehmen, flog sogleich nach Washington, sprach mit Nancy Hanks und anderen bei NEA, jener Institution, die finanzielle Unterstützung für künstlerische Unternehmungen bewilligte. Drei Wochen später hatte die Universität von Südkalifornien auch schon ihre Zuteilung von 10.000 Dollar erhalten.

Als der Sommer fortschritt, meinte Susan Peterson, sie sei ein wenig unsicher, ob die Indianer auch tatsächlich rechtzeitig erscheinen würden. Zipper meinte: „Na, dann fahren wir halt hin und holen sie." Er flog mit Trudl nach Santa Fé, während Susan mit ihrem Stationcar nach San Ildefonso, New Mexico, fuhr. Sie kamen zurück mit Maria Martinez, ihrer Schwiegertochter Santana (ebenfalls eine gute Künstlerin), Marias Enkelin Barbara und einigen Kindern. Zipper, begleitet von Marias Sohn Adam, fuhr mit einem Lastwagen zurück, auf dem sich ihre ganze Ausrüstung und mehrere Säcke mit Kuhdung befanden, der bei den Unterrichtsstunden benutzt werden sollte, um der Keramik durch das Brennen die charakteristische schwarze Färbung zu geben. Mit diesem Durcheinander von Leuten und „Materialien" reisten sie über 1500 Kilometer von New Mexico nach Idylwild in Kalifornien, um sicherzustellen, daß das Projekt auch sicher in die Tat umgesetzt würde. Beglarian lacht heute noch, wenn er an diese Geschichte denkt: „Da ist dieser Österreicher, um Himmels willen, nach New Mexico kutschiert, um sich dort eine indianische Töpfemacherin aufzuzwicken und mit ihr hierher nach Los Angeles zu fahren." Die Idee entwickelte sich aber zu einem ganz ausgezeichneten Programm, von dem Zipper auch noch heute mit einem Funkeln in den Augen spricht. Außerdem wurde das Programm fortgesetzt, auch mit anderen eingeborenen amerikanischen Künstlern, die nun jeden Sommer nach Idylwild kommen.

Ein anderes Projekt, an dem Zipper mit Beglarian arbeitete, war die Gründung eines Schönberg-Instituts. Beglarian war die leitende Kraft, während Zippers Rolle darin bestand, die Verbindung zwischen der Universität von Südkalifornien und Deutschland und Österreich zu erleichtern. Zipper hatte den berühmten Komponisten 1921 in dessen Wiener Wohnung kennengelernt und danach an vielen Workshops, die Schönberg leitete, und an seiner „Gesellschaft für musikalische Privataufführungen" teilgenommen, die gebildet worden war, um die Arbeiten von Schönberg und anderen Komponisten verschiedener Perioden zu studieren und zu spielen. 50 Jahre später war Zipper froh, bei der Errichtung eines neuen Schönberg-Center in einem neuen Land helfen zu können!

Schönberg war einer von vielen prominenten Österreichern, die vor dem Regime der Nazis flüchteten und in Kalifornien ein neues Heim gefunden haben. Manche bildeten kleine Cliquen, andere, unter ihnen auch Zipper, arbeiteten hauptsächlich unabhängig, obgleich sie gelegentlich gesellschaftlichen oder beruflichen Kontakt mit den anderen aufnahmen. Die „Hollywood-Clique“ schloß Erich von Stroheim, Billy Wilder und Otto Preminger ein. Zipper hatte Preminger in Wien gekannt, wo dieser ein Freund der Familie Dubsky, der Familie von Zippers späterer Frau, war. Zipper begegnete ihm dort häufig in einer Gruppe junger Intellektueller. Darüber hinaus war Vater Emil Zipper auch sehr befreundet mit dem Direktor des Wiener Bankvereins, Emil Kiesler, gewesen. Kiesler brachte oft seine kleine Tochter Hedwig mit, wenn sich die Zippers in ihrer Sommerfrische in St. Wolfgang befanden. Zipper entsinnt sich, daß er von der jungen Schönheit beeindruckt war. Das kleine Mädchen wurde schließlich eine Schauspielerin, deren Nacktszenen in dem tschechoslowakischen Film „Ekstase“ im Jahr 1933 eine wahre Sensation verursachten und ihren Wiener Vater in ziemliche Kalamitäten stürzten. Nichtsdestoweniger ging sie 1937 nach Hollywood, wo sie als Hedy Lamarr berühmt geworden ist. Eine andere Hollywood-Bekanntschaft Zippers war Erich Wolfgang Korngold, der ein prominenter Filmkomponist wurde. Als sich der Dirigent Otto Klemperer in Kalifornien aufhielt, erzählte man ihm, daß Korngold ebenfalls dort sei und Musik für Hollywood schreibe. Ohne eine Sekunde zu zögern, sagte Klemperer: „Hat er das nicht schon immer getan?“ Andere bekannte Wiener in Kalifornien waren auch Fritz Kortner, Schauspieler und Regisseur, Leon Askin, ebenfalls Schauspieler und Regisseur, und Elisabeth Bergner, die berühmte Schauspielerin. Ferner Hans Jaray, Schauspieler und Theaterautor, Harry Horner, ein Bühnenbildner, der einen Preis der Akademie gewann, Kurt Herbert Adler, ein Musiker, der Generalmanager der San Francisco Oper wurde, der Komponist Erich Zeisl, dessen Tochter einen Sohn von Arnold Schönberg in Los Angeles heiratete. Außerdem die Filmkomponisten Eugen Zador und Max Steiner, nicht zu vergessen Max Reinhardt, den berühmten Regisseur, Theaterdirektor und bekannten Filmemacher, sowie seine Frau Helene Thimig, eine sehr angesehene Schauspielerin. Trudl Zipper hatte in einigen Aufführungen Reinhardts in Wien, einschließlich „Das Mirakel“, getanzt. Am nächsten stand Zipper unter den österreichischen Emigranten in Los Angeles der Komponist Ernst Toch, der sich selbst den „von der Welt am meisten vergessenen Komponisten“ nannte. Zipper hielt Toch aber für einen erstklassigen Komponisten, der zu Unrecht vernachlässigt wurde. Sie verbrachten recht viel Zeit miteinander. 1965 übersetzte Herbert den englischen Text von Tochs letzter Oper „The Last Tale“ ins Deutsche („Das letzte Märchen“). Toch starb schon im Jahr darauf. „Das letzte Märchen“ ist bisher nicht öffentlich aufgeführt worden, ein Fehler, den Zipper auf das äußerste bedauert. Einmal wollte die Oper von Zürich „Das letzte Märchen“ aufführen, aber Frau Toch gab nicht die Erlaubnis dazu, vielleicht hoffte sie, daß ein berühmteres Opernhaus die Premiere veranstalten werde.

Während der Jahre 1972-75 setzte Trudl ihre Arbeitspartnerschaft mit ihrem Mann fort. Sie unterrichtete Tanz in einer ganzen Reihe von Projekten und

Schulen. Eine dieser gemeinsamen Unternehmungen war eine recht unübliche Community School, die Schule der 32. Straße. Sie war 1971 durch ein Erdbeben zerstört worden, und der Los Angeles Erziehungsrat lud die Universität von Südkalifornien ein, sich am Wiederaufbau zu beteiligen. Zipper wurde von Beglarian aufgefordert, sich dem Studienkomitee für diese Aufgabe anzuschließen. Er hörte viele Vorschläge, doch gefiel ihm keiner. Vielmehr reichte er bei den verschiedenen Gremien seine eigenen Vorschläge ein, wonach die Schule Nachdruck auf die Künste legen und ein Langzeitstudienprojekt entworfen werden sollte, um festzustellen, wie Lehrer ihre eigenen Fähigkeiten zu unterrichten erkennen und vermehren könnten, indem sie mit kompetenten Kunstlehrern arbeiteten. 1973 einigten sich die Schulbehörde von Los Angeles und die Universität von Südkalifornien, eine auf die Künste bezogene Studienrichtung für die Volksschulausbildung einzurichten, und zwar an der Volksschule in der 32. Straße, die sich in nächster Nähe zum Universitätsgelände befand. Zipper sicherte sich zunächst eine Geldbewilligung von der Rockefeller Foundation, und nach einer Periode eingehender Planung von Februar 1974 bis Juni 1975 war man bereit, das Programm mit den Kindern im Herbst 1975 beginnen zu lassen. Zwei Jahre hindurch, unter der Direktion von Zipper, nahmen Lehrer mit den Kindern an Kunstklassen teil, in denen Berufskünstler und Kunstspezialisten lehrten. Trudl war eine dieser Lehrerinnen. Eines der Hauptziele Zippers war, „zu erkunden, bis zu welchem Ausmaß Klassenlehrer, selbst ohne vorherige Ausbildung in den Künsten und ohne besondere Begabung für die Künste, imstande seien, die notwendigen Fähigkeiten durch Unterweisung durch talentierte und erfahrene Kunstspezialisten zu erwerben. Durch solche Ausbildung sollten die Lehrer auch in Stand gesetzt werden, ihren Schülern täglich im Unterricht die Künste vorzutragen und sie zu praktizieren.“ Zipper war überzeugt, daß dies die einzige Art sei, wie die Künste zu einer echten Kraft innerhalb der amerikanischen Schulen werden könnten. Jedoch haben sich nur wenige öffentliche und private Schulen bereit gefunden, Gehälter für genügend viele entsprechende Kunst-Lehrer vorzusehen, um eine deutliche Wirkung auf die Lehrpläne zu haben.

Dieses Projekt war für Zipper an und für sich keine neue Idee. Der Ursprung des Projektes in der Schule der 32. Straße geht zurück auf 1969-70. Als Zipper in Arkansas die mobile Akademie durchsetzte, erhielt er einen Anruf vom Vorsitzenden des Michigan Kunstrates, der eine Beschreibung der „Akademie“ gelesen hatte und nun mit Zipper zusammentreffen wollte. Es ging ihm um die Gegend von Hancock-Houghton, eine Stadt im Distrikt der Kupferminen des oberen Michigan. Die Stadt liegt auf der Keweenaw-Halbinsel des Lake Superior. 50 Prozent der Bevölkerung stammen aus Finnland, und 33 Prozent waren damals arbeitslos, weil die Kupferbergwerke geschlossen worden waren. Zipper unternahm sofort den Flug von Chicago nach Hancock-Houghton. Es war Winter, und er mußte, dort angekommen, zwischen Wällen von Schnee, die höher waren als er selbst, marschieren. Er besuchte die Superintendentin der Schule, eine kluge Frau mittleren Alters, und erklärte ihr seine Ideen, daß man Klassenlehrer und Studenten durch Kunstlehrer ausbilden müsse, damit diese das so Gelernte in ihren Klassenzimmern in die Realität umsetzen könnten. Sie war von seinen Ideen begeistert und ließ Zipper vor den Lehrern einen Vortrag halten. Zipper war ermutigt von der Aussicht, Ideen mit einem stabilen Lehrkörper verwirklichen zu können, es gab dort nämlich unter den Lehrern und Studenten sehr wenig Wechsel. Um Unterstützung durch die Gemeinde zu erlangen, sprach er im Radio und beantwortete in der Sendung Fragen. Als sich die Reaktion als enthusiastisch erwies, kam er zwei Wochen später wieder, um im örtlichen Calumet Theater einen Vortrag zu halten. Es war ein verlassenes Opernhaus, in den 1870er Jahren von Kupfermagnaten erbaut. Hier hatte Jenny Lind gesungen. Als er ankam, war der Zuschauerraum mit 600 bis 700 Menschen überfüllt. Die Superintendentin sagte, daß 95 Prozent der Eltern ihres Bezirkes gekommen sein mußten, um zu hören, was dieser Dr. Zipper aus Wien über die Wichtigkeit der Künste zu sagen hatte. Der Enthusiasmus war so groß, daß sie tatsächlich das ganze Programm innerhalb einiger Wochen in die Tat umsetzten. Es ist so erfolgreich, daß es noch bis heute weiterläuft. Nicht nur all dies konnte getan werden, Zipper half auch mit, die Bundesregierung zu überzeugen, daß das Opernhaus zum nationalen Denkmal erklärt und dementsprechend neu hergerichtet werden müsse.

Als nun das Projekt für die Schule der 32. Straße der Südkalifornischen Universität Wirklichkeit zu werden begann, konnte Zipper auf seine Erfahrungen in Hancock-Houghton zurückgreifen. Wie zu erwarten, war Herbert Zipper in den Anfangsjahren des Projektes die lenkende Kraft für dieses außergewöhnlich ambitiöse Projekt: Sitzung nach Sitzung, Kinder unterrichten und Lehrer, lehren und dirigieren, spezielle Lehrpläne verbessern, Ziele und Pläne entwerfen, aber vor allem sein Team von Erziehern durch seine eigene leidenschaftliche Hingabe an das Lehren und an die Künste anzufeuern.

Das Projekt wurde dann auch auf Schulen jenseits des Einflußbereichs der Universität von Südkalifornien ausgedehnt. So wurde etwa die Commonwealth Avenue Elementary School ausgewählt, um als Versuchsgelände für Ideen, die an der Schule der 32. Straße entwickelt worden waren, zu dienen. In der Tat kam von dort eine ganze Reihe von Studienergebnissen über die Möglichkeiten und Grenzen des durchschnittlichen Klassenlehrers und der positiven Auswirkungen, die erreicht werden, wenn man die Künste in den täglichen Schulunterricht einfügt. Es war ein vielversprechendes Programm, das auch anderswo übernommen worden ist, so etwa in Newark, New Jersey und in Kanada. Zipper hatte gezeigt, daß nicht nur Lehrer, die in den Künsten keinerlei Erfahrung besitzen, imstande sind zu lernen, wie man Kunst zu unterrichten hat, sondern daß auch das Zusammenarbeiten von Schülern, Kunstspezialisten und Klassenlehrern eine außerordentlich stimulierende Wirkung für alle Beteiligten hat. Zippers Beurteilung schließt zwei Sätze ein, die eine außergewöhnliche Bedeutung haben und von denen man nur hoffen kann, daß sie die erzieherische Welt begreifen wird. Er schrieb: „Dieser (oben beschriebene) Prozeß scheint nach unserer Beurteilung der einzige Weg zu sein, die Künste zu einem integralen Teil der Volksschulausbildung zu machen. Nur wenn es eine tägliche Praxis, eine tägliche Übung gibt, und nur, wenn die Künste nicht von allen anderen

Studienrichtungen separiert werden, kann man hoffen, daß sie jenen Platz in der Erziehung einnehmen, der ihnen gebührt."

Zipper war auch noch bei einer anderen Schule sehr beteiligt, nämlich der USC Prep School (Vorbereitungsschule), aus der dann die Community School of Performing Arts - letztlich unabhängig von der Südkalifornischen Universität - wurde. 1988 ist sie umbenannt worden in die Richard D. Colburn School of Performing Arts. Diese Entwicklung war eine dramatische, und andere Schulen gingen dann den gleichen Weg.

Die Vorbereitungsschule wurde von Dorothy Bishop, einer Klavierlehrerin an der Universität Südkaliforniens, gegründet. 1971 wurde Nancee Cortes zur Direktorin der Schule ernannt, und bald danach, als Herbert Zipper an der Südkalifornischen Universität erschien, bat ihn Beglarian, die Schule professionell zu gestalten. Um der Schule zu helfen, ihr Niveau zu heben und die Qualität der Fakultät zu verbessern, war es notwendig, eine ganze Menge an Werbung an den richtigen Stellen einzusetzen, vor allem in der Verwaltung der Südkalifornischen Universität. Danach begann die Schule auch tatsächlich, bessere Standards aufzuweisen. Schließlich wuchs die Schülerschaft auch von 200 auf 800. Dabei war es Zippers Politik, im Hintergrund zu bleiben, sich der Schule nicht aufzudrängen, niemals die Autorität der Spitzenverwaltungsleute (die bis heute von ihm mit Bewunderung, Respekt und Liebe sprechen) zu unterminieren und sie gegenüber der Verwaltung der Universität zu unterstützen.

Eine der frühen Unternehmungen des Teams (Beglarian, Cortes, Zipper) war es, Filialen der Schulen zu etablieren, um mehr Schüler zu erreichen und dem kulturell ausgehungerten Schulwesen von Los Angeles mehr Musik zu bringen. Ich selbst, der Schreiber dieser Zeilen, Paul Cummins, damals Direktor der Crossroads School, traf mich Mitte der siebziger Jahre von Zeit zu Zeit mit Nancee Cortes, und wir diskutierten die Notwendigkeit einer Kunsthochschule in Los Angeles. Schließlich, im Jahre 1977, kamen wir auf den Gedanken, eine Schule innerhalb einer Schule an der Crossroads School zu begründen. Ich hatte im Jahr zuvor Zipper getroffen und ihn dazu gebracht, als ein Anwalt der Künste im Aufsichtsrat der Crossroads School zu wirken. (Die Künste, so scheint es, bedürfen in Amerika jederzeit eines Anwaltes, weil sie in den Lehrplänen nicht als entscheidend wertvoll betrachtet werden.) Zipper, Cortes und ich gingen daran, diesen Gedanken zu realisieren. Eine Klavier- und Musiktheorielehrerin von der Universität von Südkalifornien, Marianne Uszler, und ebenso meine Frau Mary Ann, die eine private Klavier- und Musiktheorielehrerin an der Crossroads School war, sowie David Colloff, ein Schauspiellehrer, ebenfalls an meiner Schule, halfen nun, einen Lehrplan zu entwerfen.

Der Aufsichtsrat meiner Schule stand der Idee sehr zurückhaltend gegenüber. Man fürchtete, daß ein Eindringen von „Kunststudenten" der akademischen Qualität und dem Ruf der Schule schaden könnte. Doch wie Zipper und ich vorausgesagt hatten, trat genau das Gegenteil ein, und die Absolventen der Musikkurse haben sich unter den Spitzenakademikern unserer Hochschule befunden. Zippers Enthusiasmus und die kluge Vertretung unserer Interessen für die Künste halfen, den Aufsichtsrat von Crossroads zu beeinflussen. Außerdem, um seine Idee wirklich durchzubringen, machte Zipper eine besondere Anstrengung und erreichte, daß die Universität von Südkalifornien mit Crossroads eine Zusammenarbeit einging. Allerdings hatte er dies auf eigene Faust herbeigeführt, und wurde deswegen später auch vom Vizepräsidenten der Universität gerügt. Aber Zipper ergriff die Chance, und 1977 konnte ein Programm für die darstellenden Künste beginnen. Seit damals gilt Crossroads als eine der feinsten Hochschulen im Lande für Musik, Theater und darstellende Kunst. 1984 zeichnete das amerikanische Unterrichtsministerium unser Kunstprogramm sogar mit einer besonderen Belobigung aus.

Beglarian, Zipper und Cortes bemühten sich nun um eine langzeitige Finanzierung ihrer „Prep School", die freilich unterdessen den Namen „Universität von Südkalifornien, Community School of Performing Arts" angenommen hatte. Sie war auch Mitglied der National Guild of Community Schools geworden, deren Direktor nun Zipper war. Die Namensänderung hatte ihren Grund darin, daß „Prep-School" zu der Annahme führen konnte, es handle sich um eine Schule für die Vorbereitung von Studenten auf die Universität. In Wirklichkeit war der Sinn, eine Ausbildung in den darstellenden Künsten zu liefern, ohne irgendwelche Vorbedingungen und im frühestmöglichen Alter. Ursprünglich hatte die Schule vom allgemeinen Budget der Universität von Südkalifornien 60.000 Dollar pro Jahr bekommen. Jedoch wurde alsbald klar, daß, um die Schule nicht nur überleben, sondern auch gedeihen zu lassen, mehr Geld notwendig sein würde, vor allem auch ein unabhängiges eigenes Budget. Mit Hilfe von Beglarian und Richard D. Colburn, die beide die Arbeit von Zipper für Konzerte in den Schulen im Raum Chicago kannten, wurden nun ähnliche Programme für Los Angeles entworfen. Hier wurde Zipper zum Verantwortlichen für die Konzert-in-den-Schulen-Programme gemacht und begann eine drei Jahrzehnte dauernde Ära, in der er verwaltete, Gelder aufbrachte und vor allem klassische Musikkonzerte für Kinder in kulturell ganz verschiedenen Gegenden dirigierte. Dieses großartige Programm hat über 120.000 Schulkinder erfaßt, die ansonsten niemals klassische Musik gehört hätten. Wie sich solche Konzerte abspielten, beschrieb der „Christian Science Monitor" am 11. April 1988:

Dr. Zipper kam nie aus dem Takt

Im Auditorium der Third Street School in Los Angeles beobachtete ich, wie die Kleinen aus dem Kindergarten sowie die Schüler bis zur dritten Klasse einzogen und die Lehrer vergeblich versuchten, Ordnung zu halten und die unruhigen Kinder zum Stillsein zu bringen. Aber die Schüler waren aufgeregt, weil es ihnen gelungen war, den Klassenzimmern für ein paar Minuten zu entkommen. Das Ganze schien zunächst ein Chaos von sich balgenden Kindern, nur die Neugierigeren unter ihnen betrachteten die Bühne, wo sich die Musiker und ihre Instrumente befanden. Andere wieder bemühten sich, Sitzplätze in der Nähe ihrer Freunde zu finden. Als dann etwas Ruhe eintrat, begannen sich die Kinder auf dem Fußboden niederzulassen, der mit Linoleum belegt war, und saßen dort indianerartig mit gekreuzten Beinen.

Und ich erinnerte mich, wie ich, selbst noch Besucherin des Kindergartens, vor 30 Jahren in einen Turnsaal in Evanston, Illinois, kam und - mich niederlassend - bemüht war, einen möglichst guten Blick auf das alljährlich stattfindende Konzert von Dr. Zipper erhaschen zu können. Ich spekulierte damals, wie dieser Dr. Zipper wohl aussehen würde und was er wohl anhabe. Würde er eine weiße Jacke tragen? Und wo würden seine Zipper sein? (Das englische Wort „zipper" bedeutet ins Deutsche übersetzt „Reißverschluß".) Aber die Vorstellungskraft einer Sechsjährigen wurde einigermaßen enttäuscht, als der „unbekannte" Dr. Zipper erschien, leichtfüßig auf das Podium sprang und einen dünnen Stab in der rechten Hand schwang. Zu meiner Enttäuschung sah er ganz normal aus. Er war groß und schlank, hatte eine hohe Stirn und eine vorspringende Nase. Ich erinnere mich, daß seine Hände meine Aufmerksamkeit fesselten. Lange, schlanke Finger waren in ständiger Bewegung. Er war irgendwie schwer zu verstehen, aber was ihm an klarem Ausdruck fehlte, machte er wett durch Energie und Enthusiasmus. Er benahm sich, als würde er uns in das größte Geheimnis der Menschheit einweihen. Das tat er auch in gewisser Weise, denn er führte uns in die Welt der klassischen Musik ein, der Komponisten, die sie uns geschenkt haben, und der Instrumente, die sie immer noch für uns übersetzen.

Es gelang ihm, die Aufmerksamkeit der Kinder auf die Musik zu konzentrieren. Mit drei kleinen Klopfern hatte er die Turnhalle in einen Konzertsaal verwandelt. Die Melodie der „Blauen Donau" von Strauß flutete über uns hinweg. Ich lauschte dem Takt, 1-2-3, 1-2-3, von dem Dr. Zipper uns gesprochen hatte, dem Dreivierteltakt.

Wir erlebten eine Art von Entdeckungsreise, wie nämlich Charaktere oder Stimmungen durch Instrumente wiedergegeben werden konnten. Prokofieffs „Peter und der Wolf" war das richtige Medium für diese Botschaft. Wir erkannten den Geige spielenden Peter. Wir verstanden, daß das Fagott der weise, alte Großvater war, die Triller der Flöte das kleine Vöglein, und die Schläge der Kesselpauke waren natürlich die Schüsse der Jäger.

Wir hörten den Märschen zu. Er lehrte uns, was „pizzicato" und „pianissimo" bedeuten. Wir waren erstaunt zu erfahren, daß ein sehr berühmter Komponist sein Gehör verlor, aber weiterhin komponierte. Und wir sahen und hörten die Verschiedenheiten zwischen einer Violine und einer Viola, einem Cello und einer Baßgeige.

Voll Vergnügen erinnerte ich mich so vieler Dinge, die Dr. Zipper mit mir, dem Kind, geteilt hat. Aus seinem Enthusiasmus erwuchs mein Verständnis. Nun saß ich da, neugierig, nervös meinen Ehering am Finger hin- und herdrehend, darüber spekulierend, ob denn dieser Dr. Zipper, der da aus der Kulisse kommen sollte, jener aus meinen Schulkindtagen sein konnte. Das war doch eigentlich nicht möglich, nicht wahr?

Die Musiker nahmen Platz, ergriffen ihre Instrumente, die Studenten nahmen ebenfalls Platz und wurden still. Ein sehr bekannt aussehender großer Mann, mit einer schon auf dem Rückzug befindlichen Haarlinie kam rasch auf das Podium und stellte sich selbst mit einem stark österreichischen Akzent meinem Kind als Dr. Zipper vor.

Derselbe Mann nach 30 Jahren, der immer noch seine Liebe für das Wissen um die Musik mit den Volksschulkindern teilte. Das war das Wunder von alldem. Hier, Tausende Meilen weit entfernt von der Schule in Illinois, wo ich zum ersten Mal seine Bekanntschaft gemacht hatte.

Und nun wird meine Tochter eingeweiht in das herrlichste Geheimnis, das ich je in diesen 30 Jahren gehört habe. Mit drei Klopfzeichen seines Stabes zaubert er die ersten Takte des Walzers „An der schönen blauen Donau" hervor, der den Zuschauerraum füllt. Und diesmal habe ich mich auf meinem wackeligen Sitz einfach zurückgelehnt, habe zugehört und habe es geliebt.

Carolyn Doepke Bennett

Jedoch unter all den Programmen, wie jenen der Konzerte in den Schulen, die erfolgreich gewesen sind, hat Zipper auch ein paar Dutzend Programme zusammengestellt, die entweder schon tot geboren waren oder keinen Anklang fanden. Seine idealistische, häufig übertrieben optimistische Natur bringt ihn dazu, Versuche zu unternehmen, obgleich auf einem Niveau, von dem er wissen müßte, daß die Erfolgschancen nur sehr gering sind. Nichtsdestoweniger greift er wie ein Don Quixote weiterhin an und wird dabei wie der Ritter von der traurigen Gestalt von den Windmühlen zu Boden geschleudert. Aber er hat genug Erfolge, um weiterhin seine Träume zu träumen und neue Ideen für Programme auszuhecken, für Schulen und für die Gesetzgebung. Er hat auch oft genug die Rolle eines Mittelsmannes gespielt. Mitte der siebziger Jahre wurde langsam klar, daß die Universität von Südkalifornien die Community School für Musik nicht auf Dauer finanzieren werde. Deshalb wandten sich nun Zipper und Cortes an den sehr wohlhabenden Industriemanager Colburn, der ja auch schon früher bei den Bemühungen Zippers um die Gründung von Musikschulen eine Rolle gespielt hatte. In der Tat hatte Colburn schon selbst daran gedacht, eine Schule einzurichten, und nun überzeugte ihn Zipper, daß die Musikschule der Universität von Südkalifornien genau das Richtige für ihn sei. Und so stimmte Colburn im Prinzip zu. Aber das bedeutete, daß er die Schule von der Universität kaufen mußte.

Die Verhandlungen begannen 1978 und dauerten drei Jahre. Dabei spielte Zipper die Rolle eines Botschafters und Vermittlers zwischen der Universität und Colburn. Die Verhandlungen verliefen keineswegs positiv, und Colburn wurde immer ärgerlicher angesichts der Bürokratie der Universität. Am 1. Juli 1980, dem Tag, der die Beendigung der Tätigkeit Zippers für die Universität von Südkalifornien brachte, wurde ihm auch noch mitgeteilt, daß nun die Verhandlungen ergebnislos abgebrochen würden. Zipper war verzweifelt. Die Existenz dieser Schule zu sichern, wurde zur Aufgabe Nummer eins in diesem Abschnitt seines Lebens. Für mehr als zwei Monate verbrachte er den meisten Teil seiner Zeit damit, zwischen der Universität und dem Haus Colburns in Beverly Hills hin- und herzupendeln und die sich ständig ändernden Vertragsdokumente mitzunehmen. Dabei unternahm er jede Anstrengung, um eine direkte Auseinandersetzung zwischen den beiden Vertragspartnern zu vermeiden, die miteinander offenkundig nicht einmal mehr sprechen konnten. Man nannte Zipper in der Universität scherzhaft „unser Kissinger".

Um diese Zeit hatte Nancee Cortes die Schule verlassen und war Direktorin des Department für darstellende Kunst an der Universität von Utah geworden. An der Schule folgte ihr Fran Zarubick. Damals war Toby Mayman Executive Director der Schule, die unermüdlich mit Zipper arbeitete, um den Vertrag zustande zu bringen. Sie war schon mehr als acht Monate schwanger, aber Zipper befahl ihr, sie dürfe nicht gebären, bevor der Kontrakt unterschrieben sei. Als endlich die Verhandlungen positiv beendet waren und Zipper das unterschriebene Dokument vorweisen konnte, riefen alle „Halleluja". Zipper aber eilte sofort zur Universität, um die erste Rate des Verkaufspreises zu bezahlen. Doch bevor er fortging, sagte Zipper: „Toby, jetzt kannst du dein Baby auf die Welt bringen." Und schon am nächsten Tag, am 27. August 1980, kam Toby Mayman mit dem Baby nieder. Es war in einem gewissen Sinn ihr zweites Kind innerhalb von 24 Stunden, denn am Tag zuvor hatte die Community School of Performing Arts als unabhängige öffentliche Schule das Licht der Welt erblickt.

Die Jahre an der Universität von Südkalifornien waren jedoch nicht einfach nur Jahre des Erfolges und des Vergnügens. Sie waren auch gezeichnet durch den Verlust lieber Freunde, durch die wachsende Erkenntnis vom unaufhaltsamen Dahinschwinden der Zeit und von einem Verlust ganz im besonderen. Seit er sie zum ersten Mal als lebhaftes, schönes junges Mädchen in Wien erblickt hatte, war Zipper zutiefst verliebt in Trudl Dubsky gewesen. Sie war, wie er sagte: „Meine Geliebte, mein Kind, mein Gefährte, mein Mitkünstler von zumindest gleichem Rang." Sich erinnernd meint er: „Sie besaß eine ungewöhnliche Reife in mancher Hinsicht, in anderer wieder blieb sie ein Kind." In den 50 Jahren, die sie zusammen verbrachten, hatten sie nur sehr wenige ernsthafte Auseinandersetzungen - meist über irgendwelche künstlerische Fragen.

In mehr als einem Dutzend Gesprächen mit engen Freunden und mit Bekannten konnte ich feststellen, daß Zipper durchaus im Recht war. Er und Trudl waren einzigartige Seelenverwandte, die einander von Herzen liebten und deren Beziehung auf Vertrauen und Respekt beruhte. Von Wien nach Manila und schließlich nach Los Angeles blieben sie immer Partner und Liebende. 1990 erinnerte sich Zipper noch ihrer Telephonnummer in Wien aus den dreißiger Jahren, als sie begannen, miteinander auszugehen: B-15-276.

Trudl hatte ebenso wie ihr Mann ein sehr gutes Gedächtnis. Sie las leidenschaftlich Bücher und pflegte dann ihrem Herbert den Inhalt zu erzählen. In dieser Hinsicht war sie sein Forscher, Lehrer und vor allem Lektor, indem sie Buch für Buch auf das Essentielle reduzierte und ihrem Gatten erzählte. „Solange wir verheiratet waren, waren wir uns stets dessen bewußt, wie glücklich wir waren, einander zu besitzen. Wir waren uns auch dessen bewußt, daß wir während unserer Ehe jeden Tag zu arbeiten hatten. Jeden Tag versuchten wir, irgend etwas Nettes für den anderen zu tun. Und wenn ich auf Reisen war, habe ich sie jeden Tag angerufen."

Der Anfang vom Ende dieser Partnerschaft fürs Leben begann im März 1975. Da sie schon Beschwerden mit ihren Lungen gehabt hatte, ließ Trudl, die eine starke Raucherin war, eine Biopsie vornehmen - graue Flecken wurden in ihren Lungen entdeckt. Ein Arzt sagte Zipper, daß es recht schlecht aussehe.

Am nächsten Tag kam das Urteil: Lungenkrebs. Noch am gleichen Nachmittag verschaffte sich Herbert auf der Klinik der Universität eine Flugschrift über Lungenkrebs. Darin hieß es, daß von 10.000 beobachteten Fällen nur eine einzige Person überlebt habe. Die Lebenserwartung für Trudl betrug zwischen zwei Monaten und zwei Jahren. Wie sich dann herausstellte, dauerte es 16 Monate.

Sie hatten noch ein paar gute Monate miteinander. Sie reisten im Juli nach Seattle, um den Sohn von Hedy, Henry Holt, zu sehen, der dort zum ersten Mal den Ring-Zyklus von Richard Wagner dirigierte. Dann fuhren sie zurück an die pazifische Küste und hatten noch eine sehr schöne Zeit. Aber bald stellten sich die Folgen der Bestrahlung und der Chemotherapiebehandlung ein. Die arme Trudl war jedesmal nach diesen Behandlungen entsetzlich schlecht beisammen. Im Februar 1976 reiste Zipper für ein paar Tage nach New York. Als er zurückkam, sah Trudl völlig verändert aus. „Herbert", rief sie, „sie haben einen neuen Fleck gefunden." Danach begann sie, in der Hüfte Schmerzen zu fühlen. Der Krebs begann, Metastasen zu bilden.

Zipper antwortete auf diese sich anbahnende Tragödie seines Lebens, indem er seine Gefühle in eine Art Tiefkühltruhe verschloß. Er gab Trudl den Eindruck, daß er ihre eigenen Hoffnungen teile. „Du bist hart dir selbst gegenüber und sanft gegenüber denen, die du liebst." Am 3. Juli, während ihrer letzten Nacht, atmete sie so schwer, daß jeder Atemzug das Zimmer erschütterte.

Als es offenkundig war, daß die letzten paar Stunden im Leben Trudls angebrochen waren, bat Zipper die Ärzte, sie sollten ihn allein mit ihr im Zimmer lassen. Er legte ihren Kopf auf seinen Schoß und streichelte ihren Kopf. Er wollte, daß sie spürte, daß sie nicht allein sei. Er schreibt von diesen letzten Augenblicken:

Juli 1976

Es war noch dunkel, als das letzte Todesröcheln in Stille überging. Trudls Herz hatte zu schlagen aufgehört, nur ihr rechtes Auge war nicht ganz geschlossen. Vorsichtig schloß ich das Lid, als ich meinen Arm unter ihrem Kopf hervorzog. Trudl war tot. Der Schrecken dieser letzten Nacht war vorüber.

Ich war wie gelähmt, ich fühlte nichts. Es war, als ob alles in mir zu Eis geworden sei. Ich saß da und starrte auf das geliebte Antlitz, auf den abgemagerten Körper. Ich war zwar völlig wach, aber irgendwie ohnmächtig. Ich weiß nicht, wie lange ich dort gesessen bin. Es begann hell zu werden. Ich rief die Krankenschwester, und sie verständigte den Arzt. Eine zweite Schwester kam. Sie begannen, den Körper in weißes Papier einzupacken. Ich nahm unseren Ehering von Trudls Finger. Auf einer Bahre wurde sie hinausgebracht. In der zurückbleibenden Leere sammelte ich die paar Dinge, die ihr gehört hatten. Nicht alles, vielleicht, um nicht die Endgültigkeit akzeptieren zu müssen.

Ich fuhr durch leere Straßen nach Hause. Leere, Leere, Leere. Ich rief Eric in Connecticut an, um ihm alles zu sagen. Als ich den Hörer niederlegte, begann das Eis in mir zu tauen. Ein unbeschreiblicher Schmerz erfaßte mich. Ich wünschte, oh wie sehr ich wünschte, daß ich weinen könnte. Aber ich konnte es nicht. Der Schmerz war in mir gefangen.

Seit vielen Monaten hatte ich gewußt, was geschehen würde. Seit vielen Monaten wußte ich auch, wie schrecklich es sein würde. Und doch hatte ich mir nicht vorgestellt, wie schrecklich es war, als es geschah. Die Endgültigkeit des Todes hinnehmen zu müssen, ist ein schrecklich schmerzhafter Prozeß. Die Art, wie der Tod zu Trudl kam, ist eine fürchterliche Erfahrung, die in mir verbleiben wird, solange ich lebe.

Wie sehr hätte ich gewünscht, ihr die Schmerzen der letzten zwei Monate zu ersparen. Obgleich sie noch einige glückliche Augenblicke zu haben schien, so waren das doch nur Inseln in einem Meer von Schmerzen und Angst. Ich wußte es, obwohl sie es niemals zeigte. Am Tag bevor sie starb, flüsterte sie in mein Ohr - die Stimme hatte ihr schon seit einigen Tagen versagt -: „Ich werde damit fertigwerden, glaube mir, ich werde damit fertigwerden." Das waren die letzten Worte, die ich von ihren Lippen gehört habe. Manchmal spielte ich mit dem Gedanken, ihr Leben selbst zu beenden, bevor sie in die letzte Phase des Leidens eintrat. Am 23. Mai, sechs Wochen vor ihrem Tod, gingen wir noch zu einer Gesellschaft bei Betty Foley. Trudl bestand darauf, teilzunehmen, obwohl sie die Stiegen zum Eingang der Wohnung hinaufgetragen werden mußte. Sie war aber das Leben selbst der Gesellschaft, vollkommen glücklich. Auf dem Weg nach Hause von Pasadena fühlte ich, daß sie emotionell und körperlich dem Zusammenbruch nahe war. Ich habe damals ganz ernst überlegt, ob ich sie nicht töten sollte. Aber ich konnte es natürlich nicht tun.

Leben ohne Trudl, die Welt ohne Trudl! Es war hart, sich das vorzustellen. Denn für diese Wirklichkeit, die ich nun erwarten mußte, für die war ich nicht vorbereitet. Ich schätze, man kann für so etwas gar nicht vorbereitet sein. Nun, da sie gegangen ist, starrt mir eine Leere entgegen, mit all ihrer entsetzlichen Unendlichkeit. Ich habe nicht nur meine Liebe, meine lebenslange Liebe verloren, ich habe jene verloren, durch die ich mich selber sehen konnte, durch deren Reaktionen ich mich selbst zu beurteilen imstande war. Ich habe den einzigen wirklichen Spiegel verloren, der mir meine wahre Identität zeigte. Jedoch wie glücklich war ich, daß ich jemanden so sehr lieben konnte, daß ich jemandem so sehr vertrauen konnte.

Der Verlust eines geliebten Menschen bringt den Verlust eines Teils der eigenen Persönlichkeit mit sich. Was man mit einem Menschen, der einem sehr nahe ist, sein kann, in vielerlei Umständen, das kann in der Beziehung zu irgend jemand anderen nicht wiederholt werden.

Oft, nach einem Tag harter Arbeit, einer langen Probe, einer Aufführung, konnte ich Trudl mit allen Arten von Schalk amüsieren, ich konnte reinen Unsinn daherreden und ihr etwas vorspielen, was eine typisch wienerische Angelegenheit ist, was man dort „blödeln" nennt. Trudl nannte mich bei solchen Gelegenheiten „ihren Kasperl". Sie reagierte in solchen Fällen mit einer ganz besonderen Art von Lachen, das mir noch in den Ohren klingt. Es gibt keine andere Person auf dieser Welt, für die ich mich so benehmen könnte. Und es sind neben diesen noch viele andere Arten des Verlustes gewesen, ein Einschrumpfen menschlicher Beziehungen, die ich jetzt hinnehmen muß.

Im Rückblick wünscht Zipper, er hätte weinen und sich gehen lassen können. Aber er tat es nicht - in der Angst, daß er in seine Depression versinken könnte. Statt dessen schnitzte er eine wunderschöne Skulptur, er übertrug seine Gefühle in das Holz und die eleganten Formen. Sein Neffe Henry Holt betrachtete die fertiggestellte Arbeit und sagte: „Oh, das ist ein Selbstporträt.“ Das war es. Trudl war in vieler Hinsicht zutiefst ein Teil von Zippers Selbst.

Kapitel XIII
China: Dem 21. Jahrhundert entgegen

Jahrestag einer Eisenbahnreise:
Wenn der Abend dieses Tages seine Schatten ausbreiten wird, werden fünfzig Jahre vergangen sein seit jenem Abend, als sich die Dunkelheit in die schrecklichste Nacht meines Lebens verwandelte. Ich hätte mir damals kaum vorstellen können, daß ich für diesen oder irgendeinen anderen Jahrestag am Leben sein würde, noch viel weniger, daß ich diesen Tag mit Mozart, Beethoven und Brahms in Mukden in der Mandschurei in China verbringen würde.

Herbert Zipper, Shenyang, 30. Mai 1988

Ihr Bürger, merket auf mein wahres Wort!
Die Tätigkeit ist, was den Menschen glücklich macht:
Die, erst das Gute schaffend, bald ein Übel selbst
Durch göttlich wirkende Gewalt in Gutes kehrt.
Drum auf beizeiten morgens! Ja, und fändet ihr,
Was gestern ihr gebaut, schon wieder eingestürzt,
Ameisen gleich nur frisch die Trümmern aufgeräumt
Und neuen Plan ersonnen, Mittel neu erdacht!
So werdet ihr, und wenn aus ihren Fugen selbst
Die Welt geschoben in sich selbst zertrümmerte,
Sie wieder bauen, einer Ewigkeit zur Lust.

Johann Wolfgang Goethe, „Palaeophron und Neoterpe"

Da seine Freundin, seine Begleiterin, seine Spielkameradin, seine Geliebte für fast 50 Jahre, seine Dulcinea, seine künstlerische Vertraute und Beraterin nun dahin war, wandte sich Zipper der Arbeit als Kraftquelle zu. Er hatte immer noch Walter, Otto und Hedy, seine Verwandten, mit denen er einiges von seiner inneren Welt teilen konnte. Und er hatte Freunde wie Eric Simon, um mit ihnen allwöchentlich zu sprechen. Aber den größten Teil des Tages verbrachte er mit Arbeit. Allmorgendlich, nach einem langen Spaziergang, widmete er sich seinen verschiedenen Projekten: Briefe an Senatoren, Korrespondenzen mit Freunden und Mitarbeitern überall in der Welt, Vorschläge für die Finanzierung jeder Anzahl von Projekten, Musikkompositionen für die Studenten, das Dirigieren seiner eigenen Konzerte in den Schulen, das Komponieren eigener Ensemblemusik für Kinder und Dutzende andere Dinge.

Viele Menschen, die Zipper in seinen Siebziger- und Achtzigerjahren getroffen haben, denken darüber nach, ob er wohl wirklich der ist, der er zu sein scheint. Ist er wirklich so ungewöhnlich, so zutiefst befaßt mit großen Dingen, so verantwortungsbewußt, so produktiv, so vernünftig, scheinbar so unkompliziert? Er ist wohl ein Gewohnheitstier, und Ordnung liebt er sehr. Vielleicht gibt es Dämonen, die in den fernen dunklen Winkeln seiner Seele lauern, aber er hat das Licht der Vernunft so hell brennen lassen, und das für so lange Zeit, daß es nur sehr wenig Dunkelheit gibt, der er sich bewußt oder unbewußt ausgesetzt fühlt. Dabei ist er sich durchaus der Irrationalität bewußt. In seinem 85. Jahr hat er den Aphorismus geprägt: „Logik und Vernunft sind die Erfindungen von ein paar Intellektuellen, die vollkommen bar jeder Berührung mit der Wirklichkeit gewesen sind." Zipper kannte die Wirklichkeiten der Irrationalität in Dachau, in Buchenwald, in Manila und erst kürzlich in Peking, wo er Zeuge von Grausamkeit und Massaker geworden ist. Er glaubt jedoch, daß Menschen imstande sind, eine Wahl zu treffen. Und obgleich er die Wirklichkeit der Gewalt begreift und anerkennt, so hat er doch selbst den Weg der Vernunft gewählt. Er hat sich bemüht, Wege für das Unbewußte zu finden, um dem Schöpferischen und nicht dem Zerstörerischen Ausdruck zu geben. Das Unbewußte wird seinen Platz haben, aber seine Arten des Ausdruckes sind eine Frage der Erziehung und der Wahl. Zipper ist bemerkenswert darin, daß er beharrlich diese Art der Vernunft angewandt und verwendet hat.

Das Wien des Fin de Siècle, in dem Zipper geboren wurde, war eine merkwürdige Mischung aus Konservativismus und Radikalismus. Und das ist auch Herbert Zipper. Als Erzieher hat er ein gemischtes Gebräu von höchst eigenständigen, experimentellen und phantastischen Ideen. Und doch ist er stets der Herr aus Wien geblieben, der sich selbstverständlich jeden Tag rasiert und stets ordentlich gekleidet ist. Er mag seine dunklen Augenblicke haben, aber er hat sich selbst so konditioniert für produktive Arbeit, daß er das Chaos und die Leere in einer gesunden Distanz von sich halten kann. Anders als manche Überlebende der Konzentrationslager, deren Denken sich auf die dunklen und unvernünftigen Aspekte des menschlichen Instinktes konzentriert hat, ging Zipper aus alldem mit der wild entschlossenen Überzeugung hervor, für eine vernünftige Welt zu kämpfen, in der solche Barbarei nie wieder entstehen dürfe.

Zippers politische Anschauungen sind ebenfalls eine Merkwürdigkeit. Das allgemeine menschliche Muster scheint zu sein, daß man in seiner Jugend radikal ist, und je älter man wird, desto konservativer wird. Zipper jedoch wuchs in einer relativ konservativen, mittelständischen Familie auf, an deren Spitze ein unternehmerischer Patriarch stand. Während seiner Jugend näherte er sich eher einer sozialistischen politischen Linie. Vom Tage seines Zusammentreffens mit dem Dichter Thorn, während des Ersten Weltkrieges, ist Zipper ein Sozialist und Humanist geblieben, dessen Überzeugung von einer globalen gegenseitigen Abhängigkeit die Ideen junger Radikaler weit übertrifft, und ganz gewiß jene des Kongresses und des Präsidenten von Amerika, ob Republikaner oder Demokrat. Man wird finden, daß Zipper allwöchentlich irgendeinem Senator oder Kongreßabgeordneten schreibt, um kühnere und entschlossenere Haltung angesichts eines sich verändernden und im Niedergang befindlichen Planeten zu verlangen. Zum Beispiel ist er wütend darüber, wenn sich ein Präsident offenkundig weit mehr für die Verwendung oder den Mißbrauch der amerikanischen Fahne interessiert zeigt als für die Erhaltung der Erde oder die Lösung von Problemen wie etwa Drogen, Wohnungsnot, Verbrechen, Armut und Aids. Wäre Zipper Präsident, würde er kraftvoll und kühn sich dieser Angelegenheiten annehmen. Er kann nicht verstehen, wie irgend jemand weniger tun kann.

Drei Jahre nach Trudls Tod hat Zipper noch einen lieben Freund, nämlich seinen Bruder Otto, verloren, der am 3. Februar 1979 in Florida im Schlaf einer Herzattacke erlag. Otto hatte an dem Daytona Autorennen teilgenommen, in dem einer seiner eigenen Wagen startete. Weil es schon einige Warnsignale drohender Herzanfälle gegeben hatte, drängte ihn Zipper, nicht nach Florida zu gehen. Nun rief Carol, Ottos Frau, Zipper an, um die traurige Nachricht mitzuteilen. Obgleich die beiden Brüder nicht viele gemeinsame Interessen besaßen, waren doch ihr Sinn für Humor und ihre Bindungen an Wien und auch ihr Gefühl für das gemeinsame Erbe sehr stark.

Nach Trudls Tod hat Zipper seine Arbeit am Projekt der Schule der 32. Straße fortgesetzt, indem er Programme und Methodik verfeinerte und auch wie immer die Schulkonzerte dirigierte. Der Erfolg des Programms wurde bestätigt in den Jahren 1978-79, als diese Schule zusammen mit der Universität von Südkalifornien eine „Magnetenschule für die Künste und Wissenschaften" genannt wurde. Mit seinem Lieblingsprogramm etabliert, entschloß sich Herbert Zipper, von der ganztägigen Arbeit an der Universität Abschied zu nehmen. Er war nun 76 Jahre alt und wollte gern noch einige neue Ideen verfolgen. „In den Ruhestand übergehen" war eine durchaus falsche Bezeichnung. Denn innerhalb weniger Wochen nach der Ankündigung seines sogenannten Übergangs in den Ruhestand, forderte ihn eine Gruppe von der „Ambassador Foundation" auf, an der Wiederbelebung einer sowohl Volks- als auch Mittelschule in Pasadena, Kalifornien, mitzuarbeiten, die unter dem Namen Imperial School bekannt war. Er sollte als Konsulent bei der Planung der künstlerischen Erziehung an dieser neuen Schule mitwirken. Zipper bemerkte, er wolle nicht mehr für Geld arbeiten, sei aber bereit, dafür Sorge zu tragen, daß seine Überzeugungen in die Tat umgesetzt würden.

Im Lauf der Jahre hat er ganz besondere Thesen formuliert, nämlich daß ein guter Teil der allgemeinen Fehlerhaftigkeit der Menschen das Ergebnis von dem sein könnte, was er „die verlorenen fünf Jahre" nennt, nämlich die ersten fünf Kindheits-Jahre. Denn während die Erziehung in der Nach-Kindergarten-Zeit zwar für viele Leute erfolgreich ist, so ist sie doch für andere ein schmerzhafter Prozeß, und viele Enttäuschungen stammen - so entdeckt man - von dem unwiederbringlichen Verlust in den frühen Kindheitsjahren. Die Imperial School bot nun eine Gelegenheit, zu sehen, ob man diesen Verlust nicht verhindern könnte. Daher nahm Zipper die Einladung an. Jedoch stellte er verschiedene Bedingungen, so etwa, daß schon in den Volksschulklassen Musikunterricht gegeben werden müsse (Gesang und das Lesen der Noten), und zwar jeden Tag, hauptsächlich begründet auf der Methodik von Kodály für den Musikunterricht, ferner, daß er die Lehrer aussuchen und den Lehrplan entwerfen könne, ferner, daß ein experimentelles Programm für die Künste schon für eine Gruppe von Zweijährigen eingeführt werde.

Diese Bedingungen wurden angenommen, und nun begann Zipper, nur zwei

Wochen, nachdem er an der Universität von Südkalifornien an seiner Abschiedsparty teilgenommen hatte, dem Ambassador College zu helfen. Eine seiner ersten Taten war, Pamela Wade zu engagieren, um das Programm zu leiten. Sie kam aus Südafrika und hatte im Pasadena Unified School District zwei Jahre Musik unterrichtet. Sie hatte auch die Kodály-Methode des Musikunterrichtes studiert. Ihre Lehrerin wiederum war Katinka Daniel, ein hervorragende Schülerin Kodálys. Und als Zipper nun bei Katinka anfragte, ob diese für ihn einen Musiklehrer wisse, empfahl sie Pamela. Am 1. September 1980 hatte Pamela Wade ihr erstes Gespräch mit Zipper, der ihr seine Pläne darlegte. Als sie ihm mitteilte, daß sie nicht in Musik promoviert habe, sagte er, es interessiere ihn nicht, welche Titel man erworben habe, sondern es gehe ihm um Intelligenz, Talent und die Bereitschaft, zu lernen. Dann lehnte er sich vor, und mit einem Funkeln in den Augen und in der Stimme sagte er ihr, er habe ein ganz besonderes Projekt in Planung, er wolle mit einem Experimental-Programm mit kleinen Kindern beginnen. Wade glaubte, er meine vier bis fünf Jahre alte, aber er sagte, daß er der Ansicht sei, daß die Menschen dieser Welt weit unter dem Potential ihrer Möglichkeiten lebten, und man verschwende die besten Jahre der Kinder, in denen sie aufnahmebereit seien. Es ging ihm buchstäblich um kleinste Kinder. Angesichts der Tatsache, daß sehr viele Frauen im Berufsleben stehen und ihre Kinder einfach vor die Fernsehapparate gesetzt werden - da natürlich auch die Männer außer Haus sind, um zu arbeiten -, werden die Kinder nicht dazu angehalten, ihre angeborenen Fähigkeiten zu entwickeln, einschließlich ihrer Musikalität. Pamela Wade, sehr erstaunt und ein wenig verängstigt, meinte, sie habe keinerlei Erfahrungen mit zweijährigen Kindern. „Gut", sagte Zipper, „so werden sie eben auch keine vorgefaßten Meinungen haben." Zipper erklärte der Ambassador Foundation, er wolle eine 20-Jahres-Studie an Kleinkindern einleiten, um bestimmen zu können, welchen Einfluß ein früher Unterricht auf ihre spätere Entwicklung habe. Die Situation war ein wenig zum Lachen, da ein 80 Jahre alter Mann eine 20 Jahre dauernde Studie verlangte.

Das Programm begann damit, daß Wade eine Klasse mit sechs Kindern unterrichtete: zwei vier Jahre alte, ein drei Jahre altes, zwei zwei Jahre alte und eines mit 17 Monaten. Die Eltern dieser Kinder mußten ebenfalls teilnehmen und sich verpflichten, einen schriftlichen Bericht über alles, was sie in der Klasse als auch zu Hause entsprechend beobachteten, zu liefern. Anfänglich, so erinnert sich Wade, war es ein chaotischer Alptraum: Der Versuch, selbst zu lernen, wie man Kinder mit so verrückt verschiedenem Alter unterrichten sollte. Aber sie lernte es. Und das Programm unter dem Titel „Infant and Parent Learning Center" („Kinder- und Eltern-Unterrichtszentrum") umfaßt nun 105 Kinder, die in Gruppen von je 15 zusammengefaßt werden, und zwar zweimal in der Woche. Jeder Gruppe gehören Ein- bis Vierjährige an. Einige Eltern kommen auch immer wieder mit neuen Kindern.

Dieses Projekt, nämlich Musik, Tanz und Poesie, Kindern ab dem Alter von zwei Wochen bis zu vier Jahren zu unterrichten, ist eine typische Zipper-Idee - radikal und einzigartig. Ihr Wert für Kinder ist nun, davon sind Wade und auch die anderen überzeugt, ganz eindeutig klargelegt. Es liegt Beweismaterial vor, daß die Musik auch schon vor der Geburt auf Kinder im Mutterleib einen beruhigenden Einfluß hat. Kinder im Alter von zwei bis sechs Wochen nehmen unbewußt alles auf, während sie genährt werden, schlafen oder einfach zuhören. Je mehr sie sich ihrer Umgebung bewußt werden, desto mehr „nehmen sie teil", indem sie herumkrabbeln, eine Neugierde für die Instrumente entwickeln (Trommel, Xylophon, rhythmische Instrumente), und manchmal klappern sie schon den Rhythmus zu den musikalischen Tätigkeiten in der Klasse mit. Während der folgenden Monate (nämlich vom sechsten Monat bis zum zweiten Jahr) entwickeln sie schon ein unglaubliches inneres Gefühl für Rhythmus und Melodie, obwohl ihnen da noch nichts bewußt ist oder formell gelehrt wird. Vielmehr ist es ein innerliches, natürliches und organisches Bewußtwerden. Man kann auch manchmal sehen, wie sie gewisse Bewegungen unterbewußt entsprechend dem Takt der musikalischen Tätigkeit der größeren Kinder ausführen. Ab dem zweiten Jahr erhalten sie formellere Unterweisung in Gesang, vom Blatt singen oder spielen und Musik mit den Instrumenten zu machen, die der Komponist Carl Orff entworfen hat, um kleinen Kindern Musik beizubringen. Sie lernen auch das Gefühl für den Rhythmus der Worte, soziale Fähigkeiten (oft helfen ältere Schüler den jüngeren - ein Umstand, den Zipper als besonders wichtig empfindet), und sie lernen, ihre eigenen Lieder und ihren eigenen Takt zu finden. Zipper und Wade kamen auch über verschiedene Grundsätze überein: daß sie mit Nachdruck die Eltern davon abhalten würden, ihre Kinder allzu sehr anzutreiben, nicht ehrgeiziger zu sein als das Kind und ihre Kinder nicht mit den Fortschritten anderer Kinder im Programm zu vergleichen, weder im negativen noch im positiven. Wade und Zipper haben stets die Aufmerksamkeit auf die Tatsache hingelenkt, daß es angeborene Unterschiede im Ausmaß des Fortschrittes gibt, wie ja bei allen Menschen, und daß die Geschwindigkeit, mit der etwas erreicht wird, besonders für Kinder unwesentlich ist.

Zipper war seit seiner Ankunft in Amerika über den Umstand besorgt gewesen, daß die Amerikaner keine „singende Nation" sind. Im Vergleich zu europäischen Kindern lernen die amerikanischen Kinder nicht schon in frühem Alter in ihren Gemeinschaften oder mit ihren Familien Gesang. Musizieren ist kein Teil des amerikanischen Kulturlebens. An der Imperial School, an der Community School und an der Schule der 32. Straße in Los Angeles ebenso wie in den öffentlichen Schulen überall in Amerika hatte Zipper versucht, einen besseren Weg zu zeigen: nämlich, die Kinder in die Künste einzuführen, ihnen zu erlauben, ihre angeborene schöpferische Kraft und Freude dadurch auszudrücken, daß sie Musik oder irgendwelche Künste betreiben dürfen. Sehr bald jedoch, nachdem er diese Thesen aufgestellt hatte, wurde Zipper in ein Land berufen, wo die Künste ein organischer Teil des Lebens der Menschen sind und wo seine Weisheit geradezu enthusiastisch aufgenommen wurde.

1980, als Zipper sich gerade darauf vorbereitete, die Universität von Südkalifornien zu verlassen, erfuhr er, daß sich eine chinesische Delegation dort aufhalte, geführt von Lin Mohan, dem stellvertretenden Kulturminister (zwar der Zweite in der Hierarchie, aber die Hauptkraft in den kulturellen Beziehungen zum Westen in der Zeit nach Mao und nach der Kulturrevolution in China). Zipper wurde neben anderen aufgefordert, vor der chinesischen Delegation bei einem festlichen Essen eine Ansprache zu halten. Nach dem Essen sprach Lin Mohan Zipper an: „Sie sind doch überall im Fernen Osten gewesen, warum sind Sie niemals nach China gekommen?“ Zipper antwortete, daß er niemals dorthin eingeladen worden sei. Worauf Lin Mohan erwiderte: „Nun, wir werden es tun.“

Zwei Monate später erhielt Zipper ein offizielles Schreiben, gezeichnet vom Direktor für Kunsterziehung des Ministeriums für Kultur, Wang Zicheng, in dem er eingeladen wurde, nach China zu kommen, um in Peking und anderen Städten zu unterrichten und Konzerte zu dirigieren. Eine Reise wurde für den Mai 1991 arrangiert: zwei Monate in Peking, drei Wochen in Tianjin und ein Monat in Guangzhou.

Er bereitete sich auf diese Reise mit aufgeregter Erwartung vor. Seine Fahrten durch den Fernen Osten, seine vielen chinesischen Studenten und seine Lektüre hatten ihn mit beträchtlichem Wissen und einem großen Interesse an China ausgestattet. Schon 1941 hatte er Edgar Snow getroffen und mit ihm Freundschaft geschlossen. Snow bearbeitete zu dieser Zeit seine bedeutende Studie „Roter Stern über China“, die erstmals schon 1938 veröffentlicht worden war. Er erklärte bei dieser Gelegenheit, während er für zwei Wochen bei den Zippers wohnte, daß Tschiang Kai-schek ein Gauner sei und Mao die Zukunft Chinas repräsentiere.

Während sich Zipper 1988 in China aufhielt, erschien in der englischsprachigen Zeitung „China Daily“ ein Artikel von Harrison Salisbury, der daran erinnerte, daß der „Rote Stern über China“ vor 50 Jahren zum ersten Mal veröffentlicht worden war. Salisbury schrieb:

> *„Selbst für China legte Snows Arbeit erstmals dar, daß die chinesischen Kommunisten die mächtigste politische Bewegung der modernen Zeit werden würden... Die Auswirkungen des „Roten Sterns“ waren nicht nur in politischem Sinn bedeutend, sondern sie veränderten auch den Standard der amerikanischen Berichterstattung für alle Zeit.“*

Zipper war auch mit Theodore White befreundet, der ihn für das „Time Magazine“ interviewt hatte. Zipper meint sogar, daß sich White und Snow zum ersten Mal in Zippers Wohnung 1945 getroffen hatten, die nichts anderes war als eine umgebaute Garage. White war damals Chef des Pacific War Office des „Time“-Magazins, damit beauftragt, das Hauptquartier von MacArthur im Auge zu behalten. Nach dem Fall von Manila - so erinnert sich Zipper -, habe ihm Teddy White einen Artikel gezeigt, den er an „Time“ schicken wollte. White sagte: „Lies das und dann schau, was in ein paar Wochen in Wirklichkeit gedruckt werden wird.“ White wurde immer ärgerlicher, nicht nur, weil seine Artikel umgeschrieben wurden, sondern weil man auch die Geschichte umschrieb. Männer wie Edgar Snow und Theodore White, so meinte Zipper, waren nicht so sehr Ideologen, sondern Männer, die sich leidenschaftlich der Berichterstattung der Wahrheit verpflichtet fühlten, und zwar so genau wie irgend möglich und ungeachtet des herrschenden politischen Systems. Sie glaubten an die Wahrheit. White brach schließlich mit „Time Magazine" und mit Henry Luce. In der Bretterbude, die damals als „Time"-Büro in Tschungking diente, befestigte White einmal einen Zettel an der Wand, auf dem zu lesen stand: „Jede Ähnlichkeit mit dem, was hier geschrieben wird, und dem, was im Time Magazine gedruckt wird, ist rein zufällig."[82] Tatsächlich hatte sich Luce entschlossen, trotz eines Berges widersprüchlicher Beweise, Tschiang Kai-schek als den Helden darzustellen, den Amerika unterstützen müsse. White hingegen sandte schon 1944 Berichte, in denen er erklärte:

> *Weder die Nationalisten noch die Kommunisten sind im amerikanischen Sinne Demokraten. Tschiang Kai-schek gegen Mao zu helfen bedeutet, eine katastrophale „Einmischung" zu begehen, noch dazu in einem Bürgerkrieg, in dem wir nur verlieren können.*[83]

White erwies sich freilich als eine Art Prophet, und erst in den achtziger Jahren, nachdem Nixon die Tore geöffnet und Carter wieder diplomatische Beziehungen hergestellt hatte, begannen Amerika und China, zum ersten Mal sinnvolle Beziehungen zueinander aufzubauen.

Zipper kam in China zum ersten Mal am 15. Mai 1981 an. Am Flughafen wurde er von Prof. Huang Feilih und Prof. Chen Yi Shin begrüßt, die beide Dirigenten waren. Auch eine Dame vom Kulturministerium, Mrs. Yu, erkannte ihn aufgrund eines Bildes, das er nach China geschickt hatte. Während der einstündigen Fahrt vom Flughafen zu seinem Hotel in Peking legten sie ihm den Fahrplan für die nächsten paar Wochen vor. Er schloß ein: Unterricht für Dirigentenklassen, Unterricht für Kompositionsklassen und jeden Morgen Proben mit dem Peking Symphonie-Orchester. Er erkundigte sich, ob sein Fahrplan auch den Unterricht von Studenten über Kammermusik zum Inhalt habe. Man antwortete ihm, daß Kammermusik nur sehr wenig gespielt werde, aber falls er es wünsche, daß mit solchen Gruppen begonnen werde, würde man das wundervoll finden.

Seinen ersten Morgen in Peking verbrachte er mit einem Spaziergang entlang der Boulevards, die alle mit Bäumen bepflanzt waren, zwei Reihen auf jeder Seite, aber befahren von Tausenden von Fahrrädern, die in beide Richtungen fuhren. 1981 gab es nur wenige Autos. Jedermann kleidete sich entweder in blasses Blau oder in grüne uniformartige Anzüge und trug die gleiche Kappe. Männer und Frauen kleideten sich gleich - Überreste der Kulturrevolution und der Mao-Ära. Zipper bemerkt heute, daß dies sich in nur fünf Jahren radikal verändert hat: Die Kleidung ist farbenfroh geworden, die chinesischen Frauen haben westliche Mode übernommen. Die Straßen sind nicht länger von Radfahrern überfüllt, sondern von Massen von Automobilen. Verkehrsstaus, unerhört im Jahr 1981, sind üblich geworden. 1981 war es schwierig, ein Taxi zu bekommen; 1986 gab es Scharen von Taxis, hauptsächlich japanische Modelle.

Bei seinem ersten Spaziergang stellte er fest, daß die Straßen sauber waren. Man fand üblicherweise zwei Frauen, die von verschiedenen Enden der Straße her aufkehrten. Während er selber spazierte, wurde er plötzlich aufgehalten:

„Sprechen Sie Englisch? Darf ich mit Ihnen sprechen?" Die Menschen wollten gern ihre Sprachkenntnisse praktizieren, denn 1981 erregte ein Fremder noch Interesse. Fünf Jahre später waren Fremde schon ganz alltäglich. Blumen, so bemerkte Zipper, spielten eine wichtige Rolle in China. Überall in den verschiedenen Städten gab es Blumenausstellungen. Und einmal, nach einem Konzert im Juli 1981, fand er eine wundervolle Vase mit Blumen in seiner Garderobe, dazu ein Gedicht, geschrieben von einem anonymen Zuhörer. Und am Ende jedes Konzertes wurde ihm ein großer Blumenstrauß überreicht. In den vielen Konzerten, die er in den verschiedenen Städten dirigierte, sah er niemals einen leeren Sitzplatz.

Zwischen seinen Reisen nach China 1985 und 1986 mußte Zipper mit einem weiteren Verlust fertigwerden. Nach dem Tod seiner Frau Trudl und seines Bruders Otto waren für eine gewisse Zeit nur noch Schwester Hedy und Bruder Walter übrig. Ende Februar 1986 ging es Walter offenkundig immer schlechter. Er war nun 84 Jahre alt, und Röntgenaufnahmen zeigten, daß er an Darmkrebs litt. Herbert mußte nun erleben, daß ein anderer seiner Lieben die Leiden dieser Krankheit erduldete.

Walter Zipper und seine Frau waren 1948 von London nach Amerika gekommen. Zipper hatte sie im Hafen von New York abgeholt, und es gab eine große Wiedersehensfeier, denn sie hatten einander seit Paris 1939 nicht mehr gesehen. Bald darauf kam Walter nach Los Angeles, wo er als Erfinder zu arbeiten begann. Er war niemals reich, aber er verstand es, doch immer ordentlich zu leben. Er hatte in London geheiratet, sich scheiden lassen und später dieselbe Dame wieder geheiratet - Betty Maureen Upjohn. Sie hatten keine Kinder. Walter und Herbert waren gute Freunde. Ihre Beziehung zueinander war unersetzlich. Sie konnten miteinander kichern und blödeln und die Absurditäten des Lebens mit einer entspannten, gegenseitigen Erkenntnis betrachten. Als Walter im Spital im Sterben lag, besuchte ihn Zipper. In einer Pseudo-Nazi-Art rund um das Bett marschierend, imitierte er einen militärischen Ton und sagte: „Walter, du hast das Bettenbauen vergessen." Walter lachte. Walter war die einzige Person, mit dem der arbeitsüberlastete Herbert in ein Kino gehen konnte. Walter seinerseits begleitete seinen Bruder zu fast jedem Konzert, das dieser gab - jedem Kinderkonzert, jedem Orchesterkonzert an der Universität von Südkalifornien. Als er am 4. April 1986 starb, entstand wieder ein neuer leerer Raum nach dem Tod Trudls in dem Abenddämmerlicht der Welt Herbert Zippers.

Kurz nach dem Tode Walters kehrte Zipper nach China zurück und nahm seine liebevolle Beziehung zu dem chinesischen Volk wieder auf. Zipper sprach und spricht von den Chinesen mit offenkundigem Respekt. Sie sind, so glaubt er, ein bemerkenswertes Volk. So hat er zum Beispiel im Juni 1986 in Tianjin die Probe des Violinkonzerts von Brahms dirigiert, als der Orchestermanager mit einem Telegramm hereinstürzte. Zipper las es und berichtete seinem neugierigen Orchester, daß seine Großnichte soeben einen Sohn geboren habe. Woraufhin das Orchester wild wurde - die Musiker riefen „Hoch", klatschten in die Hände, andere spielten die Instrumente. Der Wirbel dauerte fünf Minuten. Zipper war erstaunt. Aber er erfuhr nun, daß es das „Jahr des Tigers" und die Geburt eines Knaben daher in diesem Jahr ganz besonders bedeutungsvoll sei. Er würde aufwachsen, um stark und wichtig zu werden. Herbert Zipper entsprach der chinesischen Tradition, indem er 100 Eier kaufte, sie in der Küche des Orchesters hartkochen ließ und dann auf jedes einen roten Punkt setzte, entsprechend dem Brauch. Am nächsten Tag verteilte er bei der Probe die Eier an die Mitglieder des Orchesters - wiederum entsprechend dem Brauch. Als er dann am darauffolgenden Tag auf das Konzertpodium trat, fand er einen Tisch voll mit Geschenken für das Kind und ein wunderschönes Gedicht.

Ein anderer Brauch, den er kennenlernte, war, daß die Chinesen einen Besucher stets zur Tür begleiten oder zum Auto und, wenn ein Gast ankommt, ihn in einen Raum führen, wo er sitzen, Tee trinken und ausruhen kann. Es sei dies, so meint Zipper, ein Akt der Rücksichtnahme auf den menschlichen Geist, nicht nur einfach für die Bequemlichkeit des Körpers, sondern auch für Verstand und Geist. Wohin immer er in den neuen Städten, die er besuchte, kam, erfuhr er diesen Brauch der rücksichtsvollen Teilnahme für den Gast. Einmal auf einer Bahnstation drückte er seine Sorge aus, daß sie vielleicht den Zug versäumen könnten. „Machen Sie sich keine Sorgen", sagte sein Gastgeber, „ruhen Sie sich aus, und wir werden den Zug aufhalten."

Während seiner ersten Woche 1981 in China, als er ein Konzert des BBC Orchesters aus London besuchte, beobachtete er, daß der Präsident des Konservatoriums auf einem Fahrrad zum Konzert kam. Ein Fahrrad zu besitzen, war für einen Chinesen dasselbe wie für einen Amerikaner ein Auto. Er beobachtete auch, daß es keinerlei Diebstähle gab. Tag oder Nacht konnte man überall hingehen und fühlte sich sicher. Für Großverbrechen wurden Prozesse in Stadien vor 20.000 oder 50.000 Menschen abgehalten. Der Angeklagte wurde mit gesenktem Haupt hereingeführt. Während der Urteilsverkündung wurde sein Kopf hochgehoben, eine Art öffentlicher Demütigung, die, wie Zipper von chinesischen Offizieren erfuhr, ein Abschreckungsmittel gegen Verbrechen sei.

Am ersten Morgen in Peking begann er, nach einem Spaziergang, mit der ersten Probe. Er forderte das Orchester auf, ein Stück zu spielen, mit dem sie bekannt seien. Jedoch schon von Anfang an war die Intonation verschiedener Bläser so weit von der richtigen Form entfernt, daß es „einem die Schuhe auszog". Aber noch verwunderlicher war, wie rasch die Musiker dann lernten. Ein freundliches Beispiel, ein Wort der Kritik, ein Vorschlag genügte, und sogleich bewirkte es eine rasche Verbesserung. Nach der ersten Vollprobe folgte Zipper seiner Praxis, die er schon auf den Philippinen geübt hatte: Er wurde Lehrer. Er arbeitete jeweils mit einer Abteilung und lehrte zuerst einmal den Streichern, dann dem Blech, den Holzbläsern und ging so weit, diesen Unterricht dann auch einzelnen Instrumentalisten zu erteilen. Andere Dirigenten kamen nach Peking, hoben ihren Dirigentenstab und gingen wieder. Zipper aber bemühte sich zu helfen, zu unterrichten - und sie reagierten darauf außergewöhnlich. Sie liebten dieses Arbeiten in einzelnen Gruppen, sie liebten es, wenn er mit ihnen die Musik analysierte, sie liebten die Tatsache, daß sie soviel lernten. Schließlich nannten sie ihn „Papa Z". Während seiner Reise durch China im Jahr 1988 wurde ihm zu Ehren ein Festessen gegeben (Willkommens- und Abschiedsbankette sind in allen Teilen Chinas traditionell). Einer der Chinesen lehnte sich zu Zipper und sagte: „Wissen Sie, warum wir Sie immer wieder einladen?“ „Nein“, antwortete er höflich. Der Beamte setzte fort: „Weil Sie einmal gesagt haben, daß in 100 Jahren die chinesischen Symphonie-Orchester das Niveau der besten europäischen und amerikanischen Orchester erreicht haben werden. Und in China sind 100 Jahre eine kurze Zeit.“

Unterdessen sind die Künste ein organischer Teil der chinesischen Kultur. Nicht nur ist Poesie eine allgemeine Form des Ausdruckes, sondern die bildenden Künste werden ebenso sehr verehrt. In jeder Stadt, die Zipper besuchte, ist er aufgefordert worden, Kunstausstellungen zu besuchen und die Kunstakademien zu besichtigen. Natürlich hat er das mit größtem Eifer getan. So wurde er einem ausgezeichneten Künstler namens Zheng Shengtian vorgestellt, der am Kunstinstitut in Hangzhou wirkt, ebenso einem Schüler von Zheng, Yu Juan, der mittlerweile auch ein bekannter Künstler geworden ist. In Peking traf er Liu Tschunhua, der Direktor der Kunstakademie von Peking ist und überdies einer der berühmtesten Künstler Chinas. In Zippers Heim befindet sich eine Minigalerie zeitgenössischer chinesischer repräsentativer Kunst. Über seinem Steinway-Flügel hängt ein Bild in traditionell chinesischen Wasserfarben von Liu Tschunhua, und zwar ein Porträt des großen Dichters Xü, der vor mehr als 2000 Jahren lebte. In seinem Schlafzimmer befinden sich zwei kleinere Aquarelle von Liu Tschunhua, das eine stellt zwei junge Mädchen dar, die Flöte spielen, das andere einen Maler, der versucht, einen Vogel aus einem Baum herabzulocken. In einem Vorraum befindet sich ein Wandrollbild, das ihm Wu Zuo Ren, der berühmte Maler chinesischer Pandabären, gewidmet hat. In seinem Studio befindet sich ein großes Ölgemälde mit chinesischen Mädchen, die im Wasser eines Sees stehen. Dieses Gemälde stammt von Yu Juang.

Zipper selbst hat in einem Schreiben seine Beobachtungen über China etwa so dargestellt:

Hier in Shenyang (Mukden), der Hauptstadt von Lianoing (Mandschurei), habe ich die Wirklichkeit des chinesischen Lebens ganz erkannt. Und zwar mehr als ich es in anderen Städten und in früheren Jahren getan hatte.

Mit den täglichen Problemen des Lebens in China fertig zu werden, ist eine übermenschliche Anstrengung. Nur zu und von der Arbeit zu gehen, um die Notwendigkeiten des täglichen Lebens einzuholen, sich um die Kinder und um die alten Leute zu kümmern, und wie die Chinesen in ihren kleinen, überbelegten Räumen zu existieren, ist für den durchschnittlichen Menschen aus dem Westen unvorstellbar. Der Verkehr ist so dicht, die Menschenmengen überall so groß, der Gewinn aus dem Leben so klein, daß man sich unter Berücksichtigung aller Umstände darüber wundert, wieviel Kraft übrigbleiben kann, um zu überleben.

Aber diese Chinesen bewegen sich mit einer offenkundigen Gleichmütigkeit, sie nehmen alles hin, wie es kommt, sie fahren auf ihren Fahrrädern ohne Hast und ohne einander zu stoßen, ein ununterbrochener, ständiger Strom durch die endlosen Straßen dieser großen Stadt. Dabei finden sie noch Zeit, einzukaufen und Bücher zu lesen und sich in Kunstausstellungen zu drängen und auch noch einen recht gesunden Sinn für Humor zu behalten.

Dieses Fehlen von Resignation könnte auf einem Geist der Hoffnung begründet sein. Es gibt keine wirkliche Armut jetzt in China, wie ich sie in anderen fernöstlichen Ländern kennengelernt habe. Es gibt genügend Lebensmittel für jedermann, einen Ort zu wohnen für jedermann, obgleich er winzig sein mag, niemand hungert, und niemand ist obdachlos. Die Verbesserungen in den vergangenen zehn Jahren sind enorm. Es muß doch noch mehr da sein für diese vorherrschende Stimmung als nur Hoffnung. Kann es sein, daß es vielleicht Weisheit ist?

Man sagt, daß Shenyang eine Bevölkerung von vier Millionen habe. Auf mich wirkt es, als wären es zehn. Die Überbevölkerung ist augenfällig. Ich ärgere mich wirklich sehr über die westliche Kritik an der chinesischen Bevölkerungskontrolle. Es ist in Wirklichkeit ein sehr mutiges Experiment, um dessentwillen wir sie bewundern sollten. Die vielen Menschen, mit denen ich in China gesprochen habe, stimmen diesem Versuch ohne jeden Einspruch zu. Sie wünschen, daß ihre Enkelkinder ein anständiges Leben haben sollen, und sie wissen, daß dies ohne diese Geburtenkontrolle unmöglich sein wird. Es gibt noch viele andere Angelegenheiten, in denen die Europäer und Amerikaner weniger unwissend werden müßten.[84]

Während seiner Besuche in China lernte Zipper viele Studenten kennen, denen er dann geholfen hat, nach Amerika zu kommen und an amerikanischen Universitäten zu studieren. Eine dieser Studierenden schrieb für „Papa Z" ein berührendes Gedicht:

Es bedarf keiner Worte
Für meinen lieben, lieben Papa Z.

Warum sollte wahre Liebe stumm sein
Wenn unsere beiden Stimmen
Doch genug Worte sprechen können
Um tausend Blätter zu überfluten?
Jedoch mit dem Schweigen bilden wir oft ein Trio,
Und wir lassen das Gefühl unserer Herzen,
Wie es sich will einen Weg bahnen
Zu einem tonlosen Duett.
Sollte der unbegrenzte Sonnenschein unserer Seelen
Sich verweigern den Grenzen der Äußerungen?
Dann mache dir keine Sorgen mehr
Über die stolpernden Sätze der Sprache,
Und sorge dich nicht über die Kraft dieser
Unzulänglichen Zeilen,
Sondern lasse die innere Musik hervorströmen
Von Auge zu Auge und von Hand zu Hand.
Chang Jie, 27. Oktober 1982

Jie war „Papa Z“ als Übersetzerin bei seiner zweiten Reise im Jahr 1982 zugeteilt worden. Sie erwartete ihn am Flughafen, und es wurde sehr bald klar, daß ihr das Vokabular der Musik eher unbekannt war. Zipper äußerte Bedenken, aber sie versicherte ihm: „Machen Sie sich keine Sorgen, ich werde morgen schon viel besser sein.“ Am nächsten Tag war das Anwachsen ihres Wissens über musikalische Ausdrücke verblüffend. Ende der Woche war sie buchstäblich eine Musikologin. Sie hatte einfach sich selbst einen Crash-Kurs gegeben und alles in sich aufgenommen. Zipper war verblüfft. Ihre Fähigkeit, zu lernen, war erstaunlich. Dementsprechend half er ihr dann auch, für ein Fulbright-Stipendium einzureichen, und schon 1989 arbeitete sie in Berkeley an ihrem Doktorat in englischer Literatur. Außerdem unterrichtete sie Englisch für die ersten Semester. Zipper bezweifelt, ob die chinesischen Studenten und Lehrer, denen er es ermöglicht hat, in den USA zu studieren, in ihr Heimatland werden zurückkehren wollen.

Zu den Methoden Zippers gehört es auch, Arbeitsvorhaben in Gebieten zu inaugurieren, die offenbar kulturelle Wüsteneien zu sein scheinen. Während er 1981 in Tianjin dirigierte, bemerkte er in dem erst kürzlich gebildeten Symphonie-Orchester eine außerordentlich begabte junge Geigerin, Guan Wen-Ning. Er bot ihr an, ihr musikalisch zu helfen, und im folgenden Jahr führte er sie in die Feinheiten der Kammermusik ein. Sie war begeistert. Als Zipper 1984 nach Tianjin zurückkehrte, und auch 1986, arbeitete er jedesmal mit ihr und brachte ihr bei, wie man sich der Kammermusik annähern sollte. Manchmal arbeitete er mit ihr bis Mitternacht, nach einem ganzen Tag des Dirigierens. Erfüllt von ihrer neuerworbenen Leidenschaft war sie imstande, die örtliche Regierung davon zu überzeugen, daß die Stadt von einem Kammermusik-Programm profitieren würde und daher ein Streichquartett gebildet werden sollte. Im weiteren entschloß sich die Stadt, sie 1991 nach Amerika zu schicken, damit sie mehr Literatur und Technik studieren könne. So wird also in eine wichtige Stadt eine ganz neue Art von Musik kommen. Guan Wen-Ning wird Direktor der entsprechenden Schule sein. Der Geist hinter alldem aber ist Herbert Zipper, der die Inspiration bewirkt und die Mittel beigestellt hat und all dies in Wirklichkeit hinter den Kulissen getan hat.

Zipper erfuhr aber auch durch Jie und Guan Wen-Ning und viele andere, daß in China Weisheit in einer Art verehrt wird, wie man sich das im Westen gar nicht vorstellen kann. Ihre Dichter und Maler sind Volkshelden. Sein Chauffeur in Guangzhou las, während er auf ihn wartete, eine Anthologie chinesischer Poesie; der Liftboy im Friendship Hotel in Tianjin las eine chinesische Übersetzung von Tolstois „Anna Karenina“; ein Taxifahrer in Peking war beglückt, weil er Zipper zu der Wohnung eines berühmten Malers fahren konnte. Zipper lernte auch, daß die Chinesen anders lernen als der westliche Mensch. Sie glauben an vollkommenes Aufgehen im Lernen, an totale Konzentration. Wenn man im Park neben jemandem sitzt, der liest, so läßt sich der durch nichts ablenken. Eine Bombe könnte neben ihm in die Luft gehen, und er würde sich doch nicht vom Lesen abhalten lassen. Freilich, seit 1981 bemerkte Zipper die Zeichen einer Veränderung auch hier. Denn das Leben ist weniger anstrengend geworden und bequemer. Die gewaltige Motivation, die aus der Not erwächst, und die Notwendigkeit, die eigenen inneren Kräfte zu entwickeln, scheinen sich vermindert zu haben. Große Armut freilich ist für den menschlichen Geist zerstörend, aber es scheint, allzu viel Bequemlichkeit ebenso.

An einem Sonntag fuhren einige seiner chinesischen Bekannten mit ihm zur großen Mauer.

Wir kletterten zu einem hohen Aussichtsposten, von wo man Kilometer um Kilometer dem Auf und Ab der sich windenden Struktur der Mauer folgen kann.

Von der Mauer fuhren wir zu den Ming-Gräbern, wo wir in einem kleinen Restaurant im Freien speisten. Da ich recht schweigsam geworden war, fragte mich einer meiner Bekannten, ob ich mich denn wohl fühle. Ich antwortete: „Es geht mir gut, aber wissen Sie, die Mauer, die hat mich niedergeschlagen gemacht." Dies verursachte sehr viel Überraschung, und ich mußte erklären. Der Anblick der großen Mauer erinnerte mich an die sinnlose, enorme Verschwendung menschlicher Kraft und menschlichen Lebens in den Jahrtausenden, stets für irgendwelche negative Ziele. Es erinnerte mich zur Zeit von 1914 an die Festungen im Westen von Liége und die Festung Przemisl im Osten, an die Maginot-Linie, den Atlantik-Wall, die Siegfried-Linie, die verschiedenen gegenwärtigen Bunkerbauten für die Atomraketen und an die doch sinnlosen Verteidigungspläne unserer Regierung. Gibt es denn keinen Weg dafür, daß die Menschheit ein besseres Gedächtnis entwickelt?

Zipper macht sich auch Sorgen um die rasche Verwestlichung Chinas, die etwa von der wachsenden Anzahl der Fernsehapparate widergespiegelt wird. Er ist beunruhigt über die unvermeidliche Passivität, den Eskapismus, den Materialismus und die Unzufriedenheit mit sich selbst, die offenkundig durch das Fernsehen erzeugt werden. Diese Sorgen haben ihn dazu geführt, nicht nur einfach Musik zu lehren, sondern bei jeder Gelegenheit auch den Chinesen seine Botschaft zu vermitteln. Er versucht, die Chinesen davor zu warnen, den Gefahren der Industrialisierung zu verfallen, den der Technisierung innewohnenden Schrecknissen. Er versucht, ihnen zu erklären, daß sie sich nun in den Anfangsstadien ihrer eigenen industriellen Revolution befinden und China durch die Beobachtung dessen, was sich im Westen zugetragen hat, lernen könnte, die massiven Fehler nicht zu wiederholen, die der Westen begangen hat. Die weitgehende Entfremdung des Arbeiters von seiner Tätigkeit und in der Konsequenz von sich selbst, das Fehlen der Zufriedenheit mit der eigenen Arbeit, wo am Schluß nur mehr die Gehaltszahlung die einzige Belohnung ist, die Zerstörung der Umwelt, die Vernachlässigung der menschlichen Fähigkeiten zugunsten technischer Fortschritte - dies und manche andere schreckliche Katastrophen der industriellen Zivilisation seien, so meint Zipper, nicht unvermeidlich.

China, so erklärt er den Chinesen und jedermann, der ihm zuhören will, habe eine historische Gelegenheit, nämlich das 20. Jahrhundert zu umgehen.

Aus dem feudalen 19. Jahrhundert in ein glorreiches 21. Jahrhundert Chinas fortzuschreiten, ohne die ganzen Schrecknisse des 20. Jahrhunderts erdulden zu müssen. China kann nun sehr wohl die Straße überblicken, auf der der Westen marschiert ist, und nun selbst eine andere Straße bauen. Freilich bedarf es dazu, wie Zipper zahlreichen offiziellen Persönlichkeiten dargelegt hat, die eigenen geistigen Ziele zu definieren. Der Westen, so wird er nicht müde hervorzuheben, hat das erste Modell einer industriellen Zivilisation geschaffen. Erste Modelle sind und können auch niemals perfekt sein. China hat nun die Gelegenheit, sein eigenes Modell zu schaffen, indem es von den Fehlern des ersten Modells lernt. Wenn das Ziel einfach nur technische Leistungsfähigkeit und materieller Wohlstand sein soll, dann wird die Straße in dieselben Schwierigkeiten führen, dieselbe Entfremdung, an denen der Westen leidet. Indem Zipper diese Botschaft immer wieder predigt, hat er nur die Ideen des charismatischen chinesischen Schriftstellers Liang Qichao (1873-1929) wiederholt und verfeinert. Dieser Liang Qichao hat geschrieben:

Ich glaube darum, daß unser liebes junges Volk ein ernsthaftes Ziel, die Respektierung und den Schutz unserer Kultur, haben wird. Ferner, daß unser Volk zwar - um unsere Kultur zu studieren und ihren wahren Charakter zu entdecken - westliche Methoden anwenden wird. Weiters, daß die kommende Generation unsere Zivilisation in Ordnung halten und mit anderen ergänzen wird, um damit eine neue Zivilisation zu bilden. Schließlich, daß die Chinesen diese neue Zivilisation auch an die äußere Welt weitergeben werden, sodaß auch diese und die ganze menschliche Rasse davon Nutzen ziehen kann.[85]

Während seiner Reise nach Wien im Jahre 1987 erklärt er in einem Vortrag:

Der Westen hat das erste Modell einer industriellen Zivilisation geschaffen, ein Modell, das mit all seinen großen Errungenschaften und seinem Fortschritt auch große Schäden mit sich brachte. Heute beginnt der Westen, sich dieser Tatsache bewußt zu werden, und es scheint fast überflüssig, die lange Liste der Schäden aufzuzählen. Nur ein paar, die mir als die ernstesten erscheinen, möchte ich erwähnen: die Entfremdung der Menschen voneinander, das Zerbrechen der Familienbande und damit der Untergang der Samenzelle der menschlichen Gesellschaft, das Fehlen der Befriedigung durch die Arbeit bei der großen Mehrheit und die entsprechende Flucht in einen narkotischen Eskapismus und vor allem die systematische Zerstörung unseres Planeten.

Ich habe berechtigten Grund anzunehmen, daß die Chinesen heute, am Beginn ihrer industriellen Entwicklung, den Westen mit kritischen Augen betrachten. Die Chinesen sind ein Volk von Lernern. Jedermann, der als Lehrer nach China kommt, realisiert sogleich, daß Lehren dort ein Paradies und ein Vergnügen ist. Die chinesische Lust am Lernen schafft eine ständige Freude für das Unterrichten.

Die gegenwärtige Stimmung in China wird geformt durch das Konzept von Wahrheit durch Wirklichkeit, des Vorranges der Vernunft. Zur gleichen Zeit werden Anstrengungen unternommen, um die wertvollsten Teile ihrer Traditionen zu erhalten. Der statische Zustand, der in China durch Jahrhunderte geherrscht hat, verändert sich gegenwärtig in einen Zustand ständiger Bewegung. Es besteht die Möglichkeit, und ich hoffe, daß das nicht nur einfach ein phantastischer Traum ist, daß nämlich China, heute aus dem Feudalismus erwachend und begreifend, daß die westliche industrielle Zivilisation nicht nur Segen, sondern auch Flüche mit sich bringt, den großen Sprung über das 20. Jahrhundert unternehmen und eine neue soziale Ordnung für das 21. Jahrhundert schaffen wird, die, anders als die gegenwärtig bestehende, als Wegweiser für die Menschheit überall dienen könnte.

Was Zipper den Chinesen predigt, hören sie nicht so häufig von Besuchern aus dem Westen. Zipper sieht jeder neuen Reise nach China mit der Erwartung und dem Eifer eines Kindes entgegen, mit der Hoffnung eines Propheten und einer leidenschaftlichen Hingabe an die Künste, die sein ganzes Leben charakterisiert haben. Er predigt den Chinesen immer wieder, nicht blind den Wegen des Westens zu folgen, sondern vielmehr auf die eigene Tradition, auf die eigenen Werte zu vertrauen, aber die westlichen Techniken zu benützen, um ihre eigene Begabung und Phantasie durch sie zu verstärken und neue Formen zu schaffen, neue Arten der Schönheit. So führt seine Botschaft zurück zu den Künsten, dort wo der menschliche Geist entwickelt und erhalten wird und sich ausdrückt.

Postskriptum: China, Juni 1989

Dieses Kapitel sollte mit dem vorangegangenen Satz enden. Jedoch hat Zipper, mit seinem unheimlichen Instinkt, stets dort zu sein, wo Geschichte gemacht wird oder sich Krisen ereignen, eine Reise nach China im Mai 1989 unternommen und wohnte im Minzu Hotel, unweit des Tiananmen-Platzes. Er war vom Kulturministerium zum sechsten Mal eingeladen worden, in verschiedenen Städten zu dirigieren und zu unterrichten. Am 18. Mai angekommen, verbrachte er zwei Tage in Peking, wo er verschiedene offizielle Persönlichkeiten des Kulturministeriums und des Konservatoriums für Musik traf und Pläne für weitere Besuche schmiedete. Am 21. Mai probierte er mit dem Orchester von Tschang-Tschun und konzertierte mit ihm am 28. und 29. Mai, unter anderem mit Beethovens „Egmont"-Ouvertüre, dem Violinkonzert, sowie Brahms 1. Symphonie. Er war am 30. Mai wieder in Peking, wo Zipper am 2. und 3. Juni mit den Philharmonikern probieren und sie bei Konzerten am 15. und 18. Juni dirigieren sollte.

Am 1. Juni schrieb er noch an seine Schwester Hedy, es sei die interessanteste Zeit, die er in China verbracht habe. Die politischen Debatten seien intelligent, nicht ideologisch, sondern wirklichkeitsnah, und das Wichtigste von allem, sie seien vollkommen gewaltlos: „Die Studenten und die Leute im allgemeinen benehmen sich sehr reif und mit Sinn für Verantwortung. Während all dieser Wochen ist nichts im Land zerstört, nicht ein einziger Schuß abgefeuert worden. Es ist unwahrscheinlich, daß der Ministerpräsident Li Peng weiter seinen Posten behält, und von Deng Xiao Ping sagt man allgemein, er sei schon zu alt, obgleich er genauso alt ist wie ich (85), und sie sagen, daß ich nicht zu alt bin. Aber da habe ich auch viel weniger Verantwortung zu tragen wie Deng." Er erinnert sich, daß damals in Peking ein Witz umging: „In China sagen heute die Achtzigjährigen den Siebzigjährigen, welche Sechzigjährige zurücktreten sollten."

Über die in jener Zeit scheinbar erfolgreiche Bewegung der Studenten hatte etwa Li Peng laut „China Daily" vom 20. Mai 1989 geschrieben: „Wir haben stets den patriotischen Enthusiasmus der Studenten bestärkt, und viele Dinge, die sie getan haben, sind richtig. Viele Fragen, die sie erhoben haben, sind gerade jene, die die Regierung zu lösen hofft." Und Li Peng erklärte, an die Studenten gewendet: „Offen gesagt, Ihr habt tatsächlich der Regierung in einem bestimmten Grade geholfen, diese Probleme zu lösen."

Zu dieser Zeit war Zipper in bester Stimmung. Er hatte geschrieben: „Dies ist eine wirkliche Revolution. Man kann nur wünschen, daß sie so blutlos, wie sie bis jetzt gewesen ist, bleibt. Eine neue Führung hat sich noch nicht herauskristallisiert, man kann nur hoffen, daß sie nicht in die falschen Hände gerät, wie das so oft als Ergebnis von Aufständen in der Vergangenheit passierte."[86]

Am 3. Juni dirigierte Zipper Orchesterproben, hatte ein sehr erfreuliches Diner mit dem neuen Präsidenten des Pekinger Zentralkonservatoriums und ging nach dem Essen sehr bald zu Bett. Er wachte kurz vor Mitternacht durch Töne auf, die ihm nur zu bekannt waren, nämlich durch den Klang von Gewehrfeuer und das Geschrei verängstigter Menschen.

Es war ein zutiefst trauriger Anblick für den 85 Jahre alten Optimisten, ein Abend, der ihm Gefühle der Verzweiflung ins Gedächtnis rief. Er hat darüber in Tagebuchaufzeichnungen eingehend berichtet. Am nächsten Morgen begab er sich ins Freie. Eine Leiche lag immer noch auf den Stufen des Hotels, und, einen Häuserblock entfernt, sah er den von Schüssen durchbohrten Körper eines neun bis zehn Jahre alten Mädchens. Er ging durch die Stadt und sah noch mehr Leichen, noch mehr verbrannte Autos und Steine auf den Straßen. Wann immer ein Armeefahrzeug vorbeikam, versteckte er sich in einem Torweg.

An diesem Abend meldeten sich verschiedene Freunde, die ihm den Rat gaben, er solle abreisen. Aber er hatte nicht die Absicht, dies zu tun. Er wollte alles selbst sehen. Er erhielt auch zwei Anrufe von Studenten, die ihm erklären wollten, was am Tiananmen-Platz passiert war. Einer sagte ihm: „Ich habe es gesehen. Was immer die anderen sagen werden, es ist ein wirkliches Massaker gewesen. Überall waren Leichen, zumindest 2000."

Als er am nächsten Morgen mit einem Auto zu einer Probe der Philharmoniker geführt wurde, fanden sich dort nur der Manager und vier Musiker ein. So fuhr er wieder zurück ins Hotel und sah auf dem langen Weg noch weit mehr verbrannte Autos. Vor dem Hotel war eine Schießerei im Gange, und so stieg er einige Wohnblocks entfernt aus und schlich zu Fuß zurück ins Hotel, wo er sehr bald der einzige verbliebene Gast war. Der Küchenchef servierte ihm selbst die Mahlzeiten, denn der Küchenstab war buchstäblich verschwunden.

In dem erwähnten Tagebuch notiert er, er habe während seines Engagements in China in den achtziger Jahren den Eindruck erhalten, daß China ein neues Niveau politischer Reife zu erreichen suche, auf dem Auseinandersetzungen, Unzufriedenheit, Meinungsverschiedenheiten, Klagen und selbst soziale Unruhe gelöst werden könnten, ohne daß man Zuflucht zu Gewalt und Blutvergießen nehme. Während des Monats Mai sei sein Glaube auch noch dadurch bestärkt worden, daß die Regierung sich offenkundig Zurückhaltung auferlegte, angesichts der Studentenunruhen ruhig blieb, und es außerdem offene und unzensurierte Informationen über die Entwicklung in den Medien gab.

Das Gespräch des Ministerpräsidenten Li Peng mit den Führern der Studenten, dessen Text am 20. Mai in den Zeitungen erschien, habe ihm auch noch Mut gemacht. Besonders die Bemerkungen eines absolvierten Studenten der chinesischen Akademie für soziale Wissenschaften, Wang Chao Hua, seien ermutigend gewesen: „Ich glaube, daß die Studenten eine demokratische Bewegung ins Leben gerufen haben, und zwar aus eigenem, um die Rechte, die ihnen die Verfassung zuspricht, auch wirklich zu erhalten. Das ist der Punkt, den ich zu unterstreichen wünsche. Wenn es einfach nur patriotischer Enthusiasmus wäre, dann könnte irgend etwas bei solchem Enthusiasmus passieren. Ansonsten könnte niemand erklären, wie nüchtern denkend die Studenten sind, wie sehr sie sich zurückhalten und in welch guter Ordnung sich diese Bewegung abspielt."

Nach den Ereignissen des 3. und 4. Juni schrieb Zipper wiederum in seinem Tagebuch, nun in ganz anderer Stimmung:

> *Während der Nacht vom 3. zum 4. Juni sind meine Hoffnungen und Erwartungen zu bloßen Träumen geworden, aus denen ich sehr rüde durch Gewehrfeuer und Maschinengewehre, durch Raketen und Tränengas geweckt worden bin, die die chinesische Armee auf unbewaffnete Zivilisten feuerte. Ich konnte das alles vom Fenster meines Hotels, nur wenige Blocks entfernt vom Tiananmen-Platz, beobachten. Die Gewaltanwendung dauerte etwa drei Tage an und rief auch eine entsprechende Reaktion im Publikum hervor, in der Hauptsache, indem man Steine warf und viele militärische Fahrzeuge in Brand steckte.*
>
> *Bis zum 11. Juni, bis heute, ist Peking eine tote Stadt. Es gibt praktisch überhaupt keinen öffentlichen Verkehr. Die wirtschaftliche Tätigkeit steht still. In den vergangenen fünf Tagen bin ich der einzige Gast in diesem großen, zehnstöckigen Hotel gewesen. Man sagt mir, daß die anderen Hotels nicht einmal einen Gast haben. Der wirtschaftliche Verlust muß recht groß sein. China hängt sehr vom Fremdenverkehr ab, was seinen Bedarf an Devisen betrifft. Nicht nur die Fremden sind fort, sondern auch noch die Chinesen aus Hongkong. Die Schulen und Universitäten sind geschlossen, es erscheinen keine Zeitungen. Der Zeitungskiosk, wo früher auch ausländische Zeitungen zu haben waren, ist leer. Es gibt nur jene Informationen, die die Regierung durchgibt, die über Radio, Fernsehen und ein Magazin, das seit 8. Juni erscheint, verbreitet werden. Alle anderen Publikationen haben aufgehört zu erscheinen. Zu behaupten, die Informationen, die von der Regierung ausgegeben werden, seien nicht verläßlich, ist eine lächerliche Untertreibung. Was jedermann gesehen hat und was wirklich geschehen ist, wird entweder nicht berichtet oder vollkommen verzerrt.*
>
> *Mich hat ein Gefühl der Niedergeschlagenheit erfaßt, ähnlich jenem, das ich erlebte, als Hitler 1933 an die Macht kam, als er 1938 in Österreich einmar-*

schierte und als die Japaner im Jahr 1942 Manila eroberten. Ich habe dasselbe Gefühl der Verzweiflung über die Verständnislosigkeit der Regierung gespürt, die darin besteht, daß sie Kugeln statt Ideen einsetzt. Jetzt behaupten sie, daß sie eine Konterrevolution unterdrücken mußten. Aber das ist Propaganda, die niemand hinunterschluckt, weil jedermann weiß, was die Studenten und schließlich auch die Öffentlichkeit wirklich wollten. Es ging ihnen darum, die Verfassung mit Leben zu erfüllen, die bisher nur ein bloßes Stück Papier geblieben ist. Es ging aber auch darum, die sich ausbreitende Korruption unter den Beamten zu beenden.

Die bedeutenden Erfolge auf allen Gebieten, die in den achtziger Jahren errungen wurden, der Aufbau von Hoffnung und Vertrauen in die Zukunft, sind nun auf das schlimmste enttäuscht worden - ob jenseits aller Reparatur kann nur die Zeit zeigen.

Die Regierung hat, anstatt Nachrichten über das stattgefundene Massaker oder ein positives Reformprogramm und Verbesserungen herauszugeben, eine dumme Propaganda veröffentlichen lassen und eine Beschreibung der jüngsten Ereignisse, wie sie sich nicht ereignet haben und auch niemand glauben kann. Ich habe mit vielen Chinesen aus allen Schichten gesprochen und habe niemanden gefunden, der nicht sein Mißfallen über das brutale Vorgehen der Regierung und angesichts einer Propaganda, die der Wahrheit ins Gesicht speit, ausgedrückt hätte.

Zipper beschreibt dann, wie er dreimal Reden Deng Xiao Pings im Fernsehen miterlebte und den Eindruck erhielt, daß dieser schon alt und nicht mehr imstande sei, die richtigen Worte zu finden. Es könnte sein, so meint er, daß Deng Xiao Ping über die Ereignisse nicht voll informiert war und daß ihm die Stärke fehlte, von sich aus den Dingen nachzugehen, ganz so wie etwa Kaiser Franz Joseph von Österreich, der in den Krieg gedrängt wurde, den er nicht wollte, und der alte Hindenburg, den man dazu brachte, Adolf Hitler zu umarmen und die Konsequenzen falsch einzuschätzen.

Was immer die Wahrheit sein mag, die Geschichte wird Deng nicht entschuldigen, wie sie es auch nicht mit manchen Anderen getan hat, die im Sonnenuntergang ihres Lebens fatale Irrtümer begangen haben. Manche wichtige Führer wissen offenkundig nicht, wann sie sterben sollen. Einige meiner chinesischen Freunde werden vielleicht mit meiner Analyse nicht übereinstimmen. Sie behaupten, daß Deng stets zutiefst ein Diktator gewesen sei, trotz all seiner bewiesenen Führungsfähigkeiten in Angelegenheiten der Wirtschaft. Es könnte sehr wohl sein, daß eine Kombination beider Eigenheiten uns zu der Katastrophe führte. Ich bin von vielen Chinesen aus allen Schichten gefragt worden: „Was nun? Was können wir tun, um uns von einer Regierung zu befreien, die sich selbst in den Augen des Volkes und der ganzen Welt derartig entwürdigt hat?" (Wer bin ich, daß ich da einen Rat geben könnte?) Jedoch fühle ich, daß die Kristallisierung einer Weltmeinung, zusammen mit einer klugen Diplomatie, die Nutzen aus den bestehenden starken Meinungsverschiedenheiten innerhalb der chinesischen Regierung zieht, das Problem lösen könnte. (Gedanke unterbrochen durch Gewehrfeuer)...

Im übrigen haben die Ereignisse der vergangenen Wochen in mir 55 Jahre alte Erinnerungen geweckt. Im Sommer 1934 nahm ich als Mitbegründer des Wiener Konzertorchesters an der Organisation von „Eine Woche in der Oper" teil, die auf einer Freiluftbühne innerhalb des Burggartens aufgeführt werden sollte. Tage vor der Premiere waren schon alle Sitze ausverkauft. Alles war fertig für die Aufführungen, als ein paar Tage zuvor die österreichischen Nazis einen Putsch versuchten, der zwar miserabel fehlschlug, nicht zuletzt weil Mussolini Truppen an die österreichische Grenze marschieren ließ. Jedoch der Bundeskanzler Engelbert Dollfuß war ermordet worden, und daraufhin wurde der gesamte Burggarten, der sich in verhältnismäßiger Nähe zum Bundeskanzleramt befindet, für das Publikum gesperrt. So mußten diese Opernvorstellungen abgesagt und das Geld für die Eintrittskarten rückerstattet werden. Wir verloren eine Menge Geld. Ähnlich erging es 1989 mit den Konzerten der Pekinger Philharmoniker am 15. und 16. Juni und dem Beethoven-Festival in Shenyang, das für den 27. und 28. Juni angesetzt war, die jetzt alle abgesagt werden mußten. (Zipper hätte sie alle dirigieren sollen. Anm. d. Autors.) Ich blieb bis zum 13. Juni in Peking, weil ich soviel Informationen wie möglich sammeln wollte.

Eine andere Geschichte kam mir in Erinnerung - Li Pengs Eröffnungserklärung bei seinem Gespräch mit den Vertretern der Studenten: „Heute wollen wir nur über eine einzige Sache sprechen. Wie sollen wir die Studenten, die sich im Hungerstreik befinden, von ihrer großen Last befreien? Die Partei und die Regierung sind zutiefst besorgt, vor allem um die Frage ihrer Gesundheit."

Li Peng und seine Regierung sind so sehr besorgt um die Gesundheit dieser Studenten gewesen, daß sie sie ein paar Tage später niederschießen ließen.

Der 4. Juni und die Zeit danach waren für Zipper sehr enttäuschend. Abgesehen von den musikalischen Projekten und Programmen, die er mit großem Vergnügen den Chinesen bei seinen früheren Besuchen gebracht hatte, entwickelte er wirkliche Zuneigung und echten Respekt für das Land. Er hatte Chinas Zukunft in eher idealistischen und erfreulichen Begriffen gesehen. Einige seiner Freunde hatten schon damals gemeint, er sehe die Zukunft der Chinesen übertrieben optimistisch. Vielleicht hätten Zipper und andere amerikanische und europäische Freunde, die seinen Optimismus teilten, doch die Warnung von Edgar Snow beachten sollen, der in seinem letzten Buch „Die lange Revolution", abgeschlossen 1972, knapp bevor Richard Nixon in Peking Gespräche mit der Regierung führte, geschrieben hatte:

„Die Gefahr besteht darin, daß die Amerikaner glauben könnten, die Chinesen würden den Kommunismus aufgeben - und außerdem die Weltanschauung von Mao -, um nette, Land bestellende Demokraten zu werden. Aber eine viel realistischere Welt ist schon in Sicht. Populäre Illusionen, daß dieses China aus einer süßen Mischung von Ideologien bestehen wird, oder daß Chinas Glauben an die revolutionären Mittel ein Ende findet, das alles könnte nur dazu dienen, um den Abgrund noch tiefer zu machen, wenn die Desillusionierung zuschlägt."[87]

Zipper gab sich jedoch der Illusion hin, daß der marxistische Sozialismus aufgegeben werde. Sozialismus war im Juni 1989 gar nicht das Thema. Vielmehr waren die Bedrückung durch das Vorhandensein und den Stil der Bürokratie das Thema, und das hatte Zipper sehr klar verstanden. Jedenfalls war die Niederschlagung der Studentenbewegung durch das Militär mit ihrer Umkehrung der jüngsten Liberalisierungsprozesse außerordentlich entmutigend.

Zipper verließ China am 15. Juni und kehrte nach Los Angeles zurück. Am Flughafen begrüßte ihn sein Neffe Henry Holt, der ihm noch eine schlechte Nachricht brachte. Hedy, die geliebte Schwester Herberts und seine lebenslange Freundin und Seelenverwandte, war gestorben, während Zipper noch in China war. Sie war mit einem Freund nach Südafrika gereist. Am 6. Juni hatte sie ihren letzten Abend unter Freunden erlebt und war schlafen gegangen. Sie erwachte und rief um Hilfe, sie hatte einen Schlaganfall erlitten, glitt in ein Koma und starb. Sie war 82 Jahre alt. In den vorangegangenen zwölf Jahren, seit Trudl gestorben war, hatten sie einander jeden Morgen am Telephon gesprochen, hatten fast jeden Abend miteinander gespeist, und zwar im Haus der Holts, wo Hedy ihren Bruder mit Wiener Küche, voll der Düfte und Geschmäcker ihrer gemeinsamen Erbschaft, erfreute. Nun, mit der Nachricht von Hedys Tod, war Zipper wirklich allein. Vater, Mutter und Geschwister, alle waren dahin. Seine Antwort auf diesen neuesten Verlust in seinem Leben war wiederum, sich auf seinen eigenen eisernen Willen zu verlassen und seine Tage nicht mit Trauern oder Erinnerungen zu verbringen, sondern mit Arbeit.

Sein Schmerz erhielt poetischen Ausdruck in einem wunderschönen und bewegenden Duett für Cello und Violine - eine ausgezeichnete kleine Arbeit, die er für meine Töchter Anna und Emily komponierte und die bei einem Gedenkkonzert für Hedy gespielt wurde, das am 16. Juli im Schoenberg Institute an der Universität von Südkalifornien stattfand. Er beschäftigte sich auch mit den Vorbereitungen für eine Reise im Juli und August auf die Philippinen. Er sollte dort ein Konzert dirigieren, aus Anlaß der 50. Wiederkehr des Tages, da er Dirigent der Manila Symphoniker geworden war. Er ging ferner daran, die Komposition von Stücken für ein Konzert zu beenden, das im Oktober 1989 in Graz stattfinden sollte. Und er traf die Vorbereitungen für die nächsten Serien der Konzerte in den Schulen. Ebenso bereitete er seine nächste Reise nach China vor und arbeitete an einer Fülle von anderen Projekten. So hat Zipper in einer merkwürdigen Weise den schrecklichen Nazi-Wahlspruch, der über dem Eingangstor von Dachau geschrieben stand, nämlich „Arbeit macht frei", zu seinem eigenen Wahlspruch gemacht. Arbeit hat ihn stets frei gemacht, oder doch verhältnismäßig frei von Trauer, Niedergeschlagenheit und Verzweiflung. In seiner Hingabe an die Arbeit hat er stets die Bedeutung des Lebens und aus dem Chaos der Geschichte und des 20. Jahrhunderts zur Ordnung gefunden. Der amerikanische Romancier Reynolds Price sagte einmal: „Bereite dich vor, entkleide dich, lerne verzichten für das Leben, das dich erwartet; lerne Einsamkeit und Arbeit; sieh, wie weniges wirklich liebenswert ist, aber das liebe." Seit den Tagen von Dachau hat das Leben Herbert Zippers aus einer ununterbrochenen Anwendung dieses Konzeptes bestanden.

CODA

CODA
Rückkehr nach Wien

Ein alter Mann ist ein erbärmlich Ding,
ein zerrissener Mantel an einem Stock,
wenn nicht die Seele in die Hände klatscht
und lauter singt für jeden Flicken
in ihrem sterblichen Kleid.

W. B. Yeats

Das Haus von Herbert Zipper, ein bescheidenes, mittelständisches Gebäude, gestattet den Blick auf den Pazifischen Ozean. Sein Garten bietet eine reiche Palette von Farben, von herrlichen Rosen, Kamelien und anderen Blumen, um die er sich kümmert, sorgfältig in seinem Bemühen, das jede seiner Unternehmungen kennzeichnet. Wenn ich nach langen Gesprächen und Interviews mit ihm nach Hause fuhr, war ich oft von der Eigenartigkeit dieser Szenerie beeindruckt. Diesen Mann - ein Wiener Jude, geboren noch im Reich der Habsburger im Jahre 1904, ausgebildet an der Wiener Akademie, ein Dirigent in Deutschland, ein Überlebender von Dachau und Buchenwald, ein Dirigent des Manila Symphonie-Orchesters, der nun an den Pacific Palisades lebt, von wo er den Pazifischen Ozean überblickt. Zur Zeit, als ich diese Biographie zu Ende führte, war Herbert Zipper 87 Jahre jung, ein kraftvoller Mann, voll Leidenschaft für die Musik, die Erziehung, die Politik, die Ökologie und das Leben. Ich habe einmal seinen Freund Dr. Eric Simon gefragt, was ihm denn als erstes einfalle, wenn er an Herbert Zipper denke? Und da seine Sehkraft schwach und seine Handschrift schwer lesbar ist, schickte mir Dr. Simon eine Tonbandkassette. Ich erwartete eine farbige, tiefschürfende Antwort. „Wenn ich über Herbert nachdenke", sagte dieser Freund, der ihn seit 50 Jahren kannte, „dann denke ich an seine Nase!" Ich konnte das Kichern in seiner Stimme hören. Zipper hat tatsächlich eine prominente Nase, so wie etwa Vladimir Horowitz. Er blickt einen über diese Nase mit durchdringenden Augen an. Er hört sorgfältig zu und antwortet auf Fragen mit durchdachten, ernsten Antworten. Ich habe in meinem Leben wenige Leute getroffen, die sich weniger mit Nebensächlichem befassen. Der Wiener Akzent ist noch stark, aber die englischen Sätze sind erhellt von einem exzellenten Sinn des Richtigen. Wenn er steht, so tut er das mit gebeugten Schultern. Er scherzt manchmal darüber, daß er ein wenig an Größe verloren hat.

Jeden Sonntag, durch vier Jahre (1987-1991), bin ich um acht Uhr früh zu seinem Haus gefahren. (Wenn ich verspätet war, rief er an, um sich zu überzeugen, daß alles in Ordnung war.) Jedesmal bin ich durch den schönen Garten zum Eingangstor gegangen. Dieser Weg ist an beiden Seiten mit schönen, großen Rosen bewachsen, die Zipper mit der Sorgfältigkeit eines Chirurgen pflegt und zurechtschneidet. Dazwischen stehen auch wundervolle Azaleen, dahinter dann ein schöner grüner Rasen. Wenn ich an der Eingangstür angekommen bin, schaut er durch das Fenster, steht von seinem Studiertisch auf und kommt, um die Tür für mich aufzusperren. Das Innere des Hauses spiegelt seine Ordnungsliebe wider. Es ist ein Zeugnis seines eigenen ästhetischen Geschmacks und seiner Empfindsamkeit, aber auch ein kleines Museum seines fast ein Jahrhundert währenden Lebens. Die Wände sind bedeckt mit Gemälden von den Philippinen, aus China, aus Österreich; da sind Tische, auf denen Kunsthandwerksgegenstände und Skulpturen aus der ganzen Welt stehen, einschließlich der äußeren Provinzen der Philippinen. Da sind Photographien von Trudl und seiner Familie, seinem Großvater; und da sind Teppiche und Sessel von eingeborenen Handwerkern. Jeden Sonntag sitzen wir in einem Gartenzimmer, gefüllt mit Orchideen, da wachsen innen Bäume, doch der Raum hat einen stets polierten Marmorboden. Dieses Gartenzimmer grenzt an das Wohnzimmer, wo ein Steinway-Flügel steht, an den Wänden Bücherkästen, gefüllt mit seinen Lieblingsbüchern wie etwa den sämtlichen Werken Goethes oder auch Büchern, die seine Freunde geschrieben haben, wie Edgar Snow, Theodore White, Claude Buss, Malcolm Cowley und andere.

Ungeachtet seines Alters steht er schon zwischen halb fünf und fünf Uhr früh auf, um den Tag mit einem kraftvollen Spaziergang in den Hügeln oberhalb seines Pacific Palisades-Heimes zu beginnen. Von diesem Spaziergang kommt er häufig zurück, um klassische Kammermusik für die Volksschulkinder zu komponieren, für welche die traditionelle klassische Literatur wohl zu schwierig wäre. Er komponiert auch Kinder-Kammermusikprogramme für die Volksschule, die er in all den Jahren entwickeln geholfen hat. Dann wieder schreibt er Briefe an Freunde und Bekannte in der ganzen Welt, und häufig fährt er in die eine oder andere Schule, wo er Konzerte für die Schulkinder dirigiert. Zwei Tage in der Woche unterrichtet er Kontrapunkt an der Crossroads School, wo er darauf besteht, dies ohne Bezahlung zu tun. Im Alter von 87 Jahren sind seine Tage arbeitsamer als jene von vielen anderen hart arbeitenden Leuten, die ich kenne. Ihn stört nur das Wissen, daß er relativ wenig Zeit übrig hat, um so viele Dinge fertig zu bringen.

Gerade diese Biographie ist ein Projekt, an das Herbert Zipper selber niemals gedacht hätte. Er hat viel zuviel zu tun mit dem Alltag und damit, die Grundlagen für den nächsten Tag vorzubereiten, um sich mit dem Gestern länger zu beschäftigen. Und obwohl ich denke, daß er ein wenig geschmeichelt war, als ich meinen Wunsch darlegte, seine Geschichte zu erzählen, so weiß ich doch, daß er dem Projekt nur zustimmte aus der ewigen optimistischen Hoffnung, daß vielleicht irgendwelche Menschen bereit sein könnten, seine Ideen zu überlegen und vielleicht auch aus ihnen Nutzen zu ziehen. Sein Leben ist gewiß faszinierend und sehr bemerkenswert gewesen, aber noch wichtiger ist seine völlige Hingabe an ein paar einfache Wahrheiten und Werte. Sein Leben ist ein Beispiel für einen sich allerdings sehr rasch in Luft auflösenden Glauben, nämlich daß Menschen die Kontrolle über ihr Dasein in die Hand nehmen und sich mit einem Willensakt entschließen können, ein sinnvolles, bedeutsames Leben im Dienste der anderen und für eine bessere Zukunft zu führen.

Eine Biographie seines Lebens zu schreiben, ist jedoch schwierig gewesen. Kürzlich sagte ich ihm: „Wissen Sie, Sie sind der Alptraum eines Biographen." „Was meinen Sie?" fragte er. Und ich gab ihm ein Beispiel. Ich kam in sein Heim an einem Sonntag, dem 17. Juli 1988, um wieder einmal zu versuchen, ihn zu einer Diskussion über seine finstereren Gedanken zu verführen, zu den Dingen, die er bedauert, betrauert, und ihm einige seiner Träume zu entlocken, seiner Phantasien, der Geister der vergangenen Jahre, die mit ihm an seinen morgendlichen Spaziergängen in den Hügeln oberhalb seines Heimes wandern. In meiner Vorstellung konnte ich ihn im Dialog mit Trudl sehen, mit Jura Soyfer, mit den Brüdern Walter und Otto, mit den historischen Figuren seines Lebens. Ich suchte natürlich ein bißchen mehr Drama und Pathos, die ich gern in den Bericht über sein Leben eingefügt hätte.

Und so fragte ich ihn, woran er bei diesen Spaziergängen denke. Er schloß seine Augen, schwieg eine kurze Zeit und sagte dann: „Nun, üblicherweise nehme ich mir ein Thema von Brahms oder Bach oder Beethoven vor - gerade gestern waren es die ersten fünf Takte der 5. Symphonie -, dann versuche ich, sie umzuschreiben und in eine andere Richtung zu lenken." Er begann dann eine Diskussion über die Entwicklung von Melodien und Motiven bei den verschiedensten Komponisten. Seine Augen waren intensiv, die Arme des Dirigenten gestikulierten wild, seine Stimme wurde immer lebhafter angesichts der schwierigen und schöpferischen Balance zwischen dem „Erwarteten und dem Unerwarteten" in den Künsten. Ich begann, leise vor mich hin zu kichern. Ich hatte Kontakt zu den Dingen aufnehmen wollen, die ihn verfolgen oder bedrücken, aber er will nicht in der Vergangenheit verweilen. Er befaßt sich mit Ideen und Themen, mit Politik und erzieherischen Programmen. Der Versuch, die dunkle Vergangenheit wieder auszugraben, ist nahezu unmöglich gewesen. Zipper ist gesund, liebt die Künste und die menschlichen Möglichkeiten. Er ist unfähig, über sich selbst zu reden.

Von Manila nach Brooklyn, nach Chicago, nach Los Angeles, nach Peking und Dutzenden anderen Städten, Zipper versucht, seine Vision einer neuen Welt entsprechend aufzubauen. Das Ausmaß seiner verlorenen Welt - der Verlust eines Reiches -, das hat zu dem Ausmaß seines eigenen Lebens geführt. Er hat sich bemüht, Kultur zu errichten und wieder zu errichten in Amerika und Asien. Die sichere, hochintellektuelle, traditionsgebundene Welt Wiens und Europas ist 1938 zerbrochen, und seine eigenen Gewohnheiten und Ziele wurden zerstört. Als ein eingefleischter Wiener wurde er in die Rolle des jüdischen KZ-Gefangenen und Überlebenden gezwungen. Die Sicherheit der Kindheit, der Familie und der österreichischen Kultur verschwand über Nacht in einem schrecklichen Zusammenbruch. Und so suchte er all dies zu ersetzen.

In der „Neuen Welt" hat er, wie viele „Adam" vor ihm, das Paradies wiederzuerschaffen versucht, eine neue Sprache der Ästhetik zu lehren, die Künste und Musik, Sprache für alle Menschen, reich oder arm, die verstanden werden konnte, zu schaffen. Im Untergrund der Tätigkeiten großer Männer liegt oft die persönliche Notwendigkeit, die sie auf diese Art befriedigen. Es gibt aber keine geheimnisvolle „Rosenknospe“ in Zippers Geschichte. Dachau - Buchenwald - Manila, das alles radikalisierte den jungen Dirigenten aus gutem Hause. Um seine eigene Sicherheit und die Sicherheit aller anderen zu garantieren, bemühte er sich, Voraussetzungen für die Demokratie, Vernunft, Kultur und den Anstand herzustellen. Kaum je hat er etwa auf Dachau mit einem „Niemals vergessen“-Vorzeichen zurückgeschaut. Vielmehr hat er stets in die Zukunft geblickt, um Situationen und Programme zu schaffen, die direkt entgegengesetzt den Erfahrungen mit den Nationalsozialisten waren. Nicht diese „Niemals vergessen“-Häßlichkeit, sondern „Stets sich erinnern“ der Schönheit war sein Motto. So ist er auch motiviert, um zu sehen, daß der Nationalsozialismus niemals wieder auferstehen darf. Der Brennpunkt seiner Gedanken war stets die Jugend, die Erziehung und auch die Nachwelt. Er hat seine persönliche Notwendigkeit erfolgreich übertragen und persönliche Schmerzen in eine Weltvision verwandelt.

Dreimal ist Zipper wiederum in seine Geburtsstadt zurückgekehrt, ungeachtet der vielen Reisen nach China und der umfangreichen Arbeit, die er in Los Angeles auf sich genommen hat. Die zweite Reise fand im Oktober 1987 statt. Er hatte schon vorher, 1956, Wien besucht, aber diese Oktober-Reise war anders. Denn nun kehrte ein alter Mann aus einer Entfernung von beinahe einem Jahrhundert in die Heimat zurück und sah sie aus der Perspektive, die er vor einem halben Jahrhundert noch hatte, als er die Stadt verließ - das war ja im Jahre 1939 gewesen. Zum Teil kehrte er zurück, um zu sehen, was aus seinem Leben geworden wäre, wäre er im Jahre 1946 schon heimgekehrt, was viele ihn gedrängt hatten zu tun. Er war in einem sehr realistischen Sinn zurückgekehrt, um zu erkunden, wie sein Schicksal sich wohl entwickelt hätte, ein Schicksal, für das er so gut ausgebildet und vorbereitet war, und das er zurückweisen mußte.

Das Wien des jungen Herbert Zipper (Fin de Siècle bis 1930) hatte in gewisser Weise doch auch einen sehr starken Einfluß auf ihn gehabt. In anderer Hinsicht wiederum schien er von der Zeit und dem Ort kaum beeinflußt gewesen zu sein. Bruno Bettelheim, in seinem Buch „Freud's Vienna“ (1990), beschreibt sehr lebhaft die Entstehung der Psychoanalyse in Wien in der Zeit, als Zipper in die Schule ging und aufwuchs. Während Freud jedoch die Tiefen des Unterbewußten entdeckte und die Formen, zu denen alle Menschen gedrängt werden, vom Unbewußten und den irrationalen Kräften innerhalb dessen, hat Zipper sein eigenes Selbst nach sehr vernünftigen Linien geformt. Da er das oft sehr heftige Temperament seines Vaters beobachtete, entschloß sich Zipper, die Kontrolle über sich selbst nicht zu verlieren - und das tat er dann auch. Beobachtend und lesend über Menschen, deren sexuelle Leidenschaften sie zerstört hatten, entschloß sich Zipper, ein gesundes und glückliches Sexualleben zu haben, aber nicht dessen Sklave zu werden. Allgemein gesprochen könnte dies eine unerwünschte, ja sogar ungesunde Ausübung einer Selbstkontrolle bedeuten, vielleicht selbst einen Verteidigungsmechanismus gegen Schmerz. Aber es hat Zipper gute Dienste geleistet. Viel ist über die latenten Konflikte innerhalb

DER BUNDESPRÄSIDENT

DER REPUBLIK ÖSTERREICH

HAT AUF ANTRAG DES BUNDESMINISTERS FÜR UNTERRICHT
UND AUF VORSCHLAG DER BUNDESREGIERUNG
MIT ENTSCHLIESSUNG VOM

1. DEZEMBER 1966

HERRN DIRIGENTEN
HERBERT ZIPPER

DAS ÖSTERREICHISCHE EHRENKREUZ
FÜR WISSENSCHAFT UND KUNST I. KLASSE
VERLIEHEN, WAS HIEMIT BEURKUNDET WIRD.

WIEN, AM 1. DEZEMBER 1966

DER LEITER DER
ÖSTERREICHISCHEN EHRENZEICHENKANZLEI

KABINETTSDIREKTOR

der Wiener Gesellschaft geschrieben worden - die sexuelle Unterdrückung, der sterile Konformismus, der Krieg zwischen Eros und Thanatos, den Freud beschrieben hat. Hilde Spiel, die erst kürzlich verstorbene österreichische Schriftstellerin, die auch zu den führenden Kulturkritikerinnen Europas gehörte, schreibt zum Beispiel über die Periode von 1900-1920, es sei eine Zeit starker Emotionen gewesen, eine Ära der Melancholie, der ererbten Trauer des ganzen Judentums - die Müdigkeit eines seit langem vergessenen Volkes -, zusammen mit einer Tendenz zur Niedergeschlagenheit, zum taedium vitae, zu einem kapriziösen Schlecht-gelaunt-Sein, das gerade die empfindsamsten und begabtesten Wiener ansteckte. Dies sei aber durch die Vorahnung kommenden Unheils noch genährt worden, die stets an Stärke gewann trotz des scheinbaren Hochfluges der Geister, wie er während der letzten Jahre des habsburgischen Imperiums gang und gäbe war.[88]

Zipper wuchs in dieser Welt, der Welt der Komponisten wie etwa Gustav Mahler auf, der dem „Zusammenspiel von hoher Tragödie und leichtem Amüsement" Ausdruck gab. Eine Qualität, zu der Spiel sagt, es sei die lachende Verzweiflung, die makabre Heiterkeit, die in dem Charakter eingeborener Wiener erblich enthalten ist. Eine Qualität, deren früher Ausdruck in dem heiteren Refrain des legendären Augustin, der aus der Pestgrube auferstanden war, enthalten ist: „Alles ist hin." Aber Zipper war von diesem Zeitgeist irgendwie nicht ergriffen. Er war viel eher ein fröhlicher, verantwortungsbewußter junger Student, dessen hauptsächliche Form der Rebellion sich gegen die repressive Seite Wiens wandte, ein Freidenker und Linksliberaler. Jedoch, bis zu welchem Grad Zipper ein Produkt Wiens war, oder wie sehr er vom Wiener Milieu unbetroffen blieb, das bewirkte, daß er seine Person zum Maßstab nahm, oder vielleicht ausersehen war zu werden, was er schließlich geworden ist - wie es ja die Persönlichkeit jeder Person letztlich ist -, das bleibt ein Mysterium.

Die Rückkehr nach Wien im Jahre 1987 war eine niederdrückende Erfahrung. Es war niederdrückend, von Buchhandlung zu Buchhandlung zu gehen und hauptsächliche Bücher vorzufinden, die sich auf die alten Tage bezogen, auf das Wien im Glanz der Jahrhundertwende. Die Stimmung in der Stadt, so schien es, war eine, die nach rückwärts blickte. Rückwärts zu der Glorie, die das Imperium gewesen war. Porträts von Kaiser Franz Joseph waren überall zu sehen. Zipper fand wenig Beweise für künstlerische Experimentation oder einen kulturellen Wiederaufbau oder einfach von Vitalität. Es war nicht eine Stadt, die nach vorwärts blickte, es war eine Stadt, die sich in Erinnerungen erging.

Hilde Spiel beschreibt diesen Niedergang, der 1938 begann:

> *„In unseren Tagen hat die Zweite Republik Österreich die erste längst überholt, nicht nur an zeitlicher Dauer, sondern auch an Wohlstand und innerer Gesundheit. Dennoch wäre es falsch, darin eine Gegenbewegung des Pendels zu erblicken. Während die Grenzen der Stadt, in der Ära Hitlers unmäßig erweitert, nach 1945 wieder jenen von 1938 entsprechen, nimmt die Bevölkerung Wiens ständig ab. In den geräumigen Regierungsgebäuden, von denen aus ehedem ein weitgespanntes Reich verwaltet wurde, machte sich nach dem Friedensvertrag von St. Germain die Bürokratie des übriggebliebenen Rumpf-*

staates breit. Heute sind sie zum Bersten gefüllt mit Beamten, die sich nach dem Parkinson'schen Gesetz vermehren. Die riesigen Staatstheater, Denkmäler der einstigen Größe Österreichs, erhalten wesentlich höhere Subventionen als die Theater in London, Paris oder New York. Inmitten dieser Pracht aber haben die Wiener, eifrig wie Ameisen in ihrem Bemühen, die derzeitige politische, soziale und wirtschaftliche Stabilität zu erhalten, ihre frühere Urbanität und Weltoffenheit eingebüßt. Der Löwe ist tot. Die berühmte concordia discors im Mittelpunkt eines Vielvölkerstaates wurde abgelöst von einer gleichmacherischen Provinzialität.

Das Urteil klingt hart, aber es wird belegt durch kleinliches Gerangel im öffentlichen Leben, das allgemein niedrige Niveau der Presse und den Mangel an anregendem intellektuellen Widerstreit. Musik wird hier immer noch, wenn nicht allzu reichlich geschaffen, so doch mit höchster Vollkommenheit gespielt und aufgeführt; den bildenden Künsten kann man eine bescheidene Wachstumskraft bezeugen, aber weder die Literatur noch die Philosophie noch die Wissenschaft im Wien von heute können sich mit jener der Jahre vor dem Zweiten Weltkrieg vergleichen. Ein Versuch, die Charakteristik der Bewohner Wiens und ihrer verschiedenen Bezirke zu beschreiben, muß sich denn auf die genannte Periode beschränken - seine Ergebnisse sind nicht anwendbar auf die Gegenwart. Im kulturellen Bereich zumindest war der „Anschluß" von 1938 eine tiefer reichende Wasserscheide als der „Zusammenbruch" 20 Jahre zuvor.[89]

Das Wien des Jahres 1987 war auch eine Stadt, die sich selbst unsicher fühlte, wie sie den historischen Herausforderungen des 20. Jahrhunderts begegnen sollte. Wenige wünschten die angebliche Zusammenarbeit des Präsidenten Dr. Kurt Waldheim mit den Nationalsozialisten zu diskutieren. Revisionistische Historiker waren eifrig daran, die sich in der ganzen Welt abspielenden Grausamkeiten des 20. Jahrhunderts hervorzuheben, um zu zeigen, daß die Schrecknisse der Nazi-Zeit keineswegs vereinzelt waren, sondern nur eine von vielen. Während seiner Reise von 1987 traf Zipper jedoch auch einen Mann, dessen Gedächtnis klar und ehrlich war:

Während er mit dem früheren Botschafter in China, Dr. Wolte, zum Außenministerium spazierte, traf Zipper zufällig einen alten Bekannten, Milan Dubrovic, einen Journalisten und Chefredakteur verschiedener Zeitungen, vor allem der „Presse", im Wien von 1927-77. Ein Buch von Dubrovic, „Veruntreute Geschichte", war erst vor kurzem veröffentlicht worden. Zipper und Dubrovic diskutierten miteinander, was in den dreißiger Jahren geschehen war, und wie man habe zulassen können, daß es geschah. Dubrovic selber hat in seinem Buch eine sehr treffende Darstellung gegeben, die das Gefühl der Schuld und der Hilflosigkeit beschreibt, das manche in Wien angesichts der Tragödie der Machtübernahme durch die Nazis empfunden haben:

WIENER ALLTAG UNTER HITLER

FRÜHLINGSSPAZIERGANG AM RING

Es war strahlendes Sonntagswetter, eine sanfte Brise trieb wollige Schäfchenwolken über den blauen Himmel. Das satte Grün der Ringstraßenallee bot ein südliches Bild beschwingter Heiterkeit, der trügerische Schein einer befriedeten, konfliktfreien Welt breitete sich über das Gemüt der lustwandelnden Paare und Müßiggänger.

Plötzlich zerstört ungewohnter Lärm die feiertägliche Idylle. Drei riesige Lastautos fahren knapp hintereinander mit verdächtiger Eile rüttelnd und polternd über die Straße, vollbeladen mit Menschen. Diese stehen dicht zusammengepfercht, mit bleichen Gesichtern, von Angst gezeichnet.

Gleich einem Schlachtvieh-Transport rollen die Wagen, gelenkt von jungen SA-Männern. Einer von ihnen steht mit schußbereitem Gewehr, den Blick wachsam auf das verschüchterte Frachtgut gerichtet.

Die aufgescheuchten Spaziergänger sehen, was sich da vor ihren Augen vollzieht: Die Gefangenen tragen den gelben Stern auf der Brust. Ist jemand unter ihnen, den man kennt, ein Mensch, der einem nahesteht, ein Freund gar? Der Gedanke durchzuckt einen wie ein Blitz. Zu schnell fahren die knatternden Karren, als daß man in dem Haufen aneinandergedrängter Gefangener einzelne Gesichter erkennen könnte.

Manche, nicht alle der eben noch frohgestimmten Ringstraßen-Flaneure bleiben betroffen stehen, blicken den Fahrzeugen nach, die wie ein böses Phantom dem Blick entschwinden.

„Jetzt müßte man laut aufschreien", sagt meine Frau, „den Autos nachlaufen, protestieren, sich vor die Räder werfen!"

Aber niemand tut es, auch wir nicht. Warum nicht? Die Helden, die Märtyrer, wo sind sie?

Gedanken, die nie schwinden werden, die nachwirken, als immerwährende Mahnung, als Erinnerung an Versagen, an die beklemmende Angst vor dem Sturz ins Absurde.

Das Drama, der Gewissenskonflikt waren Bestandteil des Alltags geworden.[90]

Aus dem Heute gesehen, betrachtet sich Zipper selbst als einen der Glücklichen. Er war nicht in der Lage eines hilflosen Danebenstehenden. Er war eines der Opfer, ein Teilnehmer, ein aktiver Rebell. Solange er im Konzentrationslager war, meldete er sich freiwillig für Arbeiten, die niemand anderer tun wollte. Er wollte alles in vollem Maße sehen und erfahren. Wenn das Schicksal ihn in die Hölle schleuderte, dann wollte er die volle Hitze des Feuers spüren. Wenn das Schicksal ihn aus der Akademie verbannte, dann wollte er lernen, was er in seinen neuen „Klassenzimmern" lernen konnte. In Wien 1987 umherspazierend (und wiederum 1988), konnte sich Zipper vorstellen, wie das Leben hätte sein können. Er hatte wenig zu bedauern. Er hatte sich weit über ein Leben des kulturellen Elitismus hinausbewegt, um ein Gläubiger des kulturellen Liberalismus zu werden. Er hatte sich aus einem Bürger Österreichs in einen Weltbürger verwandelt.

Zippers dritte Reise nach Wien und Österreich erfolgte im September 1988. Meine Frau und ich begleiteten ihn zuerst nach Wien und dann nach Graz, wohin er eingeladen worden war, um die Weltpremiere seines Dachau-Liedes beim alljährlich stattfindenden „Steirischen Herbst" zu dirigieren. Wir trafen am frühen Abend des 19. September in Wien ein und unternahmen sogleich einen Spaziergang durch die Innere Stadt. Auf diesem Spaziergang zeigte er uns dieses und jenes Gebäude, das Erinnerungen aus seiner Kindheit wachrief. Dies war das Haus, wo sein Vater gearbeitet hatte, das war das Haus Mahlerstraße Nr. 13, wo er 1928 ein Zimmer um 60 Schilling pro Monat für sich und Trudl gemietet hatte, er damals 25, sie 15 Jahre alt, wo sie ihrer Liebesaffäre nachgehen konnten. Dieses Restaurant, St. Urbani-Keller, war es, wo Leo Slezak und Zipper lachten und Kabarettmusik miteinander schrieben. Dieses wieder, das Griechen Beisl, war ein Platz, den Brahms häufig besuchte. „In dieser Straße waren damals eine ganze Anzahl jüdischer Geschäfte. Heute gibt es keines." Diese Straße beherbergte eine ganze Serie von hochklassigen „Damen der Nacht". „Ich nahm einige von ihnen mit auf einen Kaffee, um ihrer Unterhaltung zuzuhören und heitere Geschichten über ihre Kunden und Erfahrungen zu hören", meinte er. Weitergehend kamen wir zu einer schmalen Passage, an der eine alte Bronzetafel hing:

Fußgänger Achtung auf das Fuhrwerk
Schrittfahren!
Schwerfuhrwerkskutscher haben die Pferde am Zügel
zu führen oder eine erwachsene Begleitperson zur
Warnung der Fußgeher voranzuschicken.
Kundmachung vom 8. Mai 1912. Mag.Abt. IV, Z 2050/11

Wir beschlossen unseren Spaziergang in einem Espresso, das sich am selben Platz befindet wie das Haus, in dem Zipper geboren wurde (das damalige Haus ist Gegenstand einer Radierung des zeitgenössischen Künstlers Kasimir). Immer noch gibt es dort, wie auch vor 80 Jahren, eine Buchhandlung, die damals das einzige Geschäft in dem ganzen Gebäude war.

Einen ausgezeichneten Espresso trinkend und in diesem nostalgischen Kaffeehaus die Sachertorte mit Vergnügen verzehrend, sprachen wir eine Weile über das Schicksal der österreichischen Juden. Seit ich Herbert Zipper kennengelernt habe, hat es mich immer verwundert, daß seine Identität sehr wenig in der Tatsache, daß er ein Jude ist, begründet liegt. In einer Familie aufgewachsen, die den jüdischen Bräuchen sehr wenig Aufmerksamkeit schenkte, ebensowenig den religiösen Feierlichkeiten, ist er sein ganzes Leben lang ein Agnostiker gewesen, und sein Zugehörigkeitsgefühl ist niemals ethnisch oder national, sondern vielmehr immer universal und international gewesen. Seine Geschichte ist nicht untypisch für die eines mittelständischen Wiener Juden zur Jahrhundertwende. Seine Familie und die meisten Juden, die er kannte, betrachteten sich selbst in allererster Linie als loyale Österreicher, voll Stolz, Teilnehmer der kulturellen und intellektuellen Glorie dieser Stadt sein zu können. Stefan Zweig hat in seinen treffenden Erinnerungen an jene Zeit, „Die Welt von gestern", erklärt:

Durch ihre leidenschaftliche Liebe zu dieser Stadt, durch ihren Willen zur Angleichung hatten sie sich vollkommen angepaßt und waren glücklich, dem Ruhme Österreichs zu dienen; sie fühlten ihr Österreichertum als eine Mission vor der Welt, und - man muß es um der Ehrlichkeit willen wiederholen - ein Gutteil, wenn nicht ein Großteil all dessen, was Europa, was Amerika als den Ausdruck einer neu aufgelebten österreichischen Kultur heute bewundert, in der Musik, in der Literatur, im Theater, im Kunstgewerbe, ist aus dem Wiener Judentum geschaffen gewesen, das selbst wieder in dieser Entäußerung eine höchste Leistung seines jahrtausendealten geistigen Triebes erreichte. Eine durch Jahrhunderte weglose intellektuelle Energie verband sich hier in einer schon etwas müde gewordenen Tradition, nährte, belebte, steigerte, erfrischte sie mit neuer Kraft und durch unermüdliche Regsamkeit; erst die nächsten Jahrzehnte werden erweisen, welches Verbrechen an Wien begangen wurde, indem man diese Stadt, deren Sinn und Kultur gerade in der Begegnung der heterogensten Elemente, in ihrer geistigen Übernationalität bestand, gewalttätig zu nationalisieren und zu provinzialisieren suchte.[91]

Zweig erklärt auch, daß Juden nicht nur führende Künstler und Intellektuelle gewesen seien, sondern auch als Mäzene Österreich gedient hätten. In der francisco-josephinischen Ära waren der kaiserliche Hof und der Hochadel nicht mehr die großzügigen Auftraggeber der Künstler, der Bildhauer, Maler und Architekten, der Musiker und Dichter:

Um die philharmonischen Konzerte auf der alten Höhe zu erhalten, den Malern, den Bildhauern eine Existenz zu ermöglichen, mußte das Bürgertum in die Bresche springen, und es war der Stolz, der Ehrgeiz gerade des jüdischen Bürgertums, daß sie hier in erster Reihe mittun konnten, den Ruhm der Wiener Kultur im alten Glanze aufrecht zu erhalten. Sie liebten von je diese Stadt und hatten sich mit innerster Seele hier eingewohnt, aber erst durch ihre Liebe zur Wiener Kunst fühlten sie sich voll heimatberechtigt und wahrhaft Wiener geworden.[92]

Zur Zeit des Anschlusses am 12. März 1938 lebten 185.000 Juden in Österreich, 170.000 davon allein in Wien. Zu den führenden intellektuellen Figuren jener Zeit gehörten Sigmund Freud, Kelsen, Popper-Lynkeus und Stefan Zweig. Zur Zeit als der Krieg ausbrach, wurden 120.000 durch den Terror der Nazis genötigt, das Land zu verlassen, und weitere 6.000 reisten noch bis Ende des Jahres 1939 ins Ausland. Von jenen, die zurückblieben, sind geschätzte 90 Prozent durch die „Endlösung“ ermordet worden. Hilde Spiel schreibt von den Toten und den Emigrierten:

Niemand weint um sie im heutigen Wien. Auch ist man sich in der Stadt, in der so viele Generationen von ihnen lebten, der unendlichen Vielfalt jener einstigen jüdischen Einwohner nicht mehr bewußt. Ganz wie die Hierarchie der Nichtjuden hatten auch sie ihre soziale Stufenleiter, von den edelsten, feinfühligsten und wertvollsten Menschen bis hinunter zu den schwarzen Schafen, den Wucherern, Gaunern und Verbrechern.

Es wäre mir lieber gewesen, in diesem Bericht über eine große Kulturepoche nicht in jedem Einzelfall hinzufügen zu müssen, welche der Männer und Frau-

en, die sie mitbewirkt hatten, jüdischer Herkunft waren. Sie selbst hätten vorgezogen, ganz einfach als österreichische Dichter, Maler, Komponisten oder Wissenschaftler angesehen zu werden. Das war und ist immer noch ein utopischer Wunsch. Deshalb mag es nötig sein, der kollektiven Erinnerung aufzuhelfen und ausdrücklich hervorzuheben, daß Wiens Glanzzeit einem einzigartigen Augenblick der Geschichte, einer unwiederholbaren Symbiose zu verdanken war. Im Rückblick aus ihr Gewinn zu ziehen, wie die Stadt dies jetzt tut, sollte deren Bürger dazu verpflichten, dem Andenken der vertriebenen oder ermordeten Juden mehr als Lippendienst zu erweisen und die wenigen noch Übriggebliebenen dieses Glaubens zu achten, die den Wienern trotz allem so sehr vertrauen, daß ihnen ein Weiterleben in deren Mitte wieder möglich erscheint.[93]

Herbert Zipper kam in „deren Mitte" in Österreich zurück, nur um sein „Dachau Lied" zu dirigieren und meiner Frau und mir die Orte seiner Kindheit zu zeigen. Er betrachtete die Stadt wie Rom, Venedig, wie Athen als ein imperiales Museum. Und die Geschichte ihrer vergangenen Glorie und ihres Falles ist nur nutzbar, wenn der Mensch aufhören wird, immer erneut die Geschichte zu wiederholen und statt dessen beginnen wird, aus der Geschichte zu lernen.

Nach zwei Tagen der Besichtigungen in Wien fuhren wir drei nach Graz, wo Zipper in der Vorbereitung für das Konzert am 23. September eine Reihe von Orchesterproben begann und Interviews gab. Die Odyssee des „Dachau Liedes" und meine eigenen Anstrengungen in der Niederschrift dieser Biographie kamen nun sehr passenderweise zu einem Höhepunkt in Österreich, wo 50 Jahre zuvor Zipper verhaftet und nach Dachau geschickt worden war. Ursprünglich war Zipper eingeladen worden, das „Dachau Lied" bei einer Gedenkfeier zum 50. Jahrestag des „Anschlusses" in der Wiener Staatsoper im März 1988 zu dirigieren. Da er diese Einladung angesichts der enthusiastischen Begrüßung Hitlers, als er in Österreich 1938 einmarschierte, eher bedenklich fand, antwortete Zipper, wem und was denn das Gedenken gelten sollte? Und wer werde anwesend sein? Ein Gerücht wollte es, daß Kurt Waldheim plante, der Feier beizuwohnen, und das wäre für Zipper ebenso wie für andere unannehmbar gewesen. Das Ereignis im März war mit solchen Problemen belastet, daß Zipper sich schließlich weigerte, daran teilzunehmen. Aber aus dieser Korrespondenz entstand eine zweite Einladung, nämlich eine revidierte und vergrößerte Orchestrierung des „Dachau Liedes" zu dirigieren, und zwar als Eröffnungsstück beim „Steirischen Herbst" 1988 in Graz.

Das Konzert in Graz war einer jener magischen Augenblicke, wo gegensätzliche und doch verwandte Kräfte zusammenspielen, um eine besondere Vitalität und ein Drama aufzuführen. Junge Berichterstatter brachten eine erhöhte Aufmerksamkeit zu dieser Premiere eines 50 Jahre alten KZ-Liedes mit, dirigiert von seinem Komponisten, und so begriffen sie, daß dies eine außergewöhnliche Gelegenheit war, zurückzuschauen und etwas von den Schmerzen, die Dachau erweckte, mitzuempfinden und sich der Geschichte zu entsinnen. Drei Tage vor dem Konzert interviewten Reporter Zipper und schufen damit eine sich verstärkende Erwartung für das Konzert. Das Eröffnungskonzert selbst stand unter dem Motto „Schuld und Unschuld der Kunst“, und in seiner Einleitung zu dem Konzertprogramm setzte der Festivaldirektor, Peter Vujica, einen sehr hohen Anspruch, indem er schrieb: „Schuldig sind jene, die Vergebung und Entsühnung durch die Kunst für das fordern, was sie einst selbst begangen haben... Groß und unschuldig ist alle Kunst, die zeigt und sagt, was morgen sein wird oder sein könnte.“

Anwesend im Zuschauerraum war die 90jährige Schwester eines Freundes von Zipper aus den Wiener Tagen, des Komponisten Hans Gal. Hans Gal war schon am 3. Oktober 1987 gestorben, aber seine Schwester Erna, die seit 1939 in London gelebt hatte, wohin sie vor den Nazis geflohen war, hatte gelesen, daß Zipper nach Österreich zurückkehre, um dieses Konzert zu dirigieren, und so machte sie sich auf die Reise, um ihren alten Freund persönlich wiederzutreffen. Sie hatte Herbert an dem Tag zuletzt gesehen, als er aus Buchenwald nach Wien zurückgekehrt war, das war 1939 gewesen. Und sie erinnerte sich noch, wie erschüttert sie über sein Aussehen war: „Er sah aus wie ein wiederaufgewärmter Toter.“ Schließlich war es für Zipper wichtig, zwei Freunde bei dieser Reise in sein Heimatland zu dem Konzert bei sich zu haben, nämlich meine Frau und mich. Die besonderen Umstände, unter denen dieses Konzert stattfand, zu denen Zippers eigene Erinnerungen an die in Dachau verbrachte Zeit gehörten, das Begräbnis seines Freundes Jura Soyfer in Buchenwald (Zipper erfuhr erst auf dieser Reise, daß in Wien ein Theater nach Jura Soyfer benannt worden war), die Möglichkeit zu dirigieren und auch selbst zum ersten Mal zu hören, was er und Jura Soyfer, knapp bevor sie von Dachau nach Buchenwald verlegt worden waren, ausgearbeitet hatten - das Lied der Gefangenen in Dachau, das diese für sich selbst im geheimen sangen, aber das Zipper selbst niemals von ihnen gehört hat -, dies alles waren zusätzliche Werte, die diesem Konzert eine Art von Intensität und Bedeutung gaben, die das Lied und seine Geschichte auch in Wirklichkeit verdienen.

Das Konzert fand am Freitag, dem 23. September, um vier Uhr nachmittags in einem Freiluft-Amphitheater in den Felsen, hoch über der Stadt, die die Architektur der Gotik, der Renaissance und der Klassik von Graz überblicken, statt. Die Wahl dieses Freilufttheaters für die Weltpremiere des Dachauer Liedes war umso geeigneter, als es einst ein Gefängnis in einer großen Festung des vor-napoleonischen Österreich gewesen war. Napoleon, wütend über den Widerstand der Österreicher gegen seine Eroberungspläne, eroberte die Festung und zerstörte das Gefängnis, von dem nur zwei hohe Mauern übrigblieben, die nun das Konzert von 1988 einrahmten. Diese mit Efeu bewachsenen Mauern brachten ein anderes Konzert in Zippers Erinnerung, nämlich die Feier der Befreiung von Manila im Jahr 1945 in der zerbombten Kirche von Santa Cruz.

Als das Konzert begann, war der Himmel grau von Wolken. Der Zuschauerraum selbst zwischen den zwei Mauern war durch eine große Plane überdeckt. Hinter der Bühne jedoch war der Himmel wie eine zusätzliche Dekoration sichtbar. Während das Lied gesungen wurde und der darauf folgenden öffentlichen Aussprache mit Zipper, begann die Sonne des späten Nachmittags, kurz vor ihrem Untergang, durch das Grau zu scheinen, so als ob sie sagen wollte, daß zwar Dunkelheit und Tod die letzte Realität sein mögen, das Licht aber darauf besteht, seine eigene Zeit zu haben. Dieses Konzert war ein solcher Moment.

Das „Dachau Lied" wurde von einem Männerchor von 30 kräftigen jungen Leuten vorgetragen, Amateure, die von steirischen Ortschaften geholt worden waren, alle vereint in ihrer Liebe für die Musik und der Spannung, an einer Weltpremiere teilzunehmen. Begleitet von 15 Gitarren, zwei Celli, zwei Kontrabässen und zwei Schlagzeugen, begann das Lied mit einem marschartigen Ostinato der Schlagzeuge. Diese Kombination aus Gitarren, Celli und Bässen, zusammen mit dem Ostinato der Trommeln vereinte sich zu einem kraftvollen Klang, der der bitteren Schönheit entsprach, inmitten des Todes ein solches Lied zu komponieren. Die militaristischen Kadenzen der Trommeln suggerierten den bevorstehenden Tod, aber darüber schwebten die Männerstimmen edel und stolz in ihrer Feier der Abwehr und der Überlegenheit der wirklichen Menschen gegenüber den Barbaren. Beginnend in Moll bewegt sich das Lied auf das Dur des Endrefrains zu, der den endgültigen Triumph des menschlichen Geistes symbolisiert:

„Doch wir haben die Losung von Dachau gelernt
Und wir wurden stahlhart dabei
Bleib ein Mensch, Kamerad,
Sei ein Mann, Kamerad,
Mach ganze Arbeit,
Pack an, Kamerad:
Denn Arbeit, denn Arbeit macht frei,
Denn Arbeit, denn Arbeit macht frei!

Augenzeuge zu sein, wie dieser 84 Jahre alte Überlebende geehrt wurde und seine eigene Komposition dirigierte, die er in den schändlichsten und dunkelsten Zeiten der Menschheit komponiert hatte, das war mehr als nur erregend, es war eine Bestätigung der Schöpferkraft des Menschen. Das Dritte Reich hat nichts von Wert hinterlassen, nur die Knochen von Millionen unschuldiger Menschen, und die Asche von Hitler und seinen grausigen Banditen bedeckt Deutschland und Europa. Es sind keine dauerhaften Errungenschaften des Dritten Reiches geblieben, keine Monumente, keine Beiträge zum politischen Denken, keine Kunstwerke, um der Menschheit zu nützen. Was übriggeblieben ist, sind die Werke der Opfer der Nazis, die Kunstwerke, welche die Wahrheit den Lügen der Nazis entgegenstellten, wie etwa das Tagebuch der Anne Frank oder ein Roman von Eli Wiesel und das „Dachau Lied", daß in der endgültigen Beurteilung der Haß sich selbst zerstört, sich und seine Verehrer, während die Opfer des Hasses, die schöpferischen Geister dieser Welt schließlich triumphieren. Dachau ist gleichbedeutend geworden mit Bösartigkeit und Haß. Herbert Zipper hat in dieser Stunde des Entsetzens und des Schmerzes getan, was Männer voll Mut und guten Willens tun müssen: Er hat aus Dachau ein Lied gemacht.

Anmerkungen

1 *Berkley, George „Vienna and Its Jews" (1988)*)*

2 *Berkley, a.a.O.*

3 *Berkley, a.a.O.*

4 *Berkley, a.a.O.*

5 *Berkley, a.a.O.*

6 *Berkley, a.a.O.*

7 *Berkley, a.a.O.*

8 *Lansdale, Maria Honor „Vienna and the Viennese"*

9 *Zeman, Zbynek A. „Der Zusammenbruch des Habsburger Reiches 1914-1918" (1963)*

10 *Esterhazy, Christa „Vienna" (1966)*

11 *Morton, Frederic „Wetterleuchten 1913/1914" (1991)*

12 *Masur, Gerhard „Propheten von gestern" (1974)*

13 *Schorske, Carl „Wien, Geist und Gesellschaft im Fin de Siècle" (1982)*

14 *Zweig, Stefan „Die Welt von gestern" (1936)*

15 *Dubrovic, Milan „Veruntreute Geschichte" (1985)*

16 *Taylor, A. J. P. „The Hapsburg Monarchy" (1948)*

17 *Marek, George „The Eagles Die" (1974)*

18 *Szeps-Zuckerkandl, Berta „Ich erlebte 50 Jahre Weltgeschichte" (1939)*

19 *Szeps-Zuckerkandl, a.a.O.*

20 *Vergo, Peter „Art in Vienna - 1889-1918" (1975)*

21 *Szeps-Zuckerkandl, a.a.O.*

22 *Kallir, Jane „Austria's Expressionism" (1981), Zitat von Oskar Kokoschka*

23 *Kallir, a.a.O.*

24 *Whitford, Frank „Egon Schiele" (1986)*

25 *Schweitzer, Albert „Goethe: Vier Reden" (1970)*

26 *Szeps-Zuckerkandl, a.a.O. dort zitiert*

27 *Canetti, Elias „Das Augenspiel" (1988)*

28 *Canetti, a.a.O.*

29 *Gregor, Josef „Die Geschichte des österreichischen Theaters" (1948)*

30 *Jarka, Horst „Jura Soyfer, das Gesamtwerk" (1980)*

31 *Jarka, a.a.O.*

32 *Jarka, a.a.O.*

33 *Jarka, a.a.O.*

34 *Clare, George „Letzter Walzer in Wien" (1984)*

35 *Werfel, Franz „Cella" (1972)*

36 *Clare, a.a.O.*

37 *Levin, Nora „The Holocaust" (1973)*

38 *Gilbert, Martin „Die Endlösung - die Vertreibung und Vernichtung der Juden" (1982)*

39 *Shirer, William L. „Das Jahrzehnt des Unheils" (1986)*

40 *Lenhoff, Eugene „The Last Five Hours of Austria" (1938)*

41 *Segev, Tom „Die Soldaten des Bösen" (1992)*

42 *Berben, Paul „Dachau" (1975)*

43 *Frankl, Victor „Der Mensch auf der Suche nach dem Sinn" (1977)*

44 *Bettelheim, Bruno „The Informed Heart" (1960)*

45 *Zitiert nach einem Brief, geschrieben von Ebner an Dr. Zipper im November 1989*

46 *Das „Dachau Lied" von Jura Soyfer ist abgedruckt in Jarka, Horst „Jura Soyfer, das Gesamtwerk", aber auch in „Lieder aus den faschistischen Konzentrationslagern". Eine englische Übersetzung des „Dachau Liedes" stammt von John Lehmann. Anläßlich des 50. Jahrestages der Dichtung und Komposition des Liedes wurde es, wie im Buch berichtet, beim „Steirischen Herbst" in Graz aufgeführt. Eine Videoaufnahme durch den ORF ist erfolgt. Die Song-Gruppe „Die Schmetterlinge" hat außerdem eine Platte, auf der auch das „Dachau Lied" enthalten ist, produziert. Sie führt den Titel „Verdrängte Jahre: Österreich zwischen den Kriegen".*

47 *Poller, Walter „Arztschreiber in Buchenwald" (1946)*

48 *Die Daten stammen aus Rosenberg & Myers „Echoes from the Holocaust". Diese Tabelle zeigt das Eintreffen und die Belegschaft des Konzentrationslagers als auch die Verstorbenen und die Selbstmorde.*

Jahr	*Eingeliefert*	*Stand der Häftlinge*		*Sterbefälle* [b]	*Selbstmord*
		Höchst	*Tiefst*		
1937	2,912	2,561	929	48	—
1938	20,122 [a]	18,105	2,633	771	11
1939	9,553	12,775	5,392	1,235	3
1940	2,525	10,956	7,383	1,772	11
1941	5,896	7,911	6,785	1,522	17
1942	14,111 [c]	10,075	7,601	2,898	3
1943	42,172	37,319	11,275 [d]	3,516	2
1944	97,866	84,505	41,240	8,644	46
1945	42,823 [e]	86,232	21,000 [f]	13,056	16

Anmerkungen zur Tabelle:

a Dies waren in der Hauptsache Juden.

b Die totale Zahl der Verstorbenen ist höchstwahrscheinlich höher, sie wird auf 50.000 geschätzt.

c Diese Zahl zeigt den starken Zustrom aus den im Osten besetzten Gebieten.

d Die Differenz zwischen den Ankünften und der Belegschaft des Lagers oder zwischen Hoch und Tief bedeutet nicht Befreiung oder Freilassungen, sondern vielmehr Abtransporte zu anderen Lagern oder zu den Vernichtungslagern.

e Nur für die ersten drei Monate von 1945 gültig.

f Die Belegschaft des Lagers zum Zeitpunkt der Befreiung.

49 *Des Pres, Terrence „The Survivors" (1976)*

50 *Des Pres, a.a.O.*

51 *Des Pres, a.a.O.*

52 *Poller, a.a.O.*

53 *Bettelheim, Bruno „Erziehung zum Überleben" (1978)*

54 *Kogon, Eugen „Der SS-Staat" (1954)*

55 *Gedye, G. E. R. „Die Bastionen fielen" (1948) („Betrayal in Central Europe")*

56 *Gedye, a.a.O.*

57 *Gilbert, a.a.O.*

58 *Poliakov, Leo „Das Dritte Reich und die Juden" (1977) („Harvest of Hate")*

59 *Hoffmann, Paul „The Viennese: Splendor Twilight and Exile" (1988)*

60 *Askin, Leon „Qietude and Quest". In diesem Werk beschreibt der Autor seine Karriere als Dramatiker, und es heißt dort unter anderem: „Jura Soyfer hinterließ einen unauslöschlichen Eindruck auf die Ära der „kleinen Kunsttheater" (Kleinkunstbühnen bzw. Kellertheater) in Wien in der Zeit von 1936-38. In einer führenden Zeitung jener Zeit hieß es: „Scherz, Satire und tiefere Bedeutung waren das Beste, was man im Wien*

dieser Tage erstehen konnte. Und es war noch dazu zu ausgesprochen niedrigen Preisen." Nach dem Zweiten Weltkrieg hat eine Gruppe von uns, die dem Holocaust entkamen oder ihn überlebten, einen Abend in Erinnerung an Jura Soyfer arrangiert. Wir nannten diese Aufführung: „Die Freiheitsstatue um 5 Schilling". Sie wurde gesponsert von einer Koalition österreichisch-amerikanischer Gruppen. Soyfer, einer der führenden Kandidaten Österreichs, um das literarische Erbe des späten 19. und frühen 20. Jahrhunderts in der literarischen Tradition fortzusetzen. Und er, wie so manche andere dieser Kandidaten, ist tot und dahingegangen."

61 *Jarka, a.a.O.*
62 *Hoyt, Edwin P. „Hitler's War"*
63 *Herbert Zippers offizieller Entlassungsschein aus Buchenwald vom 20. Februar 1939.*
64 *Nash, Grace „That We Might Live"*
65 *Craig, William „The Fall of Japan" (1968)*
66 *Manchester, William „American Caesar: Douglas MacArthur 1880-1974" (1978)*
67 *Toland, John „The Rising Sun" (1970)*
68 *Manchester, a.a.O.*
69 *Buss, Claude „Report from Manila", „Fortune" Juli 1945*
70 *Halsema Jim, der gegenwärtig seine eigenen Memoiren sowie eine Biographie seines Vaters, des früheren Bürgermeisters von Baguio verfaßt.*
71 *Dunn, William J. „Pacific Microphone" (1988)*
72 *Cowley, Malcolm „Blue Juanita: A Life" (1968)*
73 *Shi, David „Matthew Josephson"*
74 *Osborn, Fairfield „The Limits of the Earth" (1953)*
75 *Osborn, a.a.O.*
76 *Rampersand, Arnold „The Life of Langston Hughes" (1988)*
77 *Rampersand, a.a.O.*
78 *Polikoff, Barbara „An Affectionate Chronicle" (1982)*
79 *Polikoff, a.a.O.*
80 *Aus den Programmnotizen von Herbert Zippers Aufführung von „Carmen" im Jahre 1979.*
81 *Peterson, Susan „The Living Tradition of Maria Martinez" (1977)*
82 *Seagrave, Sterling „The Soong Dynasty" (1985)*
83 *White, Theodore „In Search of Hystory" (1978)*
84 *Brief an Paul Cummins, 8. Juni 1988*
85 *Tu Wei-Ming „Iconoclasm, Holistic Vision, and Patient Watchfulness", Daedalus, Vol. 116, No. 2, Frühjahr 1985, Seite 78. Das Zitat stammt von William Theodore de Barry und anderen „Sources of Chinese Tradition", 2 Bände (New York: Columbia University Press, 1964), Band 2, Seite 6*
86 *Brief an Paul Cummins, 19. Mai 1988*
87 *Snow, Edgar „Roter Stern über China" (1974), „Die lange Revolution" (1975), zitiert von Jay Mathews in dem Magazin „The Washington Monthly", in der Ausgabe Juli/August 1989.*
88 *Spiel, Hilde „Wien - Geschichte einer Stadt" (1971)*
89 *Spiel, Hilde „Glanz und Untergang" (1987)*
90 *Dubrovic, Milan „Veruntreute Geschichte" (1985)*
91 *Zweig, Stefan „Die Welt von gestern" (1944)*
92 *Zweig, a.a.O.*
93 *Spiel, Hilde „Glanz und Untergang" (1987)*

**) Die Jahreszahl nach dem Buchtitel bezieht sich auf das Datum der Letzterscheinung.*

Werkverzeichnis
(Auswahl)

Transkriptionen und Arrangements
Drei Weihnachtslieder (E. B. Marks Co.)
O Sanctissima (E. B. Marks Co.)
Antonin Dvorák: Lieder der Natur (Broude Brothers)
Giovanni Palestrina: Missa Iste Confessor (E. B. Marks Co.)
Franz Schubert: Gesang der Geister über dem Wasser (E. B. Marks Co.)
Johannes Brahms: Drei geistliche Chöre (Broude Brothers)
Maurice Ravel: Pavane pour une infante défunte (für vierstimmigen gemischten Chor und Klavier) (Brode Brothers)
Gabriel Fauré: Pavane op. 50 (für Chor und Orchester) (Broude Brothers)
Giacchino Rossini: O Salutacis Nostia (Broude Brothers)
Ernst Toch: The Last Tale (Mills Music, aus dem Englischen übertragen)

Opern, Bühnenmusik
Tanzmusik zu „Des Kaisers neue Kleider" (1932)
„Bunbury", komische Oper von Hans Weigel nach Oscar Wildes „The Importance of Being Ernest" (1937)

Musik für die „Kleinkunstbühnen"
„Das Lied vom Krieg", Text: Hans Weigel (1936)
Bühnenmusik zu „Der ewige Danubius" von Rudolf Weys (1934)
„Der Tag der Musikpflege", Text: Hans Weigel (1935)
„Die Zeitungsoper", Text: Rudolph Spitz (1935)
Lieder nach Texten von Erich Kästner, Lothar Metzel, Hans Weigel, Rudolph Weys (1933–36)

Orchesterwerke
Zwei Tänze für Trudl Dubsky (1936, auch in einer Fassung für Klavier)

Kammermusik
Vier Fugen (Jugendwerk)
Capriccio für Klavier solo (1926)

Werke für die Jugend
Kleine Stücke für die verschiedensten Besetzungen für Streicher und Blasinstrumente (1980–1991)
Thema und Variationen „Huldigung meiner musikalischen Vorfahren" für Streichquartett (auch als Fassung für Orchester) (1984)
Suite für vier Klarinetten (1989)
Suite für Violine und Cello (1990)
Foxtrot 85 für Klavier, Klarinette und Streicher (1985)
Kurze Stücke für Kinder für Orchester (1954–1991)

Weiterführende Literatur

Askin, Leon & C. Melvin Davidson „Quietude and Quest", Riverside, Kalifornien (Ariadne Press, 1989)
Bettelheim, Bruno „Freud und die Seele des Menschen" (1990)
Bettauer, Hugo „Die Stadt ohne Juden" (1988)
Berczeller, Richard „Verweht" (1983)
Breuer, W. B. „Retaking the Philippines"
Fuchs, Martin „Showdown in Vienna" (1939)
Falk, Sidney „Liberation of the Philippines"
Gay, Peter „Modern Europe" (1973)
Gay, Peter „Freud, Juden und andere Deutsche" (1986)
Grunwald, Max „History of the Jews in Vienna" (1936)
Gerson, Wolf „Geschichte der Juden in Wien" (1974)
Gainham, Sarah „The Hapsburg Twilight"
Gal, Hans „The Golden Age of Vienna" (1948)
Gunther, John „Die verlorene Stadt" (1965)
Kraus, Karl „Die letzten Tage der Menschheit" (1992)
Kann, Robert A. „Geschichte des Habsburger Reiches" (1977)
Luft, David S. „Robert Musil and the Crisis of European Culture"
Lothar, Ernst „Die Rückkehr" (1949)
Monk, Ray „Wittgenstein: Das Handwerk des Genies" (1992)
Molden, Fritz „Die Feuer in der Nacht" (1988)
Morton, Frederic „Schicksalsjahr Wien 1888-89"
Osborn, Fairfield „Unsere ausgeplünderte Erde" (1953)
Payne, Robert „The Life and Death of Adolf Hitler" (1973)
Rezzori, Gregor von „Blumen im Schnee" (1989)
Rickett, Richard „Österreich - Sein Weg durch die Geschichte" (1969)
Roth, Joseph „Radetzkymarsch" (1978)
Roth, Joseph „Die Kapuzinergruft" (1979)
Sulzberger, C. L. „The Fall of Eagles" (1977)
Shepherd, Gordon Brook „Um Krone und Reich" (1968)
Schwartz-Bart, Andre „Die Mulattin Solitude" (1981)
Schnitzler, Arthur „Jugend in Wien" (1984)
Schuschnigg, Kurt von „Im Kampf gegen Hitler" (1988)
Taylor, A. J. P. „Europe: Grandeur and Decline" (1950)
Taylor, A. J. P. „From Sarajevo to Potsdam" (1965)

Tuchman, Barbara „General Stillwell und die amerikanische Politik in China" (1971)
Tuchman, Barbara „Der stolze Turm" (1981)
Walter, Bruno „Thema und Variatonen: Eine Autobiographie" (1946)
Walter, Bruno „Erinnerungen und Gedanken" (1988)
Smith, John L. „Schoenberg and his Circle" (1986)
Seagrave, Sterling „The Marcos Dynasty" (1988)
White, Theodore „China: The Roots of Madness" (1946)
White, Theodore „Thunder Out of China" (1946)
Wiesel, Elie „Night" (1958)

ÖSTERREICHISCHE KOMPONISTEN DES XX. JAHRHUNDERTS

VERLAG LAFITE, Wien 1010, Hegelgasse 13/22
Tel. (0222) 512 68 69, FAX (0222) 512 46 29

(Auslieferung: Österreichischer Bundesverlag)

Diese Buchreihe stellt jene schöpferischen Persönlichkeiten vor, die als "österreichische Komponisten" mit markanter Aussage das Muskleben der letzten 50 Jahre prägten. Die Serie ist nicht einer bestimmten "Schule" oder einer einzigen zeitgenössischen Richtung gewidmet, sondern würdigt anerkannte Leistungen österreichischer Musikschaffender.

Band 1: **Erik Werba: Joseph Marx**
Band 2: **Robert Schollum: Egon Wellesz**
Band 3: **Rudolf Klein: Johann Nepomuk David**
Band 4: **Harald Kaufmann: Hans Erich Apostel**
Band 5: **Wilhelm Waldstein: Hans Gál**
Band 6: **Walter Szmolyan: Josef Matthias Hauer**
Band 7: **Ernst Tittel: Josef Lechthaler**
Band 8: **Alexander Witeschnik: Alfred Uhl**
Band 9: **Wolfgang Suppan: Otto Siegl**
Band 10: **Luzi Korngold: Erich Wolfgang Korngold**
Band 11: **Dominik Hartmann: Gottfried von Einem**
Band 12: **Lothar Knessl: Ernst Krenek**
Band 13: **Hermann Ullrich: Julius Bittner**
Band 14: **Heinrich Kralik/ Friedrich Heller: Gustav Mahler**
Band 15: **Theodor W. Adorno: Alban Berg**
Band 16: **Karlheinz Roschitz: Karl Schiske**
Band 17: **Haidy Schreker-Bures/ H.H. Stuckenschmidt/ Werner Oehlmann: Franz Schreker**
Band 18: **Norbert Tschulik: Franz Schmidt**
Band 19: **Walter Kolneder: Anton Webern**
Band 20: **Erik Werba: Erich Marckhl**
Band 21: **Rudolf Lück: Cesar Bresgen**
Band 22: **Hartmut Krones: Marcel Rubin**
Band 23: **Horst Weber: Alexander Zemlinsky**
Band 24: **Gernot Gruber/ Gottfried Kraus: Helmut Eder**
Band 25: **Harald Goertz: Gerhard Wimberger**

In Vorbereitung:
Constantin Floros: György Ligeti
Rudolf Stephan: Arnold Schönberg

VERLAG LAFITE, WIEN
ÖSTERREICHISCHER BUNDESVERLAG, WIEN